五南圖書出版公司 印行

警察職權行使法
20週年回顧與展望

鄭善印、許福生／主編

李震山、章光明、張淵菘、朱金池、蔡震榮、陳俊宏、陳永鎮、蔡庭榕、許福生、李東穎、
陳景發、蔡佩潔、許義寶、黃清德、劉嘉發、洪文玲、鄭善印、林宇軒、黃翠紋 ／著

謝誌

　　中華警政研究學會自前警政署副署長林德華先生擔任理事長後，即積極進行警察法學與警政管理之研究，並舉辦多次海內外警務參訪與學術交流，其中尤以十數次親自帶領研修《警察法修正草案建議書》最具代表性。該建議書鑒於警察法乃警察根本大法，卻歷經近七十年而未有與時俱進的修正，乃邀請歷任警政署長及學者專家貢獻卓見，並邀集學會理事們參考各國警政制度以及我國警察實務，擇取精華、分工撰寫、集體討論、句句斟酌，年餘始成，並分送相關單位參考。

　　其後學會也在各數次研討後，邀集學者專家撰文出版警察法學，例如《警察法學與案例研究》、《警察情境實務執法案例研析》，以及本次出版的《警察職權行使法20週年回顧與展望》。

　　眾所周知，所有活動均須經費支持，尤以學術活動為然。本書的緣起及內容，由許福生教授另行撰文。但本學會六年來的各類活動，均由以下各基金會、集團、公司，給予熱情贊助，特此向他們的熱心致謝！

　　旺旺集團蔡衍明先生、台新社會公益信託基金吳東亮先生、智邦科技黃安捷先生、薇閣文教公益基金會李傳洪先生、Tutor ABC楊正大先生、國富文教基金會葉國一先生、正信國際法律事務所楊文慶先生、世紀風電與世紀鋼構賴文祥先生、光隆實業詹賀博先生、全鎂實業黃文智先生、竹風建設徐榮聰先生、納諾科技呂鴻圖先生、啓翔鋁業陳百欽先生、華岡海運洪清潭先生、藍摩半導體蔡百井先生、藍摩半導體楊名衡先生、訊凱國際林仁政先生。

中華警政研究學會理事長 鄭善印 敬上

2024.02

許序

　　1998年員警隨機攔停強行搜索案，促使大法官於2001年12月14日作成釋字第535號解釋，並也促成立法院於2003年6月5日三讀通過警察職權行使法，總統於2003年6月25日公布全文32條，並自2003年12月1日施行。警察職權行使法旨在將警察「臨檢」及其他相關執法職權，依據釋字第535號意旨，予以明確規定其「查證身分之要件、程序及救濟」，並進而前瞻性立法明定其他相關職權的法律授權，以使警察職權發動時，更符合「法律保留」與「明確性」原則之法律授權規定，以達到「為規範警察依法行使職權，以保障人民權益，維持公共秩序，保護社會安全」立法目的。

　　警察職權行使法施行至今已滿二十週年，確實已經對警察執法遵守正當法律程序帶來進步，但就以2021年4月22日發生於中壢分局員警盤查詹女事件而言，顯示執法仍有待精進。如同內政部部長林右昌所言：「對於執法工作，在過去強調『快、狠、準』，未來更需提高執法品質的要求，警察不只是執法者的角色，更是民主法治的守護者，所以必須提升執法工作細膩度，以符合社會期待。」

　　為使警察在執法時能更在執法效能與保障人權取得平衡，中央警察大學行政警察學系、法律學系、內政部警政署、刑事警察局與中華警政研究學會，特於本法施行二十週年前夕，於2023年6月舉辦「警察職權行使法20週年回顧與展望學術研討會」，並進行相關警察執法實務與人權保障案例研究之研討，以讓警察在職權行使上更細膩化、精緻化，以符合社會期待。

　　此次研討會除主題演講者及論文發表人之外，各場次主持人及評論人皆是長期在警察法學與警察實務之翹楚。研討會論文發表後，立即受到各界肯定並來電索取，為與讀者共享，徵求所有發表老師同意並再增強其他內容，重新檢視修正每篇文章，彙集成書，名為《警察職權行使法20週年回顧與展望》，並承五南圖書出版社慨然付梓出版。

　　本書共分為十八章，分別為第一章警察職權行使法的回顧與展望：

以科技工具蒐集或利用資料規定爲例，由李震山前大法官撰寫；第二章警察職權行使的政策分析，由章光明教授及張淵菘副教授撰寫；第三章論警察執法的合法性與正當合法性，由朱金池教授撰寫；第四章警察職權行使法上之危害概念，由蔡震榮教授撰寫；第五章員警對人盤查身分相關問題之探討，由陳俊宏副教授撰寫；第六章警察執行路檢涉及無令狀搜索之探討，由陳永鎮教授撰寫；第七章員警攔檢案例分析，由蔡庭榕教授撰寫；第八章員警巡邏時隨機盤查路人案例，由許福生教授撰寫；第九章從晚近司法裁判實務檢視警察職權行使法有關臨檢規定之合理性，由李東穎助理教授撰寫；第十章論警察職權行使法之「場所」概念，由陳景發副教授撰寫；第十一章從交通違規舉發案例論警察職權行使法之定位，由蔡佩潔副教授撰寫；第十二章警察蒐集處理及利用個人資料之法律依據，由許義寶教授撰寫；第十三章警察透過資訊科技進入電腦蒐集資料的法律問題，由黃清德教授撰寫；第十四章警察即時強制法制之探討，由劉嘉發副教授撰寫；第十五章警察職權行使補償制度之研究，由洪文玲教授撰寫；第十六章警察職權行使法與科技偵查，由鄭善印教授撰寫；第十七章刑事訴訟法與警察法上科技偵查手段：以德國法爲中心，由林宇軒助教教授撰寫；第十八章少年警察職權之變革：從績效導向到防治網絡之建構，由黃翠紋教授撰寫。內容大致聚焦在身分查證、資料蒐集及處理、即時強制、救濟等相關警察職權行使之問題，並輔以案例研析及展望未來職權行使發展趨勢，以期達到理論與實務並重。

　　本書的完成與出版，要感謝的人很多，特別是內政部警政署黃明昭署長、刑事警察局李西河前局長、中華警政研究學會林德華榮譽理事長與鄭善印理事長的大力支持。書中所述，或有不周，或有謬誤，尚請各界先進及讀者不吝指正，作者今後也將爲本書之完善持續努力，希望本書的出版，能對國內警察法學研究及警察實務工作有所助益。最後，謹以本書獻給最摯愛的母校——中央警察大學，持續爲警政奠基。

中央警察大學行政警察學系教授兼系主任 許福生 謹誌

2024.02.01於警大

目錄

第一章

警察職權行使法的回顧與展望：以科技工具蒐集或利用資料規定為例

李震山

壹、前言

民國92年6月25日制定公布的警察職權行使法（同年12月1日施行）將屆二十年，確值得紀念、回顧、檢討與展望。惟限於篇幅，本文首先扼要回顧警察職權行使法及其個人資料保護規定中有關「以科技工具」蒐集或利用資料之依據。其次，從數個面向展望我國警察職權行使法中資料保護職權的規定。文末則提出：一、慎防「數位集權」引致民主倒退與人權保障漏洞；二、確保警察職權行使法能在合憲秩序下與時俱進，作為結語，以供參考。

貳、回顧警察職權行使法及其個人資料保護規定

一、警察職權行使法（下稱警職法）

我國從長期威權統治過渡到自由民主的常態憲政，因轉型所生的陣痛不難想像，尤其對屬於治安重要一環的警政所形成的衝擊與挑戰，更為巨大。故當時「警政革新」的呼聲甚囂塵上，且隨重大治安事件的發生而此起彼落，例如民國85年11月21日及30日分別發生而迄今仍未偵破且駭人聽聞的劉邦友及彭婉如命案，在輿論龐大壓力下，該年底乃由行政院召開大型的全國治安會議（12月30日與31日），提出洋洋灑灑的建議與願景。不料，會議才落幕後的隔年4月，就又發生震驚社會的陳進興等人重大治安事件（略稱白曉燕命案），除了大拜拜式的會議淪為批評者的笑柄外[1]，人民對於政府屢以形式的「依法行政」（rule by law）或「保障合法，打擊非法」等模稜與空洞口號回應治安問題，已經失去容忍的耐性，警政系統面臨並承受「山雨欲來」及「千夫所指」的空前壓力。

民國86年8月內政部警政署在國家發展諮詢會議下，不宜再大張旗鼓而僅召開治安諮詢小組會議下，決議草擬「警察職務執行法」，試圖跳脫

---

[1] 一天半的會議，扣除開閉幕儀式僅餘一天的討論時間，共邀請產、官、學、媒人士350人與會，然而「警政革新」僅是14個分組中的1小組。第二天中午的總體討論與閉幕式，再另邀100名中央地方行政首長及民意代表擔任貴賓，陣仗之大，實不難想像。

以「要求他人」為規範重點的警察作用法窠臼，草擬一部「制約自己」且具典範移轉功能的職權行使基本法，強烈期望不再是「頭痛醫頭，腳痛醫腳式」的應付治安困境，而是正本清源的扭轉人民對警察行使職權的負面刻板形象，積極針對警察職權行使依據的「法律明確性」、「正當法律程序」、「有權利即應有救濟」、「不能僅以組織法作為干預措施依據」等法治國公權力行使根本問題，開啟深刻檢討的契機[2]。

社會將「警政革新」掛在口邊且喊得震天價響的時代裡，有關警察法制興革所指涉的範圍甚廣，議題眾多。除重心落在廢除違警罰法（民國80年6月29日由社會秩序維護法取代）、檢肅流氓辦法或條例（民國98年1月21日廢止），以及修改國家安全法與集會遊行法外，就執勤層面上，則將焦點集中於警察勤務條例（民國61年8月28日公布施行，民國75年11月10日修正公布）的第11條第3款規定：「警察勤務方式如左：……三、臨檢：於公共場所或指定處所、路段，由服勤人員擔任臨場檢查或路檢，執行取締、盤查及有關法令賦予之勤務。」由於該條款就臨檢發動的門檻與要件、執行的程序與方式，以及相關的救濟等皆未規定，警察得否以該空白授權條款，作為干預人民自由與權利措施的依據，其合法性與正當性自然引起非議而成為警察法制改革重要的箭靶及引燃的火種[3]，由「身分查證」規定點燃後，續延燒至警察執法應遵守的原則，以及其他列舉與概括職權的要件、正當程序與救濟途徑等規範領域，所形成的論辯火網，就形塑了警職法的基本架構。

經主管機關循法制作業程序審查受託學者們所研擬的草案期間（自民國89年1月起），司法院出人意表的於民國90年12月14日公布釋字第535號解釋，適時的以憲法高度檢視了警察勤務條例，再經由各界（含行政與立法、官方與民間、理論與實務等）不分彼此的共同努力與因緣巧合下，

2　請參李震山，「警察職權行使法」之緣起與形成紀實，收於李震山、蔡庭榕、簡建章、李錫棟、許義寶，警察職權行使法逐條釋論，五南出版，2020年3版，頁1-43。

3　該火種雖早經點燃，但在威權統治及長期實施「非常態憲政體制」的羽翼下，被定位為執法技術層面問題的小火，任其悶燒或被控制在星星之火的狀態。一直到政治開放而接軌現代憲政主義後的20世紀末葉，因發生前述多起震撼國家社會的重大犯罪，悶燒的小火才有機會竄出，並於風勢助長下若再不積極抑制，火舌延燒就有可能形成燎原大火。

終於催生了警職法。原本甚囂塵上的「警政革新」疾呼聲，至少在警察法制部分逐漸沉寂，警政也進入另一個典範移轉的新階段。更值得一提者，警職法除在警察領域發揮一定功能外，其內容亦直接或間接的影響「入出國及移民法」、「海岸巡防法」、「消防法」、「行政罰法」、「行政執行法」等規定，持續的擴大其影響層面。

二、警職法中個人資料保護規定

警職法的草擬固以健全警察職權行使的法制為鵠的，但並非完全侷限於司法院釋字第535號解釋所聚焦臨檢、盤查的身分查證（第6條到第8條）。故其立法軸線亦旁及資料蒐集、傳遞、利用、保存與銷毀等（第9條到第18條），並輻射至警察即時強制（第19條到第28條）與相關的權利救濟規定（第29條到第31條）。單就警職法中個人資料保護規定二十年的演變，因資訊科技突破性的快速發展，若從當時、當中與當今三個階段變革回顧之，似可見證「百年銳於千載」的說法。

（一）當時：被評價為不被看好的「超前立法」

警職法中個人資料保護初始的規定，係在我國「個人資料保護」意識萌生與規範整備的初期（民國84年8月11日公布施行「電腦處理個人資料保護法」），而屬嶄新的議題。當時試圖恰如其分的將個人資料保護核心內容鑲入警職法中，卻因當時資訊科技發達狀況實難與今日相比擬，而問題意識不足且缺乏共識下，除立法之必要性與可行性遭警察實務工作者質疑與排斥外，亦有「立法超前」將衍生立法障礙而波及整部法律順利推動的「投鼠忌器」顧慮，乃在相當阻力下幾經周折，勉強於第二章「資料蒐集」中僅擬具原則、概括、宣示與綱領性的「聊備一格」規定[4]。

（二）當中：實務、規範與科技皆有長足發展

警職法施行後，司法違憲審查者充分表明捍衛「資訊隱私權」的立場，司法院釋字第603號解釋（民國94年9月28日，請領國民身分證應捺指紋案）即稱：「就個人自主控制個人資料之資訊隱私權而言，乃保障人民

---

4 請參李震山，同註2，頁17-18。

決定是否揭露其個人資料、及在何種範圍內、於何時、以何種方式、向何人揭露之決定權，並保障人民對其個人資料之使用有知悉與控制權及資料記載錯誤之更正權。」除司法實務外，立法亦與時俱進的制定或增修例如個人資料保護法（104年12月修）、通訊保障及監察法（103年1月，另參司法院釋字第631號解釋，96年7月20日）等。此外，歐盟亦頒布具燈塔作用的「一般資料保護規則」（GDPR，2016年5月制頒，二年後施行），相當程度影響我國的相關法制。

更重要的是，警職法施行二十年間物聯網、區塊鏈及5G通訊等資訊科技快速發展，運用大數據、雲端運算、演算法等人工智慧蒐集並利用資料，已成為資訊國家不可避免的治理模式。治安領域當然不能置身事外，例如警察為執行身分確認、蒐集保存證據、防止因深偽技術、假消息、仇恨訊息、陰謀論、數位性暴力等層出不窮的危害，執法時需採線上搜索、住宅監控、監視與監聽、空拍蒐證、臉部辨識技術、微型行動攝影機、行動定位追蹤（例如M化車、以電子圍籬防疫等）、科學鑑識分析（例如DNA分析）、命配戴電子監控器，並以自動化系統交叉比對分析各式資料，無可諱言的，該等警察職權之行使，皆相當依賴先進的資訊科技工具，問題焦點又一股腦的聚集在職權授權基礎的法律依據上。

（三）當今：已成為捉襟見肘的保守規定

僅以警職法提及「以科技工具」蒐集個人資料的第9條至第11條，及未明定以科技工具而包含資料傳遞、利用、保存、註銷的第16條至第18條，以及第28條的概括性規定，得否作為前述既涉人民居住自由、資訊自主或隱私權，以及秘密通訊等重要自由干預措施的依據？換言之，該等規定能否通過法律保留、法律明確、程序正當以及比例原則等憲法原則的檢證，答案已呼之欲出。二十年前被評價為不切實際的超前立法，如今已戲劇性的成為不敷使用的保守規定。

參、展望警職法中資料保護規定

茲分三個面向展望我國警職法中資料保護規定：一、蒐集資料部

分；二、傳遞、利用、保存資料部分；三、警職法中「以科技工具」蒐集
或利用資料職權的再個別化、專精化與體系化。

一、蒐集資料部分

（一）以攝影、錄音或科技工具蒐集資料

警職法第9條第1項規定：「警察依事實足認集會遊行或其他公共活
動參與者之行為，對公共安全或秩序有危害之虞時，於該活動期間，得予
攝影、錄音或以其他科技工具，蒐集參與者現場活動資料。資料蒐集無法
避免涉及第三人者，得及於第三人。」針對集會遊行，司法院釋字第718
號解釋提及：「應在法律規定與制度設計上使參與集會、遊行者在毫無恐
懼的情況下行使集會自由。」質言之，若集會遊行中的蒐證措施導致人民
對參與集會遊行感到恐懼，甚至放棄行使集會自由，均會構成集會自由之
干預。德國聯邦憲法法院就曾於2009年2月17日因該國Bayern邦集會遊行
法擴張資料蒐集職權，對人民集會自由行使帶來寒蟬效應之虞，裁定相關
規定暫時停止適用（1 BvR 2492/08），頗值得參考[5]。

惟就前揭職權發動的「公共安全或秩序有危害之虞」，若比照德國
聯邦憲法法院的見解，門檻顯然過低，且就事件與對象的適用有羅織過
廣之虞[6]。在具體案件中，因人之行為或物之狀況，極有可能引致損害之
危害狀況甚多，有強調時間因素者，如行將來臨之危害（bevorstehende
Gefahr, bestehende Gefahr）、當前危害（gegenwärtige Gefahr, unmittelbar
bevorstehende Gefahr）或急迫危害（Gefahr im Verzug, drohende Gefahr）
等；有強調危害質量因素者，如重大危害（erhebliche Gefahr）、公共危
害（gemeine Gefahr）、生命危害（Lebensgefahr）及嚴重危害（dringende
Gefahr），以及其他具獨特內涵的危害類型，例如抽象、潛藏性、誤想、

---

5 李寧修，國家蒐集集會遊行資料的憲法界限：德國聯邦憲法法院「巴伐利亞邦集遊法部分暫
停適用」裁定之反思，東吳法律學報，第27卷第3期，2016年1月，頁152以下。

6 除前註所引裁定外，另可參考德國聯邦法法院第一庭的裁判，例如BVerfG, 1 BvR 1345/21,
2022.12.09; BVerfGE, 1 BvR 1547/19, 2023.02.16; 1 BvR 2634/20, 2023.02.16。另請參考，謝碩
駿，警察機關的駭客任務——論線上搜索在警察法領域內實施的法律問題，臺北大學法學論
叢，第93期，2015年3月，頁5-8。

表見危害或危害嫌疑等[7]。警職法第9條的危害則屬概括抽象危害，未清楚指明所欲防止的危害及所欲保護法益的性質，而今日科技工具已遠遠的超出立法當時傳統的攝影、錄音設備，並有可能採用空拍機、各種資訊定位系統爲手段，故應配合列舉之措施調升職權發動門檻，或依措施的不同輔以適當的制約機制（例如取得警察局長的同意等）。綜言之，應盡可能列舉不同的科技工具，將危害分級（Gefahrenstufen）設定不同的發動要件及門檻，方能同時通過法明確性及比例原則的檢驗。

如何將各種科技工具職權行使之構成要件，化成合乎法律明確性原則之規定，確屬立法的一大考驗。依司法院大法官向來見解稱：「惟法律明確性要求，非謂法律文義應具體詳盡而無解釋之空間或必要。立法者制定法律時，自得衡酌相關生活事實之複雜性、規範建構上之需求以及運用於具體個案之妥當性等因素，選擇適當之法律概念與用語，如立法者所選擇之法律概念與用語之意義，自其文義、立法目的與法體系整體關聯性觀點非難以理解，且個案事實是否屬於法律所欲規範之對象，爲一般受規範者所得預見，並可經由法院審查認定及判斷者，即無違反法律明確性原則。」（司法院釋字第432號、第521號、第594號、第602號、第690號、第794號、第799號、第803號及第804號解釋參照）。至於「一般受規範者所得預見」於刑罰規定領域，是否限縮於「一般受該規範限定範圍之人」，則引起議論[8]。總之，若職權發動要件模糊或危害類型不夠具體，以致門檻過低、打擊面廣且易生羅織效果之規定，就難通過法律明確性原則之檢驗。

至於前述職權發動門檻高低，亦涉及法律保留及其層級化（司法院釋字第443號解釋參照）及命令授權明確性等慣常適用的憲法原則，例如警察使用微型行動式攝影機，係以內政部警政署在105年12月23日訂頒、110年11月8日修正之「警察機關執勤使用微型攝影機及影音資料保存管理要點」第3點（一）之規定，警察「執行公務與民眾接觸前或依個案研判

---

[7] 李震山，警察行政法論——自由與秩序之折衝，元照出版，2023年6版，頁229-233。
[8] 參憲法法庭112年憲判字第5號判決，黃虹霞大法官協同意見書、蔡宗珍大法官提出，張瓊文大法官加入部分不同意見書及蔡明誠大法官不同意見書。

有開啓必要時即應開啓，並完整連續攝錄處理事件經過」，固有其實際需要，惟該「要點」本身既非法律，也不是法律明確授權訂定之法規命令，充其量只不過是警政署以警察作爲規範對象而訂定的行政規則（行政程序法第159條第1項）而已，若欲符合法律保留原則之要求且減輕警職法第28條概括條款過重的承載，應考慮於警職法中另爲特別規定。

（二）以攝影、科技工具或裝設監視器蒐集資料

警職法第10條第1項規定：「警察對於經常發生或經合理判斷可能發生犯罪案件之公共場所或公眾得出入之場所，爲維護治安之必要時，得協調相關機關（構）裝設監視器，或以現有之攝影或其他科技工具蒐集資料。」在治安熱區所使用之監視器本身大多屬「科技工具」，對該措施的論述已有不少[9]，不再贅述。至於該條「以其他科技工具蒐集資料」究何所指，似又有無限擴展的空間，若未設一定要件，再將之連結警察取得民間監視器之錄影資料，以及在道路上設置監錄系統與車牌辨識系統等問題，恐會滋生職權發動要件明確性的疑慮。

（三）以目視或科技工具蒐集資料

警職法第11條第1項規定：「警察對於下列情形之一者，爲防止犯罪，認有必要，得經由警察局長書面同意後，於一定期間內，對其無隱私或秘密合理期待之行爲或生活情形，以目視或科技工具，進行觀察及動態掌握等資料蒐集活動：一、有事實足認其有觸犯最輕本刑五年以上有期徒刑之罪之虞者。二、有事實足認其有參與職業性、習慣性、集團性或組織性犯罪之虞者。」就該條規定內容易引起詮釋爭議的大致有：1.一定期間；2.無隱私或秘密合理期待之行爲或生活情形。就前者言，依同條第2項規定「不得逾一年，如有必要得延長之，並以一次爲限」，指涉延長決定時應遵守合義務性裁量原則。就後者而言，從傳統私密與公開二元對立

9　相關問題之探討，請參李震山，從公共場所或公眾得出入之場所普設監視錄影器論個人資料之保護，東吳法律學報，第16卷第2期，2004年12月，頁45-92。李震山，警察機關設置監視錄影器的法制問題——人權保障與治安維護的動態平衡，台灣法學雜誌，第86期，2006年9月，頁121-122。李寧修，警察存取預防性資料之職權與個人資料保護：以監視器之運作模式爲例，臺大法學論叢，第48卷第2期，2019年6月，頁420-431。

出發的論述，以及適用「公開法則」及「第三人法則」，於今日政府大規模蒐集運用資料之情況下，是否還能完善保障資訊隱私權，衡平判斷當事人主觀期待與社會客觀合理期待，容有很大存疑空間，例如線上搜索就難符合「無隱私或秘密合理期待」之規定。另需注意的是「職業性、習慣性、集團性或組織性犯罪」之規定認定不易，是否考慮提高制約機制而由檢察官或日後可能設置的「資訊監察官」等把關，使程序更正當且完整。

二、傳遞、利用、保存資料部分

有關資料傳遞、利用、保管、更正、註銷等規定之適用，必須分別考量個資保護因不同個案附隨錯假資料的事實查核及糾錯機制、更正權、被遺忘權、去連結、去識別化、退出權等，以及巨量資料（大數據）的人工智慧（演算法）程序正當性、合目的拘束原則與例外、相關獨立監督機關設置與權責等，一連串個資保護的深層問題。

（一）傳遞個人資料

警職法第16條第1項規定：「警察於其行使職權之目的範圍內，必要時，得依其他機關之請求，傳遞與個人有關之資料。其他機關亦得依警察之請求，傳遞其保存與個人有關之資料。」該規定只限於「機關間的資訊傳遞」，且屬無特別限制或例外的概括規定。就以情治分立原則為例，情報與治安機關各有功能及其蒐集資料目的不同，是否可相互傳遞資料及其範圍如何？此外，警察機關與民間團體、機構交換資訊應屬不可避免，包括私人資訊服務公司、警訊獲知平台、各式資料處理中心等，應在何種要件下方可互傳資訊？皆需有法律進一步的限制或授權規定。

（二）蒐集資料之利用

警職法第17條規定：「警察對於依本法規定所蒐集資料之利用，應於法令職掌之必要範圍內為之，並須與蒐集之特定目的相符。但法律有特別規定者，不在此限。」該規定涉及「合目的性拘束」原則，及可能例外情形，從個資法角度已有甚多討論[10]。本條另以「但法律有特別規定者，

---

[10] 可參考憲法法庭111年憲判字第13號判決（健保資料庫案）。另可參考李惠宗，健保資料庫

不在此限」自留後步，就此，為符合執法的特別需求，警職法應可更積極主動的列舉與警察職權行使中資料利用與禁止的特別規定。

（三）資料保存、註銷或銷毀

警職法就資料保存年限於第9條第3項、第10條第2項、第11條第2項及第3項有一年保存年限的規定，而第18條第3項明定，其最長保存年限原則上為五年，然該等規定恐需依科學根據及案件的分殊而動態調整。另第18條規定與資料註銷或銷毀有關：「警察依法取得之資料對警察之完成任務不再有幫助者，應予以註銷或銷毀。但資料之註銷或銷毀將危及被蒐集對象值得保護之利益者，不在此限（第1項）。應註銷或銷毀之資料，不得傳遞，亦不得為不利於被蒐集對象之利用（第2項）。除法律另有特別規定者外，所蒐集之資料，至遲應於資料製作完成時起五年內註銷或銷毀之（第3項）。」其中涉及普受討論的「被遺忘權」，尤其在錯、假消息充斥，陰謀論無所不在的狀況下所蒐集的訊息，如何適當處理以保障人民的人格、尊嚴、隱私、名譽，屬相當重要且迫切的課題，此部分亦應密切觀察個資法的研究與修法走向。

（四）資料保護監督機制的設置

憲法法庭111年憲判字第13號有關「健保資料庫案」判決宣示「應設立監督機構」後，行政院擬設立「個人資料保護委員會」的三級獨立機關，由其掌理諮詢、影響評估與監督之權責，不失為透過組織與程序，制約公權力並保障人民資訊自決或隱私權的良方，且合乎國際潮流，例如歐盟基本權利憲章（Charter of Fundamental Rights of the European Union, 18.12.2000）第8條第3項就有個人資訊保護應設獨立機關之規定，以及歐盟一般資料保護規則（GDPR）第六章之第51條第1項亦有規定：「各會員國應設立至少一個獨立公務機關，職司本規則適用之監控，以保護當

的合理利用與個資保護──從歐盟一般資料保護規則的「資料治理」探討憲法法庭111年憲判字第13號判決未解決問題，台灣法律人，第24期，2023年6月，頁5-8。李寧修，個人資料合理利用模式之探析：以健康資料之學術研究為例，臺大法學論叢，第49卷第1期，2020年3月，頁45。以及多位學者專家（劉靜怡、李寧修、吳全峰、劉定基、張志偉、張濱璿、王宗曦、李伯璋）刊於當代法律第11期之大作（2022年11月）。

事人有關個人資料處理之基本權與自由及促進歐盟內個人資料之自由流動。」警政機關日後需設置與行政院新設獨立機關對口的機構或單位，然於上命下從意識甚高的警察文化下，要不生齟齬的設置「獨立機關」的協力或對口單位且能發揮功能，需費一定心思，應及早規劃。

三、警職法中「以科技工具」蒐集或利用資料職權的再個別化、專精化與體系化

很顯然的，現行警職法規定要作為新興「科技工具」蒐集或利用資料的依據已捉襟見肘，需要與時俱進的整備。首先，依特別法優先適用於普通法理論，需檢視個人資料保護法、通訊保障監察法、刑事訴訟法，以及討論中的「刑事科技執法草案」等特別法之規定，尤需注意有關危害防止與犯行追緝之警職法及刑事訴訟法中，針對警察職權雙重規定之要件適用的合致性及適用優先順序。其次，應著手擇定並草擬警職法中具體職權規定，除現有集會遊行使用科技工具執法、使用監視錄影設備為一般執法工具外，至少應針對住宅秘密蒐集資料、線上搜索、資料比對查緝、行動定位追蹤、監聽（電子監控）、密錄器等措施之要件與程序作完善的規定，除與原有警察職權規定間有體系一致性與關聯性外，最重要的是使之個別（標準）化與專精化[11]，並能阻卻相關規定的違憲。

就新規定通過合憲性審查部分，除留意法律保留、法律明確性、法令授權明確性等一般憲法原則外，更應注意相應組織與程序制約機制，前者如法官保留、首長保留或前述獨立機關設置等，後者如告知後同意或事後告知義務的遵守，以及與個人資料保護有關而作為保障資訊自決、隱私及人格尊嚴的相關要求，更重要的是，經整體掂酌後，需通過比例原則的檢證。最後，於立法者盡列舉之責後，得考慮適用警職法第28條第1項概括條款，但於執法時仍應注意不確定法律概念詮釋問題、狹義比例原則等實質正當性的合憲性問題。

---

[11] 可參考德國各邦警察法的詳細規定。Vgl. Götz/Geis, Allgemeines Polizei- und Ordnungsrecht, 17. Aufl., 2022, S. 150-195. Kingreen/Poscher, Polizei- und Ordnungsrecht mit Versammlungsrecht, 12. Aufl., 2022, S. 230-284.

肆、結語

一、慎防「數位集權」引致民主倒退與人權保障漏洞

在物聯網、區塊鏈、大數據、演算法、人工智慧、5G通訊等資訊科技快速發展的交相激盪下，公權力已有足夠能力運用科技定位、影音監控監聽、臉部辨識技術、社會信用評比等方法與制度，鋪天蓋地掌控人民的資訊與隱私，至於應如何興利除弊的運用各該「科技工具」，自由民主法治國家與專制集權國家卻有不同的思維。專制極權國家預設「有罪推定」及正當化「一般預防犯罪目的」的立場，將少數犯罪者或政治異議者的咎責由全體人民概括承受，並全力「以科技工具」滴水不漏的維護國安與統治權，不顧科學理性的迫使人民無條件的放棄隱私權。而民主國家雖有諸多剎車及監督機制，但仍不可避免的亦有圖方便的惰性與傾向，稍不留意亦會落入數位集權陷阱而使民主倒退，產生人權保障漏洞，馴致戕傷得來不易的自由、民主、法治有尊嚴的生活方式，故必須共同發揮智慧審慎以對。

二、確保警職法能在合憲秩序下與時俱進

作為自由民主法治陣營一員的我國，警職法在前述大潮流下，應持續關注「治安與人權」動態衡平的核心問題、戮力研究法治先進國家的相關理論與實務發展、留意我國憲法法庭違憲審查的標準、強化我國警察法學理論實務的合作機制，並積極培養專業人才，方能使警職法在合憲秩序下與時俱進，鞏固人民對警察執法的信心。

（本文曾發表於警察法學與政策，第5期，2023年11月，頁1-20）

後記

　　本文係筆者於112年6月20日參與中央警察大學行政警察學系與法律系合辦「警察職權行使法施行20週年之回顧與展望」學術研討會，所提出專題演講「論警察職權行使法中『以科技工具』蒐集或利用資料之依據——借鑑德國聯邦憲法法院的兩則裁判」的部分內容。研討會後，「警察法學與政策」雜誌社亦以前揭研討會主題邀稿，考慮篇幅因素，乃截除演講內容中德國聯邦憲法法院的兩則裁判以應命，經刊登如本文。

　　如今，有機會補述該兩裁判，而更完整呈現研討會演講內容。惟研討會後，就第一件判決已有兩位學者撰文評析可供參考，本文不擬贅述。詳見：一、蔡震榮，從危害概念論警察職權行使法修法之省思——兼論德國聯邦憲法法院有關警察使用AI資料探勘之判決，警察法學與政策，第5期，2023年11月，頁21-52；二、李寧修，警察運用資料職權之合憲性觀察——以德國聯邦憲法法院「自動化資料分析」判決為中心，月旦法學雜誌，第341期，2023年10月，頁80-98。至就另一裁定，則扼要交代如次：

一、案由

　　德國Mecklenburg-Vorpommern邦公共安全秩序法（2020年6月5日生效）授權警察得以科技方式偵查或追緝犯罪，包括依第33b條第1項第二句之住宅監控（Wohnraumüberwachung）、第33c條第1項第二句及第5項第2款之線上搜索（Online – Durchsuchung）、第33d條第1項第一句第2選項及第3項第三句之通訊監察（Telekomunikationsüberwachung），以及第44條第1項第一句之比對式查緝（Rasterfahndung）。該等規定衍生警察以各該科技方法蒐集及利用資料法律要件、程序等依據之合憲性問題，聯邦憲法法院第一庭於2022年12月9日作出實體裁定（Beschluß）（1 BvR 1345/21）。

二、裁定

　　將「住宅監控」、「線上搜索」及「通訊監察」等系爭規定，不當連結的適用「預防恐怖活動行為」之規定，該移花接木的結果，使基本法第

13條保障居住自由需達「急迫危害」（Gefahr im Verzuge）的職權發動門檻，降低或提前至「風險預防」的層級與階段，違反法律明確原則，非憲法所許。再者，「資料比對查緝」規定，除不當連結適用於「預防恐怖活動行為」外，更擴大適用於「被命配戴電子監控設備者」，以轉引的嫁接方式，使職權行使適用原規定以外的行為與對象，已難確保人民資訊自主權，且違反法律明確性原則，亦非憲法所許。

三、分析

聯邦憲法法院原則上承認警察機關使用科技工具蒐集利用資料措施之目的正當性與手段必要性，但必須注意以下情況，方能阻卻違憲。

（一）職權發動門檻之高低取決於所欲防止危害的性質與等級，質言之，所欲防止危害的具體性、重大性與急迫性，皆可由立法者本諸憲法規定或依形成權，視案件性質予以層級化，作為職權發動的門檻要件，並須合乎可預測、可量度的法明確性原則。

（二）所採措施的程序正當性，取決於該職權對當事人基本權利干預強弱程度及所附隨制約的機制而定，後者例如：1.「法官保留」及類似制約設計；2.「告知後同意」或「事後告知義務」之遵守；3.「合目的性拘束」、「資料最小化」等原則性之制約。

（三）有關資料傳遞、利用、保管、更正、註銷等規定，必須分別考量錯假資料的事實查核及糾錯機制的更正權、去連結、去識別化、巨量資料（大數據）的人工智慧（演算法）程序正當性、合目的拘束原則與例外、「被遺忘權」、個資利用退出權、相關獨立監督機關設置與權責等一連串個資保護的深層問題。

（四）另值一提者，基於民主國家情治分立原則，德國聯邦憲法法院認為，警察機關不得因資料自動比對目的，請求聯邦及邦憲法保護局、聯邦情報局、軍事情報局等情報機關不設限的傳遞資料。

第二章
警察職權行使的
政策分析

章光明
張淵菘

壹、前言

警察職權行使法（下稱警職法或本法）是法治國精神下的立法政策[1]，使警察勤務活動中各項強制力的行使，有了具體發動要件與程序要求，引導警察人員正確行使裁量權，然其實際執行卻受到諸多因素影響，乃成為社會學者研究警政的重要議題。

Bittner（1967）發現，從規範的途徑（normative approach）理解正式的、法律定義下的警察行為是一回事，但實務上（an approach of practicality）從非正式的、工作特性的途徑觀察警察行為卻是另一回事。警察固為執法者，法律將引導警察的行動（rules guide action），然而許多研究告訴我們，警察組織文化與警察累積的經驗才是真正影響警察執法行為的因素[2]。

本文首先從理性觀點說明警察職權法制面的設計，係以保障人民權益、維持公共秩序為立法目的（政策目標），進一步介紹保障人民權益的程序規定，這也是維持公共秩序的前提，接著以查證身分為中心敘明維持公共秩序的理由與措施，在這個部分同時指出立法目的中的保護「社會安全」並非法治國精神下的警察任務。

其次，本文說明警察職權在實踐的過程中，必須經由警察人員在街頭執勤時運用裁量權，使上述政策目標（立法目的）得以實現。就裁量言，法律學者和法社會學者各有其應然與實然之關注面向，卻都有其不足之處，二者之間的整合乃有必要[3]。爰本文亦介紹自1960年代以來從社會學、社會心理學、行政學等角度研究警察行使裁量權的經典文獻，以探討警察裁量的實際影響因素。這些經典文獻可以根據政策分析的理性、政治、文化與制度等四個模型加以分類。

---

[1] 立法政策之研究，或稱法政策學之研究，乃在討論政策與立法間之相互影響關係。參照：陳銘祥，立法政策將政策轉化為法律之理論與實踐，月旦法學雜誌，第86期，元照出版，2002年7月，頁73-81。

[2] Bittner, Egon. Popular Conceptions about the Character of Police Work, in *The Function of Police in Modern Society*, Washington, DC: National Institute of Mental Health, 1967.

[3] Brandle, Steven G. and David E. Barlow. *Classics in Policing*, Anderson Publishing Co, 1996. p. 159.

　　承上，本文運用政策分析中的制度模型，說明政策之執行如何受到正式法規與非正式文化的影響，從而建構出警察職權的制度。並進一步應用Bourdieu的場域（field）與慣習（habitus）這兩個概念，將各種對於影響警察職權行使的因素做簡要歸納，說明警察在街頭場域的文化實踐。

　　復次，本文運用本土實證資料驗證前述理論，解釋台灣警察職權行使的執法模式，最後提出結論。

貳、警察職權立法的理性設計

　　理性決策尋求達成目的之最佳手段，警察職權行使法第1條即明確標示立法目的，其後規範達成目的之方法。譬如，設計保障人民權益的程序規定，即維持公共秩序的前提，接著以查證身分為中心敘明維持公共秩序的理由與措施。本文則以為，立法目的中的保護「社會安全」並非法治國精神下的警察任務。

一、立法目的標示政策目標

　　根據警察職權行使法第1條內容，本法有「保障人民權益」、「維持公共秩序」及「保護社會安全」的三個立法目的。

二、保障人民權益的程序規定

　　本法為保障人民權益，而有以下行使警察職權的正當程序規定：

（一）裁量原則

　　根據司法改革委員會警察職權行使法草案總說明[4]，警察職權行使係行政裁量權之發動，應有法律明示或默示之授權。裁量權之行使，固應衡酌諸多情況，如危害之急迫性、被害法益之重要性、職權發動之可能性、結果迴避之可能性等，尚難具體列舉，但仍應與執行目的有密切之連結，且不得濫用。行政程序法第10條便規定：「行政機關行使裁量權，不得逾越法定之裁量範圍，並應符合法規授權之目的。」而警職法第3條第1項前

---

[4]　以下說明請參酌：https://digital.jrf.org.tw/articles/867（搜尋日期：2023年11月19日）。

段稱：「警察行使職權，不得逾越所欲達成執行目的之必要限度」，應可視爲具有裁量之精神。

（二）比例原則

比例原則的適當性、必要性、均衡性顯現在警職法第3條第1項的規定中：「警察行使職權，不得逾越所欲達成執行目的之必要限度，且應以對人民權益侵害最少之適當方法爲之。」

（三）職權行使之界限

警察行使職權，除應符合比例原則外，亦應爲目的性考量，以作爲職權行使之界限。是以，若已達成執行目的或認爲目的無法達成時，應即停止其職權之行使，以避免不當之繼續行使，造成不成比例之傷害。

復以，職權行使對象之人民，應非單純之行爲客體，爲尊重其主體性，自亦應使其有適當參與之機會，是其請求採行之其他方法，經衡量公私利益，認爲係屬適當者，自得依其請求執行之。

基於上述，警職法第3條第2項規定：「警察行使職權已達成其目的，或依當時情形，認爲目的無法達成時，應依職權或因義務人、利害關係人之申請終止執行。」

（四）警察人員告知理由與出示證件的義務

警察人員行使職權，爲執行公權力之行爲，爲使人民確信警察執法行爲之適法性，因此須規定警察人員行使職權時，有告知理由之義務，而告知理由亦爲發動警察職權之前提的合理懷疑之具體表現。若因任務需要未著制服時，應主動出示服務證件證明，以減少人民之疑慮。此外，警察人員行使職權，既未著制服，亦未能出示服務證件，顯難澄清人民之疑慮。此時爲保障人民免受假冒警察者之撞騙，應使其有權拒絕警察人員行使職權。

基上，乃有警職法第4條之規定：「警察行使職權時，應著制服或出示證件表明身分，並應告知事由（第1項）。警察行使職權未告知事由者，人民得拒絕之（第2項）。」

（五）救濟程序

我國現行法律對於行政救濟業已有明文規定，本法爲使義務人或利害關係人對於警察行使職權時，能有表示意見之權利，並強化警察即時反省及反應能力，第29條第1項爰規定得於警察行使職權時，當場陳述意見，表示異議，並於第2項明定警察對於該異議之處理方式。警察對於異議認爲無理由時，爲保障義務人或利害關係人之權益，明確責任歸屬，爰於第2項後段明定得繼續執行，經義務人或利害關係人請求，應將異議之理由作成紀錄交付之。復以，當場表示異議並不影響義務人或利害關係人依法得提起行政救濟之權利，爰於第3項明定警察行使職權有違法或不當情事，致損害其權益者，得依各該法律規定，提起訴願及行政訴訟。

三、維持公共秩序的理由與措施：查證身分

行政警察須在符合前述法定程序保障人民權益的前提下，維持公共秩序。至於維持公共秩序的措施則是警察在執勤時，透過預防犯罪與防止危害的方式發動。更重要的是，對於潛在的或具體的犯罪或危害則須有合理懷疑，始可發動警察職權。

再根據司法改革委員會警察職權行使法草案總說明，警察在日常勤務運作中，行使盤查、臨檢頻繁，可說是職權發動的起點，但根據大法官釋字第535號解釋，警察勤務條例有關盤查臨檢之規定，缺乏授權明確性，因此在警察職權行使法中明白規定權力發動要件、程序，而規範於第6條條文。其中，第1項第1款、第2款爲防止犯罪；第3款係爲防止具體危害；第4款、第5款是爲防止潛在危害，而專針對易生危害之地點爲身分查證，此具有預防作用；第6款則針對臨檢查察行爲之規定，其中若涉及進入住宅或工作場所，尚需合乎本法進入住宅要件條款之規定。第7條則規範警察行使查證身分職權時，所採取之必要措施，包括攔阻、詢問、令出示文件、檢查、攜往警所等。

「合理懷疑」爲發動警察職權的關鍵，須說明的是，合理懷疑係來自「事實」，它是客觀具體存在的，而非來自執勤警察主觀的內心臆測。客觀存在的事實方能構成「理由」，產生懷疑（犯罪或危害），並銜接警察

職權行使法第4條，將此理由告知義務人、利害關係人，這是必要的正當程序，警察若沒有這麼做，人民是可以拒絕的。

　　綜上，行政警察為達維持公共秩序之目的，須發現有客觀之事實，以此為基礎之合理懷疑有犯罪或危害的可能時，始可發動職權盤查，以預防犯罪或防止危害，進行盤查時，須將前述可疑事實告知義務人或利害關係人。

四、社會安全並非法治國精神下的警察任務

　　警察職權行使法第1條引用警察法第2條任務條款，將保護社會安全訂為立法目的之一，實則有待商榷。

　　社會安全措施濫觴於德國，德國首相俾斯麥（Otto Von Bis-marck）在工業革命發生後為了解決勞資糾紛與失業兩大社會問題，於1880年代創設強制勞工疾病保險、勞工災害保險、殘障與老年死亡保險，是世界上社會保險制度開端[5]。當時德國處於警察國時代，或因日本明治維新師法德國社會與警察制度並引進我國，乃使「社會安全」成為我警察國時代之警察任務。

　　進入20世紀之後，英美兩國進一步完善了社會安全制度。在英國，1942年貝佛里奇（Beveridge）提出的報告書，包含：每個國民均需列為社會保險對象、喪失謀生能力之保險、每人繳交同等費率、每個人有相等的給付權利等內容，成為現代福利國家社會安全制度主要架構內涵。在美國，大恐慌後，羅斯福（Roose-velt, Franklin D.）總統實行的新政，逐步建立聯邦救助各項措施，爾後在1935年制定了美國歷史上有名的「社會安全法案」（Social Security Act），其主要內容包括：社會保險方案、公共分類救助法案、衛生及福利服務方案[6]。

　　再考諸我國憲法第十三章基本國策第四節社會安全，及憲法增修條文

5　江亮演、洪德旋、林顯宗、孫碧霞，社會福利行政，五南出版，2000年初版，頁94。吳俊輝，社會安全與家庭政策（講義），空中大學：https://www2.nou.edu.tw/hualien/fileRename/fileRename.aspx?uid=3099&fid=4454&kid=2&site_id=16（搜尋日期：2023年11月20日）。

6　李增祿，社會工作概論，巨流出版社，2012年，頁27。吳俊輝，同前註。

第10條有關全民健康保險、身心障礙者之保險與就醫、社會救助、福利服務、社會保險及醫療保健等社會福利工作，與前述英美國家之社會安全概念相同，社會安全制度主要目的在預防或保障經濟生活可能發生的危難，以及保護經濟上弱者的社會活動[7]，實非狹義警察職權。處於法治國結合福利國時代的現在，我國政府於2013年進行組改已成立衛生福利部後，社會安全實不宜再成為警察任務之一。

參、警察職權實踐的影響因素

　　警察職權雖有以上理性的立法設計，最終卻必須經由警察在執行時運用裁量權使政策目標（立法目的）得以實現。若不採取行動，世界上再完美的立法也無法行得通。

一、裁量權的應然與實然

　　裁量，指執法人員根據現場情況，採取最佳行動（individual's judgement about the best course of action）。警察面臨的狀況不一而足，包括：行政警察要決定是否攔停、帶回（勤務處所）、追車、開單、上銬、開槍（或使用其他警械）、逮捕；刑事警察要決定是否申請拘票、監聽、訊問（潛在嫌犯）等；警政管理者則決定政策，譬如是否採納社區警政或問題導向警政、優先處理交通違規案件、掃蕩色情、容忍業餘賭博等[8]。

　　本文以行政警察街頭決策（裁量）為討論範圍，James Q. Wilson說，警察組織中，裁量權自上而下遞增，最基層警察人員行使著最大的裁量權，其執行甚至決定政策，譬如警察若系統性地怠於執法或逮捕，便形同實質的除罪化政策。

　　對身為執法者的警察言，裁量有其不可或缺的必要性。法律雖界定不法行為態樣，卻須依賴個別街頭（外勤）警察人員決定個案事實是否構成特定不法行為，甚且，定義違序行為之某些概念不可能全然明確，乃開

7　http://393citizen.com/financial/Coma/columndt.php?id=545（搜尋日期：2023年11月20日）。

8　Walker, S. and C. M. Katz. *The Police in America*, McGraw Hill, 2011. p. 348.

啟裁量之門。

　　警察代表國家在街頭執勤，具有廣泛的裁量權（discretion）。警察行使職權不但要具備合法性，且須妥適，也就是合目的性，因此，我國行政程序法第10條規定：「行政機關行使裁量權，不得逾越法定之裁量範圍，並應符合法規授權之目的。」

　　裁量權的行使有其界限，劃定警察裁量界線的方式有：司法判例、法律、行政命令與規則、長官監督、組織文化（尤其是同儕文化）。若裁量權行使得當，能使警察人員作出正確判斷，有效使用警察資源，實踐個案正義，完善警察政策。換句話說，裁量有效提升了警察工作品質。反之，若出現執法歧視，未依正當程序，縱容犯行，不良管理等情形，則會提高基層警察人員濫用裁量（abuse of discretion）的機率[9]。

　　法律學者所堅持的觀點被實踐的程度反映出一國民主法治的深度，從我國政治發展的趨勢來看，這應是一條不會回頭的路，這也是為什麼我國必須制定各種警察職權法制的原因。而透過研究使警察職權法制的本質愈益彰顯，乃法學社群實踐法治國家的重要機制與努力。

　　Skolnick認為，警察是個低能見度的工作（low-visibility work），益使裁量行使成為議題。而警察工作程序繁瑣耗時，加上有限的資源與警力，使警察必須決定如何有效使用他們的時間。Davis（1975）便從實然（非應然）的角度提醒，企圖透過完全執法以實踐立法目的之期待是一件不切實際的事情，針對警察裁量，他乃提出以下呼籲：（一）全面執法的錯誤假設應即停止；（二）選擇性執法（selective enforcement）應即公開；（三）最高警察行政領導人負有提出選擇性執法政策之責；（四）警察機關應以專業人才制定執法裁量政策；（五）遵循行政程序法精神；（六）行政警察不再制定全面執法政策。Davis強調，行政規則不是取代警察裁量，相反地，行政規則能夠強化與引導警察行使裁量權[10]。

　　對警察執法行為的認識不能僅從純法學的角度，還要從社會學或法律

9　同前註，頁346-347。

10　Davis, K. C. *police discretion*. NCJ Number 2545, 1975, https://www.ojp.gov/ncjrs/virtual-library/abstracts/police-discretion（搜尋日期：2023年11月20日）。

社會學的角度觀察，才更實際。法律的規範途徑有其極限，僅從如此單一的觀點評價警察，不但不夠周延，對問題本質的認識與解決更沒有幫助，我們必須從警察工作的特性加以理解，過去影響警察裁量因素之實證社會科學經典研究便極具價值。

二、執法行為研究經典回顧

　　一般的法律社會學者會從社會心理學、社會學和行政學的角度探討這個議題，並分析影響警察當時判斷的可能因素。社會心理途徑的焦點放在個人特質（譬如性別、族群、教育程度等）對警察的認知與行為的影響；社會學途徑強調警民互動的結構因素之重要性；行政學則從組織結構、政策、誘因、社會關係及領導者的作風等因素來解釋員警的執勤行為[11]。

　　Muir（1977）將警察比喻為站在街頭的政治人物，他觀察警察如何行使強制力（handling coercive power）以適應警察工作所面對的社會中的非理性與暴力，Muir的研究說明強制力行使之不易。好警察須兼具溫馨熱情與冷靜判斷的能力，從這樣的角度觀察，有熱情的警察在執行臨檢勤務時，才不會誤用法律所賦予的權力；有洞察力的警察才能因理解人們可望尊嚴的心理，而在執行臨檢勤務時踐行正當法律程序，也才有判斷現場狀況是否該當於各種強制力行為之構成要件的能力。Muir的研究說明在解釋外勤警察臨檢行為時，這些特質有無的重要性[12]。

　　Black（1971）討論各種警民互動之情境結構因素（structural dimensions）對於警察執勤所做決定的影響，這些因素包括：違法行為嚴重程度、證據多寡、被害人意向、被害人與嫌犯之間的關係、嫌犯態度、被害人舉止及嫌犯的族群（race）或性別，Black的實證資料顯示：「當違法行為愈嚴重、證據力愈強、被害人態度愈堅決、被害人與嫌犯關係愈生疏、嫌犯態度愈無理，則警察逮捕嫌犯的機率便愈高。」然嫌犯的態度與警察的態度之間出現流動，兩者相互影響。Black同時發現，大部分的警

11　同註3，頁131。
12　Muir, William Ker Jr. The Professional Political Model of the Good Policeman, in *The Police: Street Corner Politicians*, Chicago, IL: The University of Chicago Press, 1977.

察活動都在被動回應（reactive）民眾的報案，只有少部分（13%）是由警察發動的（proactive）；然若因犯罪確實發生，而警察卻不知道，致法律躺著不動，那麼這套處罰制度便無法阻止犯行[13]。從這個角度觀察，代表警察主動出擊的臨檢勤務，便顯得格外重要了。

Van Maanen（1978）的研究指出，警察以其執勤時的警民互動經驗，將民眾歸類為三種：第一種是可能犯下重罪的「嫌疑人士」（suspicious persons），第二種是不接受警察指導而被認為蔑視警察的「混混」（assholes），第三種則是「普通百姓」（know-nothing），警察會用不同的行動面對這三種不同類型的民眾。其中，警察將某些民眾貼上「混混」的標籤，藉以認定警察自我價值，使警察在民眾中區隔出像警察一樣的好人，和不一樣的「混混」。制服警察的主要工作是維持街頭的和平（a keeper of the peace），也就是想辦法對付這些「混混」，成了警察工作的重心，警察覺得讓「混混」接受街頭正義（street justice）的洗禮，並無不妥。警察對待「混混」的方式，其實只是一種發洩，發洩警察平日受到來自於法官、檢察官、媒體、政治人物和沒有被抓到的壞人的侮辱與憤怒，這種不滿日積月累在警察心中，藉由這些「混混」宣洩出來，對警察來說，「混混」只是一個符號或代罪羔羊。此外，由於「混混」代表的是一種對警察的質疑或控制的力量，這個力量卻可以鞏固警察的團結，使警察組織成為抵抗外在現象的城堡，許多警察次文化因此產生[14]。

Skolnick（1975）描述警察在其所處的外在工作環境下執行法律的過程，這個過程孕育了警察文化（police culture）與警察「工作人格」（working personality）。Skolnick以為，警察的環境充滿危險（danger），警察的執法需要權威（authority），危險與權威成了警察工作的二個重要特徵。因為環境危險，執勤人員必須時時提高警覺，對接觸者抱持懷疑的態度，彼此之間則須相互支援，警察因此很團結（solidarity）；另一方面，因為執法權威，形成民眾的敵意與恨意，

---

13 同註3，頁153。

14 Van Maanen, John. The Asshole, in *Policing: A View from the Street*, edited by P.K. Manning and John Van Maanen, Santa Monica, CA: Goodyear, 1978. pp. 221-238.

使警察與民眾的距離愈來愈遠，警察因此與社會疏離（isolation）。在Skolnick眼裡，團結（對內）與疏離（對外）乃是警察工作必然形成的警察文化，這樣的文化形塑了警察的「工作人格」，進而影響警察執法行為[15]。

Manning（1978）同意Skolnick的觀點，認為警察的工作特性是必須在充滿威脅、危險與敵意的環境下作出生死、榮辱之間的決定，而警察視法律與行政規則為限制，他們只好以其他在工作上習得的方法來處理狀況，這些方法往往會侵犯到人權。警察習慣性的認為他們自己的經驗比抽象的法律規則管用，警察也認為司法體系或民眾皆不值得信賴，此乃所謂犬儒心態（cynicism）。因此，基層警察人員，尤其是共同服勤的人員之間，會呈現出高度的內聚力（solidarity）。在這樣的工作特性與組織文化之下，可以想見警察臨檢多半仍沿用警察組織透過代間傳承所使用的方法，譬如相互支援、以高權控制臨檢場所、壓迫受臨檢人，而非踐行警察職權行使法所規範的正當法律程序或其他內容。在Manning看來，警察法定任務不可能達成（an impossible mandate），但警察仍盡力表現，其策略是訴諸符號，自塑形象，即控制犯罪率與見警率[16]。臨檢或攔停便是一種符號，傳達警察有能力控制犯罪的訊息。

Bittner（1967）的研究指出，警察的工作使民眾對他既愛又恨，警察在處理複雜的人性道德問題時注定以粗魯蠻橫的手段為之，警察不時濫用權力，致警察這個行業遭受污名化，而經驗使得警察執法的重點在「年輕—貧窮—黑人」（young-poor-black），對「年長—有錢—白人」（old-rich-white）的態度卻很好，這反映的是一種社會的集體偏見（public prejudice）。這些現象說明了警察工作的本質，其與法律規範之間，必存在落差[17]。

---

[15] Skolnick, Jerome. *Justice without Trial- Law Enforcement in Democratic Society*, John Wiley & Sons, Inc, 1975. pp. 42-70, 219-225.

[16] 同註14，頁7-31。

[17] Bittner, Egon. Popular Conceptions about the Character of Police Work, in *The Function of Police in Modern Society*, Washington, DC: National Institute of Mental Health, 1967.

Westley（1953）認為警察工作打擊犯罪的這種本質，使得警察的存在具有正當性，而這可能會使警察合理化非法暴力行為。Westley發現，警察認為最能合理化非法暴力行為的理由，即是處於不受尊重的情境中。他指出，由於警察部門常遭受社區批評，使得警察形塑一種認為破獲大案方能獲得認可的迷思。再者，由於行政警察與刑事警察在工作的本質上存有競爭關係，為了比刑警早日搜得犯罪證據或嫌疑人，行政警察有可能會訴諸恐嚇或暴力行為[18]。

Fyfe（1979）從選擇與決定（decision making）的面向亦可理解警察執行臨檢勤務的難為，他比較了「警察開槍時機的決定」與「法官所做死刑判決」之間的差異：警察面臨真實且急迫的危險時，僅得以武器作為最後的執法憑藉，反之，法官則是在安全的法庭上經過長時間的思考後，才作成死刑與否的宣判；警察必須在現場危急且證據稍縱即逝的情況下作成是否攔停、是否盤查、是否放行、是否拍搜、是否搜索等每一個決定，其難度可想而知，相較於法官在充裕的時間與安全的環境下審閱案情，卻仍可能犯錯的事實，更顯出警察工作的特性。此外，Fyfe也說明了行政機關的政策對於警察行為的控制，它所蒐集的實證資料顯示，一旦行政機關制定限制警械使用的規則，因此而造成的意外事故驟減，不但被追捕的嫌犯傷亡數減少，就連警察自己的傷亡數也降低了。要言之，行政機關對警察行為的影響是直接的，其影響力大於立法機關制定的法律，也大於司法判例與解釋，立法與司法對第一線警察行為的影響是間接的[19]。

Wilson（1968）則從組織的觀點討論警察行為，認為每個警察組織都有其運作的參考規範（operating code of the department），他將警察組織的風格（style）分為三類：看守人、執法者與服務者。看守人風格（watchman style）的警察會隨現場情況設定不同執勤標準，這種風格的警察認為秩序重於法律，傾向以非正式的方式處理問題，其所能裁量的空間較廣，但一般來說他們會以抵抗最少的方式來處理事情；執法者風格

---

[18] Westley, William A. Violence and the Police. *American Journal of Sociology*, 59(1), pp. 34-41, 2011.

[19] Fyfe, James J. Administrative Intervention on Police Shooting Discretion- And Empirical Examination, *Journal of Criminal Justice*, 7, pp. 309-323, 1979.

（legalistic style）的警察面對社區內各種不同民眾時都只有一套正式的標準——依法行政，警察組織亦透過各種內規的制定來限縮個別員警的裁量空間，也運用績效壓力製造高破案率；服務風格（service style）的警察行為以提供服務為要務，警察經常介入社區事務，然其手段傾向非正式途徑。Wilson認為警察組織的主要風格受到領導者偏好的影響，而領導者的偏好則反應社區居民的期待。也就是說，警察的執法品質不僅視個別警察的臨場判斷而定，更取決於社區的社經狀況、政治的發展程度及警察組織領導人的價值。具體言之，社區社經程度愈高、政治發展愈民主、警察領導人愈有改革信念，則警察組織愈會由看守人導向執法者，更進入服務者的風格[20]。

綜合前述介紹之警察執法行為的研究發現，影響裁量的重要影響因素包括：警察個人特質（是否具有溫馨的熱情與冷靜的判斷力）；臨檢當下的情境因素（證據強弱、犯罪嚴重程度、原告的態度、原告與嫌犯之間的關係、嫌犯的態度及嫌犯的族群）；執法對象特徵（是否為警察可以發洩的對象——「混混」）；社會發展程度（政、經、社、文等條件）；警察外勤工作（街頭執法）特性（須立即作出決定、面對暴力）；警察文化（犬儒、對內團結與對外疏離）。

肆、警察職權法制的文化實踐

一、職權行使與新制度論

相對於前揭學者從社會學科（社會心理學、社會學和行政學）歸納警察裁量權行使的研究，更多學者[21]將警察裁量影響因素分為個人、情境、組織、環境四個層次：個人因素聚焦於警察人員特徵（性別、年齡、族群、服務年資等）與警察行為的關係；情境因素的重點在個案特徵（嫌犯

[20] Wilson, James Q. *Variety of Police Behavior: The Management of Law and Order in Eight Communities*, Cambridge, MA: Havard University Press, 1967.

[21] Riksheim, Eric. C. and Steven M. Chermak. Causes of police behavior revisited, *Journal of Criminal Justice*, 21(4), p. 354, 1993; Sherman, Causes of police behavior: The current state of quantitative research. *J Res Crime*, 17, p. 70, 1980.

特徵、犯行嚴重程度等）如何影響警察的回應；組織變項指警察部門間或部門內表現在警察風格、警察勤務策略等之差異；社會環境說明社區人口變項、經濟發展程度及政府型態等變項如何影響警察行為。

Walker and Katz（2011）將影響警察裁量行為的因素區分為：情境因素、組織因素與社會政治因素等三類[22]。

情境因素的研究以Black為代表，他發現的情境因素中，有些屬於法律因素（legal factors），譬如：犯行嚴重程度、證據強度；更多則屬非法定因素（extra-legal factors），譬如：被害者請求、嫌犯性別與族群，非法定因素說明了警察實際行為與法律規範之間的差距。

組織因素顯示行政機關角色的重要性，譬如Fyfe（1979）發現，紐約市警局1972年制定的嚴格用槍政策使當年警察人員用槍次數降低了30%，同樣地，在Memphis，嚴格用槍規定使警察的追捕射擊不再發生；警察局的政策也反映在追車裁量行使上，Miami-Dade的管制政策降低了82%的追車事件，Omaha允許追車政策則使追車次數增加600%[23]；James Q. Wilson的三種警察功能反映的是非正式的組織文化，非正式組織文化則反映組織傳統與價值，對警察行為影響甚大。又警察組織之間的文化差異甚大。又因而導引出不同警察風格[24]。

地方政治文化和社區特徵也會影響地方警察組織文化：某種程度言，James Q. Wilson對警察功能的研究，是在說明警察執法行為如何回應地方政治文化；社區特徵方面，Fyfe發現，警察在高犯罪區域的開槍機率是低犯罪區的2倍，Smith, Visher and Davidson（1984）的研究則顯示，警察在低收入社區的逮捕較高[25]。當然，環境因素可以放在更大的社會觀察，譬如Bayley（1976, 1991）即代表東西方文化的美日兩國警察行為的

---

[22] 同註8，頁351-354。

[23] 同註19，頁309-323。

[24] 同註20。

[25] Smith, D. A., Visher Christy. A and Laura. A. Davidson. Equity and Discretionary Justice: The Influence of Race on Police Arrest Decisions, *The Journal of Criminal Law and Criminology*, 1984. p. 234.

差異研究[26]，或Banton（1964）比較英美警察行爲的差異[27]。

　　Walker and Katz並未將個人因素帶進其分類之中，這是可以理解的，因爲情境、組織與環境因素都影響著警察人員的個人行爲，進一步表現在每一次臨檢盤查行動（encounter）之中。警察執法行爲影響因素既包括情境現場的法定因素，更包括非法定因素；既包括組織的正式規則，更包括非正式組織文化；既包括環境的地方社區特徵，更包括跨社會文化因素。

　　這樣的發現十分符合新制度論的概念，根據新制度主義（New Institutionalism），是一系列被制定出來的規則、服從程式和道德倫理的行爲規範。其構成要素包括：正式的法律、非正式的文化習俗及前二者（正式制約與非正式制約）的實施，其實施即是執行。根據新制度經濟學健將North的看法，制度的目的在降低交易成本[28]，如今制度論已成爲社會科學及政策科學所廣泛運用的分析途徑。制度也包含了歷史制度主義（Historical Institutionalism）所述的「鑲嵌在政體及政治經濟組織架構中的正式及非正式的程序、常規、規範及慣例」[29]。警察勤務中警察人員運用裁量權亦可被視爲一種制度，警察自有一套法規（法律及行政命令），也發展出源自傳統的非正式限制，並執行包括正式和非正式限制[30]。制度限制了行動者詮釋與理解世界的自由[31]。由此觀之，組織與制度不同，組織（包括正式規則與非正式文化）只是制度的影響因素之一。

　　公共政策也有制度論的分析模式，Bekkers, Fenger and Scholten（2017）在《行動下的公共政策：政策過程觀點》一書中將公共政策分爲四種途徑：理性途徑分析問題的原因，運用知識與資訊，客觀尋找解決問題的行動；政治途徑強調利害關係人（stakeholders），在政策場域

26　Bayley, David, H. *Forces of Order: Police Behavior in Japan and the United States*, Berkley: UCLA Press, 1976, 1991.

27　Banton, Micheal. *The Policeman in the Community*, London: Tavistock, 1964.

28　劉瑞華譯，制度、制度變遷與經濟成就，聯經出版社，2017年，頁108。

29　Hall, Peter A and Taylor, Rosemary C. R. Political science and the three new institutionalisms, http://hdl.handle.net/10419/43185（搜尋日期：2023年11月25日）。

30　同註8，頁350。

31　Bekkers, v., M. Fenger, and P. Scholten. *Public Policy in Action: Perspectives on the Policy Process*, Edward Eagar Publishing, 2017. p. 66.

（policy domain）中，運用資源與策略保障利益的權力競爭過程；文化途徑認為社會上每個人均帶有偏見，並以其偏見看待問題，政策則是透過社會互動尋求相互理解的社會建構過程；制度途徑定義下的政策指受到正式與非正式規則影響甚或引導下之行動者的行為（actors' behavior），如此則政策過程便是一種社會與歷史的鑲嵌過程，過程中，行動者企圖保護其認定之重要價值[32]。上述每種途徑都強調行動的重要性，可見公共政策必須透過行動者的行為加以觀察，方能掌握其中精髓，警察在街頭執勤的行動正是最好的觀察研究對象。

因為強調行動，所以政策執行成為公共政策的重要過程，政策執行與政策制定乃不可分割的一體。Pressman and Wildavsky針對奧克蘭計畫（Oakland Project）的失敗而寫的《執行》（*Implementation*, 1973）一書，被認為係當代公共政策執行理論的先鋒。根據Pressman and Wildavsky（1973），目標與執行行動之間為一種互動過程，彼此之間並無先後及主從之分，而係相互依賴，形成一組無縫的網（a seamless web）。政策制定與政策執行不能完全分離，應緊密地連結在一起。政策制定完成，不代表問題已被解決，卻象徵政策過程中另一階段——「執行」的開始。任何良法美意，若欠缺執行層面的配合，均無法有效實踐[33]。

修正的政策執行理論認為參與者自由裁量行為是政策有效執行的重要變數，概可作為修正功能，隨時提供政策策略，針對特定機會，使產出有利的政策結果[34]。也就是說，在連結政策制定與執行過程中，裁量（或裁量權、裁量空間）扮演著重要的角色[35]，因為政策制定者無法事先預見每

32 同前註，頁40-41。

33 Pressman Jeffrey L. & Aaron Wildavsky. Implementation, in *Classics of Public Administration*, edited by Shafritz Jay M., Albert C. Hyde and Sandra J. Parkes. Wadsworth/Thomson Learnig, 1973, pp. 339-342.

34 柯三吉，當代政策執行研究途徑之發展趨勢（1970-2010）：歷史脈絡分析，第五屆全球化與行政治理國際學術研討會，開南大學公共事務管理學系，2010年5月7日，桃園。

35 Lipsky, Michael. Street-Level Bureaucracy: the Critical Role of Street-Level Bureaucrats, in *Classics of Public Administration*, edited by Shafritz Jay M., Albert C. Hyde and Sandra J. Parkes. Wadsworth / Thomson Learning, 2004. pp. 414-422; Bekkers, Fenger and Scholten, *Public Policy in Action: Perspectives on the Policy Process*, Edward Eagar Publishing, 2017. pp. 170-172.

個可能的情況，執行時乃需有選擇行動的空間。裁量可進一步區分為執行機關透過規則制定的集體行政裁量，及執行機關與個人可根據經驗調整標準的個人行政裁量。在街頭執法的警察遇到民眾提問時，常需詮釋法令，甚或融通法令內容，警察是否攔停或盤查，是為顯例。裁量權也有其缺點，譬如當警察不認同政策時，裁量也可能成為警察抗拒的權力來源。

Edward III（1980）曾指出：「對於某項特定政策的執行，如人員能經過良好的配置，則他們可能依照決策者的原意來實現，但當執行人員的態度或觀點與決策者不同時，執行的過程即變得更為複雜。此時執行者可能會多方面的運用裁量權，用某些方式來延誤政策的執行。」可見執行人員態度是政策落實的必要因素[36]。

Elmore（1978）將政策執行的組織研究整理出不同執行模式，其中官僚過程模型認為，第一線員警裁量權可能架空了來自長官的控制力量[37]。

Van Meter and Van Horn（1976）認為，一個政策若期有效執行，則執行機構應充分瞭解其使命，且執行機構要有足夠的能力達成之，此外，還要有執行人員的積極配合[38]。至於具體的變項則包括：目標共識程度、資源多寡、單位之間的溝通、執行力、執行機構特質、執行機構的政經及社會環境、執行人員的意向等[39]。前述幾種理論模式實已含括這些條件在內。

Sabatier and Mazmanian（1983）的理論以執行過程為依變項，以環境為自變項，說明其間關係，政策執行過程受到三大環境自變項的影響：問題的可處理性（技術困難程度、標的團體特性、行為改變幅度）、法令所規範的執行能力（明確的目標、適當的理論、資源充分、機關間的整合、外界的參與）、影響執行的非法定變項（社經與科技條件、大眾的支持、

---

[36] Edwards III George. C. *Implementing Public Policy*, Congressional Quarterly Press, 1980.

[37] Elmore, Richard F. Organizational Models of Social Program Implementation, *Public Policy*, 26(2), pp. 185-228, 1978.

[38] Van Meter, D. S. and C. E. Van Horn. The Implementation of Intergovernmental Polic, in *Public Policy Making in a Federal System*, edited by Charles Jones and Robert Thomas, Sage, 1976.

[39] 林鍾沂，政策分析的理論與實踐，瑞興出版社，1994年，頁92。曹俊漢，公共政策，三民書局，1990年，頁242-247。

有關團體的態度、高層的支持、執行人員的態度與技巧）[40]。這個理論可以說明警察人員在街頭執行時，受到組織各種內、外因素的影響。此與以下Chan（2005）引用社會學者Bourdieu的場域（field）與慣習（habitus）這兩個概念說明警察執法行為有異曲同工之處[41]。

二、職權行使的文化實踐：場域和慣習

Chan（2005）引用社會學者Bourdieu的「場域」與「慣習」這兩個概念，來區分警察外勤工作的結構情境與警察所運用的文化知識，兩者之間存在著一種動態關係，警察外勤人員的行動將隨結構情境而變[42]。

Chan在修正Bourdieu有關「場域」和「慣習」理論後，提出藉由分析「警務場域」和「警察慣習」之間的互動過程來解釋「街頭警察的文化實踐」[43]，張淵菘等人（2023）的研究發現警察職權行使受到「不同層次因素」的影響，在這些併存的因素之間，併存於時空之中，具有「動態複雜」的關係，並在互動過程共同影響警察實踐。此即，在同一環境或情境下，這些因素對不同的警察可能有不同的影響，因為執法警察個人特質也是影響警察實踐的因素之一，譬如警察個人是否具有溫馨的熱情與冷靜的判斷力。而相同的警察個人，在不同環境或情境下亦可能有不同的影響，即其實踐受到情境、組織與環境因素影響，譬如情境因素包括：執法對象是否為警察可以發洩的「混混」、臨檢當下的證據強弱、犯罪嚴重程度、原告的態度、原告與嫌犯之間的關係、嫌犯的態度及嫌犯的族群等；組織因素包括：警察工作的暴力特質、警察對內團結與對外疏離的權威文化等；環境因素為社會發展的政治、經濟、社會及文化等程度。

「街頭警務場域」意謂一個充滿著衝突與競爭的社會空間（social space），空間裡每位行為者（agent）都因握有不同的資本（capital）而

[40] Sabatier, Paul A. and Daniel A. Mazmanian. *Implementation and Public Policy*, Chicago: Scott, Foresman and Co, 1983.

[41] Chan, Janet. Changing Police Culture, in *Policing: Key Readings*, edited by Tim Newburn. William Publishing, 2005. pp. 338-363.

[42] 同前註。

[43] 張淵菘、黃彥彰、章光明，警察行使職權違反禁止酷刑的本土風險因素，思與言人文與社會科學期刊，第61卷第1期，2023年3月，頁39-117。

位居於不同的相對權力位置（position），彼此競爭以強化控制權力或資本[44]。在街頭警務場域中，存在著許多因歷史演變而建構的一種具有不同權力或資本的關係，其中含括的行爲者如警察與民眾，他們的關係被鑲嵌在「握有執法和裁量權」及「權力與物質資源分配」中[45]。

有關「慣習」，Bourdieu認爲這係一連串秉性（disposition）的集合體。這種秉性是行爲者藉由過去的個人、家庭、教育，或社會化等經驗發展而成的。這使得位處於場域內的行爲者，可以藉此建立不同的實踐來應處變幻莫測的情況[46]。在警民互動演變過程中，台灣民眾的人權意識不斷升高，具法治國精神的警察職權行使法被制定取代原警察勤務條例中臨檢的簡略定義，代間傳承下，警察文化卻易固守其執法行爲模式[47]，二者之認知差異：警察人員的「權威認知」與利害關係人的「權利認知」，成爲街頭警民互動中緊張關係的源頭。

警察在街頭盤查情境中，其執法行爲受到了正式法規與非正式文化的影響。對於身負維持秩序重任的警察實務工作者來說，法律乃是一種控制，這種控制往往限制了警察保護人民生命財產安全的能力，降低了警察執法的誘因。無怪乎，從警察文化面觀察，警察對法律所抱持的態度是犬儒的，是不信任的。「怎麼用它又不會出事」，這便牽涉到警察文化的問

---

[44] 這些資本包括社會資本（例如支持的網絡）、文化資本（例如知識、能力）、身體資本（例如力量、忍耐度），以及象徵資本（例如名譽、表現）（Chan, 2004: 331-333；同前註）。

[45] Chan, Janet. Changing Police Culture, *The British Journal of Criminology*, 36(1), p. 115, 1996.

[46] 同前註；同註44，頁333。

[47] 有關警察慣習，Chan透過修正文化知識（cultural knowledge）的概念來闡述其意涵。第一種文化知識是「不言自明的知識」（axiomatic knowledge），又稱作警務中的信念（doxa），意謂警察被賦予的打擊犯罪、維持秩序，及保護人民生命財產等基礎任務。又或是意謂警務充斥著陽剛氣息（Chan, 1996: 122; 2004: 333-334）；第二種是「辭典知識」（dictionary knowledge），意謂警察在行使職權的過程，會於片刻間決定哪些人、事、物應被冠上可疑的標籤。同時，也意謂警察會將自身的工作作出定義和區別（Chan, 1996: 119-120; 2004: 334-336）；第三是「指南知識」（directory knowledge），能使警察知曉該採取何種作爲來應處日常工作，例如嗅出不尋常的（unusual）氛圍，或採取合（非）法途徑來控制現場或維持支配關係（Chan, 1996: 120-121; 2004: 336）；第四是「食譜知識」（recipe knowledge），意謂規範性價值，能使警察明白工作中可爲或不可爲之的事情，例如對同袍的偏差行爲置若罔聞（Chan, 1996: 121-122）；最後則是「身體知識」（bodily knowledge），意謂身爲警察應具備的特質，例如順服（compliance）（Chan, 2004: 338；張淵菘、黃彥彰、章光明，2023）。

題，警察文化是警察人員所遵循的價值、信條與態度，這些信念對執勤人員的影響高過法律對警察的意義。

綜言之，透過政策分析的制度模型解釋警察職權之行使，輔以警察個人在街頭警民互動場域的執行，反映出文化實踐的慣習，亦即，除其個人特徵，更帶入了環境、組織與情境等因素。警察的權威工作人格，相對於我國受到高度講求人權氛圍下的義務人，二者在場域中的認知相異，互動結果，乃與理性設計下的正當程序產生差距。

伍、警察職權行使之本土實證分析[48]

影響警察行為的因素涉及了「環境」、「制度」、「情境」等面向之交互作用，使得警察行使職權過程具有動態複雜的本質。張淵菘等人（2023）透過「互動管理」會議（Interactive management）[49]及司法判決書之「內容分析法」，探尋警察行使職權發生禁止酷刑和其他不當對待行為而遭司法判刑定讞之影響因素，可謂本土運用社會學科研究警察行使職權的體現。

該研究依循「互動管理」會議之規劃階段（planning phase）、互動階段（workshop phase）及追蹤階段（follow-up phase）的實施後，最後產出警察行使職權違反禁止酷刑和其他不當對待的10項因素，並經由「詮釋

---

[48] 本文實證資料來源係摘自張淵菘等，警察行使職權違反禁止酷刑的本土風險因素，思與言人文與社會科學期刊，第61卷第1期，2023年。

[49] 「互動管理」會議係一種連續經由一個或多個回合來達成的3階段式活動，包括規劃階段（planning phase）、互動階段（workshop phase）及追蹤階段（follow-up phase）。「規劃階段」是其後二階段的基礎，並預作準備。在「互動階段」，所有的參與者開始形成團隊，由技術純熟的互動管理促進者根據互動計畫進行監督。而在「追蹤階段」，互動的結果會被執行或繼續進行下一回合，追蹤可能包括反復討論、實施或兩者同時進行。「互動管理」會議採用七種操作技術（汪明生，公共事務研究方法，五南出版，2010年2版，頁283-285），其中「名義群體技術」（Nominal Group Technique）是典型的程序，其係針對非結構問題或策略，利用群體作業程序引發多種意見或策略，再經綜合判斷，增進其合理性及創意性之方法。「詮釋結構模式法」（Interpretive Structural Modeling）是在電腦輔助下，有效地將多種意見或策略（亦即問題或策略元素）間的複雜關係建構關係指引圖（digraph, directed graph），有助於確認相關元素、使元素間的階層與優先次序關係更加明確。而「名義群體技術」結合「詮釋結構模式法」，即為「增強名義群體技術」程序（enhance NGT）（張寧，互動管理之方法與應用，公共事務評論，第6卷第2期，2005年，頁1-24）。

結構模式法」（Interpretive Structural Modeling）在電腦輔助下，有效地將
10項因素間的複雜關係，建構成關係指引圖（digraph, directed graph），
並產出「增強結構圖」（圖2-1）。

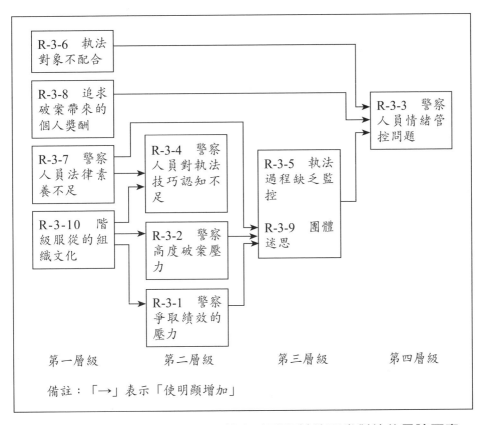

**圖2-1 「我國警察行使職權違反禁止酷刑和其他不當對待的風險因素」
增強結構圖**

　　該文發現增強結構圖將10項風險因素呈現出四個層級，其中第一層
級應可視為最深層基本假設問題，直接或間接影響第二層級的中層價值觀
問題、第三層級的淺層問題，以及第四層級的表層情緒管理問題；此結果
與Schein（1985）所指的組織文化三層次具有相似之處。Schein表示，第
一層次是表層，係表現在外的組織行為模式與管理風格，這個層次的內容

可經由人類的觀察而瞭解。價值則係組織文化的第二層次，表層的組織行為所反映的即是內在價值判斷。而價值判斷有其更深層的基礎，即組織文化第三層次對人性的一些基本假設，這些基本假設在人的潛意識裡，隱而不現，組織成員理所當然的接受而不自覺[50]。

根據這些因素，該研究接續透過司法裁判書的內容分析[51]，最終確認除了「執法人員法律素養不足」因素外，其他各項因素皆獲得司法判決書的驗證（表2-1），並具有下列八種增強關係（表2-2）。

第一種關係：「執法對象不配合」增強了「警察人員情緒控管問題」。

第二種關係：「執法過程缺乏監控」增強了「警察人員情緒控管問題」。

第三種關係：「團體迷思」增強了「警察人員情緒控管問題」。

第四種關係：「警察的高度破案壓力」增強了「執法過程缺乏監控」，並增強了「警察人員情緒控管問題」。

第五種關係：「警察的高度破案壓力」增強了「團體迷思」，並增強了「警察人員情緒控管問題」。

第六種關係：「警察爭取績效的壓力」增強了「執法過程缺乏監控」，並增強了「警察人員情緒控管問題」。

第七種關係：「警察爭取績效的壓力」增強了「團體迷思」，並增強了「警察人員情緒控管問題」。

第八種關係：「階級服從的組織文化」增強了「警察爭取績效的壓力」。

上揭同時併存的因素可分別歸類至「環境」、「制度」、「情境」及「個人」等面向中，而且經由「詮釋結構模式法」之兩兩比較決策演算

---

50 Schein, E. H. *Organizational Culture and Leadership*. San Francisco, CA: Jossey-Bass Publishers, 2004.

51 該研究裁判書的搜尋範圍含括我國各級法院所裁判的各類型裁判書，時間自1988年1月1日至2020年12月31日間，警察違法行使職權遭各法院判刑有罪，且犯行本質涉及禁止酷刑和其他不當對待之犯罪事實，共計有116筆資料驗證互動管理會議所得因素。

後，呈現具前置因素對後置因素具有強化效果的關係，同時也經由司法判決書之內容分析驗證。基本上，警察行使職權發生禁止酷刑和其他不當對待行為的現象，就警察文化的實踐而言，係應在「警務場域」與「警察慣習」間的互動過程中所形塑。

表2-1 「116筆犯罪事實中涉及風險因素的犯罪事實數暨佐證資料」摘要一覽表

風險因素	存有該風險的犯罪事實總數	相關司法裁判書之內文節錄（粗體底線部分為對應風險因素的關鍵字，作者自行強調）
警察爭取績效的壓力	38筆	……身為警務人員……竟為**爭取肅槍績效**，栽贓誣告他人……（J48） ……**績效墊底，亟欲取得**……查獲槍枝之績效……未聲請搜索票……假藉職務上之權力，基於違法搜索之犯意……動手搜索……（J125） ……**為求民國103年度春安工作之績效**，竟意圖他人受刑事處分……共同基於偽造文書及誣告之犯意聯絡……（J131）
警察的高度破案壓力	4筆	……對余志祥**刑求取供**……彼等**因偵辦柯洪玉蘭被殺命案及學童陸正被擄人勒贖案等大眾矚目之重大刑案**，求好心切，致罹刑章……（J2） ……犯罪之動機及目的為**求破案而罔顧法律**、施用強制力之手段……對被害人所生之危害鉅大……戕害法治國之司法程序……（J58）
警察人員情緒控管問題	53筆	……懷疑湯某有吸用安非他命罪嫌……因**不滿湯某**聲稱無安非他命可交，**憤而**共同將湯文記**毆成輕傷**……（J6） ……**因不滿民眾**蔡宜孝與施怡紫在派出所門外吵架……**強行拉回**派出所地下辦公室……私行拘禁……持白色衣架**毆打**蔡宜孝……（J35）

（接下頁）

風險因素	存有該風險的犯罪事實總數	相關司法裁判書之內文節錄（粗體底線部分為對應風險因素的關鍵字，作者自行強調）
		……基於被害人不聽從管教而**一時氣憤**，始持警棍毆打……（J62）
警察人員對執法技巧認知不足	5筆	……被告調職就任……僅短短四月未滿，**對於刑事案件之偵辦程序應注意事項及辦案經驗尚有不足**……思慮未周，而罹刑章……（J31）
		……執行職務……竟仍捨其他有效之方法而不為，率**以警槍射擊**……又以槍柄敲擊洪某頭部……顯係基於傷害他人身體之犯意……（J41）
執法過程缺乏監控	18筆	……強制將洪建中**押往該派出所之地下室**內看管…利用其看管洪建中之機會……對洪建中**拳打腳踢**……失血過多不治死亡……（J8）
		……**少年壬○○**……**未有任何家人或其他之人在旁協助**，**獨處**在士林分局，面對員警之公權力，其心理或生理抗拒強制力之程度自非同於平常，被告丙○○於此情況下以**毆打**、**威脅**方式對少年壬○○施以強制力，自足以妨礙簡文意思決定及行動（陳述）之自由……（J58）
執法對象不配合	24筆	……**為迴避路檢**……**急速逃逸**……丙○○、丁○○二人見狀，迅即……追趕……乙○○**均置之不理**……丙○○及丁○○一時氣憤……基於傷害犯意聯絡，共同以腳踢乙○○……（J55）
		……因見蔡○辰**拒不配合搜索**，明知蔡○辰已遭其他員警壓制在地，並無任何抵抗行為，竟假借警員職務上之權力、機會，並基於傷害之犯意，以腳踢踹蔡○辰之頭部……（J127）
追求破案帶來的個人獎酬	14筆	……於專責緝槍期間，**為取得**工作績效及**緝槍獎金**，竟不循正途……假藉職務上之權利行使偽造關係他人刑事被告案件之證據……（J43）
		……曾展銘……因查獲系爭槍枝而記**一小功**，足見查獲槍枝除有獎金外，並有**績效獎勵**等情，憑以認定曾展銘有犯罪之動機……（J81）

（接下頁）

風險因素	存有該風險的犯罪事實總數	相關司法裁判書之內文節錄（粗體底線部分為對應風險因素的關鍵字，作者自行強調）
		……明知扣案槍彈，並非李明華製造、持有，竟於**栽槍誣陷李明華**……後……據此向上級機關**申請查獲獎勵金**……（J118）
團體迷思	20筆	……貪圖刑案績效，竟假借職務上之機會……**夥同其他**……**警員多人**……**共同拳打腳踢**，要徐世平承擔其他未破案之刑案……（J18）
		……**被告六人**……**爲追求春安工作績效**……爲不實之記載，並且明知……**拘禁時間已經超過二十四小時**……**續行拘禁**……（J56）
		……**被告4人**明知劉錦鴻所提供持有槍枝者係屬虛偽，乃栽贓第三人持有，**爲求得槍枝績效**，猶以**非法方法前往搜索**……（J125）
階級服從的組織文化	4筆	……被告丙○○於案發當時……**受小隊長**即同案被告甲○○**之指揮**……並無與被告甲○○共犯強制罪之犯意聯絡、行爲分擔……（J26）
		……被告丁○○、戊○○、乙○○、己○○等人均係**在組長即被告丙○○之提議及主導下，不得不配合辦理**……（J80）
		……歐玉琪係**在上級績效壓力下才出此下策**……（J129）

表2-2 「各風險因素間增強關係之分析結果」摘要一覽表

風險因素間的關聯性	存有該關聯性的犯罪事實數	相關司法裁判書之內文節錄（粗體底線部分為對應風險因素的關鍵字，作者自行強調）
執法對象不配合 → 警察人員情緒控管問題	21筆	……**擔服**……**聯合緝私勤務**……見有民眾進入管制區……示意其停車受檢，惟洪某等人**未予理會逕自駛入**……雙方一言不和發生肢體拉扯……甲○○**心有不甘**……以槍柄毆擊洪壽春額頭……**右側射擊**一槍貫穿其右胸腔……（J41）

（接下頁）

風險因素間的關聯性	存有該關聯性的犯罪事實數	相關司法裁判書之內文節錄（粗體底線部分為對應風險因素的關鍵字，作者自行強調）
		⋯⋯**爲迴避路檢**⋯⋯**急速逃逸**⋯⋯丙○○、丁○○二人見狀，迅即⋯⋯追趕⋯⋯乙○○**均置之不理**⋯⋯丙○○及丁○○**一時氣憤**⋯⋯**共同以腳踢乙○○**⋯⋯（J55）
執法過程缺乏監控→警察人員情緒控管問題	12筆	⋯⋯**爲使丁○○坦承擄人勒贖之犯行**⋯⋯**單獨帶至**⋯⋯**會議室**⋯⋯將丁○○之**雙手反銬**⋯⋯**毆打丁○○**⋯⋯施以拳打腳踢⋯⋯（J20） ⋯⋯**爲求甲○○能自白犯罪**⋯⋯將應訊之甲○○**帶至建國派出所地下室**⋯⋯**持木棒毆打**⋯⋯**以電擊棒電擊**⋯⋯（J34）
團體迷思→警察人員情緒控管問題	3筆	⋯⋯乙○○、丙○○、甲○○⋯⋯執行巡邏職務時⋯⋯查到吸用安非他命之器具，懷疑湯某有吸用安非他命罪嫌⋯⋯但未搜到安非他命，因**不滿湯某聲稱無安非他命可交，憤而共同將湯文記毆成輕傷**⋯⋯（J6）
警察的高度破案壓力→執法過程缺乏監控→警察人員情緒控管問題	3筆	⋯⋯**發生強盜案**⋯⋯將庚○○及壬○○帶回⋯⋯**隔離偵訊**⋯⋯壬○○因未犯案均未認罪，**丙○○不滿**⋯⋯出手毆打壬○○⋯⋯**在未有其他人陪同協助下單獨於警局遭受隔離偵訊**，受此強暴、脅迫之強制力，乃**屈從爲不實之自白**⋯⋯（J58）
警察的高度破案壓力→團體迷思→警察人員情緒控管問題	1筆	⋯⋯因**偵辦轄區內發生之命案**，據報認周弘裕涉有重，乃⋯⋯未持搜索票前往⋯⋯住處逕行搜索⋯⋯將周某帶往派出所製作筆錄，嗣因周某一直未對案發當日行蹤提出具體説明，丁○○、甲○○、丙○○竟爲**取得周某涉案之線索而將之帶至地下室，並對其施以暴行脅迫**⋯⋯（J13）
警察爭取績效的壓力→執法過程缺乏監控→警察人員情緒控管問題	2筆	⋯⋯**意圖使劉○賢、張○少供認有無竊車之不法犯行**⋯⋯將之帶至地下室，以**電擊棒電擊身體逼問是否竊取機車**⋯⋯劉○賢因無法忍受刑求⋯⋯只得承認⋯⋯渠等明知少年劉○賢並無⋯⋯情形⋯⋯**竟爲求辦案績效**⋯⋯足生損害於劉○賢等⋯⋯（J50）

（接下頁）

風險因素間的關聯性	存有該關聯性的犯罪事實數	相關司法裁判書之內文節錄（粗體底線部分為對應風險因素的關鍵字，作者自行強調）
警察爭取績效的壓力→團體迷思→警察人員情緒控管問題	1筆	……**為貪圖刑案績效**，竟假借職務上之機會……在該組**偵訊室**內，夥同其他……**警員多人**……**共同拳打腳踢，要徐世平承擔其他未破案之刑案**……（J18）
階級服從的組織文化→警察爭取績效的壓力	4筆	……歐玉琪**為爭取**「**全國大掃蕩－打擊黑幫行動**」**專案績效**……共同基於「**意圖使余和明受刑事處分**」……歐玉琪**係在上級績效壓力下才出此下策**……（J129）

陸、結論

　　警察職權立法透過理性決策以尋求最佳手段，期能達到該法保障人民權益、維持公共秩序與保護社會安全之政策目標。然社會安全的政策目標，實非狹義警察職權範疇，就法治國精神下的警察任務而言，實不宜再續為警察任務之一。無論警察職權行使法再如何理性的立法設計，最終仍須經由警察執行時運用裁量權使立法的政策目標得以實踐，惟立法的應然面與執法的實然面存在著街頭警察執勤的落差，從諸多執法行為研究之經典論著說明，諸多因素影響著在街頭執法的警察裁量行為。這也凸顯出新制度主義下之一系列被制定出來的規則、服務程式和道德倫理的行為規範，在在影響第一線警察的執法行為。

　　從本土警察職權行使之實證研究發現，警察職權的行使，誠如Chan引用社會學者Bourdieu之「場域」與「慣習」的概念解釋警察的執法行為，即警察外勤工作的結構情境與警察所運用之文化知識之間所形成的動態關係，而且呈現出「環境」、「制度」、「情境」及「個人」的交錯關係，並形成制度環境對於執法行為之影響，當警察職權行使法透過理性途徑之立法設計，試圖創造一套客觀可以解決警察在街頭執法的標準時，卻形成利害關係人的「權利認知」與警察人員之「權威認知」衝突。因此，

未來我國警察在警務場域內逐行職務的過程時，仍須衡酌秩序維護及人權保障間的平衡點。如欲縮短理性立法之法律應然面與警察街頭執法應然面的差距，建議未來有司可同步從「內部」與「外部」兩方面進行強化。在「內部」方面，建議應持續強化各階層警察有關警察職權行使法的教育訓練，並建構相關制度。同時，建議應形塑內隱警察組織優質文化，以整體厚植警察的道德涵養及道德判斷力。在「外部」方面，建議應將警察相關執法規範與執法程序公告周知，使可能成為執法對象的普羅大眾瞭解在警察行使職權過程應配合事項，一方面增加民眾協助警察監督管理，一方面減少警察執法與民眾認知落差而遭投訴的困擾。

第三章

論警察執法的合法性與
正當合法性

朱金池

壹、前言

　　警察執法的合法性與正當合法性的表現良窳，攸關人民對政府的信任程度。而警察執法的合法性與正當合法性的表現良窳，乃繫於警察的執法是否能實現行政效率與效能，以及公平正義等公共價值。因為從公共行政的觀點而言，警察應同時視人民為顧客（customer）、夥伴（partner）及公民（citizen）等三種角色。警察若能視人民為顧客及合作的夥伴，則警察必須強調執法的效率與效能，有效保護人民的生命、身體與財產的安全，才能滿足顧客及夥伴的需求；其次，警察若能視人民具有公民的角色的話，則警察執法時，必須尊重每一位公民的自由權利，才能實現公平正義的價值。

　　英國自1829年創設現代警察以來，一直兼顧警察防制犯罪的效率與效能，以及執法的合法性與正當合法性之雙重訴求。我國政府自1949年遷台以來，初期較強調警察組織的效率與效能，惟自1987年政府解除戒嚴以來，則愈來愈強調警察執法的合法性與正當合法性的重要性。因此，我國於2001年司法院大法官會議作出釋字第535號解釋，以及於2003年開始施行警察職權行使法，即為顯例。然而，警察職權行使法實施迄今已逾二十年，仍迭常發生員警違法盤查之爭議性案例，值得警察機關深切省思。

　　緣此，本文旨在探討警察執法的合法性與正當合法性的相關文獻，擬透過對合法性與正當合法性概念意涵及來源之變遷，以及我國警察執法的合法性與正當合法性之爭議案件分析，進而提出我國警察未來如何提升執法的合法性與正當合法性之建議。

貳、警察執法的合法性與正當合法性之概念意涵

　　警察執法的合法性（lawfulness）與正當合法性（legitimacy）等兩個概念的意涵非常相近，且經常被混用來說明警察執法的合法性或正當性。然而，本文為凸顯警察執法的正當合法性的趨勢與重要性，經彙整相關理論文獻後，將分別詳細闡述此合法性與正當合法性二概念意涵之區別。

一、警察執法的合法性之概念意涵

　　警察執法的合法性，意指警察是否依據憲法、法律及內部的作業程序而公平、公正地執法而言。由於警察被賦予執法的權威和強制力去對人民執法，人民理當有權知道警察的執法是否具有合法性，包括警察執法時是否有種族歧視、是否有貪瀆、是否行為粗暴或具攻擊性？就好比人民有權去關注警察是否能成功地減少犯罪、降低人民對犯罪的恐懼感等有關警察組織效能（effectiveness）的問題一樣重要[1]。

　　警察執法的合法性與正當合法性息息相關，警察執法的合法性強調警察是否依法且公正地執行被賦予的警察職權，是可以被客觀檢視的。課責警察執法應具有合法性的目的，首先，可從美國憲法第十四修正案的精神得到理解。根據美國憲法第十四修正案第1款：「所有在合眾國出生或歸化合眾國並受其管轄的人，都是合眾國的和他們居住州的公民。任何一州，都不得制定或實施限制合眾國公民的特權或豁免權的法律；不經正當法律程序，不得剝奪任何人的生命、自由或財產；在州管轄範圍內，也不得拒絕給予任何人以平等的法律保護。[2]」此第十四修正案對美國歷史產生了深遠的影響，有「第二次制憲」之說，之後的大量司法案件均是以其為基礎。特別是其第1款中「不得拒絕給予任何人以平等的法律保護」，是美國憲法涉及官司最多的部分之一，它對美國國內的任何聯邦和地方政府官員行為都有法律效力。第十四修正案的主要目的是保證之前出生或歸化於美國並受其管轄之奴隸皆為美國及其所居之州公民，且必須保障他們不受各州的歧視與不公平待遇。上述「正當法律程序原則」（due process of law）下的正當程序條款禁止各州未經正當法律程序而剝奪任何人的生命、自由或財產。這一條款經聯邦司法部門的應用，把權利法案中的大部分內容應用到了各州，並且要求各州的法律必須滿足實質性和程序性的正

---

[1]　Skogan, Wesley and Frydl, Kathleen, editors. *Fairness and Effectiveness in Policing: The Evidence.* Washington, D.C.: The National Academies Press. 2004. p. 252.

[2]　檢索自維基百科網站，美國憲法第十四修正案：https://zh.wikipedia.org/zh-tw/%E7%BE%8E%E5%88%A9%E5%9D%9A%E5%90%88%E4%BC%97%E5%9B%BD%E5%AE%AA%E6%B3%95%E7%AC%AC%E5%8D%81%E5%9B%9B%E6%9D%A1%E4%BF%AE%E6%AD%A3%E6%A1%88（搜尋日期：2023年6月14日）。

當程序要求[3]。

其次，依法行政（rule of law）的原則意指：公民應免於專橫的權力控制。尤其警察依據被賦予的權力執行法律時，警察是被賦予對人民的自由權利實施許多的控制。因此，有關警察執法的合法性之學術研究，常聚焦在警察如何行使裁量權（discretionary power），以及如何控制警察的裁量權等議題[4]。由於警察執法時，無法避免地需行使大量的裁量權，因而易導致合法性的問題。因此，警察執法的合法性問題，常關注在警察對人民的盤問（Police Interrogation）、過度及致命的強制力（Excessive and Lethal Force）、逮捕與搜索（Seizures and Searches），以及警察貪瀆（Corruption）等四個面向的合法性問題[5]。

此外，警察執法時除了需注意上述憲法與刑事法律規定的程序外，尚需注意行政法規規定的程序，包括一般法律的原則（如比例原則）等，才能確保警察執法之合法性。

二、警察執法的正當合法性之概念意涵

警察執法的正當合法性，意指公眾對警察權威的接受度，以及對警察執法行為的正當性和合法性的主觀感受而言。此種主觀性的認知，較不易察覺，通常需透過問卷調查或訪談等社會科學研究方法，來瞭解警察執法的正當合法性情形，以及人民對警察的信心或信任的情形[6]。

有關警察執法的正當合法性之概念意涵，可從正當合法性是政治統治

3　戴芙若，歷史上的今天 美國憲法第十四修正案獲通過，2022年7月28日，大紀元網站：https://www.epochtimes.com/b5/22/7/28/n13791032.htm（搜尋日期：2023年6月14日）。美國憲法第十四修正案由美國國會於1868年6月13日通過，並於1868年7月9日獲得了當時37個州中的28個州的批准，於1868年7月28日，被時任美國國務卿威廉·蘇厄德（William Seward）確認，成為了美國憲法的一部分。在以後的一個多世紀中，對該修正案的解釋引發了諸多的爭議案件。

4　Skogan, Wesley and Frydl, Kathleen, editors. *Fairness and Effectiveness in Policing: The Evidence*, Washington, D.C.: The National Academies Press, 2004. p. 253.

5　同前註，頁255。

6　Stone, Christopher and Travis, Jeremy, 2011, Toward a New Professionalism in Policing, *New Perspectives in Policing*, March 2011, National Institute of Justice; Skogan, Wesley and Frydl, Kathleen, editors. *Fairness and Effectiveness in Policing: The Evidence*. Washington, D.C.: The National Academies Press. 2004.

的基礎，也是民眾願意遵守法律的重要動機等研究得到理解，並從實際的案例中，得知警察執法的正當合法性之定義與重要性。

（一）正當合法性是政治統治的基礎

當代對「正當合法性」研究的奠基人德國社會學家韋伯（Max Weber）認爲：「政治統治的正當合法性，主要取決於政治領導人和政府機構如何獲得和行使權力。」韋伯並舉出三種類型的正當合法性統治：傳統權威、超凡魅力權威和法律理性權威，且解釋了權威如何在人們的信仰體系中正當合法化。傳統權威主要來自遺傳，隨著時間的推移基本保持不變，在封建社會和世襲社會中很常見。具有魅力的權威被政治領導人正當合法化，他們的願景和價值觀可以有效地激勵追隨者。而法律理性權威則是透過對正式法律和非正式理性，以及政治或經濟上的官僚機構的積極信念而建立的。據此而論，西方民主國家及其社會控制機構的正當合法性主要來自法律—理性權威，儘管其他兩種權威並存是可能的[7]。因爲傳統的正當合法性明顯地存在在歷史上，而魅力型的正當合法性常伴隨在可怕的戰爭領導人身上，所以法律—理性的正當合法性乃具有現代政治經驗的特殊之處，並作爲其核心政治機構—國家的組成部分[8]。

在韋伯的經典意義上，正當性與公民自願服從國家權力密切相關。總結來說，正當合法性在政治科學和社會科學中被視爲一個重要概念，它涉及公民對政治體制和公共當局的接受和信任，以及對權力和權威的合法性的認可。因此，正當合法性的存在和廣泛的被接受對於維護政治秩序和社會穩定至關重要。警察的正當合法性是警察權力和警察機構有效運作的基礎，它涉及公民對警察的信任和對警察行爲合法性的認可[9]。

以公民不服從運動爲例，抗爭者以非暴力手段挑戰政府統治的正當合

---

[7] Farmer, Ashley K. and Sun, Ivan Y. Citizen Journalism and Police Legitimacy: Does Recording the Police Make A Difference? in *The Politics of Policing: Between Force and Legitimacy,* edited by Deflem, Mathieu, Emerald Group Publishing Limited, 2016. pp. 239-256.

[8] Poggi, Gianfranco. *Weber: Shot Introduction*, Cambridge: Polity Press, 2006. p. 97.

[9] Karstedt, Susanne. Trust in Transition: Legitimacy of Criminal Justice in Transitional Societies, in *Trust and Legitimacy in Criminal Justice European Perspectives*, edited by Meško, Gorazd and Tankebe, Justice. Switzerland: Springer International Publishing, 2015. pp. 3-30.

法性，此時負責維持公共秩序的警察若以過度的武力強勢執法，則在社會大眾心目中，會流失政府統治及警察執法的正當合法性[10]。而當統治者不再具有統治的正當合法性時，該政權會立即被推翻，如印度甘地與南非曼德拉總統的成功抗爭，即爲顯例。

（二）警察執法具有正當合法性是民衆願意遵守法律的重要動機

警察作爲社會秩序的有效維護者，其核心職能是確保公民遵守法律。Skogan和Frydl二人[11]認爲人民願意遵守法律的原因主要有下列三者：1. 人民基於工具理性的動機；2. 人民相信法律具道德上的正當性；3. 人民相信法律的立法及執法過程具有正當合法性，上述第一個和第三個因素中，發揮著重要作用。首先，人民基於理性的動機，認爲不守法會受到法律的制裁，以及警察武力的強制，所以只好乖乖地守法。然而，透過警察的威懾力量驅使人民守法的作用顯然有限。其次，人民願意守法的第二個理由是，人民的倫理道德的價值觀與法律相符合，故人民願意守法且自我管制自己的行爲。然而，正如價值觀可以與法律一致，而對立的價值觀也可能破壞對法律的遵守。第三種因素是，警察可以藉由建立警察執法的正當合法性的策略，來促進公衆的守法與合作[12]。

警察對正當合法性的承諾，意謂著警察決心要獲得轄區人民和社區的認同、合作與支持。警察不僅被國家和法律賦予執法的權威，他們也可在與人民的互動中獲得執法的正當合法性。尤其更應關注那些曾受到傷害或對現狀最不滿的公民和群體，因爲他們對警察的信任和信心往往最弱。而且根據研究，美國警察部門在有色人種，以及所有種族和民族的年輕人中

---

10 主張非暴力抗爭模式的領導者堅信：「正義比守法重要」、「弱者不能輸，只要忍耐痛苦，終會贏過統治者的暴力」，因爲此類型的抗爭者主觀上認爲統治者之統治及法律，已不具有正當合法性，所以寧願被抓坐牢，也要堅持抗爭到底。參閱朱金池，聚衆活動處理的政策管理，獨立作家，2016年，頁44。

11 Skogan, Wesley and Frydl, Kathleen, editors. *Fairness and Effectiveness in Policing: The Evidence*, Washington, D.C.: The National Academies Press, 2004.

12 Skogan, Wesley and Frydl, Kathleen, editors. *Fairness and Effectiveness in Policing: The Evidence*, Washington, D.C.: The National Academies Press, 2004; Murphy, Kristina. "Legitimacy", in *The Sage Dictionary of Policing*, compiled and edited by Wakefield, Alison and Fleming, Jenny Los Angeles: Sage, 2009.

加強其正當合法性，並不會影響其執法的有效性。亦即，警察執法的效能和正當合法性可以同時提高[13]。

　　此外，從犯罪學的視角言，Hirschi[14]在《青少年犯罪的原因》一書中，假設並檢驗了正當合法性對青少年犯罪的影響：「如果一個人對某人或某機構沒有情感的依附的話，則該某人或某機構的規則往往是不具有正當合法性的。」然而，Tyler[15]在《人們為什麼要遵守法律》一書中，提供了對芝加哥的居民電話調查的研究發現：人們對刑事司法機構的正當合法性的判斷中，係以程序正義的判斷為中心的[16]。

　　綜合上述，執法機關為確保法律能順遂執行，不能光從執法者的立場出發，應從社會大眾的立場出發，去同理他們心中對法律及執法者是否具有正當合法性的主觀認知，如此才能有效能地執法，並贏得民眾對執法者的信任。

（三）警察執法的正當合法性之定義與重要性

　　警察執法的正當合法性，意指公眾對警察權威的接受度，以及對警察執法行為的正當性和合法性的主觀感受。警察執法的正當合法性與警察執法的合法性之意涵不同，後者意謂警察在執法時，是否遵守法規及行政作業程序而言，而且執法的合法性能在臨場中被檢視到[17]。然而，警察執法的正當合法性則存在的社會大眾的心中，較不易觀察到。

　　Skogan和Frydl二人[18]進一步認為：警察執法的正當合法性具有兩個層面的重要性，一是在手段層面上言，警察執法具有較高的正當合法性時，

---

[13] Stone, Christopher and Travis, Jeremy. Toward a New Professionalism in Policing, *New Perspectives in Policing*, National Institute of Justice, March 2011. p. 3.

[14] Hirschi, T. *Causes of Delinquency*. Berkeley: University of California Press, 1969. p. 127.

[15] Tyler, T. R., *Why People Obey the Law*. Princeton: Princeton University Press, 2006.

[16] Slovenia, Ljubljana and Meško, Gorazd. Criminal Justice in Europe: A Study of Aspects of Trust and Legitimacy, in *Trust and Legitimacy in Criminal Justice: European Perspectives*, edited by Meško, Gorazd and Tankebe, Justice. P. v, Switzerland: Springer International Publishing. Slovenia and Meško, 2015.

[17] Skogan, Wesley and Frydl, Kathleen, editors. *Fairness and Effectiveness in Policing: The Evidence*, Washington, D.C.: The National Academies Press, 2004. p. 291.

[18] 同前註。

則愈能有效達成警察的任務目標。例如，當警察執法具有較高的正當合法性，民眾會愈信任警察，則民眾愈會積極報案，有利犯罪的調查；民眾亦愈願意與警察合作，預防犯罪；以及社會大眾愈願意提供更多的納稅錢給警察使用等。另一是在目的層面上言，警察執法的正當合法性或公正性（fairness）本身就是一種目的，因為在民主國家中，警政作為必須是民眾所認同的，且必須提升及維持民眾對警察的公正性認知。而且，警察的正當合法性源自於警察如何對待被害者、證人、旁觀者、報案人以及犯罪者。當警察能依法行政、保持中立，且對待民眾使有尊嚴及被尊敬，則警察的正當合法性自然能提升。

Tyler假設人們對警察正當合法性的看法，主要來自於警察是否遵循程序性正義和分配性正義。程序性正義意指，警察與人民互動時所作的決定與行動，是否遵循公正公平的程序而言；分配性正義則指警察是否公正地分配所提供的服務而言。然而，對警察的正當合法性的影響程度，分配性正義較程序性正義不顯著[19]。

在實際的案例上，美國總統巴拉克·歐巴馬（Barack Obama）為檢討2014年8月9日發生於美國密蘇里州弗格森市的群眾抗爭事件[20]，於同

---

[19] Sunshine, J., & Tyler, T. The Role of Procedural Justice and Legitimacy in Shaping Public Support for Policing, *Law and Society Review*, 37, pp. 513-547, 2003; Tyler, T., & Huo, Y. *Trust in the Law*, New York, NY: Russell Sage, 2002; Farmer, Ashley K. and Sun, Ivan Y., Citizen Journalism and Police Legitimacy: Does Recording the Police Make A Difference? in *The Politics of Policing: Between Force and Legitimacy*, edited by Deflem, Mathieu, Emerald Group Publishing Limited, 2016. pp. 239-256.

[20] 美國密蘇里州聖路易郡佛格森市（Ferguson City）於2014年8月9日發生群眾抗爭事件。該事件發生起因是18歲的非裔美國青年麥可·布朗（Michael Brown）在未攜帶武器的情況下，遭到28歲的白人警員達倫·威爾遜（Darren Wilson）射殺。布朗並未攜帶武器，且沒有任何犯罪紀錄，在被射殺前他僅與警員接觸了不到3分鐘。當地警方認為布朗涉嫌一起搶劫案，但直到被射殺時他和警員之間都沒談到劫案一事。警員威爾遜已經在當地警局工作了四年，之前還有二年待在別的警局，也沒有違規紀錄，還曾被稱讚敬業。這起事件引發連續多日的抗議行動，甚至出現暴動，警方派出大量警員、裝甲車，並發射了催淚瓦斯和橡皮子彈試圖平息騷亂，聯邦調查局（FBI）也介入調查。美國總統巴拉克·歐巴馬向布朗的家人發出慰問，並要求美國司法部進行調查。而在8月16日，為了維持當地治安，州長傑伊·尼克森宣布當地進入緊急狀態，這意味著佛格森年午夜到上午5點間將實施宵禁。然而，宵禁也無法控制局勢，因此第二天州長出動密蘇里國民警衛隊以協助當地警察維持治安。雖然經歷了大規模的抗議行動，涉案警官仍被判正當防衛，免於起訴。於同年11月24日在密蘇里州大陪審團決定不起訴涉事警察達倫·威爾遜當天，數百名聚在佛格森市警察局門前等待處理結果的

年12月成立21世紀警政改進小組（President's Task Force on 21st Century Policing）並於翌（2015）年5月提出改進報告。該報告開宗明義指出：執法機關與其保護與服務的人民之間的信任關係，是民主政治的要素。該報告引述一個重要的前提：「當執法者的權威被人民認知為具有正當合法性時，人民就較會遵守法律。」社會大眾只對那些履行程序正義的執法者賦予正當合法性的權威，而且，假如執法者像是用武力入侵社區的統治者的話，則其無法與社區建立彼此的信任關係。因此，該改進小組建議執法機關首要建立與社區的信任關係及執法的正當合法性[21]。由此可見，警察執法的正當合法性，以及與民眾的信任關係，是當今警政策略的關鍵績效指標。而且，執法的正當合法性與民眾的信任關係必須透過警察與民眾的日常互動中，藉由符合程序正義的執法與服務，一點一滴所建立的，非一蹴可幾。

　　綜合上述，警察執法的合法性與正當合法性二者概念有些微區別。警察執法的合法性強調警察應依法行政，並應遵守憲法、法律、法規命令，以及內部的作業程序規定所賦予的職權行事，以確保警察執法的公正性，而這些法規與職權是可以觀察到的。然而，警察執法的正當合法性，則指人民心中對警察執法的合法性與正當性的主觀認知或感受，進而影響人民對警察的信心與信任。當人民心中對警察執法的正當合法性愈高，則警察愈能贏得人民的信任。亦即，警察執法的正當合法性與社會大眾對警察的信任，是由警察自己贏得的。因此，警察執法的合法性與正當合法性二者並非相互衝突，而是相得益彰。甚至可以說，正當合法性的範圍包含了合法性和正當性。

當地民眾表達了不滿，之後再次引發騷亂。憤怒的抗議民眾高呼「還我公正」、「阻止種族主義兇手」等口號聚集遊行，多輛警車及一些沿街店鋪被點燃，警察使用了催淚彈驅散人群，當晚在佛格森市拘捕了20餘名暴力抗議人士。抗議現場甚至傳出了槍聲，不過警方表示並非他們所為。

21　President's Task Force on 21st Century Policing. *Final Report of the President's Task Force on 21st Century Policing*, Washington, DC: Office of Community Oriented Policing Services, 2015. p. 1.

參、警察執法的合法性與正當合法性之來源變遷

不同國家的不同時期，其警察執法的合法性與正當合法性之來源有所變遷。茲舉英國、美國及我國之情形說明之。

一、英國與美國警察執法的合法性與正當合法性之來源變遷

（一）英國1829年警察執法的合法性與正當合法性主要來自公眾的認同

從1829年英國Robert Peel創建現代警察即強調：公眾認同的警政（Policing by Consent）。迄今注重民主法治的社會，警察執法必須高度重視合法性與正當合法性，才能遂行警察的任務，並贏得民眾的信任。在Robert Peel的積極奔走推動下，終於在1829年，由英國國會通過了「倫敦都會區警察法」（Metropolitan Police Act of 1829），允許創設現代警察制度。當時招募了3,000名身著藍色制服（縫有臂章號碼），並帶著警棍的現代警察，在倫敦街頭巡邏，以「預防犯罪」為其主要任務，是為世界上現代警察的起源[22]。

（二）美國1840年至1900年警察執法的合法性與正當合法性主要來自地方政治人物的授權

此時期正值美國政治上採用分贓用人的時代，警察首長是由民選的政治人物任命，其遴任的主要考量是忠誠，所以警察必須高度服從政治人物的指揮，高度遂行民選首長的意志。此階段最大的警政問題，是警察無法公正無私地依法行政，而淪為政治人物逞其政治野心的有力工具，終導致警察與政治人物一起貪污腐敗，而被民眾所唾棄[23]。

（三）美國1900年至1970年警察執法的合法性與正當合法性主要來自法律與專業主義

20世紀中葉警政專業化策略強調警察應依法行政，打擊犯罪，擺脫政治力的干涉。因此，Kelling and Moore認為在20世紀中葉，警察機關透過專業化打擊犯罪的正當合法性，是源自於警察執行的「法律」（law）

---

22 朱金池，警察績效管理，中央警察大學出版社，2007年，頁70。
23 同前註，頁74。

和「專業主義」（professionalism）[24]。因此，美國警察機關在1930年至1970年間，興起了警政專業化的改革浪潮，代表人物包括擔任美國加州柏克萊市警察局局長的August Vollmer、曾任芝加哥市警察局長及加州大學首任犯罪學院院長的O. W. Wilson，以及擔任聯邦調查局（The Federal Bureau of Investigation, FBI）首任局長的E. Hoover等人。Hoover在FBI任期四十八年（1924-1972）中，嚴正執行法律，且不畏懼政治惡勢力，鐵腕打擊不法，樹立了警察依法行政的典範[25]。

（四）美國1980年代以後迄今警察執法的合法性與正當合法性主要來自社區的合作與信任

美國1980年代以後迄今，推動社區警政（community policing）或新警政專業主義（New Professionalism），強調警察必須與社區加強互動與合作，以利預防犯罪和解決治安問題，並且加強提升警察執法的正當合法性與建立民眾對警察的信任關係[26]。

二、我國1949年迄今警察執法的合法性與正當合法性之來源變遷

我國警察的組織制度及警政治安策略隨著其政治環境之變遷而作了相應的調整，因而我國警察執法的合法性與正當合法性之來源亦有變遷[27]。茲以我國自民國1949年政府遷台並實施戒嚴，經1987年解除戒嚴迄今，分為戒嚴前後兩個階段，說明警察執法的合法性與正當合法性之來源各有不同之處如下：

（一）我國1949年政府遷台至1987年實施戒嚴，警察執法的合法性與正當合法性之主要來源

1. 我國中央政府於1949年遷台並開始實施戒嚴，警察雖係以落實戶口查

---

[24] Stone, Christopher and Travis, Jeremy, Toward a New Professionalism in Policing, *New Perspectives in Policing* National Institute of Justice, March 2011. p. 14.

[25] 朱金池，同註22，頁75。

[26] Stone, Christopher and Travis, Jeremy, Toward a New Professionalism in Policing, *New Perspectives in Policing* National Institute of Justice, March 2011; President's Task Force on 21st Century Policing. *Final Report of the President's Task Force on 21st Century Policing*, Washington, DC: Office of Community Oriented Policing Services, 2015.

[27] 朱金池，同註22，頁77。

察工作，奠定國家安全的基礎為工作要項，然而亦於1953年6月15日公布施行警察法[28]，明確規定警察的任務為依法維持公共秩序、保護社會安全、防止一切危害、促進人民福利，賦予了警察行使職權的合法性基礎。

2. 我國於1971年退出聯合國、1979年中美斷交，引發戒嚴威權統治的鬆動，政府為有效維持公共秩序與保護社會安全，蔣經國先生於1976年任命孔令晟為內政部警政署署長，推動警政現代化，大幅改善警察勤務制度與裝備器材，奠定了警政專業化的基礎。後於1985年由時任警政署署長羅張賡續推動十年的警政建設，涵蓋改進組織制度、精實教育訓練、改善待遇福利、充實裝備器材，以及整理法令規章等五個計畫。此時期警察執法的合法性與正當合法性之來源主要有二：一是透過警政專業化，提升警察組織效能，穩定治安與秩序；二是透過精實教育訓練，提升警察人員之素質，以及整理法令規章，提高警察執法的合法性與正當合法性。

（二）我國1987年解除戒嚴迄今警察執法的合法性與正當合法性之主要來源

1. 我國於1987年7月15日解除戒嚴，並於1991年4月30日宣告終止動員戡亂時期，政治走向民主化與自由化，社會走向多元化，政府施政逐漸回歸憲政。以往分由軍、警機關協調指揮督導警政之情形，亦由於台灣警備總司令部在1991年間裁撤，而統由內政部警政署指揮監督全國警政。因此，警察維護治安的角色與任務日益重要。解嚴後，台灣警備總司令部所掌理之機場、港口安檢工作及集會遊行主管機關亦改由內政部警政署接掌。警政署為順利接掌此繁重的安檢及集會遊行業務，遂擬定「充實警力與裝備器材實施計畫」，自1988年至1992年間大幅擴編警力萬餘人，順利排解了解除戒嚴後的社會抗爭亂象。此時期警察執法的合法性與正當合法性主要來自民主法治的強調，以及警政組織的效能穩住了社會公共秩序的動亂。

---

28 因此，我國將6月15日定為警察節，以強調警察依法行政之目標。

2. 解嚴後由於社會日趨多元化與經濟日趨自由化，致社會倫理道德及是非價值觀念紛歧，民眾追逐暴利的投機心理比往昔有過之無不及。因而，導致各種犯罪及違法脫序行為頻仍，其中以故意殺人、強盜、搶奪、擄人勒索、恐嚇取財、強姦等暴力犯罪，危害最深。尤其自1996年底接連發生的劉邦友縣長公館血案、彭婉如女士命案及白曉燕被擄撕票案等三大指標性重大刑案，更動搖了國人對治安的信心。政府高層遂於1996年起接連召開全國治安會議、國家發展諮詢會議、社會治安諮詢會議，以及由時任李總統親自主持的四次高層治安會談，相繼提出多項具體的改善治安措施因應。後又於2005年由時任行政院長謝長廷推動「全民拼治安」策略，建立治安網絡組織，藉由全民的力量共同預防犯罪，並強化警政服務，積極回應民意需求，確保民眾生命財產安全。因此，此時期警察執法的合法性與正當合法性主要來自警察解決治安惡化的效能表現，以及強化為民服務、推動社區警政的具體作法（如定期調查民眾對警察的滿意度）。

3. 司法院大法官會議解釋多次宣告部分警察法規違憲，以及法院多起有罪判決警察執行職務違法案例，課責警察執法應落實合法性與正當合法性的要求。例如，司法院大法官會議解釋與警察職權行使相關者如下[29]：違警罰法或社會秩序維護法（釋字第166號、第251號、第666號、第689號解釋）、檢肅流氓條例（釋字第384號、第523號、第636號解釋）、集會遊行法（釋字第445號、第718號解釋）、道路交通管理處罰條例（釋字第511號、第531號、第584號、第604號、第699號等解釋）、警察勤務條例（釋字第535號解釋）、槍砲彈藥刀械管制條例（釋字第570號、第669號解釋），以及通訊保障及監察法（釋字第631號解釋）、戶籍法中按捺指紋規定（釋字第603號解釋）等。

---

[29] 李震山，人權發展與警察職權：以司法院大法官解釋為例，中央警察大學學報，第52期，2015年，頁1-13。

肆、我國警察執法的合法性與正當合法性之爭議案例

　　我國警察執法的合法性與正當合法性之爭議案例中，最具代表性者有第535號解釋系爭案例、2017年3月19日台北市警察局保安大隊盤查客委會李姓前主委爭議案例、2021年4月22日中壢分局葉姓員警違法盤查詹姓音樂老師之爭議案例，以及2021年8月16日三重分局謝姓員警違法盤查外籍勞工之爭議案例等，茲分別從各個爭議案例之案情摘要、重要爭點，以及檢討省思等方面分析之。

一、第535號解釋系爭案例

（一）案情摘要

　　本案發生於1998年1月15日晚間9時5分，聲請人李○富行經台北市重陽橋時，適逢台北市政府警察局保安大隊在該處執行道路臨檢勤務，警員見聲請人夜間獨自一人行走，便要求聲請人出示身分證件檢查，經聲請人答以未帶證件為由拒絕後，警員隨即強行搜索聲請人身體，聲請人一時氣憤以三字經辱罵警員而被移送起訴。本案經臺灣士林地方法院87年度易更字第5號判決及臺灣高等法院88年度上易字第881號刑事判決，以聲請人係於警員依警察勤務條例第11條第3款依法執行職務時，當場侮辱公務員，而被認定其行為該當刑法第140條第1項之於公務員依法執行職務時當場侮辱罪，而處以拘役。申請人後不服申請釋憲，大法官於2001年作出釋字第535號解釋，認定現行警察執行職務法規有欠完備，恐有侵害憲法保障之人民自由權利之虞，有關機關應於二年內依解釋意旨通盤檢討並訂定相關法條。

（二）重要爭點

　　就警方角度而言，員警當日係依警察勤務條例第11條第3款所定臨檢規定，執行道路臨檢勤務，並對臨檢對象自衣物外緣檢查是否確實未攜帶證件或有無其他危險物品，並無逾越法定臨檢勤務之必要範圍，亦與刑事訴訟法所定就特定處所、身體或物件所為搜查、尋索強制處分之「搜索」不同，應屬警員依法執行職務無誤，自難以未持有搜索票遽認警員執行之

臨檢係違法搜索行為。聲請人辱罵員警之行為已犯刑法第140條第1項之於公務員依法執行職務時當場侮辱罪。

另一方面，聲請人主張警察勤務條例第11條第3款及第2款內容涉及警察之盤查權及人身自由之限制，僅單純就警察具有盤查權為規定，並無盤查權之實質內容，包括如何開始，如何進行，及其執行時間、場所的界限，故該條例應屬組織法性質，不能用來作為警察為達行政目的所行使手段之依據。故警察勤務條例第11條第3款及第2款恐有牴觸憲法第8條保障人身自由及第23條比例原則，應宣告其無效。

綜合上述兩造主張，大法官認為警察法第2條規定警察之任務為依法維持公共秩序、保護社會安全、防止一切危害、促進人民福利。第3條關於警察之勤務制度定為中央立法事項。警察勤務條例第3條至第10條乃就警察執行勤務之編組、責任劃分、指揮系統加以規範，第11條則對執行勤務得採取之方式予以列舉，除有組織法之性質外，實兼具行為法之功能。查行政機關行使職權，固不應僅以組織法有無相關職掌規定為準，更應以行為法（作用法）之授權為依據，始符合依法行政之原則。警察勤務條例既有行為法之功能，尚非不得作為警察執行勤務之行為規範。依該條例第11條第3款：「臨檢：於公共場所或指定處所、路段，由服勤人員擔任臨場檢查或路檢，執行取締、盤查及有關法令賦予之勤務。」臨檢自屬警察執行勤務方式之一種。惟臨檢實施之手段：檢查、路檢、取締或盤查等不問其名稱為何，均屬對人或物之查驗、干預，影響人民行動自由、財產權及隱私權等甚鉅。執行各種臨檢應恪遵法治國家警察執勤之原則，實施臨檢之要件、程序及對違法臨檢行為之救濟，均應有法律之明確規範，方符憲法保障人民自由權利之意旨。

（三）檢討省思

1. 大法官會議釋字第535號解釋雖未解釋警察勤務條例違憲，但認為警察執行臨檢勤務之法規有欠完備，應另訂有明確規範之法律，恪遵法治國家警察執勤之原則。

2. 依據釋字第535號解釋而新訂的警察職權行使法，其有關臨檢盤查之規

範用語，並未完全與該號解釋文相符，故該部警察職權行使法迄今施行二十年，在實務上仍有一些爭議，有待釐清。

3. 省思我國警察人員執行臨檢盤查、取締酒駕及一般交通稽查等勤務之方式，在釋字第535號解釋及施行警察職權行使法之後，有無重大的改變？以及民眾對警察人員執行是類勤務的正當合法性認知是否有所不同？

4. 少數基層員警常以攔停、盤查爭取取締酒駕等績效，並習慣以道路交通管理處罰條例作為切入點的盤查技巧，以及當民眾不配合身分查證，尤在言語挑釁下，難有下台階之理由而停止執行，且利用言語或肢體衝突，造成民眾妨害公務或民眾抗拒員警違法攔查等之情況，仍有待檢討改進。

二、2017年3月19日台北市警察局保安大隊盤查客委會李姓前主委爭議案例

（一）案情摘要

2017年3月19日李姓前主委在台北轉運站超商購物時，遭數名台北市警察局保安警察大隊員警盤查，員警要求李姓前主委出示身分證，李姓前主委拒絕出示證件並要求警方告知盤查的理由與相關法令，雙方爭論數分鐘後，在一路人介入下警方放棄盤查。事後，李姓前主委在臉書發文痛批警方作為有警察國家之虞。此一事件引起社會各界關注，雙方論戰不休，隔日台北市警察局督察室公布此案調查報告，認定警員沒有違失。

（二）重要爭點

關於此次盤查爭議，李姓前主委認為其本身只是到住家附近購物，並沒攜帶身分證，警察應告知盤查理由與相關法令，不能不問理由便對民眾盤查。對此警方表示，當日員警發現李姓前主委倉促身穿夾腳拖，且不斷斜眼瞄警方，心覺可疑便要求出示證件，同時轉運站為保安大隊規劃內的治安巡查熱點，在轉運站內攔查於法有據，警員僅是依規定執勤。由此可見，警察與被盤查之人民對警察職權行使法第6條有關查證身分之要件看法顯然不同，致造成爭端。

（三）檢討省思

警察職權行使法第6條第6款規定：「行經指定公共場所、路段及管制站者。」作為警察得查證身分的要件之一，在實務作法上，若流於每日勤務表上之指定勤務，或作為普查所有行經該地之人、車之依據，而不認眞考量是否具有該條第1款至第5款之情形時，似有不具合法性與正當合法性之嫌，值得省思。

三、2021年4月22日中壢分局葉姓員警違法盤查詹姓音樂老師之爭議案例

（一）案情摘要

2021年4月22日葉姓員警於桃園執勤時，見詹姓音樂老師獨自行走在公共道路的路邊，便上前臨檢要求詹姓音樂老師告知姓名、身分證字號等資料，詹姓音樂老師以葉姓員警臨檢依法無據為由，拒絕提供個人資料，並要求離去。葉姓員警在詹姓音樂老師多次詢問下並未明確告知合法攔檢、盤查之依據，詹姓音樂老師不滿葉姓員警濫權，遂有「眞的很蠢」、「你做的事情違反你的工作」之語。隨後葉姓員警以詹姓音樂老師為妨害公務罪嫌之現行犯為由，進行逮捕，並在詹姓音樂老師拒絕抵抗下將其摔倒於道路，造成其右側前臂手肘擦傷、左側腕部擦傷、右側膝部擦傷等傷害。詹姓音樂老師最後被逮捕上銬送至興國派出所接受調查，並被解送至桃園市政府警察局中壢分局及臺灣桃園地方檢察署應訊。後於2023年1月31日，臺灣桃園地方法院判決葉姓員警犯公務員假借職務上之機會強制罪，處有期徒刑四月，如易科罰金，以新臺幣1,000元折算1日；又犯公務員假借職務上之機會剝奪他人行動自由罪，處有期徒刑六月。

（二）重要爭點

關於本案兩造說法，葉姓員警宣稱其為依法攔查及臨檢之執行職務之行為，故未對告訴人為強制行為；同時詹姓音樂老師有當場侮辱合法攔查及臨檢之執行職務行為，以及其本身並無強制罪與剝奪他人行動自由罪之主觀犯意。然而法官認定：葉姓員警之「合理懷疑」需有客觀之事實作為判斷基礎，詹姓音樂老師除質疑盤查之法律依據外，並無精神異常、泥

醉或其他生命、身體將發生具體危害之跡象，也沒有公然攜帶違禁物、武器、易燃物、爆裂物或顯為贓物之物品，或有其他參與犯罪或即將犯罪之徵兆。同時，詹姓音樂老師的「真的很蠢」、「你做的事情違反你的工作」等語，屬於捍衛自己權利並合理評論公務員違法行為之言論，並非意在貶損被告個人在社會上所保持之人格及地位。因此法官認定葉姓員警犯行洵堪認定，其所辯不足採信，應依法論科。

（三）檢討省思

內政部警政署於今（112）年在中壢分局葉姓員警違法執法被地方法院判決有罪後，作成法制宣教資料中提及[30]：

> 中央警察大學教授許福生指出，早期類似案例，司法實務多阻卻故意，員警頂多被認定過失，但妨害自由不罰過失，本案中地院以「故意」犯論罪，可能成為扭轉警察違法執法的契機。警察執法過與不及常會受到社會矚目，爰警察同仁唯有「依法行政」、「行政中立」，注意「程序正義」及「比例原則」等精準執法，方能遂行警察任務及兼顧人權。專業是警察的命脈、法治是警察的根本，期能使所有警察同仁均能秉持良好的執勤態度，以專業的本職學能及執勤技巧，提升勤務品質，共同為維護治安與保護社會大眾安全而努力。

由此案例教育可見，內政部警政署已深刻體認到警察執法的合法性與正當合法性至關重要，並懇切要求基層警察同仁執法務必要恪遵依法行政、行政中立、程序正義及比例原則等要項。

四、2021年8月16日三重分局謝姓員警違法盤查外籍勞工之爭議案例

（一）案情摘要

謝姓員警服務於新北市政府警察局三重分局中興橋派出所，於2021

---

30 內政部警政署，員警盤查民眾爭議案法制宣教資料，2023年。

年8月16日16時30分許，見一外籍勞工甲坐在超商前椅子上，便前往盤查要求出示相關身分證明文件，然該外籍勞工甲未能出示身分文件，只告知其居住於附近，並可使用手機三方通話，由社工乙和外籍友人丙透過手機通話功能，欲向謝姓員警證實甲具合法外籍勞工身分。詎謝姓員警未進行與乙丙二人對話查證，掛上電話強制將外籍勞工甲以手銬銬於椅上，等待巡邏車抵達後，即將甲載回派出所，再將其銬於勤務處所椅子上管束。隨後謝姓員警從外籍勞工甲手機發現其身分證明文件影像檔，見無可疑之處，即於同日17時13分許，解開手銬並駕車將甲載往新北市三重區環河南路與大同南路口後任其離去。該外籍勞工甲獲釋後求助社工乙並向警局報案。後於2022年6月7日，法院判決謝姓員警假借職務上之權力，故意犯剝奪他人行動自由罪，處有期徒刑四月，緩刑二年。本案謝姓員警已於準備程序中提供自白書，並在坦承犯行後與告訴人達成和解。

（二）重要爭點

謝姓員警身為執法人員，未謹慎拿捏執行職務之分際，率以主觀上之臆測，以其執行職務之權力濫用對外籍勞工甲身分之查察，致告訴人身心受創，亦使人民對公權力產生不信任感。因此，由於該謝姓員警執行查證身分之行為不具合法性，故引發被盤查人外籍勞工甲無法認同與信任警察之執法，認為該警察執法之正當合法性不足而予舉發。最後，由法官確認該謝姓員警之執勤行為違法。

（三）檢討省思

1. 本案謝姓員警不諳警察職權行使法第7條第2項：「依前項第二款、第三款之方法顯然無法查證身分時，警察得將該人民帶往勤務處所查證；帶往時非遇抗拒不得使用強制力，……，並應即向該管警察勤務指揮中心報告及通知其指定之親友或律師。」而且，該謝姓員警未進行與外籍勞工提供之社工乙與其友人丙之手機三方通話，進一步查證身分，逕以強制力帶往勤務處所，顯未具合法性與正當合法性。

2. 警察執法應遵守一般法律原則，包括依法行政原則及行政程序法第5條至第10條例示之法律原則等。本案謝姓員警對外籍勞工甲進行查證身

分之執法行為，顯然未遵守平等原則與比例原則而被法院判決有罪，值得檢討借鏡。

綜合上述，我國警察行使身分查證職權的合法性之重要爭點如下：

1. 少數警察人員對司法院釋字第535號解釋文之要旨，以及警察職權行使法第1條之立法目的：「為規範警察依法行使職權，以保障人民權益，維持公共秩序，保護社會安全，特制定本法。」仍未能精準理解，故在執行職務時，尚難謂達到依法行政及合法性的高標準要求。

2. 少數警察人員對警察職權行使法第6條、第7條、第8條的法律構成要件之認知分歧，尤其對犯罪或危害發生之虞的情況判斷不一，而且未能掌握現場之具體事證即貿然進行盤查。

3. 過度採用警察職權行使法第6條第1項第6款的規定：「行經指定公共場所、路段及管制站者。」全面實施攔停及身分查證，忽視該條第2項的規定：「前項第六款之指定，以防止犯罪，或處理重大公共安全或社會秩序事件而有必要者為限。其指定應由警察機關主管長官為之。」對所有人、車實施普查，難符合法性的要求。

4. 警察的績效制度與組織文化可能會傷害到警察執法的合法性，少數員警為求績效，常以道路交通管理處罰條例作為發動盤查的依據，難符合法性的要求。

由於上述有關警察執勤的合法性存有爭議之處，故警察人員及非警察人員對警察行使身分查證職權的正當合法性的認知，有重大的差異。尤其下列人員對警察執法是否具有合法性與正當性的主觀認知，因立場不同而有很大不同[31]：

1. 一般社會大眾。

2. 報案者。

3. 被警察盤查者、告發者。

4. 員警：幹部與基層員警不同。

5. 檢察官、法官。

---

[31] Skogan, Wesley and Frydl, Kathleen, editors. *Fairness and Effectiveness in Policing: The Evidence*, Washington, D.C.: The National Academies Press, 2004. pp. 292-293.

伍、如何提升我國警察執法的合法性與正當合法性

綜上二節已探討警察執法的合法性與正當合法性之概念意涵與來源變遷，以及我國警察執法的合法性與正當合法性之爭議案例，本節接著對如何提升警察執法的合法性與正當合法性，再分別提出具體的作法。

一、提升我國警察執法的合法性之具體作法

本文前面提及警察執法時除了需遵守憲法、刑事法律及的行政法規等所規定的程序外，警察執法尚需注意一般法律的原則，才能確保警察執法之合法性。茲再進一步討論提升我國警察執法的合法性之具體作法如下：

（一）警察執法應遵守各類法律的規定

警察執法應遵守憲法（含司法院大法官解釋文）、刑法、刑事訴訟法、行政程序法，以及實體的警察法規、作業程序等之明文規定，始能確保警察執法的合法性。

首先，在憲法及司法院大法官解釋層面上，司法院大法官會議歷次解釋宣告部分警察法規違反憲法的重要條文，包括釋字第166號、第251號解釋：違警罰法有關拘留的條文違反憲法第8條人民身體自由應予保障之規定；釋字第445號、第718號解釋：有關集會遊行法違反憲法第11條、第14條對人民言論自由及集會自由保障之規定；釋字第535號解釋：對警察勤務條例中臨檢的要件、程序及對違法臨檢行為之救濟，均應有法律之明確規範，方符憲法保障人民自由權利之意旨。此外，憲法第23條有關法律保留原則和比例原則之精神，亦常作為審查警察執法是否具有合法性的重要依據。

其次，在刑法及刑事訴訟法方面，歷次修法的重點在規範警察執行詢問、逮捕與搜索等之合法程序，而且在歷次法院判決中，亦常課責警察執法時，不得假借職務上之權力，故意犯剝奪他人行動自由罪，以及警察不得假借職務上之機會觸犯強制罪等。

最後，在諸多的警察法規及警察勤務執行程序的規定中，警察機關應不斷主動地檢討是否有觸犯憲法法律保留原則與法律優位之依法行政原

則，不要被動地等待大法官解釋違憲後再作亡羊捕牢之事，否則一旦對人民自由權益的傷害已造成，就於事無補。

（二）警察執法應遵守的一般法律原則[32]

我國行政程序法第1條立法目的為：「為使行政行為遵循公正、公開與民主之程序，確保依法行政之原則，以保障人民權益，提高行政效能，增進人民對行政之信賴，特制定本法。」又行政程序法第4條規定：「行政行為應受法律及一般法律原則之拘束。」所謂「法律」，為行政行為之法源，依其存在形式，得分為成文法源與不成文法源。成文法源，包括：憲法、法律與命令等；不成文法源，包括：習慣法、行政先例、司法院解釋、法院判例、決議與大法庭裁定等。所謂「一般法律原則」，包括：依法行政原則及行政程序法第5條至第10條例示之法律原則等，說明如下：

1. 依法行政原則：此原則係支配法治國家之立法權與行政權關係之基本原則，可分為以下二個子原則：

    (1) 法律優位原則：係消極之依法行政原則，指所有行政行為均不得牴觸法律。此原則亦涉及法規範之位階關係，即下位階之法規（子法）不得牴觸上位階之法規（母法）。此外，關於中央與地方法規之關係，地方制度法第30條第1項規定：「自治條例與憲法、法律或基於法律授權之法規或上級自治團體自治條例牴觸者，無效。」例如，警察機關主管的警察法規和作業程序都必須遵守法律優位原則。

    (2) 法律保留原則：此原則係積極之依法行政原則，係指憲法將某些事項保留給立法機關，須立法機關以法律加以規定，行政機關始能作成行政行為。憲法第23條規定：「以上各條列舉之自由權利，除為防止妨礙他人自由、避免緊急危難、維持社會秩序，或增進公共利益所必要者外，不得以法律限制之。」此憲法條文明示了警察執法應遵守法律保留原則及比例原則。

---

32 本段有關警察執法應遵守的一般法律原則，主要摘錄自國家文官學院，111年委升薦「行政程序法與案例解析」課程教材，國家文官學院印行，2022年，頁3-1-9至3-1-17。

2. 明確性原則：行政程序法第5條規定：「行政行為之內容應明確。」本原則要求行政行為應具有明確性，使人民知悉在何種情況下行政機關可能採取何種行為，人民何者當為或不當為，違反法定義務時之法律效果等，使人民對其行為或不行為之法律效果有預見可能性，以資遵行。

3. 平等原則：行政程序法第6條規定：「行政行為，非有正當理由，不得為差別待遇。」係表徵平等原則在行政法上之適用。平等原則，係支配國家各部門職權行使之原則，指相同之事件應為相同之處理（等則等之），不同之事件則應為不同之處理（不等者則不等之），除有合理正當之事由外，不得為差別待遇。平等原則並非絕對、機械之形式平等，而係保障人民在法律地位之實質平等；若為因應具體案件事實上之需要，自得授權訂定法規之機關，基於憲法之價值體系及立法目的，斟酌規範事物性質之差異，而為合理之區別對待或不同處置。

4. 比例原則：行政程序法第7條規定：「行政行為，應依下列原則為之：一、採取之方法應有助於目的之達成。二、有多種同樣能達成目的之方法時，應選擇對人民權益損害最少者。三、採取之方法所造成之損害不得與欲達成目的之利益顯失均衡。」比例原則可分為適合性原則（或稱「適當性原則」、「合目的性原則」）、必要性原則（或稱「最小侵害原則」）及狹義比例原則。例如，警械使用條例第6條至第9條明示了警察使用槍械時應遵守的比例原則規定。

5. 誠實信用原則：行政程序法第8條規定：「行政行為，應以誠實信用之方法為之，……。」誠實信用原則，是公法與私法所共通之基本原理，在當事人雙方間具體之公法關係中，也如同私法關係，適用誠實信用原則，故不僅行政機關在執行任務為行政行為時，應以誠實信用方法為之，於人民就公法權利之行使或防禦，亦應適用誠實信用原則。

6. 信賴保護原則：行政程序法第8條規定：「行政行為，……並應保護人民正當合理之信賴。」信賴保護原則攸關憲法上人民權利之保障。

7. 有利不利一體注意原則：行政程序法第9條規定：「行政機關就該管行政程序，應於當事人有利及不利之情形，一律注意。」上開規定揭示有利、不利一體注意原則。申言之，行政機關為行政行為時，應注意保護

人民之利益，對當事人有利之情形，自應注意；但因行政機關亦受依法行政及公益原則拘束，因此，對當事人不利之事項，亦應一併注意。

8. 合法裁量原則：行政程序法第10條規定：「行政機關行使裁量權，不得逾越法定之裁量範圍，並應符合法規授權之目的。」行政機關行使裁量權時，並非完全自由不受限制，而是必須在不逾越法定之裁量範圍，遵循法規授權之目的，斟酌具體情形，選擇合乎目的之決定，否則即屬裁量瑕疵而構成違法。

　　警察執法時，對以上一般法律原則均應遵守，而其中特別重要且常作為司法審查警察執法是否具有合法性者，計有依法行政原則、平等原則、比例原則、誠實信用原則，以及合法裁量原則等。因此，警察人員在養成教育及在職訓練的過程中，除應加強具體的法律內容的理解外，應加強對上述重要的法律原則充分體認，才能使警察執法具有高度的合法性。

二、提升我國警察執法的正當合法性之具體作法

　　根據Terrill等人[33]的研究指出，警察執法能獲得公共認可具正當合法性的三個因素，包括人民對警察的程序正義、使用武力和職業文化等方面的主觀認知。此外，美國21世紀警政改進小組亦提出許多提升警察正當合法性的建議。茲就我國警察執法之現況，綜合提出我國警察執法的正當合法性之具體作法如下：

（一）切實實踐警察執法內部與外部的程序正義

　　程序正義可分內部與外部的程序正義兩種。內部的程序正義是指警察主管對內部同仁的友善對待，讓同仁能遵守內部的規章與要求，才能有利於員警對外部人民實踐外部的程序正義。外部的程序正義主要透過員警對人民公正中立地的執法，取得公共對警察的信任。而人民之所以認可警察執法具有正當合法性及對警察的信任，主要取決於人民對警察在程序正義

---

33 Terrill, William, Paoline, Eugene A. III and Gau, Jacinta M. Three Pillars of Police Legitimacy: Procedural Justice, Use of Force, and Occupational Culture in *The Politics of Policing: Between Force and Legitimacy*, edited by Deflem, Mathieu, Emerald Group Publishing Limited, 2016. pp. 59-76.

上的認可程度。而且，程序正義的執法行爲植基於下列四種行爲[34]：

1. 用有尊嚴及尊重的方式對待人民。
2. 當與人民互動時，要給人民有表達意見的機會。
3. 執法要中立與透明化。
4. 表現出值得信任的態度。

（二）重塑執法正當合法性及公共信任的警察文化

1. 在警察的勤務準則及作業程序中，應強調警察執法的程序正義。
2. 警察機關應建立透明及負責的組織文化，警察的勤務準則及作業程序應在網路公開，以讓民眾審視並瞭解警察的作法。
3. 警察機關對過去有違法或不當的執法行爲，應作成案例教育，以建立社區對警察的信任。
4. 當警察執法時發生嚴重的事件，包括警察的違紀行爲，警察機關應立即與社會溝通說明。
5. 警察機關應審慎處理民眾申訴的案件，並作統計分析。

（三）警察機關應與社會建立外在的正當合法性

1. 執法機關對高犯罪率的社區，應多舉辦非執法性的活動，加強警察與社區的互動，預防犯罪。
2. 對老弱婦孺、身心障礙及外國人等弱勢族群，不要使用過度的強制，以免流失他們對警察的信任。
3. 警察在打擊犯罪的過程中，要注意不要傷害到警察的正當合法性。尤其不要爲了爭取績效，而違反程序正義原則，失去人民對警察的信任。
4. 警察機關應定期作民調，瞭解民眾對警察信心與信任情形，並作檢討改進。

（四）警察執法裁量應符合公平正義原則

從權力分立之觀點言，行政被劃歸爲法律的執行者，若法令不備下警察人員受命執行實質「不法之法」，因而明顯侵害人民基本權利，毫無制

---

[34] President's Task Force on 21st Century Policing. *Final Report of the President's Task Force on 21st Century Policing*, Washington, DC: Office of Community Oriented Policing Services, 2015. p. 10.

衡立法者或政務、民選行政首長之機制時，恐會反噬權力分立原則，應非良制。故在此執法的兩難困境時，警察人員應秉持「執法如果有違正義，應該讓法律多眠」之信念，作出最適當的執法裁量，使暫時仍需存在之不法之法的惡害降到最低[35]。

（五）持續推動社區警政，建立警民合作的關係，有效預防與打擊犯罪

警察機關宜灌輸員警有關社區警政的理念，形塑有利推動社區警政的組織文化與組織結構，並與社區民眾共同挖掘與解決社區治安問題。例如，我國警民應合作防制當今嚴重爆發的網路詐騙犯罪和青少年犯罪等之問題。

（六）強化員警執勤的安全措施，避免警察因保護自身安全而過度使用武力

警察機關宜蒐集、分析員警執勤中造成傷亡的原因，並謀求改善措施；此外，警察勤務的編排亦應合理化，以維護員警的身心健康，進而提升員警的執勤安全與品質。

綜合上述，要提升我國警察執法的合法性與正當合法性，尤為重要者在落實實質法治與依法行政的精神。誠如李震山氏所言[36]，法治可區分為「形式意義」與「實質意義」的法治。前者係指以法律為統治工具（rule by law），往往是依統治者之意志來制定法律及執行法律，而不問法律之合法性與正當性，從而承認「惡法亦法」，產生「助紂為虐」的結果。反之，實質意義法治下的法律，則在制定程序上應合法，即合乎民主程序原則，在內容上更須實質正當，即合乎公平正義原則。而且，實質法治下之法，除成文法外，亦包括不成文法，特別是法律的一般原理原則[37]。因此，我國行政程序法第1條[38]即揭示行政程序的目的有二：其一為程序目的，即行政行為應遵守正當法律程序；其二為實體目的，即確保依法行政原則、保障人民權益、提高行政效能，以及增進人民對行政之信賴。

---

35 李震山，行政法導論，三民書局，2019年11版，頁437。

36 同前註，頁38、237。

37 我國行政程序法第4條明文規定：「行政行為應受法律及一般法律原則之拘束。」

38 我國行政程序法第1條明文規定：「為使行政行為遵循公正、公開與民主之程序，確保依法行政之原則，以保障人民權益，提高行政效能，增進人民對行政之信賴，特制定本法。」

陸、結語

本文就警察執法的合法性與正當合法性的意涵進行探討，警察執法的合法性檢視警察執法時是否依照法律內容正確執行，其意涵和警察執法的正當合法性相近，警察執法合法性可以從客觀上的事實進行評估，主要檢視警察在盤問、使用強制力、逮捕與搜索和貪瀆等面向是否有符合行政法規、法律程序以及比例原則。另一方面，警察執法的正當合法性則偏重於民眾對於警察執法時的主觀認知，正當合法性在政治統治上扮演著重要的角色，其對於民眾是否願意遵守法律與否有著至關重要的影響力。總結而言，警察執法的合法性，意指警察是否依據憲法、法律及內部的作業程序而公平、公正地執法而言。而警察執法的正當合法性，則指公眾對警察權威的接受度，以及對警察執法行為的正當性和合法性的主觀感受而言。此二種概念雖有所區別，但二者具有高度的相關性，而且同是評估警察執法是否能被社會大眾認可及信任的關鍵指標。

本文同時探討了警察執法的合法性與正當合法性的變遷，並借鑒美國、英國和我國為例。以英國而言，從1829年開始，強調警察必須贏得民眾信任的「公眾認同的警政」觀念就已經開始流行；美國的情況則是從19世紀時的政治人物授予警察合法性與正當合法性的情況，轉變為1900年至1970年間的法律與專業主義，直到今日美國強調透過警察與社區的互動合作，建立民眾對警察的信任關係。與英美兩國相比，我國警察執法的合法性與正當合法性則與各時期的政治環境變遷息息相關，並可以分為戒嚴時期與解嚴至今兩個階段。戒嚴時期，警察執法的合法性和正當合法性主要建構於警察法的規定、警政專業化的推動和警察組織的效能改善；另一方面，從解嚴後至今，台灣的警察執法的合法性與正當合法性則奠基於民主法治的深化、警察解決治安問題的效能表現，以及警察與社區的互動與服務。

省思我國警察職權行使法施行二十週年之際，特檢討我國警察執法的合法性與正當合法性之爭議案例中，最具代表性的四個案例，包括第535號解釋系爭案例、2017年3月19日台北市警察局保安大隊盤查客委會李姓

前主委爭議案例、2021年4月22日中壢分局葉姓員警違法盤查詹姓音樂老師之爭議案例，以及2021年8月16日三重分局謝姓員警違法盤查外籍勞工之爭議案例等例後，筆者對警察實務機關提出提升我國警察執法的合法性與正當合法性之具體建議事項如下：

一、**加強警察人員有執法爭議處理的案例教育與執法倫理的教育**：正當合法性比合法性涵蓋面更廣，包括正當性和合法性。而且，警察執法人員執法的正當合法性素養之教育訓練，除了法學課程之外，應加強執法倫理之教育，並輔以案例教育作討論，以利提升執法的品質，贏得民眾之信任。

二、**警察機關宜定期調查民眾對警察的信任或信心的情形，不斷力求改進**：警察機關除定期調查民眾對警察及治安的滿意度外，更應針對重大的治安事件及員警風紀案件發生後，著手調查和分析民眾對警察的信任或信心的變動情形，並予追蹤檢討改進之成效。

三、**警察機關審慎處理民眾對警察執法之抱怨、申訴或法院告訴之事件，並即時向社會大眾溝通說明**：建立公開透明與警民互信的正向循環關係，而非封閉保守與警民互不信任的負向循環關係。

四、**建立警察組織內部管理的正當合法性**：尤其要檢討積重難返的績效文化，重塑警察是保母與守護者的警察文化，才能進而建立對社會大眾的正當合法性與贏得民眾之信任。

第四章

警察職權行使法上
之危害概念

蔡震榮

壹、前言

法律之制定是為了適應與解決當時所發生之問題，警察職權行使法之制定，係當時警察在無作用法為依據違法盤查，並肇因於司法院釋字第535號，乃參考德日兩國警察法，制定第一部強調正當法律程序的警察作用法，該部法律將警察以往以防止危害之職權，擴充到犯罪預防之領域，可謂進步之法律，但可惜地，本法在立法過程中顯有疏失，造成員警適用本法執法之困境，值得探究。

警察職權行使法制定前，內政部委託李震山教授等參考當時德國聯邦警察法草案，制定了警察職務執行條例草案（1999年）後，送內政部審查；適逢司法院釋字第535號解釋（2001年12月14日），該草案退回警政署重新修正，增列大法官解釋主要內容於第6條至第8條中，但在立法過程中並無使用臨檢概念，卻直接引用德國法查證身分之概念，致使本法實施起來似有規範不足之憾。

本法第6條及第7條是對人之查證身分，第8條則是攔停車輛之查察，由於立法過程中，並未思考員警實務執行情形，只是將大法官解釋文分別制定於相關法條中，致執行之際發生概念解釋之爭議，尤其，檢察官、法院見解與警察執行所理解概念差異蠻大。

本法第6條條文第1項第1款「合理懷疑其有犯罪之嫌疑或有犯罪之虞者」是員警實務經常使用之條款，然法律概念不確定性，造成員警、檢察官與法院對具體案件適用有不同解讀，增加員警執法之困境。第6條第1項第6款設置管制站攔停車輛，卻無法搭配第8條車輛之攔停，常造成員警執法之困惑，亟待改進。

警察運用科技工具來預防犯罪是未來趨勢。本法制定時，僅少部分條文涉及科技工具，而今為輔助警察職權之行使，已廣泛使用科技工具，如疫情期間手機定位以及M化車（基地台）使用。德國警察法部分也有使用科技工具如使用AI輔助資料探勘，卻遭憲法法院宣布違憲。有關科技工具之使用，此部分亟待立法之補充。

有關即時強制部分，法條制定不甚周延，即時強制屬於即時性強制措

施，要件規定不夠嚴謹值得探討。有關驅離之法條，適用起來產生極大爭議，對非善意集會遊行者隨地任意聚集，引起員警疲於奔命，本條卻未規定暫時性驅離，此部分有待補充。

　　警察職權行使法制定後爭議之產生，主要在於依法行政與法律解釋之問題，其中涉及法律解釋在於本法第6條第1項第1款，其他問題在於法律未明確規定，如第6條第1項第6款設置管制站後續有關車輛攔停之爭議，以及驅離條文未明確規定暫時性管束。

　　本法有關警察職權之發動，主要是參考德國法以危害或預防犯罪而來，德國法警察職權發動已有新的發展，由於攸關我國未來修訂之參考，本文將一併敘述之。

貳、警察職權行使法立法依據與缺失

一、警察職權行使法內容分析

　　本法有關警察職權，第6條至第8條是警察對人以及車輛攔停查證身分等措施，目的在於透過查證身分，取得警察所需之資料，第10條以下有關利用線民以及科技工具資料之蒐集，其發動要件，主要以防止危害或預防犯罪為主。一般而言，警察職權發動常以具體危害為依據，若在實務情形有必要下，立法機關也可以抽象危害要件為發動，但在程序上，經常會加強組織層級許可或監督，如我國第6條設置管制之情形。第10條以下的資料蒐集措施，警察職權之行使，警察與受監督者並不直接接觸，並非行政處分，發動要件常非屬具體危害之情形，經常是針對預防危害或犯罪前階段所採取之措施，但其發動經常以防止重大法益之侵害為準，且程序上經由嚴格許可與監督之組織程序。第20條以下的即時強制措施，與上述職權比較之下，是屬直接干預的強制措施，其發動要件更應比較嚴格，除須與警察的具體危害有關，而且必須即將發生的侵害具備時間急迫性之要件。

二、防止危害與預防犯罪

我國警察職權行使法之制定，主要參考德國警察法而來，目前德國警察法警察職權之發動有重大發展，傳統警察法警察職權發動是以存在有具體危險為基礎，自從警察職權擴充至蒐集資料預防犯罪上，則不再堅守以具體危害為準；而近幾年德國以及歐洲更因反恐，警察之發動要件在犯罪前階段即採取，尤其最近由聯邦憲法法院（2016年4月20日針對德國聯邦刑事警察局法作成有關之判決）所發展出來的Drohende Gefahr，本文將其翻譯成具迫在眉睫的危害。以下就德國警察法上有關危害略作敘述：

（一）具體危害

在某種情況或行為下，於可預見的將來，有可能導致警察保護財產受損，則存在警察法上之危害（Gefahr）。一般警察職權發動經常係以排除危害為開端。

拜樣邦（Bayern）警察法第2條第1項規定：「警察的任務是防止對公共安全或秩序的一般或個人危害。」第11條第1項規定：「除非第十二條至第六十五條特別規定了警察的權力外，警察可以在個案中採取必要措施以防止對公共安全或秩序的危害。此類特定危害（危險）應理解為一種情況，如果客觀預期事件不受阻礙地進行，在個別情況下很可能導致違反受保護的公共安全或秩序。」

第11條所稱「第十二條至第六十五條特別規定」即屬德國警察法有關警察類型化措施（如查證身分、管束、驅離等措施），其所規定即屬具體危害。

因此，具體危險是指如果預期之事件，不受阻礙地進行，在個別情況下很可能導致公共安全或秩序的受保護利益遭到侵犯的情況。有必要進行判斷（確定所提供情況）和預測（估計事件的進一步發展）。當事實呈現足夠的可能性，預測將會發生侵犯合法利益的行為時，就存在具體的危險，亦即，其屬個案可能產生危害之情形。

（二）抽象危害

某些類型的行為，在一般情形下，有足夠的可能性，導致個別案例中

發生損害時，即存在抽象危險；在這種情況下，是否在個別案例中發生損害之危險，則並不重要，亦即，抽象危險只論就一般情況，而不去討論個案之情況。

如果危險確實存在於個別案例中，則危險是「具體的」；如果危險僅意味著假設的、想像的但通常是危險的情況，則危險是「抽象的」。

示例：行人專用區中，沒有拴狗繩的狗，存在攻擊和咬傷其他路人（尤其是小孩子）的抽象風險。

（三）德國警察有關危害之發動要件

德國警察以危害發動要件，通常並非單一，經常會使用不同概念，其中會包括發動要件是屬於何種情況之危害（如緊急、迫切），其結果造成侵犯何種法益，如身體、生命、公共利益、邦利益或國家利益等，危害或法益會出現在法條上。主要略述如下：

1. 緊急危害（Dringende Gefahr）

當重要的合法法益，預計很快會發生嚴重損害時，就會發生這種情況。緊急危害是指合法利益即將受到嚴重且直接的威脅。它的特點是即將發生損害的緊迫性，急需立即採取措施避免其發生。在本次2023年德國憲法法院判決有關使用AI作資料探測，發動要件，即以有緊急可能即將侵害重要法益之危害，作為發動要件[1]。

2. 公共危害（「一般」意義上的常見）（Gemeinde Gefahr）

指對不確定數量的人或事物，存在威脅時（例如火車站的炸彈威脅）。

3. 重大危害

強調重大法益之侵害，如果不採取行動，會立即或在不久的將來，對受到威脅的合法利益造成損害。損害發生的時間非常急迫，以致於隨時可能發生。這些受危害屬高度法益，例如危及生命、健康、國家之存在或致使大眾受到干擾。

---

[1] BVerfG, Urteil des Ersten Senats vom 16. Februar 2023 - 1 BvR 1547/19, 1 BvR 2634/20 -, RD. 64.

4. 當前危害（Gegenwärtige Gefahr）

當破壞性事件已經開始或肯定在不久的將來即將開始時，所出現之危害。

5. 急迫危害（Gefahr im Verzug）

具體個案在時間上具有不可遲延之急迫危害，只能透過警察而非請求主管當局的干預，才能避免時，就會發生這種情況。向法官上訴或其他安全機構的參與，會因所涉及的延誤而延遲警方措施成功的事實。此種危害應採取措施，即屬於所謂的即時強制措施。

（四）迫在眉睫的危害（drohenden Gefahr）

如果導致損害的風險可能已經存在，在此種意義上足夠使具體的危害發生。發生因果過程尚不能以足夠的概率進行預測，但因為某些事實已經表明，個別案件中極其重要的法律利益面臨迫在眉睫的危險。這些事實至少導出以下結論：事件之性質可成為具體，且發生之時間可預見。這是2016年4月20日專門針對恐怖主義和監視措施，由聯邦憲法法院所發展出來的概念。此種危害尚未發生，但預測將來會發生，可即時採取監視措施。

德國聯邦憲法法院針對聯邦刑事警察局法（BKAG）作出裁決後，認定其為獨立的危害概念。根據聯邦憲法法院判決，即將發生的危害不是具體的危害，但至少有實際跡象表明出，受保護對象可能出現具體危害的意義。根據法院的認定，只有極其重要的合法利益，才能被視為應受保護利益，如國家利益或重大生命身體之利益[2]。

迫在眉睫的危害在拜樣邦警察任務法第11條被引用其稱：

1. 不符合第11條第1項、第2項規定的，對於個別案件，警方可以採取必要措施查明事實，防止對重大合法利益出現危害

(1) 一個人的個人行為確定了具體可能形成危害率。

(2) 準備行動本身或與其他具體事實一起，可以得出關於其性質具體的事

2　BVerfGE NJW 2016, S. 1781 (1785).

件的結論。據此，除非第12條至第65條具體規定了警察的權力[3]，否則預計在可預見的將來會發生相當強度的影響（迫在眉睫的危害）。

2. 重大合法權益

(1) 聯邦政府或州的存在或安全。

(2) 生命、健康或自由。

(3) 性自決，只要它受到可判處至少三個月監禁的刑事犯罪的保護。

(4) 至少具有國家重要性的關鍵基礎設施和文化資產。

　　總之，德國警察法將危害概念擴展至尚未形成具體之抽象危害上（構成要件），此其一；另一（法效果法益），並基於維護國家安全以及重要法益，允許警察於犯罪前階段（Vorfeld）採取行動，該號判決主要是針對警察採取秘密資料蒐集之手段。

參、德國聯邦憲法法院就警察使用AI處理資料合憲性之探討

　　德國聯邦憲法法院（2023年2月16日）針對黑森邦與漢堡市之警方依據警察法規之警察藉由自動化技術之運用，使用資料探勘（data-mining）軟體AI，來進行整理警方所獲得資料之分析或評估，作出了違憲之判決[4]。

一、原因事實敘述

　　德國黑森邦和漢堡市的警方，使用美國軟體公司Palantir的資料探勘應用程式（Gotham），進行資料分析或評估[5]，並且重新建立個人檔案。

　　具體來說，使用軟體之際，會先輸入大量不同的個人資料，包括警方

---

[3] 上述條文所規範的即屬所謂的類型化措施（Standard Massnahmen），如查證身分、管束、驅離等措施。

[4] BVerfG, Urteil des Ersten Senats vom 16. Februar 2023 - 1 BvR 1547/19, 1 BvR 2634/20 -, Rn. 1-178.

[5] 該二邦法律規定不一致，有稱資料分析或稱資料評估，參閱李寧修，警察運用資料職權之合憲性觀察，月旦法學雜誌，第341卷，2023年10月，頁83。

原本的資料庫，還有其他來自社群媒體的補充資料。接著，軟體就會進行分析，並產出犯罪預測的結果。

本案原告德國自由權協會認為，這不只是從原本蒐集的資料中進行篩選，而是更進一步的分析，利用既有資訊的相互關聯，產生新的資訊。警察可以透過交互參照的資料知道誰與誰接觸、其是否待在同一個空間、誰和誰認識，並透過應用程式告訴警察，誰可能在何時犯罪。協會認為，警方對於資料的使用，已經超出了原本蒐集時，單純想要紀錄的目的，過度侵犯了資訊自主權[6]。

自動化「分析工具」的建立和使用，可以顯著促進和提高警察任務的績效。對現有數據進行全面分析，對於打擊嚴重犯罪尤為必要。透過這種方式，警察可以識別行為的聯繫和模式，從而識別人們未來的犯罪或危險行為，並採取適當的預防措施[7]。

二、違憲法條以黑森邦警察法為例

本文以下主要集中以黑森邦警察法為例去探討。

黑森邦警察公共安全與秩序法第25A條規定：

1. 在個別案件中之合理正當理由下，警察當局可以使用自動數據分析應用程序，進一步處理存儲的個人數據，以預防性打擊刑事訴訟法第100a條第2項規定的犯罪或避免對公眾的威脅。聯邦政府或州的存在或安全，或具有重要價值的人的生命、肢體或自由或財產，為了公共利益需要對其進行保護，或者預期對環境造成同等損害。

2. 根據第1項進一步的處理，可以建立人、人群、機構、組織、物體和事物之間的關係或聯繫，可以排除無關緊要的信息和發現，可以將傳入的發現分配給可以對已知事實和存儲的數據進行統計評估。

3. 數據分析自動化應用程序的建立和重大變更，均按照主管機關或其委託

---

6   陳冠瑋，該用AI預測犯罪嗎？―《黑鏡》般的劇情，在德國真實上演，2023年7月9日：https://crossing.cw.com.tw/article/17848（搜尋日期：2023年9月30日）。

7   HessLTDrucks 19/6502, S. 40; BVerfG, Urteil des Ersten Senats vom 16. Februar 2023 - 1 BvR 1547/19, 1 BvR 2634/20 -, Rn. 5.

官員的命令進行。根據第1句，在建立或重大變更之前，必須聽取黑森邦數據保護官的意見；如果存在迫在眉睫的危害，聽證會必須稍後舉行。

該法條授權警方在個案合理正當理由下，爲了防止刑事訴訟法第100a條第2項涵義內的嚴重犯罪（替代方案1），或避免對某些合法利益的威脅（替代方案2），透過自動應用程序使用存儲的個人數據作爲數據分析（黑森）或數據評估（漢堡）的一部分。這樣，根據相應法規的第2項，可以建立人、人群、機構、組織、物體和事物之間的關係或聯繫，可以排除無關緊要的信息和發現，並可以將傳入的發現分配給已知的信息和發現。事實和存儲的數據可以進行統計評估。第3項爲主管機關權限之規定。

三、本判決重點

德國聯邦憲法法院判決指出，黑森邦的現行作法是違憲的，並違反了憲法對於個人資訊自主權的保障。

這種分析方式也屬於對資訊自主權特別嚴重的干預行爲，憲法法院認爲，國家基於相當於具體危害前提下，並必須出於保障特別法益的目的——例如保護他人的生命或身體——且法益面對具體危險時，警方才可以依前述使用「資料探勘科技」，而不可以一般性、無門檻地用在所有人民身上。

憲法法院認爲，任何對數據的進一步使用，只有基於符合蒐集要求重要的合法法益，並預計不久會發生嚴重損害時的緊急危害即可適用[8]。資料探勘干預理由，也應符合此種標準。縱使只是預防犯罪而發動，爲保護即將受到侵害之重大法益時，只要具有緊急危害的情形，即屬符合憲法上之要求。

憲法法院認爲，法規之訂定，應該要作利益上之衡量，在侵入性措施的情況下，職權之發動，要有具體危險以及保護特別重要的法律利益兩

---

[8] Vgl. dazu BVerfG, Urteil des Ersten Senats vom 26. April 2022 - 1 BvR 1619/17 -, Rn. 297 m.w.N.

者必須同時存在來衡量，在侵入性較小的措施情況下，如果未達具體危害，但若防止侵害重大法益，如生命或國家利益時，並不違憲，亦可允許之。亦即，如果法律授權規範預設了具體的危險，或對特別重要的法律利益的保護就足夠了[9]。任何新的數據使用，以及數據蒐集本身，都必須以緊急危害或在個案中已充分說明的危險爲依據（仍有發生具體危害之可能性）。

一方面，自動數據分析或評估是否合憲，應以法規所設定之干預比重來判斷，在此，應受到資訊蒐集目的限制和蒐集目的改變的原則之限制。

另一方面，自動數據分析或評估也有其自身的權重，因爲透過自動數據分析或評估進行的進一步處理，可能會產生超出原先干預權重的特定負面效果；在這方面，狹義的比例原則提出了進一步的正當性要求。

根據第25A條HSOG和第49條[10] Hmb PolDVG進行的自動數據分析或評估旨在生成新的資訊。第25A條第2項HSOG和第49條第2項Hmb PolDVG將其描述爲在人、人群、機構、組織、物體和事物之間建立聯繫，排除無關緊要的信息和發現，將傳入信息分配給已知事實和統計數據。對存儲的數據進行評估，可以使用幾乎所有可能的信息技術方法從現有數據中獲取廣泛的信息，並可以從評估中建立新的聯繫。鏈接數據可以進行多階段分析，從而產生新的懷疑，以及進一步的分析步驟或後續操作措施。

本案資料探勘將警察所獲得資料，包括廣告、交通資訊以及其他作證之資料全部都可以匯入資料探勘中，並從中獲取新的資料，此涉及資料蒐集目的拘束以及資料目的之變更，警察不區分資料取得之目的以及目的變更之使用原則，將全部資料投入資料處理中，明顯違反狹義比例原則。

立法機關必須自行制定法律，限制數據類型和範圍以及處理方法的基本規定。

如果授權行政部門更詳細地規範組織和技術細節，立法機關必須以抽象一般方式確保，行政部門在個別情況下進行自動化數據分析或評估相關

9　Vgl. BVerfG, Beschluss des Ersten Senats vom 9. Dezember 2022 - 1 BvR 1345/21 -, Rn. 173.

10　Vgl. BVerfGE 156 (24.03.2022), 11<39 Rn. 73.

的規範和標準以立法機關更詳細確定的方式公布。這也確保了憲法要求的控制，特別是可以由數據保護官員執行[11]。

從以上憲法法院重點可以看出，上述兩個邦警察法只以預防犯罪之抽象法益作為發動（資料之探勘）是不足的，應有具體危害之情形，但類型立法機關制定警察法時，能在法規上對資料探勘自行制定，限制數據類型和範圍以及處理方法的基本規定，則就足夠（合憲）。但由於特殊的技術性以及需要快速制定減輕干擾所需的法規，如果更深入的法律標準化似乎不可行，立法機關可以授權主管部門更詳細地規範組織和技術細節。然而，其必須確保，結合法律要求和監管部門的授權和義務，數據的類型和範圍以及整個處理方法在內容上受到足夠的限制，標準清晰且透明。

無論如何，行政法規的規範需要有法律依據。在這方面，立法機關必須確保當局以易於理解的方式，記錄和公布與個別案件中條款的應用相關的規範和標準化。

四、小結

本號判決重點臚列如下：

（一）違反目的限制與目的變更原則以及比例原則

利用AI資料探勘（automatisierten Datenanalyse oder-auswertung），將舊資料變更目的使用而產生新資料，違反資料使用目的限制與目的變更之原則，且大量投入無關之資訊，不但侵害個人資訊自決權[12]，且允許對人物資料剖析（Profilier），建立特定人之人際及地緣關係之描述，而得出更多資訊，與原先蒐集目的大相逕庭，違反比例原則[13]。

（二）違反法律保留原則

立法機關對資料探勘干預之方式與範圍（Art und Umfang）以及處理方法等，缺乏明確規定，違反法律保留原則。本判決建議，立法機關應重

---

[11] BVerfG, Urteil des Ersten Senats vom 16. Februar 2023 - 1 BvR 1547/19, 1 BvR 2634/20.

[12] 本判決指出，人民無從知悉其資料如何被利用與處理，與保護個人資訊自決權之意旨未盡一致。

[13] 李寧修，同註5，頁88。

新訂定職權干預理由與侵害法益，來確保干預之合憲性。此觀點，我國憲法解釋也以類似理由「為免個案罰鍰過苛，立法時應設調整機制，俾責罰相當」侵害財產權，以及違反比例原則而宣布違憲[14]。

本號判決以警察干預理由與保護重大利益，兩者作衡量，來決定措施之合憲性。資料探勘之利用，雖屬嚴重干預，縱其發動要件未達具體危害，但如果事件在持續發展下，在不久將來極可能發生重大法益之侵害，則屬合乎憲法規定。

（三）應付技術性、專門性需求授權主管機關訂定授權命令

立法機關可授權主管機關訂定法規命令，但必須符合授權明確性之要求。

基上，本案德國聯邦憲法法院自憲法之角度出發，並就自由（個人）與安全（公共）間之衡平作出判決。憲法法院仍以公共安全為重，給予警察裁量較大之空間，無疑地卻犧牲人民之權利，尤其對於一個來自國外恐怖分子訓練營的人，進入德意志聯邦共和國，可以想像其將受到嚴重監控，似有使人感覺到，因為反恐嚴重干預外國人權利，恐有不公平待遇與歧視之嫌。

德國警察透過警察法規之授予，藉由便捷且簡易的技術，預先存取相關資料，建置大型資料庫以備未來不時之需，以維護「安全」為名之旗幟之下，針對集會遊行運用全覽式攝像技術預先蒐證、運用監視器、GPS定位及行車紀錄等資訊之整合，以掌握車輛行進路徑、向電信事業調取過去之通聯紀錄以追訴犯罪等，警察「善用」科技技術之便，在蒐證或是偵查的階段，藉由預防性之資訊蒐集，來釐清不法事實與調查證據，大幅擴張並升級警察獲取資訊之權限與效能之趨勢，藉由預防性資料之存取以及後續利用，追蹤及釐清組織性犯罪之足跡與脈絡，以求國家安全及社會秩序等重大公益之維護，在安全與自由之平衡下，不斷擴張德國警察法中預防性干預職權，凸顯了人類社會對「安全」強烈的渴求，但其某種程度上亦

---

14 參閱司法院釋字第641號、第716號、第786號解釋，德國聯邦法院也指出立法機關未就警察職權行使設定界限，情形有點雷同。

以犧牲人民之自由作爲對價。

　　相較於我國法，德國警察法以立法爲優先，採依法行政原則，來解決實務之問題，此點值得我國法學習；我國警察職權行使法在執行過程中，顯然已經發生若干執行之困境，卻未即時修法，進而產生員警執法之卻步。在有運用科技執法之需，如爲應付詐騙案而大量使用科技偵查，警察單位卻未透過積極立法，保障執法之合法性，殊爲遺憾。

肆、我國警察職權法上危害概念

　　警察職權行使法有關危害與預防犯罪概念，出現在身分查證、資料蒐集以及即時強制措施上。如同德國法上，應就職權行使干預之理由強弱以及所保護法益，去作衡量警察措施之合理性。

一、身分查證與車子攔停

　　警察職權行使法第6條至第8條，警察身分查證手段之行使，通常爲取得警察行使職權有關之資訊，對當事人而言短暫攔停詢問，其侵害性較爲輕微，其發動只是爲取得相關個人之資訊，通常並不要求有具體危害之情形。如本法第6條第1項第4款（重大犯罪之虞或藏匿人犯之處所，針對易生危害之處所）、第5款（外籍失蹤逃逸人士）係爲防止潛在危害，而專針對易生危害之處所爲身分查證，所謂潛在危害是指目前不存在危險，但如果出現進一步情況，可能會出現危害，即屬於抽象危害[15]。

　　本法第8條之攔停理由爲「對於已發生危害或依客觀合理判斷易生危害之交通工具」則是個案之情形，屬具體危害。

　　身分查證屬侵害性較爲輕微之措施，縱使只是抽象危害如潛在危害，但如爲保護重大法益如國家、公共、個人生命、身體之法益等，干預措施仍屬合法。

---

[15] 李震山等，警察職務執行法草案之研究，內政部警政署委託研究，1999年6月，頁53，認爲此規定並不違憲。

二、秘密蒐集資料措施

　　警察職權行使法第10條之發動，並無特定對象，是以可能肇致犯罪之場所（Gemeinde Gefahr），以場所爲防止公共危害所採取措施，雖屬抽象危害之概念，但防止重大公共利益，且並無特定對象，權衡干預程度與侵害法益，本條規定是爲了確保公共場所之安全，應屬合法。

　　本法第11條秘密跟監，以及第12條警察利用線民，皆係以預防重大犯罪或重大危害爲發動，雖未達具體危害之程度，但在程序上則透過組織層級加以監督及許可。亦即，發動要件透過組織層級之監督或許可之介入，是否合於法律保留原則，則有探究[16]。依據德國憲法法院2016年4月20日判決意旨，持續24小時以上長期跟監，宜有法官保留之必要；警察職權行使法第11條長官保留原則，則會有爭議[17]。

三、即時強制措施

　　本法採用即時強制手段，係根據行政執行法而來。行政執行法第36條第1項規定：「行政機關爲阻止犯罪、危害之發生或避免急迫危險，而有即時處置之必要時，得爲即時強制。」發動要件除應具備阻止犯罪、危害之發生或避免急迫危險之必要外，且有即時處置之必要，亦即，必須危害之排除基於時間急迫性，兩者缺一不可。可惜地，有關行政執行法即時強制發動之要件，警察職權行使法卻疏漏未規定，致使若干具體事項之發動，顯然不符合即時強制之要件，立法顯有疏失。

　　本法第20條（管束）、第25條（使用或處置土地、住宅等）以及第26條（進入住宅）雖有具體危害作爲發動要件，卻缺乏即時處置必要之發動要件，但第21條（危險物品之扣留）卻只以「爲預防危害之必要」抽象危害爲發動要件，顯然更不符合即時強制之要件。第27條（驅離）僅以「爲排除危害」爲發動要件，顯然規定不夠具體，且也無規定「即時處置

---

[16] 探索德國憲法法院判決意旨，只要爲防止重要法益之侵害，如個人生命、身體或國家法益等重大法益有受到侵害之虞，即可發動秘密蒐集之手段。

[17] 李憲人，論警察跟監活動——以危險防止與犯罪偵查爲中心，中央警察大學法學論集，第36期，2019年4月，頁207。

之必要」，顯然不符合即時強制之規定。

通常即時強制是在緊急情況下，來不及向法院或其他安全機構請求下，警察有即時處置之必要，才可爲之。本法即時強制之規定，基於上述理由，立法明顯規範不足，建議未來重新修法時，可將行政執行法第36條第1項規定納入之。

伍、警察職權行使法立法缺失

一、本法第6條至第8條係拼湊而成

本法有關第6條至第8條，主要係由德國法、日本法以及司法院釋字第535號拼湊組成。

（一）第6條規定之爭議

1. 有關場所之規定

本條有關場所之規定，係源自於司法院釋字第535號解釋文所稱「警察人員執行場所之臨檢勤務，應限於已發生危害或依客觀、合理判斷易生危害之處所、交通工具或公共場所爲之，其中處所爲私人居住之空間者，並應受住宅相同之保障」，立法時將人（第6條、第7條）車（第8條）分開，對人之檢查則於第6條第1項題幹加入「警察於公共場所或合法進入之場所」查證身分。第8條第1項題幹「警察對於已發生危害或依客觀合理判斷易生危害之交通工具，得予以攔停」。

第6條第1項第4款以及第5款，係參考德國聯邦與各邦統一警察法標準草案，這兩款之前提係滯留於某地，故已經有場所規定在先，本條題幹卻出現「公共場所或合法進入之場所」，兩者皆有場所規定，致使上述兩款場所規定似屬多餘，立法有未周之嫌[18]。

第6款設置管制站則是參考德國法而來，但有添加「公共場所、路段」，也形成「公共場所」重複規定。因此，第6條第1項題幹場所之引入，似有畫蛇添足之憾，且第1款至第3款並不以場所爲限，可能在公眾得

---

[18] 蔡震榮、黃清德，警察職權行使法概論，五南出版，2019年4版，頁130。

出入之場所也可爲之。

2. 有關第6條第1款之爭議

第6條第1項規定：「警察於公共場所或合法進入之場所，得對於下列各款之人查證其身分：

一、合理懷疑其有犯罪之嫌疑或有犯罪之虞者。

二、有事實足認其對已發生之犯罪或即將發生之犯罪知情者。

三、有事實足認爲防止其本人或他人生命、身體之具體危害，有查證其身分之必要者。

……

六、行經指定公共場所、路段及管制站者。」

第6條第1項第1款、第2款以及第3款，係參考日本警察官職務執行法第2條[19]，其中第2款、第3款以具體危害，與警察防止危害或預防犯罪之任務有關較無問題；然而，第1款卻屬犯罪有關之查證，似乎並非警察防止危害之任務，反而與犯罪偵查有關[20]，當時立法時，可能未盡查證有以致之。其中，最具爭議是第1款所謂「合理懷疑其有犯罪之嫌疑或有犯罪之虞者」，可以分兩部分來敘述，其一，何謂「合理懷疑」屬不確定法律概念，究竟「合理懷疑」要具有多少事件發生可能性才屬之，對值勤員警而言，是相當負擔[21]；另一，判斷「合理懷疑」必須連結「有犯罪之嫌疑或有犯罪之虞者」，而是否有犯罪嫌疑或犯罪之虞，係針對偵查犯罪或預防犯罪之情形，警察職權行使法除應預防犯罪外，最根本的是排除或防止危害而非有無犯罪嫌疑。舉例來說，發生在2021年4月，員警盤查中壢女老師事件，葉員以疑似失蹤人口爲由，要求詹女出示身分證遭拒，其又不肯讓詹女離開，最後在對方指責其行爲很蠢時，以妨害公務爲由，使出「大外割」逮人；後來葉員又改口攔查地點爲治安熱點，並指詹女當時背

---

19 日本警察官職務執行法第2條規定，警察職權之發動，係以犯罪嫌疑或犯罪之虞，我國警察職權行使法第6條第1項第1款防止犯罪之規定，係採日本法而來。

20 日本警察官職務執行法第2條：「因異常舉動及其他周遭情事合理判斷，認有相當理由懷疑已經或者即將實施犯罪之人，或者被認定知道已經實施或者即將實施的犯罪的人，員警可以暫停和訊問。」此即是我國警察職權行使法第6條第1項第1、2款之內容。

21 員警對此一條文因不確定法律概念，而無法於查證身分時，回答民眾之質疑。

著行李，神情憔悴，因此懷疑是毒品或失蹤人口，但說法未被採信。從前述可知葉員所稱「懷疑是毒品或失蹤人口」，前者合於該款規定，但後者「失蹤人口」則是指逃逸外勞，則僅是違反行政法規，不屬於犯罪之範疇，而屬於防止危害之情形，如基此理由之攔停，則屬不合法之規定，因此，建議本款應增加防止危害之規定。

且員警處理攔停事件，常遭民眾提起訴訟，檢察官與法官之認定，經常不會與員警一致，衍生諸多法律爭議[22]；且司法實務經常質疑警察職權行使法是防止危害的警察任務，而非犯罪偵查，不得將該法用在刑事偵查上[23]，當時該法草擬時，學者指出，應參考德國警察法標準草案，只要有防止危害之必要，即可查證身分[24]。

3. 管制站衍生後續處理之問題

司法院大法官解釋係針對法條提出質疑，但如果將其解釋理由制定為法條，立法者（包括執法機關）本應重新思考法條實際執行狀況，該號解釋只是提出人車檢查應具備之條件與程序，執法機關立法時應就實際執行情形去設計。

設置管制站，依本法第6條第2項：「前項第六款之指定，以防止犯罪，或處理重大公共安全或社會秩序事件而有必要者為限。其指定應由警察機關主管長官為之。」

本條的爭議有二，其一，警察如未經警察機關主管長官為之，可否隨機檢查？另一，管制站前之攔停法律依據為何？

(1) 路口隨機檢查

法律並無規定，員警藉由用路人等交通號誌之檢查是不被允許的。

---

22 最近爭議為中壢非洲鼓女老師於2021年4月22日，遭中壢警察分局興國派出所葉姓警員濫權盤查案，葉員一度獲不起訴，該女聲請再議經高檢署發回桃園地檢署續查後逆轉，檢方依公務員假借職務上之機會妨害自由罪嫌將葉員起訴。桃園地方法院審理後，將葉員依犯公務員假借職務上之機會強制罪，處有期徒刑四月。

23 如海巡署巡佐以警察職權行使法第9條為依據，裝設GPS查私菸被判刑，參閱高雄地方法院認定王男無故竊錄他人非公開活動，侵犯隱私權，判處拘役40天，緩刑二年。二審高雄高等法院高雄分院考量王男為公務員，改判拘役50天，可易科罰金，緩刑二年，最高法院駁回上訴定讞。最高檢察署認為王男冤枉，提起非常上訴，但仍被最高法院駁回。

24 蔡庭榕，警察查證身分職權之研究——以警察職權行使法第6條至第8條規定為中心，中央警察大學法學論集，第40期，2021年4月，頁17。

某甲從停車場開出道路上，皆合法安全無違規，只因未打方向燈遭員警攔停實施酒測，經舉發監理所處以罰鍰及吊扣駕照，某甲上訴法院，臺北地方法院110年度交字第1號行政判決，撤銷監理所之處分，理由是員警不得隨機實施酒測，不符合警察職權行使法第8條第1項所謂易生危害之交通工具。

(2) 管制站前停車迴避檢查法律適用疑義

設置管制站爭議在於，管制站前停車迴避檢查，警察可否以拒絕酒測處罰當事人，這是目前實務上發生最多之案例，亦即法條依據何在。諸多案子都被法院撤銷，理由在於，警察如根據警察職權行使法第8條「警察對於已發生危害或依客觀合理判斷易生危害之交通工具」得予以攔停檢查，前提是，必須是該駕駛人駕車行為有異常狀況，有產生危害之虞時，但基本上如果駕駛人停車前駕駛行為正常的話，警察對駕駛人開拒絕酒測處罰單，通常法院會撤銷[25]。

要解決上述問題，執法單位警政署應提出修法草案。草案內容建議大致如下：「有事實足認駕駛人於管制站停車有迴避檢查之虞時，警察得實施查證身分，必要時，得要求實施酒測。」

二、即時強制名稱之商榷

即時強制之要件，必須要有危害發生，且具有時間急迫性（zeitlich so dringlich/eilig, dass es unzumutbar wäre），危害只能透過警察即時處置屬之，如向法院請求或要求其他安全機構的參與，將會延誤警察採取必要措施之時機。行政執行法第36條第1項規定：「行政機關為阻止犯罪、危害之發生或避免急迫危險，而有即時處置之必要時，得為即時強制。」警察職權行使法卻迴避該條項規定，顯有規範不足之情事。如果法條沒有規定時間之急迫性，是否警察在個別情形下，仍有頒布行政處分之可能性時，即無採取即時強制之必要，此點值得斟酌[26]。

---

[25] 上述案例非常多，臺北地方法院104年度交字第272號判決、臺北高等行政法院110年度交上字第138號判決等。法院見解是，設置臨檢點與第8條構成要件不同，不得加以引用，因此，臨檢點前之停車，目前找不到處罰依據。

[26] 在德國警察法只將管束、驅離措施或住宅之進入，歸類為警察類型化措施，警察採取該項措施，以行政處分方式為之。

（一）警察對聚衆者之實施丟包爭議

2017年12月23日舉行的反勞基法大遊行，群衆在被驅離後，流動式地占領不同路口，意外與警察上演了一場長達數小時的追逐。到了深夜，有數十人在離去途中，於臺北車站被警察圍圈；數小時後，群衆與到場的律師一同被帶上警備車，分散載往不同地點再趕下車。這類把大量抗爭者送上車後，載到遠處放置的作法，經常出現在對抗爭的處理現場，一般俗稱「丟包」。

本法第27條規定警察「爲排除危害，得將妨礙之人、車暫時驅離或禁止進入」，第28條更有爲制止或排除各種危害，警察得行使職權或採取必要措施的概括條款。而在第19條，針對瘋狂或酒醉、意圖自殺、暴行或鬥毆，或其他必須救護或有危害公共安全的情況下，警察得以管束到危害終止，但最長不得逾24小時。

第27條「驅離」的效果，僅止於命令被驅離者離開現場；「逮捕」則有適用時機、法定事由與權利告知、通知律師等程序規定。但以目前爲止的丟包實務來看，是被恣意載到警方選定的地點，從未考量被丟包者的人身安全，在被拘束期間也完全沒有任何程序保障與時間限制。

由於警察職權行使法第27條：「警察行使職權時，爲排除危害，得將妨礙之人、車暫時驅離或禁止進入。」僅可採取驅離或禁止進入，並無對人暫時性管束之規定，若民衆惡意到處聚集，影響警力之支配與對應，在此情形下，最好對策是載離現場，但警察職權行使法第27條卻無進一步規定。本文建議，本條可增列第2項：「前項情形有民衆經警察多次驅離，仍未解散，或有意任意隨機聚集，有礙公共秩序之維繫，警察得採取暫時性管束。」如有人於現場靜坐不離開，妨礙民衆之出入，或隨意聚集並快速而散，目的在於分散警力，影響警力之配置時，可適用之[27]。在此所謂「暫時性管束」，是指警察運用驅離之際，有管束必要以達到驅離效果時，警察得採取暫時性管束，將人載往遠離集會場域之他地之驅離措施。

---

27 德國警察法有所謂執行驅離之管束，將干擾者暫時拘束其自由，並載往遠離集會地點，避免快速聚集；參閱李震山，同註12，頁72。

（二）第28條為警察補充性規定不宜列入即時強制

本法第28條為警察職權行使概括性規定，其行為樣態有可能是事實行為，如本條第2項協助「其他機關就該危害無法或不能即時制止或排除者為限」，警察之協助因不是主管機關，所行使的行為，可能只是事實行為；本條第1項所採取概括性措施，有可能是行政處分，並非全然歸屬於即時強制，因此本條規定在即時強制中，規範似有不當。

（三）驅離措施應包括對特定人之驅離或禁止進入場所之規定

警察新增職權有關家庭暴力、跟騷等法規，警察為保護被害人，應得行使驅離或禁止有關當事人之強制措施，目前並無相關規定。參考德國各邦警察法有類似規定，以德國Baden-Württemberg邦警察法第30條第3項規定：「如果有必要保護公寓的另一位居民（受傷或受到威脅的人）免受現在急迫的重大危害（unmittelbar bevorstehenden erheblichen Gefahr）（驅逐出公寓），警察可以將某人驅逐出其公寓和緊鄰的區域。如果事實證明離開公寓後重大危害（die erhebliche Gefahr）仍然存在，警方可以禁止被驅逐出公寓的人返回公寓或緊鄰的區域（禁止返回）並禁止接近受傷或受到威脅的人（禁止接近）[28]。」

對此，我國法雖有申請民事保護令之規定，但在執行民事保護令之際，相關當事人有可能會有不當接近住所之行為，警察應保有即時強制權限，以解決急迫之情事，此項職權實應在警察職權行使法之驅離措施上，有進一步之規定為當。

三、科技工具之運用

在德國法有關科技運用，因為警察是預防犯罪與偵查犯罪的雙重角色，因此除在刑事訴訟法規定外，也同時規定在警察法上，而在警察法上主要以預防犯罪與防止具體危害（或類似具體危害，德國法最近發展）為主。

---

[28] 德國其他邦警察法也有類似規定。

從上述德國聯邦行政法院之判決得知，只要爲防止重大公共利益之情形，雖未達具體危害，警察仍有發動職權之可能性，但要求立法機關制定限制警察行使職權之方式與範圍。如德國聯邦憲法法院2016年針對聯邦刑事警察局法有關警方採取秘密監視措施合憲性之問題[29]，以及本案2023年警察法所規定資料探勘之合憲性之問題。

在疫情期間，警察在檢疫隔離期間，經常使用若干科技執法，如手機定位或使用M化車（類似基地台之設置），卻欠缺法律依據，此點值得檢討[30]，應可參考德國法警察法之立法方式，以解決目前所發生情況立法。未來警察職權行使法修法時，警政署應配合實務執行之要求，如目前警方爲了應付詐騙案，也廣泛運用科技，卻無法律依據，實應提出修正方案以應時代所需。

陸、結論

警察職權之發動應講求依法行政原則，警察職權行使法立法迄今已過二十年，該法在員警執行之際，發生若干缺陷，警政機關應適時提出修正，解決警察執法之困境，確保執法之安全，免受司法之爭議。

德國警察法因應反恐之要求，制定若干超前部署之法條，雖然目前我國警察法並無反恐之問題，但警察職權行使法存在若干執行上之困境，有修正之必要，在講求依法行政之情形，本文建議參考德國警察法立法經驗，以立法解決現時所發生之問題，警政單位實應檢討本法在實際執行時所產生之困境，並就未來執法可能使用科技工具之需，就此部分提前立

---

[29] 2016年憲法法院判決與本判決論理相一致，透過秘密監視手段如住家以外場所進行監控之規定，應以具體危害，而秘密監視手段未考慮其他個人生活自我形成權核心領域的保護，以及其範圍將可能及於目標對象以外的第三人，此與德國基本法第13條第1項及第4項所欲保障之權利將產生衝突，造成私人領域的嚴重壓迫，與比例原則有所未符。參閱，李寧修，自由與安全之衡平：國家預防性干預行政之理論與法制研究，科技部專題研究計畫期末報告，2016年10月，頁9。

[30] 最高法院110年度台上字第4549號刑事判決認爲，本件警方依該作業流程使用「M化車」之強制偵查作爲，欠缺法律授權基礎，違反法律保留原則，尚難謂適法。

法，以及針對目前執法困境，例如為了防制詐騙案，是有必要廣泛利用科技工具來執法，以立法來解決困境。

（本文初稿曾發表於警察法學與政策，第5期，2023年11月。）

第五章

員警對人盤查身分相關問題之探討

陳俊宏

壹、研究背景與動機

2022年11月20日，在我的電子郵件信箱看到一封標題為「台大新聞所採訪寫作_訪問邀請」的信件，驚訝之餘，打開信件如此敘述：「老師好，我是台大新聞所碩一的孟○美，我與我的組員正在修習採訪寫作課程，想以《警察職權行使法》第20周年為題，書寫報導，若順利，本篇報導將會刊登在獨立媒體報導者或其他電子平面深度新聞網，我們自上周開始作業，至今已訪了7名員警，後續安排約訪警員已達20人……由於不少員警都會向我們提及，他們會《警察職權行使法》轉換為《刑事訴訟法》適用的過程，因此，我們也想請教老師在教學上的一些問題……。」除了最高學府的吸引外，還有專注在「《警察職權行使法》第20周年」的文字，在我心中泛起不小的澎湃，也顧自地沉思，思考著警察實務運作與警察職權行使法（下稱警職法）有關規範上的不確定性與衝突。另外，此信在我心中也生起另一小小的遺憾，警職法施行二十週年的關注，竟是非警察實務或學術圈先行觸發探討這個議題，因此，大方的與孟同學聯繫，並進一步的與其研究小組互動討論等。

孟同學他們的訪問研究結果也很順利的在2023年1月31日，以「《警職法》上路20年之1：關於盤查，基層員警『不能說的祕密』[1]」、「《警職法》上路20年之2：異議單是什麼？民眾知道能對盤查說『不』嗎？[2]」為題發表。在他們呈現出來的研究報導中，也點出警察在盤查實務的運用，與警職法的法規範存在著一些模糊的地帶，也因此造成員警爭取績效卻無形打擊著人權保障的侵擾行為而不自知之。

2023年5月31日，終於看見中央警察大學行政警察學系與法律學系要舉辦「2023年警政與警察法學學術研討會《警察職權行使法20週年回顧與展望》[3]」，其舉辦之宗旨：「警察職權行使法旨在將警察『臨檢』及

---

1 參見報導者THE REPORTER：https://www.twreporter.org/a/police-power-exercise-act-1（搜尋日期：2023年9月9日）。

2 參見報導者THE REPORTER：https://www.twreporter.org/a/police-power-exercise-act-2（搜尋日期：2023年9月9日）。

3 參見中央警察大學行政警察學系：https://pa.cpu.edu.tw/p/406-1014-41069,r21.php?Lang=zh-tw（搜尋日期：2023年9月9日）。

其他相關執法職權，依據司法院大法官釋字第535號意旨，予以明確規定其『查證身分之要件、程序及救濟』，並進而前瞻性立法明定其他相關職權的法律授權，以使警察職權發動時，更具有符合『法律保留』與『明確性』原則之法律授權規定……本法於民國92年6月25日公布施行迄今剛好20週年，確實已經對警察執法遵守正當法律程序帶來顯著進步，因而特別選本法施行20週年前夕，舉辦『警察職權行使法20週年回顧與展望學術研討會』，並進行相關警察執法實務與人權保障案例研究之研討……。」我雖未能參與其中，但卻樂見警察學術圈關注並舉辦此一研討會，無論如何，不管是警職法的執行或是警職法的法理探討，都是對警職法的施行提供了很好推動與助力，更能彰顯警職法除了是警察作用法之首要外，更是影響民眾權益至關重要之法規範。

承上，為能跟上探討警職法的領先學術群，本文探討警察盤查實務與法解釋的模糊地帶，以一個實務執行者的角度出發，認為警職法存在幾個難能解釋清楚的議題，無論所見是否正確，都可能是存在實務執行者的困惑之中，本文大膽提出這些看法，亦希望未來主管機關著手修法之時，可以注意到實務執行時的爭議進而圓滿解決之，除了是本文撰寫的動機外，亦是成就撰寫本文的目的。

貳、問題意識

對警職法授權給警察得以對人或對場所實施身分查證作為而言，警職法顯然已經成為警察行使職權最重要的作用法規範；易言之，現行實務警察執行各項職權作為，均依警職法規範之相關措施為主。然警職法部分之相關法規範，卻也存在著一些適用上的模糊地帶，本文依筆者多年來的實務執行累積之執勤經驗，以及多年的教學與學員（生）互動提出的問題彙整，發現警職法的相關規範，有幾個適用上的模糊地帶或爭議，臚列如下：

一、總則上的規範

（一）相當於地方分局長之主管長官的定義

　　警職法第2條第3項：「本法所稱警察機關主管長官，係指地區警察分局長或其相當職務以上長官。」依據警職法的立法理由說明：「警察行使職權，涉及人民自由權利者，如臨檢場所、路段及管制站之指定等，必須由具有相當層級之警察長官核准，方可實施，爰於第三項明定『警察機關主管長官，係指地區警察分局長或其相當職務以上長官』。至於所謂地區警察分局長或其相當職務以上長官，一般係指直轄市、縣（市）警察局之局長、副局長、督察長、分局長、刑事、交通、保安警察（大）隊（大）隊長、少年警察隊、婦幼警察隊隊長等人員；專業警察機關比照之。」所指「地區」應可認爲以地方警察局或分局爲主，自不包括中央各警察機關，惟立法理由末句又指述「專業警察機關比照之」，而專業警察機關乃爲內政部警政署所屬之警察機關，如刑事、國道、鐵路、航空等警察局、各港務警察總隊及保安警察第一至第七總隊等，這些專業警察機關如何比照，似已成爲不明確之模糊地帶。

（二）「表明身分、告知事由」之程序要求沒有落實

　　警職法第4條第1項：「警察行使職權時，應著制服或出示證件表明身分，並應告知事由。」本項規定乃警察行使職權之必要程序，立法理由乃指明：「警察行使職權，爲執行公權力之行爲，爲使人民確信警察執法行爲之適法性，警察於行使職權時，須使人民能確知其身分，並有告知事由之義務。」警察違反此一程序，同條第2項明定：「警察未依前項規定行使職權者，人民得拒絕之。」其立法理由述明：「爲保障人民免受假冒警察者之撞騙，爰於第二項明定人民有拒絕之權利。」故警察若違反第4條第1項之必要程序，未能澄清人民疑慮，人民有權拒絕警察之職權行使。有問題的是，人民如何聲明拒絕，且當人民主張有拒絕之權力時，該權力在當下如何才能受保障，不會被當下執行職權之警察以積極或消極之妨害公務等，施加強制力帶回勤務處所，甚至移送法辦等作爲。

二、身分查證

（一）可實施身分查證之場所

　　警職法可實施身分查證之場所，依警職法第6條規定包括公共場所、合法進入之場所，及公眾得出入之場所等，有疑的是公共場所與公眾得出入之場所，兩者區分標準為何？而經警察機關主管長官指定之公共場所，可否包含公眾得出入之場所？另合法進入之場所如何界定，係指必須法有明文授權警察可進入場所之明文規定，始符合作為合法進入之依據？還是只要具備得強制之規定，即可援引有關法律作為進入場所，即得屬合法進入之場所？這些不是很明確的規範，在實務適用上亦有模糊之地帶，而有待加以探討釐清。

（二）身分查證措施的順序及顯然無法查證身分之作為

　　警職法第7條第1項為身分查證之措施，而該措施有4款，按順序為「攔停」、「詢問」、「令出示身分證明文件」及「檢查」等四項措施，從法條之順觀之，先有攔停、再為詢問年籍資料，然後令其出示身分證明文件，若其疑有攜帶危險物時得為檢查，此身分查證措施之順序，是否固定而不可變更？且警職法第4條之「表明身分、告知事由」之行使義務，在身分查證之措施之中，是否應該一起納入行使的順序規範之中，俾明確要求並作為以履行警察行使職權之程序義務？

　　此外，顯然無法查證身分，係就行為人拒絕陳述身分或拒絕出示證件即符合該顯然無法查證之意涵，還是必須用盡各種可查證之方法後，始符合顯然無法查證之要件，此部分亦可加以釐清之。

（三）帶往勤務處所與違反社維法拒絕陳述身分之競合

　　警職法第7條第2項之帶往勤務處所，其強制力可使用之界限為何？可否使用警銬等？其因拒絕陳述身分或出示證件者，有無符合社會秩序維護法第67條第1項第2款之處罰要件，而得援引其作為處罰之手段，以達身分查證之目的？這部分雖有多數說均為肯認，惟仍有少數說卻持否定見解，而此亦有待加以探討之。

　　上述警職法有關身分查證之相關問題，為本文所探討之核心問題等意

識；然則警職法施行二十週年來，當不僅僅在身分查證上有適用之模糊地帶，當然還包括以下諸多之問題：

一、交通工具的攔查問題

（一）交通違規行為是否得視為已發生危害或為易生危害之要件？

（二）要求駕駛人或乘客出示相關證件或查證其身分，則該查證身分措施，與第6條至第7條之身分查證的異同之處為何，得否引用第7條帶回勤務處所之查證身分措施？

（三）要求駕駛人接受酒精濃度測試之檢定，發動要求的要件未具體明文。

（四）強制駕駛人或乘客離車所指異常舉動，似乎不夠明確；且實務上可能實施之破窗作為，是否為合宜之手段？

二、警察實施資料蒐集

（一）警察機關所蒐集之資料，其保存與銷毀如何落實與監控？

（二）線民的性質為何？是否為行政助手？其核准之主體，專業警察機關是否得比照使用？

（三）通知到場的要件、效果與可實施的具體作為為何？

三、即時強制

（一）即時強制的性質為何？可否即時救濟？又如何才能達到有效的即時救濟？

（二）警察對人民實施查證身分或其他詢問，不得依管束之規定，令其供述；本規定所指具體之意涵為何？

（三）警職法第28條之警察補充性原則，除了主管機關可以發動請求外，人民得否作為發動請求之主體？

四、異議的救濟

（一）警察行使職權時，要不要主動告知民眾有異議的權力？警察要不要規範主動提供異議紀錄表？

（二）又警察行使職權異議紀錄表之性質為何？ 人民得否依該表提出訴願？

（三）人民經警察行使職權後，其事後之救濟得否提起訴願？亦或僅能提
　　出確認訴訟？

　　綜上所述，提出問題容易，要深入探討並提出解決之道則相對困
難。上述是筆者在觀察警察實務運作，與教學時所遇到會發生認知爭議的
所在，當然在實務運作上，最後都能以雙方不再追究或被時間長河的後浪
推擠下而消失，有些爭議的問題並沒有獲得具體的解決，只是沉入時間的
長河的底部，若未再遇到或沒有人再去碰觸，爭議就永遠銷聲匿跡。或許
時間長河是一種解決爭議的利器，但卻沒有在根本的法理探討上作圓滿的
處置，實務運作雖可以充分接受這樣的作法，因爲修法緩不濟急，基層員
警期待主管機關或長官的勇敢承擔，顯然是一種空想，所以時間長河成爲
第一線員警唯一可以寄託或使用解決問題之途徑，但這當然不是好的途
徑，唯有從根本的法理探討與法規範的調整，才是治本之道。所以本文勇
敢提出問題意識，亦希望拋出問題，讓學術上在法理的探討聲音不會消
聲，更希望引起社會的熱議思潮，成爲具體推動修法的動力。

　　一篇文章的探討，當然有時間上及篇幅上的限制，因此，本文雖提出
上述諸多之問題意識，乃因基於學術研討會係提出問題供大家一起研討之
園地，因而大膽的把心中對警職法爭議問題的想法全部提出，意在請教並
希望引起討論。本文在有限的篇幅之下，僅就有關警察查證身分的相關法
適用問題先行探討，至於上述其他問題未納入本文探討的部分，均會列爲
筆者後續探討的範圍及研究的議題。

參、警職法主管長官與程序上的模糊地帶

一、相當於地區分局長之主管長官的定義

　　警職法第2條第3項：「本法所稱警察機關主管長官，係指地區警察
分局長或其相當職務以上長官。」依據警職法的立法理由說明：「警察行
使職權，涉及人民自由權利者，如臨檢場所、路段及管制站之指定等，必
須由具有相當層級之警察長官核准，方可實施，爰於第三項明定『警察機
關主管長官，係指地區警察分局長或其相當職務以上長官』。至於所謂

地區警察分局長或其相當職務以上長官，一般係指直轄市、縣（市）警察局之局長、副局長、督察長、分局長、刑事、交通、保安警察（大）隊（大）隊長、少年警察隊、婦幼警察隊隊長等人員；專業警察機關比照之。」爰此，在認定地區警察分局長或其相當職務以上長官，應具備以下要件：

（一）組織層級須相當於地區警察分局以上之主官，亦即相當於警察分局長以上之長官。

（二）該組織層級具備執行機構之外勤警察機關。

（三）該警察機關應有優先之土地管轄權[4]，亦即該警察機關必須負責維護一定地域之治安或秩序等權責。

承上，故所指「地區警察分局長或其相當職務以上長官」，不能只認定為屬「地方」之警察局或分局為主，尚應包括中央所屬（即內政部警政署）具備一定之土地管轄範圍之各專業警察機關，故其立法理由末句又指述「專業警察機關比照之」。而專業警察機關乃為內政部警政署直屬之各警察機關，如刑事、國道、鐵路、航空等警察局、各港務警察總隊及保安警察第一至第七總隊等，惟這些專業警察機關如何比照？自應符合上指之三項要件，始有符合該警察機關行使警察職權指定權力之主管長官。例如，刑事警察局、保一總隊、保四總隊、保五總隊及保六總隊等，並沒有專屬之土地管轄範圍，因此渠等主官即無指定一定處所對人實施查證身分之職權，而不適用警職法警察機關主管長官之定義。

---

[4] 參見行政程序法第11條管轄權之恆定原則，其立法理由詳述了管轄權之分類為：「行政機關之管轄權可分為四大類，即（一）事務管轄，指依事務性質而定機關之權限，如教育部主管教育行政事務。（二）土地管轄，即依地域限制而定機關之權限，如台北市國稅局以台北市為其轄區。（三）對人管轄，謂依權力所及之人而定機關之權限，如機關對所屬員工。（四）層級管轄，指同一種類之事務分屬於不同層級之機關管轄，如縣政府建設局、省政府建設廳。本條第一項所指之管轄權即包含上述四種。行政機關之管轄權必須明確規定於組織法規或其他行政法規中，以確定其權限行使之界限，爰為本條第一項之規定。」資料來源見法務部主管法規查詢系統：https://mojlaw.moj.gov.tw/LawContentReason.aspx?LSID=FL000632&LawNo=11（搜尋日期：2023年9月10日）。

二、「表明身分、告知事由」為警察行使職權必要之程序義務

（一）著制服行使職權若民眾有疑要不要出示服務證

警職法第4條第1項：「警察行使職權時，應著制服或出示證件表明身分，並應告知事由。」本項規定乃警察行使職權之必要程序，立法理由乃指明：「警察行使職權，為執行公權力之行為，為使人民確信警察執法行為之適法性，警察於行使職權時，須使人民能確知其身分，並有告知事由之義務。」

警察違反此一程序，同條第2項明定：「警察未依前項規定行使職權者，人民得拒絕之。」其立法理由述明：「警察行使職權，既未著制服，亦未能出示服務證件，顯難澄清人民之疑慮。為保障人民免受假冒警察者之撞騙，爰於第二項明定人民有拒絕之權利。」故警察若違反第4條第1項之必要程序，未能澄清人民疑慮，人民有權拒絕警察之職權行使。有問題的是，人民如何聲明拒絕，且當人民主張有拒絕之權力時，該權力在當下如何才能受保障，而不會被當下執行職權之警察以積極或消極之妨害公務等認定，施加強制力帶回勤務處所，甚至移送法辦等作為。

民國92年6月當警職法公布後，內政部警政署立即針對所屬各警察機關實施教育訓練，務使所有警察能快速瞭解警察行使職權之規定。其中在問題釋疑中就有編錄：「問：穿制服執勤，民眾仍有質疑時，是否必須同時出示證件？答：本條文雖規定『應著制服或出示證件表明身分』，惟為化解民眾疑慮，如民眾有所要求且未妨礙職權行使，以出示證件為宜。另刑事警察人員執勤時，均應出示『刑警證』或『刑警徽』。[5]」而為應警察執勤安全著想，內政部警政署在101年行文各警察機關，重申本條文雖規定警察行使職權時「應著制服或出示證件表明身分」，惟民眾仍有質疑或要求時，在不影響執勤安全之情形下，警察仍應出示證件，以化解民眾疑慮[6]。惟此舉造成許多民眾誤解，並認定警察即使身著制服仍有義務

5　參見內政部警政署92年8月13日編撰之「警察職權行使法逐條釋義」第18頁。
6　參見內政部警政署101年8月1日警署行字第1010114914號函再重申要求警察應主動化解民眾心中之疑慮，再進一步實施身分查證之作為。

出示證件，反造成員警執勤上之困擾，故內政部警政署再於108年將上述函釋停止適用，並強調回歸警職法第4條之本義，此後警察著制服執勤，即有表明身分之作用，至於民眾之疑慮，似乎不是內政部警政署關心之重點，而全由各執勤員警自行依權責因應與處置。

事實上，早在警職法完成立法公布之前，內政部警政署即有委託學者專家著手進行「我國警察職務執行法草案之研究」，該研究案擬具之「警察職務執行法草案」第7條規範為：「警察人員著制服行使職權時，應告知理由，經當事人請求，應出示服務證明；其因任務需要未著制服行使職權時，應主動告知理由並出示服務證明。」其草案之說明：「一、警察人員行使職權，為執行公權力之行為，為使人民確信警察執法行為之適法性，因此須規定警察人員行使職權時，有告知理由之義務。又其著制服行使職權，經關係人請求時，應出示服務證明，以防止假冒警察行使職權之情事發生。若因任務需要未著制服時，應主動告知理由並出示服務證明，以減少人民之疑慮。[7]」

由此可知，警職法制定當時，除了考量警察有明確之執行職權之作用法外，更有約束警察依法行使職權，並應主動化解民眾之疑慮，可見研究者時時都秉持著人權保障與警察維持公共秩序等公權力執行之天秤，雖賦予警察具有短暫干預民眾基本權利之權力，更有要求警察需主動「出示服務證明」化解民眾疑慮之義務，使公共利益與民眾之私益維持平衡。雖然警職法完成立法後並未納入「經當事人請求，應出示服務證明」等文字，顯然有考慮警察執行職務之立場，或者現行條文已屬警察應行之義務要求，故而將上述文字略去。

只是108年內政部警政署該函施行後，此一平衡似乎被打破，警察若認為不需主動化解民眾之疑慮，則警民之間之互信與互動，亦將存在著一定的鴻溝，要打破此一鴻溝，即應考量公權力與私人利益應有一定的互相牽制作用，維持公益與私利形成平衡的狀態，除了可以磨練警察敘事能力與溝通能力外，更能真正使警察行使職權可以落實保障人權之立法目的。

7　參見李震山主持，警察職務執行法草案之研究，警政署委託研究案，1999年6月，頁232。

　　本文仍認為警察行使職權，若遇有民眾對警察身分有疑慮之時，執行之警察仍應先主動說明並釋疑，必要時輔以出示服務證明，讓人民確信其為警察之身分，或加以說明服務單位以解除民眾之疑慮，當警察已主動出示服務證明或說明服務單位後，民眾仍拒不配合警察作為時，此時警察即可依相關規定處置，並視情況使用強制力達至職權行使之狀態。民眾若係藉故干擾以達到消極拒絕警察之職權行使作為，似亦構成社會秩序維護法之妨害公務之違序行為，甚至已達強暴脅迫之妨害公務罪嫌，自可依法辦理。

　　此外，警察如有違反「表明身分、告知事由」之義務時，民眾雖可行使拒絕之權力，惟警察因掌握有公權力行使之名，且擁有使用強制力之優勢，民眾若有過激之反抗或言語回對，警察更可自行認定民眾行為構成妨害公務罪行，而以現行犯加以實施逮捕作為。惟少部分警察疑有利用執法技巧刺激行為人，致使其出現不理智之言行，而經執勤之員警認定為妨害公務，進而予以逮捕上銬並帶回移送法辦。此一情形在第一層次有檢察官把關而以不起訴結案，其第二層則為法官在審判時把關而為無罪之判決；今年更有法官在判決書直接敘明：「法官在判決書補充說明，國家賦予執法者強制力，是為了保護人民，而不是利用法律上的知識及技巧，誘使人民犯罪後加以逮捕。[8]」若此，該執行員警已違反警職法第3條第3項：「警察行使職權，不得以引誘、教唆人民犯罪或其他違法之手段為之。」惟此一誡命為宣示性規定，警察既使違反了，亦無處罰等規定，其因此蒐集之證據，僅由檢察官或法官於偵查或審判時檢驗之，對利用此不正方法行使警察職權之警察，未能予以具體處罰或警告，實難以儆效尤。因此，警察機關主管長官宜主動針對此部分，對基層員警加以指導與要求；若發現員警執行時未踐行此一程序義務時，亦應適時追究違反員警之行政責任，藉以輔正執勤作為並落實警職法規範警察行使職權之程序義務。

8　參見不配合盤查變妨害公務 法官：警用「執法技巧」誘使民犯罪，自由時報電子報，2023年7月20日：https://news.ltn.com.tw/news/society/breakingnews/4369682（搜尋日期：2023年9月15日）。另參見臺南地方法院112年度易字第28號判決。

肆、警職法身分查證相關規定的模糊地帶

一、可實施身分查證之場所

依據法諺所云：「明示其一，排除其他。」意即未被列舉出來的事物即非法規效力所包括。警職法第6條第1項序文：「警察於公共場所或合法進入之場所，得對於下列各款之人查證其身分」可知警察要對人民作身分查證，僅限於公共場所及合法進入之場所。另警職法第6條第3項規定：「警察進入公眾得出入之場所，應於營業時間為之，並不得任意妨礙其營業。」爰上，警職法有關可實施身分查證之場所包括公共場所、公眾得出入之場所、及合法進入之場所等，其法規範有關模糊地帶，分如下述。

（一）公共場所與公眾得出入之場所

所謂公共場所，一般係指多數人往來、聚合、或參觀遊覽之場所。司法院院解字第2025號解釋則認為係不特定人按照一定之管理規範得以自由利用之處所。現行相關法令規定及裁判見解，予以具體指陳者，如學校、博物館、車站、醫院、工廠、市場、機場、碼頭、道路、軍營、公署等[9]。至於公共場所有無包含公眾得出入之場所，依警職法第6條第3項規定：「警察進入公眾得出入之場所，應於營業時間為之，並不得任意妨礙其營業。」立法者刻意將公眾得出入之場所另行規範，即有意與公共場所作區別，故公共場所與公眾得出入之場所應予以作不同之認知。

承上，若上公共場所與公眾得出入之場所有別，則警職法第6條第1項第6款規定：「警察於公共場所或合法進入之場所，得對於下列各款之人查證其身分：……六、行經指定公共場所、路段及管制站者。」易言之，如警職法第6條第3項有意將公眾得出入場所獨列，而與同條第1項之公共場所分別規範，則警職法第6條第1項第6款的「行經指定公共場所」與現行實務上各警察機關經常指定旅館、酒店、娛樂場所等公眾得出入之場所作為臨檢場所之法依據，似均不符警職法第6條第1項第6款之規定，而這是立法者當初之有意為之，或者是一時之疏漏？觀前大法官李震山主

9　參見李震山主持，同註7，頁15。

持之「警察職務執行法草案之研究」所撰擬之草案條文第8條第1項第5款規定為：「五、行經指定場（處）所、路段及管制站者。[10]」顯然已經預見到此一問題，而後續在立法院審查期間，已然不是該草案研究團隊所能掌控或影響範圍。

現行各警察機關仍維持過去一貫之認定，並將執行之法依據均認定係依警職法第6條第1項第6款之指定，觀其所持之論據，乃以法務部在民國83年8月2日，曾就「關於旅館房間究否公共場所或公眾得出入之場所疑義」作出解釋，其指出「按旅館房間於出租予旅客時，該旅客對於該房間即取得使用與監督之權，此時該房間於客觀上即不失為住宅之性質。惟該房間究否屬於公共場所或公眾得出入之場所，仍應就具體個案衡酌案發當時該房間之實際使用情形而定。如旅客將其租用之旅館房間供多數人共同使用或聚集，例如供作開會之場所或以之供作不特定多數人隨時得出入之場所，則仍應視為公共場所或公眾得入之場所」[11]。如同現行媒體上經常報導之糾紛、酒醉鬧事、或大型聚眾鬥毆等破壞社會安寧、構成社會大眾危害等事件，大部分發生之場所不外乎均以這些營業場所為主，若警察於法無據、無法將之列為指定之臨檢查察等場所，將難能彰顯並維持警察維護公共秩序及安寧之警察任務，更難能為社會大眾接受，故本文當予以支持現行之認知與作法。惟警職法第6條第1項第6款「行經指定公共場所、路段及管制站者」亦有必要加以修正，以免削弱警察指定該等治安顧慮場所實施臨檢之準據。

（二）合法進入之場所

依警職法第6條之立法說明揭示：「所稱合法進入之場所，係指警察依刑事訴訟法、行政執行法、社會秩序維護法等相關法律規定進入之場所，或其他『已發生危害或依客觀合理判斷易生危害』之場所（司法院釋字第五三五號解釋參照）。[12]」所指刑事訴訟法，自是經法院或地檢署核

---

10 參見李震山主持，同註7，頁233。
11 參見法務部83年8月2日法檢字第16531號函釋（見於法務部主管法規查詢系統：https://mojlaw.moj.gov.tw/LawContentExShow.aspx?type=e&id=FE077399）。
12 參見立法院會紀錄，載於立法院公報，第92卷第34期，2003年6月5日，頁336。

准取得搜索票或拘票等得以強制力執行而得進入之場所；而行政執行法所指合法進入，則是以直接強制方法的「進入、封閉、拆除住宅、建築物或其他處所」，及為阻止犯罪、危害之發生或避免急迫危險，而有即時處置之必要時，「對於住宅、建築物或其他處所之進入」之即時強制的方法；所指依社會秩序維護法而合法進入者，應指「裁定拘留確定，經通知執行，無正當理由不到場者，強制其到場」為限。上述相關法規範依其規定而進入場所者，即屬合法進入之意涵。惟109年公務人員特種考試警察人員考試警察法規概要試題「選擇第16題：除警察職權行使法規定，警察於公共場所或合法進入之場所得實施身分查證外，下列法律何者有警察得進入場所之授權規定？(A)警察勤務條例(B)行政執行法(C)社會秩序維護法(D)警察法。」考試院提供之答案為「(B)行政執行法」，惟依上述立法說明所揭示得依社會秩序維護法進入之說明形成矛盾，究係警察不得依社會秩序維護法（下稱社維法）進入相關場所，亦或是考試院109年警察特考之考題答案有誤？

　　進一步觀之，社維法第52條規定：「裁定拘留確定，經通知執行，無正當理由不到場者，強制其到場。」參照違反社會秩序維護法案件處理辦法第50條規定：「裁定拘留確定之案件，警察機關應於確定後即以執行通知單，通知被處罰人到場執行，其無正當理由不到場接受執行者，得以執行到場通知單強制其到場。」上述所指強制，應符合行政執行法第27條第1項規定：「依法令或本於法令之行政處分，負有行為或不行為義務，經於處分書或另以書面限定相當期間履行，逾期仍不履行者，由執行機關依間接強制或直接強制方法執行之。」依同法第28條第2項第2款規定：「前條所稱之直接強制方法如下：二、進入、封閉、拆除住宅、建築物或其他處所。」易言之，社維法第52條所指之「強制其到場」，即屬直接強制之範圍，進而得依行政執行法第28條規定之直接強制的方法為之，即包括有「進入建築物或其他處所」之意，否則，警察機關如何強制應受拘留之行為人到場接受拘留之處罰。

二、身分查證措施的順序及顯然無法查證身分之作為

（一）身分查證措施的順序

前李大法官震山主持之警察職務執行法草案之研究案所述**臨檢之程序**，包括攔阻、詢問、檢查及放行[13]；亦即將行進中之車輛或人加以攔阻，使其停止行進；詢問被臨檢人之身分或行為目的，必要時並得請其出示身分證明文件，以供查驗；檢查，即對人車之表面加以檢視，而不得超越至搜索之界限；警察執行臨檢查問相對人身分或令其交付身分證明文件，經審核查對並無顯然偽造、變造或其他明顯不正確情事，身分查問即告一段落，此時對攔阻之人車，應即放行[14]。

觀現行警職法第7條第1項規定：「警察依前條規定，為查證人民身分，得採取下列之必要措施：一、攔停人、車、船及其他交通工具。二、詢問姓名、出生年月日、出生地、國籍、住居所及身分證統一編號等。三、令出示身分證明文件。四、若有明顯事實足認其有攜帶足以自殺、自傷或傷害他人生命或身體之物者，得檢查其身體及所攜帶之物。」依內政部警政署於92年8月編撰之「警察職權行使法逐條釋義」之內容，本條項所規定者，係警察行使查證身分職權時，所採取之必要措施，包括攔停、詢問、令出示身分證明文件、檢查等，而這些措施即警察針對符合身分查證要件之對象，所為查證身分行為之操作流程；與前李大法官震山主持之研究所揭臨檢程序，除了放行未納入法規範外，攔阻、詢問及檢查等，大致均納入在警職法身分查證的措施中。

所指「攔停」，依警職法之立法說明，係指將行進中之人、車、船及其他交通工具，加以攔阻，使其停止行進；或使非行進中之人，停止其動作而言[15]。而詢問及令出示身分證明文件，則為身分查證之主要作為，依該法所規範，理應先詢問受檢人之可疑行為及其身分，再請其出示身分證明文件加以輔證；惟兩者在程序上當視實際狀況及對話而可斟酌其實施順

---

[13] 參見李震山主持，同註7，頁20-21。
[14] 參見李震山主持，同註7，頁21。
[15] 參見立法院會紀錄，同註12，頁337。

序先後，例如先請受檢人提供身分證明文件，確認其身分後，再就其可疑之行為加以詢問，在確知其身分之後，對其所陳述之內容，自能提高警察判斷該陳述內容之可信性。

另所指檢查，依現行法之規範加設前提要件為「若有明顯事實足認其有攜帶足以自殺、自傷或傷害他人生命或身體之物者」，亦即要實施檢查之前，應先就受檢人之外觀檢視，認為其有攜帶危害物品之具體客觀事實狀況，始可加以實施檢查，故所規範之檢查，並非漫無目的的檢查，而是依具體事實狀況要加以檢視確認其所懷疑之物品是否為危險物品；加設此一前提要件，自是禁止警察任意對受檢人隨性實施檢查，亦是對民眾增加一層之保障。此外，「檢查」為警察基於行政權之作用，有別於「行政搜索」及「司法搜索」[16]。因此，檢查時尚不得有侵入性，例如以手觸摸身體衣服內部或未得當事人同意逕行取出其所攜帶之物品，而涉及搜索之行為。檢查的態樣可概分為[17]：

1. 由當事人身體外部及所攜帶物品的外部觀察，並對其內容進行盤問，即一般學理上所稱的「目視檢查」，僅能就目視所及範圍加以檢視。
2. 要求當事人任意提示，並對其提示物品的內容進行盤問，相當於「目視檢查」的範圍。
3. 未得當事人同意，即以手觸摸其身體衣服及所攜帶物品外部，相當於美國警察實務上所稱的「拍搜檢查」（Frisk）。

由此可知，檢查原則以目視檢視為主，並進而加以盤詰詢問，如仍無法解除疑慮，最多亦僅能就受檢人身體或物品外部加以拍觸，以達確認該懷疑之物品是否為危險物等，該拍觸之作為，不可伸入身體內部、口袋或其行李等，此即檢查之界限。

此外，在攔停、詢問、令出示證件、及檢查等四大流程措施之程序中，本文認為應把警職法第4條第1項之「表明身分、告知事由」的程序納

---

16 行政搜索，例如海關緝私條例對旅客進出海關攜帶之行李等物品，以X光機對行李等物品內部實施檢查，確有有無違禁物品之檢查手段，稱為行政搜索。司法搜索，即一般依刑事訴訟法所為之搜索作為。

17 參見內政部警政署編撰，警察職權行使法逐條釋義，2003年8月13日，頁31。

入本條項的操作流程之中，俾使警察執行身分查證之作為裡，能落實並履行「表明身分、告知事由」之程序義務，除了可以明確約制警察對人民行使職權應履行告知身分及事由之義務外，更可使民眾確知警察行使職權之程序不可忽略「表明身分、告知事由」此一義務之程序。即規範警察行使職權措施之流程中，在攔停人車之後，應先踐行該法第4條第1項之「表明身分、告知事由」，再接續詢問、令出示證件及檢查等措施，其流程如下圖5-1。

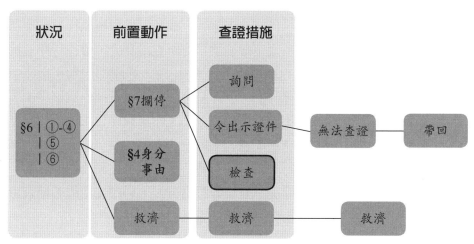

圖5-1　警察行使職權措施之流程

（二）顯然無法查證身分之作為

警職法第7條第2項：「依前項第二款、第三款之方法顯然無法查證身分時，警察得將該人民帶往勤務處所查證；帶往時非遇抗拒不得使用強制力，且其時間自攔停起，不得逾三小時，並應即向該管警察勤務指揮中心報告及通知其指定之親友或律師。」本項規定文字看似明確，惟執行面卻有以下幾個問題：

1. 顯然無法查證身分

所稱「顯然無法查證身分」，依內政部警政署92年8月編撰之警察職權行使法逐條釋義問答舉例為「例如人民拒絕回答或不出示證件」，若是

如此認定，其實是很容易作出判斷，惟同年12月經學者蔡庭榕撰文[18]在警光雜誌指「顯然無法查證身分」帶往勤務處所時，需於現場用盡各種查證方法而仍無法達成查證目的時始得為之，本文亦持此見解。俟後，內政部警政署在執行路檢攔檢身分查證作業程序〔五、注意事項：（五）〕、執行臨檢場所身分查證作業程序〔五、注意事項：（三）〕、執行臨檢場所身分查證作業程序〔五、注意事項：（四）〕，亦臚列此部分，規範內容為「警察依據警察職權行使法第6條規定攔檢民眾查證身分時，民眾未攜帶證件或拒不配合表明身分，執行員警仍得透過查詢警用電腦、訪談周邊人士等方法查證該民眾身分，仍無法查證時，或於現場繼續執行恐有不利影響，得依據同法第7條第2項規定帶往勤務處所查證身分，帶往時非遇抗拒不得使用強制力，其時間自攔停起不得逾3小時，並應即向勤務指揮中心報告及通知其指定親友或律師」。亦即該署所下達這三種作業程序中，對於「民眾未攜帶證件或拒不配合表明身分」，作業程序要求執行員警應「仍得透過查詢警用電腦、訪談周邊人士等方法查證該民眾身分」，仍無法查證時，或於現場繼續執行恐有不利影響時，始以帶往勤務處所作進一步之查證，此一規定亦回應「顯然無法查證身分」，係應先用盡各種查證之方法，仍無法查證時，始符合顯然無法查證之意涵。

2. 非遇抗拒不得使用強制力

警職法第7條第2項：「依前項第二款、第三款之方法顯然無法查證身分時，警察得將該人民帶往勤務處所查證；帶往時非遇抗拒不得使用強制力，且其時間自攔停起，不得逾三小時，並應即向該管警察勤務指揮中心報告及通知其指定之親友或律師。」此項規定所指「帶往」之意涵，與司法院大法官釋字第535號解釋之「臨檢應於現場實施，非經受臨檢人同意或無從確定其身分或現場為之對該受臨檢人將有不利影響或妨礙交通、安寧者，不得要求其同行至警察局、所進行盤查」，所指的「同行」自有不同；「帶往」隱含有公權力具備之強制力，而「同行」則更尊重行為人

18　參見蔡庭榕，明確規範與正確判斷——建立警察職權行使之專業作為，警光雜誌，第569期，2003年12月，頁46。

之主觀意識，難能使用強制力；警職法完成立法前，在行政院「警察職務執行條例」草案版本及立法院審查會通過條文，均無使用強制力之規定，迄第2次朝野協商時，參酌立法委員陳學聖所提版本，明文規定「帶往時非遇抗拒不得使用強制力」。換言之，帶往時如遭遇抗拒即得使用強制力，惟不得逾越必要程度[19]。因而可知，「帶往」勤務處所時，若行為人配合前往，則不生警察使用強制力之問題，惟若行為人拒絕或抗拒配合警察至勤務處所時，警察自可依警職法第7條第2項，使用強制力以達成將該行為人帶往勤務處所作進一步身分查證之作為。

然則，使用強制力不得逾越必要之程度，亦即應嚴守比例原則之分際；例如，帶往勤務處所之目的，乃使警察完成對行為人之身分任務，行為人尚無確定觸犯刑事法之犯罪行為，而是否違反其他行政法義務，則亦有討論空間；故帶回勤務處所之作為，尚屬警職法授權警察對行為人身分查證之調查作為期間，而不能確定其是否可為依法拘束之行為人，依警察人員使用警銬規範第2點第1項規定：「警察人員執行搜索、扣押、拘提、逮捕、解送、借提或其他法律明定之強制措施時，為避免被告、犯罪嫌疑人或其他依法受拘束之人抗拒、脫逃、攻擊、自殺、自傷或毀損物品，並確保警察人員、在場相關人員或第三人之安全，得使用警銬。」警察依警職法第7條將行為人帶往勤務處所之作為，自是難能依法使用警銬加以拘束行為人[20]，警察若任意使用警銬以帶回行為人時，即可能觸犯妨害自由等相關罪責。

承上，可知「帶往」勤務處所可使用之強制力，必須有所限制並不得逾越必要之限度，而最大之使用界限，在日本判例對於被攔停人員自背後以手抓腕之攔停行為，仍為法之所許[21]。美國則有為使保障執法者之安全而有拍搜之規定[22]。亦即「帶往」時可使用之強制作為，乃警察以手腕

---

[19] 參見內政部警政署編撰，同註17，頁30。

[20] 強制力之行使必須符合比例原則，有論者認為宜徵求行為人同意為先，不宜貿然使用強制力，似不宜使用警銬。李震山、蔡庭榕、簡建章、李錫棟、許義寶，警察職權行使法逐條釋論，五南出版，2020年9月3版，頁208。

[21] 同前註，頁227-228。

[22] 同前註，頁200。

等力量，驅使行為人遵從警察之意向，從而達至前往勤務處所之目的。此外，若需將行為人以警車帶回勤務處所時，可否實施「搜身」之作為？警察在執行犯罪偵查將嫌犯或人犯帶回勤務處所時，可將嫌犯或人犯上銬並實施搜身，以防止嫌犯或人犯藏有危害其自身或警察人員生命、身體之危險物等，惟對非嫌犯或人犯之非刑事犯之行為人，帶往勤務處所時，可否實施搜身作為，以維護行為人自身或執行帶回之警察人員的生命、身體之安全？此部分亦為法規範最模糊地帶，因法未有明文規範，但為顧及行為人或警察人員生命、身體之安全，本文認為執行帶行為人回勤務處所時，雖不得實施搜索作為，但仍可依警職法第7條第1項第4款規定：「警察依前條規定，為查證人民身分，得採取下列之必要措施：四、若有明顯事實足認其有攜帶足以自殺、自傷或傷害他人生命或身體之物者，得檢查其身體及所攜帶之物。」對行為人實施檢查以排除可能之危害情況，而檢查之最大界限，則可依美國案例以拍搜作為界限，使警察執行帶回行為人至勤務處所時，得有安全保障行為人及警察自身安危之權力作為。

三、帶回勤務處所與違反社維法拒絕陳述身分之競合

警職法第7條第2項：「依前項第二款、第三款之方法顯然無法查證身分時，警察得將該人民帶往勤務處所查證；⋯⋯」同條第1項第2款及第3款為：「⋯⋯二、詢問姓名、出生年月日、出生地、國籍、住居所及身分證統一編號等。三、令出示身分證明文件。」此係警職法有關身分查證可對人民實施之措施，故警察對人民實施詢問及令其出示身分證明文件時，即屬依法實施調查或查證之作為。

當警察對人民施以詢問其年籍資料，及令其出示身分證明文件時，該人民若拒絕陳述身分或拒絕出示身分證明文件，消極不配合警察之查證作為時，執行之警察可否援引社維法第67條第1項第2款予以移送簡易庭裁罰？此部分前經刑事警察局對社維法第67條第1項第2款表達之意見，認為應謹慎解釋、限縮適用，以免處罰過廣，入人於罪。其所持理由臚列如下[23]：

---

23 此為111年4月，緣於國家文官學院委請內政部警政署校修「警察執勤專業法令與實務」教材

（一）社維法第67條第1項第2款，於法理解釋上，本應限定適用於：處罰警察調查或查察「違反社維法案件」時，「虛偽或拒絕」陳述其「姓名」、「住（居）所」之行為（即拒答或虛報姓名、住居所而已），並非用以處罰「不出示（身分）證件或拒絕陳述身分資料」之一切行為（例如交通違規攔查取締案件，交通部見解亦同）。

（二）為配合警察實務維護治安需要，社維法第67條第1項第2款，於客觀正當合理之各種法律解釋方法之範圍內，已擴張解釋並適用於「凡法律明文授權警察人員行使調查或查察公權力之情形」（即「從實然推導應然」、「存在等於合理」），惟警察人員除須依法行使調查或查察外，行為人仍須符合「虛偽或拒絕陳述」「姓名」、「住（居）所」之要件，始有適用本條款處罰之餘地。

（三）按警察依警職法「對人盤查」之目的，在於「查證身分、或進一步澄清消除或釐清確認違法嫌疑，以利開展或進行後續行政調查或刑事偵查程序」，又查警職法第7條第2項之立法意旨、規範框架及授權範圍，針對顯然無法查證身分（即被盤查人不回答基本資料、不出示身分文件）之情形，已明定警察得採取相關處置措施（如帶往勤務處所、對抗拒者可用強制力等），但並未包含動用「處罰」手段（可能包括各種行政罰或刑罰法律之規定，不以社維法第67條第1項第2款規定為限），以間接確（擔）保「對人盤查」目的之實現。故對於拒絕警職法盤查（以查證身分為目的，可對人民為攔停、詢問基本資料、令出示身分證件或拍搜可立即控制範圍內之身體或物件）之人，法理上並非當然可直接援引社維法第67條第1項第2款規定，以確（擔）保警職法盤查目的之實現。

（四）質言之，警察人員於具體個案上，宜考量比例原則，行為人之拒絕或不實陳述，對於警察人員調查之妨害程度，有無達到破壞社會安寧或違反公共秩序之程度（社維法第1條參照），並考量當時員警

時，刑事警察局會審所提供之意見；惟所持意見雖指陳應審慎解釋與限縮適用社維法第67條第1項第2款之禁止規範，而謹慎解釋與限縮適用，仍屬可得適用，而非不得適用，故規範可否適用在於教育訓練並加以指導，而非予以屏蔽杜絕其認識以達到限縮使用之目的。

隨身設備有無其他可以調查姓名或住居所之同等有效手段方式，以
兼顧人民自由與警察勤務之執行及公共利益之維護，非謂行爲人一
有不實或拒絕陳述，即該當社維法第67條第1項第2款規定（110士
秩107、107中秩151裁定參照）。

　　對於上述刑事警察局所表達之意見，有關「社維法第67條第1項第2
款，於法理解釋上，應限定適用於：處罰警察調查或查察『違反社維法案
件』時……」解釋上似有過度狹猛之嫌外，亦有忽略社維法本身即爲違警
處分之性質，更且社維法第67條第1項第2款之管轄權屬地方法院簡易庭，
警察機關亦僅能調查後移送簡易庭裁處；而且，社維法自民國80年6月29
日制定施行迄今，尚無作過全文修正，以致於社維法規範之九十一種違序
行爲中，多達五十餘種違序行爲未曾作過裁罰，可見社維法所規範之違序
行爲與現行時代已有極大之落差，於此一部分，社維法之主管業務機關，
更應積極推動該法之修正，以符進步之現代社會的需求。

　　上述刑事警察局又指「警職法『對人盤查』之目的，在於『查證身
分、或進一步澄清消除或釐清確認違法嫌疑，……但並未包含動用『處
罰』手段……法理上並非當然可直接援引社維法第67條第1項第2款規定，
以確（擔）保警職法盤查目的之實現」。經查警職法完成立法之初，內
政部警政署均與各實施警察機關保持密切之聯繫，並彙整各警察機關所
提疑義爲「警察職權行使法施行後各單位於實務上遭遇之問題或疑義彙
復表」，該表之問題編4：「警職法並無罰則及缺乏較強制之規定，例
如當事人於受查證身分時拒絕陳述……對於是否可以適用其他法令，例
如社維法、行政執行法……。」內政部警政署答：「(1)查警職法係規範
警依法行使職權之法律，惟並不排除其他法律有關處罰與強制規定之適
用。……[24]」另論者亦主張依警職法第7條第1項第2款：「詢問姓名、出
生年月日、出生地、國籍、住居所及身分證統一編號等。」若於行政調查
時，受調查人不得保持緘默而拒絕陳述其姓名及住居所，或爲不實陳述，

---

[24]　參見內政部警政署93年4月7日警署行字第0930062896號函。

否則將有該條款之適用，可依據社維法第67條第1項第2款規定處罰之[25]。

本文認為依行政程序法第5條規定之法律明確性原則，警察執行攔查人、車時，對於拒絕身分詢問或為虛偽之陳述者，得先行告知得依社維法第67條第1項第2款裁處，使被檢查人清楚警察之行政行為的內容。而此亦可參見內政部警政署製作的「警察臨（路）檢勤務告知詞運用範例」：「受檢人不配合出示證件之處理：一、先生（女士）您好！現在執行臨（路）檢勤務，請您出示身分證件，配合查證。謝謝！（若民眾有疑義時，進一步告知依據『警察職權行使法』之規定及所屬單位、職稱）。二、先生（女士）對不起！若您不出示證件，依據警察職權行使法的規定，需要麻煩您到勤務處所（派出所、警備隊）進一步了解、查證，但您可指定親友或律師到場協助。另依社會秩序維護法第67條第1項第2款規定，如您於警察人員依法調查或查察時，不實陳述或拒絕陳述姓名、住所或居所時，可裁處拘留或罰鍰，請您配合。[26]」

由上述第二點可得而知，警政署所定「警察臨（路）檢勤務告知詞運用範例」亦採明確告知民眾，於警察依法實施調查時，若有不實陳述或拒絕陳述姓名、住所或居所時，得依社維法第67條第1項第2款規定裁處。既為事前先行告知可能之處罰效果，俾使受檢民眾得以知情，並自行衡量拒絕陳述身分可能遭受之法律效果。

伍、結論

警職法施行迄今業已二十週年，對於攸關人民權利與利益的作用法而言，宜配合時代之進步，適時依時勢所衍生之新的事物等作出因應與調整，故而適時之修法才能使執法人員隨著時代之進步與創新而與時俱進。

本文在問題意識擬具了警職法執行上諸多之問題，惟本文篇幅及撰文

---

[25] 李震山等著，同註20，頁213。蔡震榮、黃清德，警察職權行使法概論，五南出版，2019年11月4版，頁143。林明鏘，警察臨檢與國家責任，臺灣本土法學雜誌，第48期，2003年7月，頁116。

[26] 參見內政部警政署110年1月27日警署行字1100051971號函。

時間有限，故僅先以警察查證人民身分之相關規定，作為探討之核心，除了提出法規範存在適用上之疑義外，更蒐集實務警察單位可能存在適用上的模糊地帶，提出問題，當亦蒐集相關學說及主張，意圖將問題作圓滿之解決，而透過解釋或有關判決等法理推衍仍無法解決之時，則是主管機關可作為未來修法之關注所在。本文擬出而尚未討論的問題意識部分，均會列為本文之後續研究發展方向，亦即這些問題意識，仍會繼續探討下去，更期待各方專家與學者等不吝指教，並賜予寶貴意見，期使本文或未來之探討議題，能更加圓滿而豐富，更期待能將有關議題，探討尋出更好更佳的解決途徑，以達至本文最終之目標，使警察既能保障人民權益，亦能維持社會秩序及保護人民安全。

（本文先前投稿於中國行政評論期刊，並於2024年1月8日為該期刊接受刊登，將刊於2024年3月發行之第30卷第1期，併此敘明。）

第六章

警察執行路檢涉及無令狀搜索之探討

陳永鎮

壹、前言

民主法治國家為避免行使公權力侵害人權,各級政府機關行使職權時,應符合兩公約有關人權保障之規定,除消極地避免侵害人權外,應積極地促進各項人權之實現[1],以確保人權。基此觀點,檢視警察人員執行職務行使公權力之際,應在法律程序下執行,避免侵害人權。從釋字第588號的解釋而言,警察係指以維持社會秩序或增進公共利益為目的,而具強制(干預、取締)手段特質之國家行政作用或國家行政主體,是憲法第8條第1項所稱之警察機關,舉凡功能上具有前述目的,賦予其機關或人員得使用干預、取締之手段者概屬相當,並非僅指組織法上之形式警察之意[2]。所以,警察依客觀事實而合理懷疑,抑或相當理由認有犯罪之虞或犯罪之嫌疑,基於預防犯罪而執行盤查、詰問時,常有實施檢查衍生無令狀搜索之強制處分,其執行之界限應僅限於搜查必要之證據,不應有騷擾情事,尤以針對個人攜帶之物或人身搜查時,應有確實之措施,以確保此種搜查行為尊重被搜查者的尊嚴,進行人身搜查時,更應要求限於搜查同一性別的人[3]。

以此觀之,我國警察從其任務而言,兼具有依法防止與公共秩序及社會安全有關之公共性危害,將其任務區分為行政危害、刑事犯行追緝與危害預防三大部分[4]。進而從警察任務而言,依法所防止之危害,係指若不加以阻止,即可能造成損害的狀況,亦即,經由外力的影響,將減損事實存在的生活利益狀況[5];而在犯行追緝任務中,警察依法有協助檢察官偵查犯罪之職責,但協助檢察官犯行追緝之任務與防止行政危害之任務,側重於犯行或危害即將發生之防止,或已經發生之制止與排除;至於人為危害發生前之階段情況,警察依其職業敏感度進行防止犯罪或危害預防相關

---

[1] 公民與政治權利國際公約及經濟社會文化權利國際公約施行法第4條定有明文。

[2] 憲法法庭網站:https://cons.judicial.gov.tw/docdata.aspx?fid=100&id= 310769&rn =21 414(搜尋日期:2022年7月8日)。

[3] 1988年公民與政治權利國際公約第32屆會議第16號一般性意見:隱私權,公民與政治權利國際公約第17條第8點所示。

[4] 李震山,警察行政法論──自由與秩序之折衝,元照出版,2020年,頁38。

[5] Vgl. PrOVGE 67, 334; 77, 341: 87, 301.轉引自李震山,同前註。

的工作，倘警察對於危害事實尚未確定，且非依客觀標準加以判斷之危害嫌疑（Gefahrverdacht），假如有必要賦予警察機關干預危害嫌疑時，應以法律加以特別規定[6]，否則將有違法治國家之嚴格主義（Rigorismus），進而擴大干預權，如此，人民的權益勢必遭到侵害[7]。

　　諸如：北部某警察局員警在執行酒測路檢勤務之際，攔下計程車，後方一對男女情侶遭到員警盤查，被發現持有刀械、毒品和大筆現金，警察依法以現行犯予以逮捕，但於偵訊時該二位犯罪嫌疑人聲請提審，案經法官勘驗員警之密錄器後，認定警方以拍打的方式找出毒品之程序，違反法律規定屬違法搜索，當庭將該二人釋放，成為相當罕見之案例。經查，員警於某日凌晨執行酒測路檢勤務，攔下該計程車實施盤查，駕駛沒有酒駕情形，惟發現該計程車後座之情侶，男方腰際藏有不明物品，員警依過往經驗要求下車盤查，並進一步拍打檢查，不但找到摺疊刀，且在背包搜出K他命和大筆現金，當場以現行犯逮捕移送。但在偵訊時，這對情侶聲請提審，案經臺灣臺北地方法院審理後，檢視員警拍打動作，法官認定屬執法有瑕疵，宣告聲請人當庭釋回。法官認為，該員警把手伸進去口袋或者拍打口袋，此種作法不該當有明顯的事實知悉受檢人已經攜帶刀械，以致搜索違法，取得毒品的部分亦屬違法。爰依警察職權行使法第7條第1項第4款警察必須有明確事實認定，對方攜帶具攻擊性物品，足以傷人等客觀事實要件存在，方可發動進行檢查。但員警只僅靠過往經驗對嫌犯拍打進而搜身，程序上已違法，因此搜出之毒品不具證據力[8]，警察執行路檢勤務，常有發動行政檢查程序轉換成刑事搜索時，受到質疑未符程序而以行政檢查之名，行刑事搜索之實，嚴重侵害人權，本文遂針對警察執行路檢涉及無令狀搜索之問題，加以探討其間之界限與爭點。

6　李震山，同註4，頁38-39。

7　Vgl. Horst Hund, Polizeiliches Effektivitätsdenken contra Rechtsstaat-Die sogennanten Vorfeldstrategien, ZRP 1991, Heft 12, S. 463 ff. 轉引自李震山，同註4，頁39。

8　公視新聞網，情侶遭警方臨檢「拍打」搜出毒品法官認定違法搜索當庭釋放，2021年11月8日：https://news.pts.org.tw/article/553029（搜尋日期：2022年6月17日）。

貳、問題界定與限制

一、問題提出

　　法治社會中，人之基本權利應予保障，而且個人之基本權利，更不容國家或個人恣意侵害，倘有侵害之情事發生，即應予以禁止，並給予適當之制裁[9]。爲符合人權保障[10]，職司國家治安之警察機關應積極促進人權之實現。警察基於危害防止之任務，執行路檢勤務時，遇有未達犯行追緝要件而實施行政檢查，常爲民眾質疑有人爲恣意侵害人權之嫌；但以現行偵查體制與行政、刑事法律規範及程序正義約制下，警察在打擊犯罪的同時，執法過程應在法律規範下再考量以不侵犯人民權益之比例原則，基此，本文深入瞭解現行警察執行路檢涉及無令狀搜索，其間行政檢查轉換搜索之適法性，進行探討警察職權行使轉換司法作用之契機，以確實保障人權，予以探討警察執行路檢勤務衍生檢查作爲之態樣；瞭解警察執行路檢涉及無令狀搜索態樣之界定與爭點。

二、名詞界定

（一）警察

　　本文所稱警察，係指依法規維持公共秩序，保護社會安全，防止一切危害爲主要任務之行政作用；依法規促進人民福利爲輔助任務之行政作用，並以服務、勸導、維護、管理、命令、強制與制裁等手段之行政作用之形式、狹義、法制、組織法上，依警察人員人事條例任官、授階，經銓敘部銓敘合格實授，執行警察任務之人員[11]。

（二）路檢

　　本文所稱路檢係屬臨檢之一部分，僅限在警察勤務實質上包含計畫性勤務與非計畫性勤務所實施之檢查[12]，亦即，實施場域在公共場所依據法

9　柯耀程，刑事訴訟法，臺灣警察專科學校，2021年，頁1。

10　公民與政治權利國際公約及經濟社會文化權利國際公約施行法第4條所明示。

11　陳永鎮，警察危害防止實踐之研究，五南出版，2019年，頁7。

12　參照內政部警政署110年9月25日警署行字第1100135566號函。

律規定而實施之非計畫性勤務之巡邏與計畫性勤務所實施之檢查皆屬之。但搜索有別於前述之檢查係屬強制性取證之行爲，而其所爲之對象必然是以取得證據，作爲主要思維之方向，所以本質上是一種權力的干預行爲，故對於證據存在之判斷，如存在於被告時，得以對其身體、物件、電磁紀錄及住處爲搜索；搜索既然屬於一種強制性干預取證行爲，在程序正當性的法治國原則要求下，搜索行爲必須屬於正當的權利干預，惟依令狀原則之要求，在一般情況下的搜索，必須具備有令狀之擔保[13]，但令狀原則作爲強制干預手段的基礎要求，係對於一般性的情狀而設，當具體的取證狀態，不及以令狀先行的情況時，於是有令狀原則例外之規範，依現行法中存在有三種特定的例外情形，亦即有刑事訴訟法第130條之附帶搜索、刑事訴訟法第131條之對人逕行搜索與對物緊急搜索，以及刑事訴訟法第131條之1的同意搜索[14]。

（三）無令狀搜索

本文所稱無令狀搜索即爲前述所指之附帶搜索、逕行搜索與緊急搜索[15]，以及同意搜索等皆屬之。警察基於治安維護之必要，依據行政法令實施危害防止，以及依據刑事法令實施犯行追緝，乍看之下，行政與刑事法令作爲似乎是各自獨立，但事實上這兩項任務與職權競合之案例甚多，諸如：逮捕現行犯或通緝犯均屬犯行追緝的範圍，但案件中的傷患救護則屬危害防止的範圍；倘警察機關實施行政檢查之際，發現犯罪事實，如何從行政程序之危害防止轉換爲犯罪偵查程序的犯行追緝，即屬典型的任務競合，全因警察具有雙重功能（Doppelfunktion）的角色所致[16]。

---

[13] 刑事訴訟法第128條第1項定有明文。

[14] 柯耀程，同註9，頁210-211。

[15] 林鈺雄，急迫性搜索之事後救濟，月旦法學雜誌，第89期，2002年，頁126；刑事訴訟法第131條之規定，可稱爲逕行搜索，但因第1項與第2項規定之差異，所以有學者將第1項稱之爲逕行搜索，而將第2項之情形稱之爲緊急搜索，雖名詞上有所區隔，但其實質之效應，則屬同一。

[16] Denninger, Von der "doppelfunktionnalen" Polizeiabnahme zur "vorbeugenden Bekämpfung von Straftaten" in Lisk/Denninger, Handbuch des Polizeirechts, 5. Aufl., 2012, E Rdnr. 155-169; Kunzmann, Die Kollision zwischen der Aufgabe der Gefahrenabwehr und anderen Aufgaben der Polizei, S 2 ff. 轉引自李震山，同註4，頁360。

三、研究限制

　　警察執行路檢作為，在勤務範圍係屬臨檢勤務中之一部分，惟其亦包括巡邏勤務及交通稽查所衍生之檢查，為使本文能聚焦，故限縮範圍僅在於警察職權行使法範圍內，關於身分查證及交通工具攔查之檢查為本研究之限制。

參、警察執行路檢檢查之屬性與範圍

　　警察執行路檢勤務所實施之檢查，係基於危害防止之行政作用，惟常因現場狀況多變常有衍生發現犯罪嫌疑或犯罪之虞轉換成刑事司法作用之犯行追緝，進而涉及無令狀搜索之情狀，故在論述上各有見地，但以警察勤務運作上，經常以行政作用發動行政檢查，屬性上屬行政調查之一部，警察職權行使法中亦有行政調查之程序規定，顯而易見要作成正確之行政行為，必須有充分之事實與證據，而此更須有法律之授權合乎正當程序[17]，按行政調查係指行政機關為達到特定之目的，因調查證據資料之必要，依法採取蒐集資料或檢查，所以具有主動、自發、積極之特質[18]；而警察係屬行政機關之一部，其為達成危害防止與犯行追緝之任務，常以查察行為為基礎，而在行政學上將行政檢查及臨檢列為同屬行政調查之方法或手段[19]。茲將理論基礎及實證研究有涉及行政檢查及無令狀搜索之論著，區分警察執行路檢之檢查行為屬性與範圍，分述如下：

一、警察執行路檢之檢查行為屬行政行為

　　臨檢乃是於公共場所或指定之處所、路段，由執勤之警察人員擔任臨場檢查或路檢，執行取締、盤查及有關法令賦予之勤務，應屬巡邏勤務的盤檢勤務。以歐美警察之勤務而言，在勤務活動中有類似之臨檢、路檢及盤檢之活動，通常稱之為掃蕩之勤務（crackdown）[20]；依據我國臨檢

17　李震山，行政法導論，三民書局，2017年10版，頁479。
18　李震山，論行政程序之民主法治，中央警察大學學報，第31期，1997年9月，頁14。
19　李震山，同註17，頁484-485。
20　陳明傳，警察勤務與策略，五南出版，2020年，頁157。

勤務,自司法院釋字第535號解釋說明警察勤務條例已非單純之組織法,實兼具有行爲法之性質,但臨檢實施之手段包含有檢查、路檢、取締、盤查等不問其名稱爲何,皆屬對人或物的查驗、干預,直接影響人民之自由權、財產權以及隱私權甚鉅,對於臨檢之救濟,均應有明確性規範,此解釋已認臨檢之性質屬行政處分[21]。基此,路檢係爲臨檢勤務中之一環,其目的在於犯罪預防、維護社會安全,屬非強制性之行政處分,並非對犯罪行爲爲搜查,無須令狀即得爲之,而路檢勤務所實施手段、範圍自不適用且應小於刑事訴訟法關於搜索之相關規定,僅能對人民之身體或場所、交通工具、公共場所爲目視搜尋,亦即只限於觀察人、物或場所之外表(即以一目瞭然爲限),若要進一步檢查,如開啓密封物,即應得受檢者之同意,不得擅自爲之[22]。警察基於維護治安之目的,爲行政調查時發現犯罪事實,如何從行政程序轉換爲犯罪偵查程序[23];此亟需釐清行政行爲與刑事偵查行爲之差異與屬性。

(一)行政行爲與刑事偵查行爲

警察機關係屬行政機關,其爲達成危害防止與犯行追緝之任務,常以查察行爲爲基礎,臨檢即爲查察行爲之一種,此行政調查則屬上位概念,而警察係屬行政機關之一部,其爲達成危害防止與犯行追緝之任務,常以查察行爲爲基礎,而在行政學上將行政檢查及臨檢列爲同屬行政調查之方法或手段[24],惟警察機關進行行政調查時,經常發現涉及犯罪嫌疑之事實,因違法之行爲態樣往往並非僅屬違反行政法受行政罰而已,亦有涉及受刑事訴追裁決。因此,如何劃分其與行政調查之界限,我國偵查主體雖屬檢察官,但實際上多數案件往往係由司法警察(官)爲最初調查行爲之發動,並於之有犯罪嫌疑後,開始實施調查,再將調查之情形報告該管檢察官[25];至於行政調查係爲達到特定之行政目的,執行強制執行措施,

---

[21] 林明鏘,警察臨檢與國家責任,台灣法學雜誌,第48期,2003年,頁110。
[22] 參照最高法院101年度台上字第763號判決意旨。
[23] 李震山,同註4。
[24] 李震山,同註17,頁484-485。
[25] 洪家殷,行政調查法論,元照出版,2021年,頁114;參照刑事訴訟法第230條、231條。知

所從事之調查行為，與刑事偵查在於確認犯罪事實之存否、蒐集並保全證據，決定是否提起公訴之偵查行為，在目的上有所不同。

在本文所述之警察路檢，以目視檢視、盤詰及行政檢查其所持有之物品、要求同行、汽車攔檢與酒精檢測等均屬之；至強制性調查之刑事偵查工作，比如以人為對象的傳喚、拘提、逮捕、羈押、搜索及監聽及以物為對象的搜索、扣押等。所以，行政調查在符合各該法律的程序及實體要件即可為之；刑事偵查行為除一般法律要件外，尚須有令狀原則之適用。因此，具有雙重身分之警察人員執行時，涉及行政檢查、搜索抑或要求同行與拘提，應如何轉換，實為複雜[26]。基此，尚未發現犯罪嫌疑前之階段，倘已具合法要件，所取得之證據自屬合法蒐集的證據，縱屬非依法定程序取得，應仍具有證據能力；相反地，未具備合法要件取得該證據，依權衡人權保障原則與公共利益之均衡，並非絕對排除[27]。惟在日本實務上有不同之見解，認為行政調查不適用令狀主義，因此不得將其供為刑事偵查之用，若運用於刑事程序即屬違法，在刑事訴訟程序上不具證據能力[28]。

（二）路檢檢查行為屬基於安全考量之行政行為

從比較法制而言，美、日所採之行政調查（Administrative investigation），在德國係以行政檢查及資料蒐集表示，我國稱之為行政調查及行政檢查，此三種名稱互為表裡，實不易分割，所以行政機關為達成特定行政目的，對於特定之行政客體所為之查察蒐集資料活動，為行政法中不可或缺之行政輔助手段[29]，故因調查資料或證據之必要，依法所採取之蒐集資料或檢查措施則屬行政調查[30]，依據行政程序法行政調查證據以職權調查為原則，其發動取決於主管機關，不受當事人意思之拘束，為

有犯罪嫌疑即開始偵查之門檻，只要有事實上之根據依據刑事犯罪經驗判斷可能涉及刑事案件即為已足。

[26] 洪家殷，同前註，頁120。

[27] 洪家殷，同註25，頁125。

[28] 梁添盛，論警察權限行使與令狀主義之適用，律師雜誌，第234期，1999年，頁20。

[29] 法治斌，行政檢查之研究，行政院研考會，1996年，頁44-46。

[30] 李震山，同註17，頁480。

因應行政追求公共利益或目的時，具有主動、積極與自發之特質[31]。爲符依法行政原則，保障人民權益，維持公共秩序，保護社會安全，警察執行路檢勤務亦屬臨檢之一環，其發動係依據警察勤務條例，屬干預性勤務之一，爰依警察職權行使法發動治安攔檢之措施以查證身分，或實施交通攔查。基此，現場檢查在方法上會涉及檢查者與被檢查者之身分確認、對人與對物搜索等法律問題[32]，警察職權行使法之立法，使警察干預性執法職權要件、措施、程序與救濟等有明確性之依據，符合依法行政之法律保留原則之要求，而實施對人、交通工具之檢查，其屬性爲行政作用，均未達搜索之程度[33]。

　　警察基於維護治安之目的，依據行政法令所爲之防止危害與依據刑事法令所爲之追緝犯行，乍看之下應屬各自獨立，但事實上執行路檢勤務之際，警察必須同一時間、同一情境，需同時面對此兩項作爲[34]。若有明顯事實足認其有攜帶足以自殺、自傷或傷害他人生命或身體之物者，得檢查其身體及所攜帶之物；或對於已發生危害或依客觀合理判斷易生危害之交通工具，得予以攔停檢查，在有事實足認其有犯罪之虞者，並得檢查交通工具。基於警察屬特種行政人員，亦係實施刑事訴訟程序之公務員，衡諸犯罪之發現，通常伴隨證據之浮現而逐步演變，原先不知道有犯罪，卻因路檢盤查之行政檢查，偶然發現刑事犯罪行爲，欲硬要將此不同程序予以劃分，即爲不切實際。從而，依相關法令規定而執行臨檢、盤查時，假如發現受檢人員行爲怪異或可疑，而有相當理由認其可能涉及犯罪，自得進而依刑事訴訟法之相關規定執行無令狀搜索[35]。

　　然而，警察執行路檢係對人或物的查驗、干預，直接影響到基本權，係屬非強制性的行政處分，主要目的在於犯罪預防及維護社會安全，

31　林錫堯，行政程序上職權調查主義，收於翁岳生等著，當代公法理論——翁岳生教授六秩誕辰祝壽文集，月旦出版公司，1993年，頁321；轉引自李震山，同註20，頁484-485。
32　李震山，同註17，頁485。
33　蔡庭榕，警察攔檢法制及案例研析，五南出版，2022年，頁5。
34　李震山，同註4，頁360。
35　參照最高法院99年度台上字第2269號判決意旨。

並非對犯罪行為的搜查，並不須令狀[36]；只要能對人之身體、場所、交通工具或公共場所為目視之搜尋，也就是，僅限於觀察人、物或場所的外表（亦即以一目瞭然為限），若需進一步開啟密封物檢查，即應為受檢者之同意，方得為之[37]。警察路檢之適法性應視其目的與所實施之措施而定，一般路檢目的大多為身分查證、酒精測試，甚至包括犯行追緝[38]；而路檢屬臨檢之一環，於公共道路上實施，以實際操作而言，警察經常在同一勤務時段，進行攔查公共道路上之交通工具、檢查車輛足資識別之特徵，以及查證駕駛與乘客之身分資料等不同態樣之路檢，性質上為行政行為，屬任意性調查，而非強制調查[39]，但皆可能影響受檢人之人身自由、甚至財產權、隱私權等憲法賦予之權利。

基此，臨檢程序中，為保護執勤人員之安全，另需避免相對人非理性之反應，故仿刑事訴訟法第130條附帶搜索之法理目的（基於安全及證據鞏固），授權警察得檢查受檢人之身體、所攜帶之物。但需以客觀上有明顯事實足認（需合理判斷）其有易生危害之合理懷疑為限；故行政檢查若無合理懷疑為前提，在法定條件下實施行政檢查，逐予以比附援引，將破壞或架空司法搜索令狀主義之基本精神[40]；故在現實上並無法要求警察需事先取得法院核發之令狀，更不需要求其在發動時能具有高度之正當化事由。否則，警察將難以依法實施路檢；正因如此，對於路檢不應有過苛的程序要件，路檢所得使用的手段與方式，需嚴守一定之界限與範圍，非屬搜索或拘捕一樣限制隱私與人身自由[41]。

二、警察執行路檢之檢查行為僅及於拍觸

警察執行路檢之檢查行為，其屬性係為行政作用，在勤務上亦屬臨檢

---

[36] 參照臺灣臺北地方法院107年度訴字第28號刑事判決意旨。

[37] 參照最高法院101年度台上字第763號判決要旨。

[38] 王兆鵬，路檢、盤查與人權，元照出版，2003年，頁165。

[39] 方文宗，臨檢與搜索界限之探討，台灣法學雜誌，第415期，2021年，頁33。

[40] 林明鏘，警察職權行使法基本問題之研究，警察職權行使之界限，元照出版，2016年，頁25。

[41] 李榮耕，臨檢與搜索——最高法院101年度台上字第763號刑事判決，元旦裁判時報，第20期，2013年，頁80。

的範圍，依警察之執法知識經驗，認受檢人有符合警察職權行使法第6條第1項第1款到第5款之要件而實施身分查證之措施，進而，倘有明顯事實足認其有攜帶足以自殺、自傷或傷害他人生命或身體之物者，得檢查其身體及所攜帶之物與交通工具攔查之盤詰時，有事實足認其有犯罪之虞者，並得檢查交通工具；抑或依據警察職權行使法第6條第1項第6款以防止犯罪，或處理重大公共安全或社會秩序事件而有必要者，經由警察機關主管長官指定之路檢點與酒測告示處所之計畫性勤務等實施之檢查均屬路檢檢查之範圍，惟警察執行路檢之上述檢查行為可否及於拍搜（Frisk）等加以論述如下：

（一）警察權臨檢發動之門檻在於合理懷疑

警察職權行使之各項高權措施，會隨著證據發現、開展，銜接協助刑事犯罪偵查作為，在外觀行為上差異不大，只是所實施強制力之強度不同、發動門檻要件有別而已；此種發動門檻係出於警察人員對於犯罪嫌疑之合理懷疑即可，惟實施逮捕、搜索及扣押之刑事（司法）強制處分，則需達於相當理由始得為之[42]。如前述警察臨檢發動之門檻，對人與場所實際上區分以相當理由足認其行為已構成或即將發生危害與客觀、合理判斷易生危害之處所、交通工具或公共場所，予以不同之發動要件、措施與限制；而在身分查證過程中，若有明顯事實足認其有攜帶足以自殺、自傷或傷害他人生命或身體之物者，得檢查其身體及所攜帶之物[43]；以及對於已發生危害或依客觀合理判對易生危害之交通工具實施攔查，警察有事實足認其有犯罪之虞者，並得檢查交通工具[44]等情形所實施之檢查，其檢查身體或攜帶物品之目的，主要在於避免發生危險，保護執勤警察之安全，基於行政權之作用，非屬行政搜索亦非司法搜索，檢查之態樣僅限於目視檢視、拍搜檢查，但絕不得有侵入性涉及搜索之行為[45]。警察之臨檢僅能對

---

[42] 參照臺灣新北地方法院109年度簡上字第942號判決。

[43] 警察職權行使法第7條第1項第4款明定。

[44] 警察職權行使法第8條第2項明定。

[45] 李震山，從釋字第535號解釋譚警察臨檢的法制與實務，收於內政部警政署，警察職權行使法逐條釋義，2003年，頁30-31。

人之身體或場所、交通工具、公共場所實施目視檢查，不得動手實施搜查，亦不得強制命受檢人交出衣服或皮包內之物以供檢查，且不得強制要求受檢人打開皮包、行李；路檢亦不得強制命受臨檢人打開後車廂，檢查行李，更不得擅自打開車內置物廂甚至進入車內翻找車內物品，查看有無違禁物[46]。以維護執法人員安全及避免急迫危害發生，苟因此發現具體的違法犯罪情事，進而具有相當理由認爲受檢人員涉嫌犯罪，即得依刑事訴訟法逮捕、附帶搜索及證物之扣押等相關規定屬強制處分[47]。

以美國有關警察權發動層次爲例（表6-1），大致區分四種，分別爲：1.純屬臆測（mere suspicion），僅只能做基本背景調查；2.合理懷疑（reasonable suspicion），此爲最典型之警察作爲亦即實施盤查，證據強度有30%以上，美國一直尊重必須把警察本身之專業知識與執法經驗，列入考量，其合理懷疑之原則爲：(1)警察本人之觀察（police observation）；(2)剛發生之犯罪現場附近（location near scene of recent crime）；(3)線民提供之情報（informant）；(4)警方的通報（police channel）；(5)警察機關計畫性掃蕩犯罪（plan）等；3.相當理由（probable cause），在美國有相當理由時可以逮捕、搜索或監聽（含有令狀或無令狀）、羈押及提起公訴，均屬45%強度以上之同一層次；4.無任何合理之疑問（beyond the reasonable doubt），此與有事實足認之等級相當，可爲有罪判決，證據強度超過80%以上[48]。

---

46 林俊益，臨檢與搜索，月旦法學雜誌，第81期，2021年，頁19。
47 林明鏘，同註40。
48 內政部警政署，警察職權行使法逐條釋義，2003年，頁26。

表6-1　美國警察權發動之層次區分表

層次	百分比%	具體判斷
純屬臆測	0-29	只能做背景調查
合理懷疑	30-44	最典型之警察作爲亦即爲實施盤查，美國判例一直尊重必須要把警察本身之專業知識與執法經驗，列入考量。因此，合理懷疑有以下之原則，亦即爲：1.警察自身之觀察；2.剛發生之犯罪現場附近；3.線民提供之情報；4.警方的通報；5.警察機關計畫性掃蕩犯罪等
相當理由	45-79	在美國有相當理由，可以逮捕、搜索或監聽（含有令狀或無令狀）、羈押及提起公訴，均屬同一層次
無任何合理之疑問	80以上	無任何合理之疑問與有事實足認相當，可爲有罪判決，證據強度超過80%以上

資料來源：內政部警政署（2003）；本文繪製。

（二）美國Terry案與行政檢查之差異

　　1968年Terry v. Ohio爲美國法警察盤查權限最具代表之判決，此案准許警察在無相當理由情況下，僅需有合理的懷疑，即得對人民身體拍觸，當合理懷疑某人可能攜帶凶器之際，應可暫時犧牲人民之自由、隱私，授權警察得拍其身體外部，以保護警察之安全，但不得爲搜索（Full-blown searches）。所以，在攔阻後，需有合理懷疑其有攜帶武器且具危險性，並採詢問調查方式予以排除安全顧慮，若無法去除方能爲拍觸行爲；惟該詢問調查要件在Adams v. Wiliams及Illionis v. Wardlow案，聯邦最高法院判決警察在未經前述詢問調查排除安全疑慮，而逕爲拍觸身體，判認屬合法[49]，故警察無須嚴守須先詢問要件之程序，與我國警察職權行使法第7條第1項第4款之要件相近。但警察得否先拍觸身體，始能伸手取出該危險物品或警察得否逕行取出該物？在Terry案警察拍觸身體衣物時，感覺爲槍，方伸入衣物取出，判決此舉係屬合法，故僅授權在拍觸到武器之

---

[49] 王兆鵬，警察盤查之權限，刑事法雜誌，第45卷第1期，2001年，頁35。

際，倘拍觸時感覺非武器，則不得再進行任何搜索行為，亦即，拍觸時產生相當理由認該物為違禁物，得依一觸即知法則，予以取出而去除安全疑慮[50]，與我國警察職權行使法之行政檢查不同之處，在於得否予以取出該物，此舉是否合乎法律程序？是否涉及證據能力之認定與執行人員有無違法搜索之罪責問題。故判斷警察所為行政行為是否合理，法院應依合理性之標準，判斷警察行為之合法性，亦即應考慮警察執法現場的專業觀察、直覺反應，受檢人員是否有緊張、逃避行為以及其他異常之行為表徵，有無民眾報案、根據線報，綜合當時的客觀環境[51]，是否足以產生前述之合理懷疑，而為必要之攔阻、盤詰及查驗身分，甚至身體、物件表面的拍觸[52]。至於拍搜檢查其檢查行為係以雙手做衣服外部由上而下之拍搜，其屬檢查方式的態樣，係依據美國法院之判決所形成之檢查基準，且絕不得有侵入性涉及搜索之行為，但美國法之拍搜檢查，其除衣服外表輕拍外，亦例外允許有合理依據時得以伸入衣服內部將其取出[53]。

所以，如此限縮解釋應不足以我國於實務執行上所運用，極易產生執行拍搜外觀之際，發現身體或攜帶物品有異物因無法判斷該物屬性，進而需要求受檢人打開檢視以明其物，再據以判斷其違法性是否存在。但現行法並未規範受檢人主動出示之義務，此與美國法拍搜之檢查尚可在合理依據下伸入衣服內部取出釐清是否為違禁物之作為不符，以致難以在實務運作上實施，造成違法搜索之疑慮。故得否直接援用到我國警察職權行使法之各項規範之檢查身體與攜帶之物品，本文認為容有疑義。但倘依此強制取出證物，是否具有證據能力，爰依刑事訴訟法第158條之4規定，除法律另有規定外，實施刑事訴訟程序之公務員因違背法定程序取得之證據，其有無證據能力之認定，應審酌人權保障及公共利益之均衡維護。亦即就前開公務員因違背法定程序取得之證據，究否具有證據能力，法院仍有審

---

[50] 王兆鵬，附帶扣押、另案扣押與一目瞭然法則，律師雜誌，第225期，2000年，頁51；Arizona v. Hicks, 480U.S.321 (1987)之事實。

[51] 諸如深夜時分、人員出入複雜之場所、治安重點及高犯罪發生率之地區等。

[52] 拍觸行為非屬翻找的搜索行為。

[53] 李震山、蔡庭榕、簡建章、李錫棟、許義寶，警察職權行使法逐條釋論，五南出版，2020年，頁200-202。

酌權，非絕對排除。亦即在程序上，警察違背法定程序之瑕疵及侵害人民之權益與經行政檢查發現隨身攜帶具殺傷力之槍彈，倘未即時查扣，對社會治安危害甚鉅，經依權衡原則，警方是否惡意違法搜索，予以綜合判斷後，再論以是否具有證據能力[54]，而行為人是否涉及違法搜索自需依個案情狀判斷，是否具故意犯意而定[55]。

肆、警察實施路檢衍生無令狀搜索態樣與界限

警察基於法定職權實施路檢，依警察職權行使法範圍其態樣不外乎為對人身分查證與交通工具攔查所衍生之檢查，其屬性屬行政作用，非屬司法作用範疇，所以路檢為警察基於行政權之作用，有別於行政搜索（海關緝私條例）及司法搜索。因此，行政檢查時尚不得有侵入性涉及搜索之行為（如以手觸摸身體衣服內部），或未徵得當事人之同意（需真摯性之同意）逕行取出其所攜帶之物品[56]，茲將警察執行路檢衍生檢查之態樣，以及路檢轉換無令狀搜索之界限，分述如下：

一、警察執行路檢勤務衍生檢查作為之態樣

警察執行路檢勤務係屬對人或物之查驗、干預，影響人民之基本權，目的在於犯罪預防、維護社會安全，並非對犯罪行為為搜查，無須令狀即得為之[57]。惟僅對人民之身體或場所、交通工具、公共場所為目視搜尋，亦即只限於觀察人、物或場所之外表即以一目瞭然為限，若需進一步檢查，除法律規範之要件外，即應得受檢者之同意，不得擅自為之[58]。茲將身分查證及攔查交通工具衍生之檢查態樣等分述如下：

---

54 參見最高法院109年度台上字第5369號判決。
55 參見刑法第307條規定：「不依法令搜索他人身體、住宅、建築物、舟、車或航空機者，處二年以下有期徒刑、拘役或九千元以下罰金。」
56 李震山、蔡庭榕、簡建章、李錫棟、許義寶，同註53。內政部警政署，同註48，頁30。
57 參照臺灣臺北地方法院107年度訴字第28號刑事判決意旨。
58 參照最高法院101年度台上字第763號判決要旨。

（一）身分查證衍生檢查之態樣與檢查行為

　　警察執行路檢勤務之檢查行為皆屬行政行為，雖規定警察於公共場所或合法進入之場所，得對於在場人員「查證其身分」，但此種身分調查，僅止於同法第7條所定之必要措施。另在同法第7條第1項第4款既明定檢查權之發動，僅限在「有明顯事實足認其有攜帶足以自殺、自傷或傷害他人生命或身體之物者，得檢查其身體及所攜帶之物」之情況下，授予警察人員可以檢查被臨檢人之身體及物品之權限，應認檢查被臨檢人身體及所攜帶之物是臨檢程序之例外情況，在不符合前述規定下，警察人員應不許以臨檢名義檢查被臨檢人之身體及物品，避免警察以臨檢之名，行搜索之實，以不需法官保留之臨檢檢查行為取代應經法官保留之搜索行為，而對於人權之保障造成戕害。

1. 身分查證檢查之態樣

　　警察人員依警察職權行使法等法律規定執行路檢、盤查勤務時，若發覺受檢人員行為怪異或可疑，有相當理由認為可能涉及犯罪，倘欲基於司法警察（官）之身分蒐集犯罪事證，對於在場人員之身體、物件、電磁紀錄、住宅或場所為搜索、扣押處分，仍應遵循搜索及扣押之規定，並依其具體情形，由法院予以事先或事後之審查，非謂因有警察職權行使法之規定，而得規避[59]。警察因具有雙重身分，執行之程序是否合法，應視所執行職務之性質而定。如係執行司法警察之協助犯罪偵查職務，故須符合刑事訴訟法有關搜索之規定，其扣押可為證據或得沒收之物，始為合法，惟若執行一般維護治安之警察任務，其執行程序是否合法，則須依警察職權行使法觀察之[60]。爰依警察於公共場所實施路檢盤查時，僅能實施目視檢查，而於有明顯事實足認其有攜帶足以自殺、自傷或傷害他人生命或身體之物者，得檢查其身體及所攜帶之物，方得依下列檢查之態樣，實施檢查[61]：

59 參照最高法院96年度台上字第1885號、99年度台上字第2669號、99年度台上字第4117號判決要旨。
60 參照臺灣臺中地方法院106年度易字第1694號刑事判決。
61 李震山，同註17，頁195。內政部警政署，同註48，頁30-31。

(1) 由當事人身體外部及所攜帶物品之外部觀察，並對其內容進行盤問（即爲目視檢查，亦即一目瞭然法則[62]），僅能就目視所及之範圍加以檢視。

(2) 要求當事人任意提示。並對其提示物品之內容進行盤問（亦相當於目視檢查之範圍）。

(3) 未徵得當事人同意，即以手觸摸其身體衣服及所攜帶之物品外部（屬相當於美國警察實務上之拍搜檢查），惟此較易與搜索混淆，其仍僅爲行政作用之檢查，非刑事搜索之範圍。

2. 執行路檢衍生身分查證之行政檢查

警察機關在公共場所執行路檢勤務之際，發覺有合理懷疑其有犯罪之嫌疑或有犯罪之虞，得由帶班幹部決定對其查證身分[63]；抑或以防止犯罪或處理重大公共安全或社會秩序事件而有必要之際，予以由警察機關主管長官，針對行經指定公共場所、路段及管制站的人、車、船[64]及其他交通工具實施身分查證，採取攔停、詢問、令出示證件等非強制性的行政處分實施路檢，實施詢問個人基本資料姓名、出生年月日、出生地、國籍、住居所及身分證統一編號[65]等，並加以查證證件。盤查時間原則上並無法律限制，惟仍須符合比例原則，不得藉故稽延，應不超出一般社會通念範圍，具體程度以20分鐘爲原則，一經釐清懷疑，即應任其離去[66]。又基於犯罪預防、維護社會安全之目的，採取目視方式檢視受檢人之行跡舉動，亦即爲一目瞭然原則；發覺若有明顯事實足認其有攜帶足以自殺、自傷或傷害他人生命或身體之物者，得檢查其身體及所攜帶之物，惟檢查其身體

---

[62] 王兆鵬，刑事訴訟講義，元照出版，2003年，頁266。

[63] 屬非計畫性勤務。

[64] 屬計畫性勤務。

[65] 按內政部101年9月11日台內戶字第1010291653號函意旨：國民身分證統一編號係用以識別個人身分之專屬代碼，其配賦與管理具有穩定性、識別性、正確性及專屬性具有公益上之管控目的，原則上不得任意變更，惟倘變更完後復以該號碼不雅申請回復原統一編號，或所須查明有否姓名條例第15條規定及異常補、換發國民身分證等情事，日後不得再以統一編號末碼爲4之事由或特殊原因等事由申請變更，以維統一編號之穩定性。基此，身分證字號亦即包含個人姓名、住所、出生地等個人身分之資料具有專屬性。

[66] 王兆鵬，同註62，頁139-141。

及所攜帶之物的性質上為行政檢查之範圍，僅能進一步實施拍觸行為，以釐清該物品之性質，但法律僅賦予執行人員行政檢查之權，並未規範未配合出示該物之罰則，即使有線報得知受檢人隨身攜帶槍枝，在執行上亦僅能採目視檢視，以致難以進一步確認該物之屬性而逕自採取強制性之司法處分；除非受檢人之同意打開袋子或出示攜帶之物品以供檢視，否則不具有強制性。亦即，僅能目視檢視，理論上不得予以翻動、不能強制打開而涉及搜索之行為，且行政檢查發動的前提，必須有明顯事實足認其有攜帶足以自殺、自傷或傷害他人生命或身體之物者，方得行政檢查實施拍觸行為。

本文認為，路檢發現有攜帶足以自殺、自傷或傷害他人生命或身體之物時，係有發動行政檢查拍搜之要件，實施拍搜後發現犯罪跡證因持有兇器、贓物或其他物件、或於身體、衣服等處露有犯罪痕跡，顯可疑為犯罪人者，予以認定為準現行犯逮捕之，並告知其罪名、權利及提審法之規定，在逮捕時基於安全及鞏固證據而實施附帶搜索，在實務程序上較符合法律規範。所以，只要不符合發動要件就是未依法，倘無法認定有明顯事實攜帶足以自殺或傷害他人生命、身體之物，就必須停止；倘因執行路檢基於安全考量引導受檢人至安全處所實施盤詰而摸觸身體，非屬發動行政檢查，因而摸觸及金屬槍型而要求打開或出示供檢視，此行為應歸類在目視範圍與此處發動檢查有別。

（二）交通工具攔查實施檢查之態樣與檢查行為

警察因交通工具的駕駛人或乘客，有異常舉動而合理懷疑其將有危害行為時，得強制其離車；有事實足認其有犯罪之虞者，並得檢查交通工具」，但「檢查交通工具」與搜索的區別，在於警察僅能以目視的方式，並不得為物理上之翻搜，且強度不像「搜索」可以全面性為之，如認檢查車輛亦包括屬於強制處分之「物理上翻搜」行為，無異以不需法官保留的臨檢行為，取代應經法官保留的搜索行為，此對於人權的保障，即有所戕害。

1. 攔查交通工具檢查之態樣

針對交通工具攔查，檢查時關於有事實足認其有犯罪之虞者，並得檢查交通工具，其檢查僅侷限於目視檢查之範圍；警察實施之檢查，係基於行政權之作用，不得有翻動、開啓之行為，自與司法搜索有所差異，因此，尚不得採有侵入性之檢查，諸如：未徵得當事人之同意逕行開啓車門、行李箱、置物箱等翻動、取出其所載運之物品，此即已達搜索之界限，為法所禁止；僅得以目視檢查車輛內部。抑或請當事人自行開啓行李箱進行目視檢查，對其載運可疑物品之外部進行拍搜檢查；倘當事人拒絕亦不得強制[67]。交通工具攔查在態樣上區分為集體攔查（現行之計畫性勤務）與個別攔查（現行之非計畫性勤務）[68]，交通工具集體攔查，則按警察職權行使法第6條第1項第6款規定：「行經指定公共場所、路段及管制站者。」且需以防止犯罪，或處理重大公共安全或社會秩序事件而有必要者為限，其指定應由警察機關主管長官為之。係以達成某特定行政目的，比如，防止犯罪、處理重大公共安全或社會秩序事件為限制要件，但並不以已發生具體危害或有生危害之虞為前提，此屬集體攔查的性質[69]。所以，開車行經該路段而遭員警攔查，即有停車接受稽查之義務[70]，此與「個別攔檢」必須有「已發生危害或依客觀合理判斷易生危害」之交通工具，才能「攔停」並進一步對交通工具駕駛人實施酒測，有所不同[71]。設有執行酒測之告示，應由警察主管長官指定為限，有關「設有告示執行酒測之處所」，除屬於對防止酒後駕車犯罪所為外，兼具防止酒後駕車但酒精濃度未達0.25之危害發生的違反行政法上義務在內，其設置之適法性，端視其若經警察機關主管長官合法指定，亦符合「行經指定之路段或管制

---

[67] 李震山等，同註53，頁245-246。參見內政部警政署93年4月7日警署行字第0930062896號函，疑義彙復表問題編號5：有關警職法第8條檢查之疑義。

[68] 參照臺灣高等法院105年度交上易字第283號判決之見解。

[69] 參照臺北高等行政法院103年度交上字第204號判決、臺中高等行政法院105年度交上字第19號判決。

[70] 參照臺中高等行政法院109年度交上字第50號判決。

[71] 參照臺北高等行政法院110年度交上字第138號判決、臺北高等行政法院109年度交上字第250號判決。

站」、同條第2項「以防止犯罪，或處理重大公共安全而有必要者爲限，其指定應由警察主管長官爲之」之「全面攔檢」（即集體攔查）規定[72]，例如於「攔停」查證駕駛人身分之過程中，經觀察及研判，若已有合理懷疑認爲駕駛人確有飲酒徵兆，符合「已發生危害或依客觀合理判斷易生危害」之情形，爲預防酒後駕車行爲之危害發生或已發生之危害持續且擴大，員警自應有取締及防免危害發生之義務及權力，並得要求駕駛人下車進行酒精濃度測試，若有酒駕違規即應對違規酒後駕車行爲予以制裁，以維護交通秩序，保障公共通行安全，於此，駕駛人當有配合測試檢定之義務[73]。亦即，區分「攔停」及「實施酒測」二階段，攔停又區分爲「行經酒測站之集體攔停」及「隨機攔停」，警察對於行經「酒測站」之駕駛人，爲確認身分固無須合理懷疑即得攔停人及車輛，與「隨機攔停」必須「合理懷疑」始得攔停有所不同；但其對駕駛「實施酒測」，無論駕駛先前係因集體攔停或隨機攔停，警察均須「合理懷疑」，交通工具「已發生危害」或「依客觀合理判斷易生危害」，始得對駕駛人實施酒測[74]。並不以違規行爲人經攔查停車後，經員警懷疑飲酒而表明拒絕接受稽查爲必要，亦不以違規行爲人有飲酒之事實爲必要[75]。

2. 執行路檢衍生攔查交通工具衍生之行政檢查

警察實施路檢勤務，對於已發生危害或依客觀合理判斷易生危害之交通工具，得予以攔停檢查，在有事實足認其有犯罪之虞者，並得檢查交通工具，執行路檢之員警衡諸犯罪之發覺，通常隨證據之浮現而逐步演變，可能原先不知有犯罪，卻因行政檢查，偶然發現刑事犯罪，欲硬將此二種不同程序截然劃分，即不切實際[76]。惟攔查交通工具之職權，均限制在合理懷疑的情況下實施，將其區分個別攔查之非計畫性之勤務，對於已

---

[72] 參照臺中高等行政法院109年度交上字第50號判決。

[73] 參照臺北高等行政法院110年度交上字第192號判決。

[74] 參照臺北高等行政法院110年度交上字第164號判決。

[75] 陳永鎮，警察執行攔查交通工具適法性之探討，軍法專刊，第68卷第3期，2022年，頁85-88。

[76] 參照最高法院99年度台上字第2269號判決意旨。

發生危害或依客觀合理判斷易生危害之交通工具，由警察依現狀加以判斷與集體攔查屬計畫性之勤務，依法規定行經指定路段而設置之管制站，以及道路交通管理處罰條例規定設有告示執行酒測之處所，應由地區警察分局長或其相關職務以上長官，以防止犯罪或處理重大公共安全或社會秩序事件而有必要之際，予以由警察機關主管長官，針對行經指定公共場所、路段及管制站指定方屬合法。於非計畫性勤務中，警察認已發生危害或有蛇行、猛然煞車、車速異常等客觀合理判斷爲易生危害之交通工具，則屬交通工具攔查之範圍，在法規適用判斷上，本文認爲應以「交通工具外觀」爲適用之基準[77]。攔停檢查發動之要件，由執行路檢人員認定是否有危害，依交通工具外觀判斷法律適用之基準，在有事實足認其有犯罪之虞者，並得檢查交通工具，亦僅能採目視檢視方式，不能採用物理上的翻搜，既然發動要件規範爲犯罪之虞，即非犯罪嫌疑，屬非強制性之行政行爲。非屬強制性之司法處分，需經由受檢人之眞摯性同意方得爲之，惟執行路檢之警察人員在有事實足認其有犯罪之虞，實務經常有直接打開受檢人之後車廂、置物箱之行爲，此即已達搜索之範疇，均爲法所禁止之行爲，其僅能以目視爲檢視方式，在未經由受檢人同意下，受檢人自屬有權拒絕。

本文認爲，以交通工具外觀而依客觀合理判斷該車爲易生危害之交通工具自可予以攔查，在有事實足認其有犯罪之虞者，並得檢查交通工具，惟檢查之方式僅能以目視爲之，法律僅賦予執法人員檢查之權限，亦如前述並未授權賦予執法人員強制開啓後車廂、置物箱之權利，亦僅能善用執勤技巧話術致使受檢人同意開啓受檢，僅能檢視而非加以翻動之行爲。倘受檢人眞摯性同意搜索，方得依搜索之行爲加以翻動搜索車內暗層、後車廂、置物箱等，再依目視檢視抑或搜索發現違禁物而逮捕，逮捕時實施附帶搜索而鞏固證據及確保執行人員之安全。

---

[77] 陳永鎮，同註75，頁67。

二、警察路檢轉換無令狀搜索之界限

　　搜索目前採取法官保留，原則上須有令狀的擔保，但令狀原則作為強制干預手段的基礎要求，係對一般性情形而定，當具體取證狀態，不及以令狀先行乃做例外之規範，即有附帶搜索、同意搜索、緊急搜索及逕行搜索等無令狀之搜索類型[78]，爰依據刑事訴訟法第131條之規定可通稱為逕行搜索；惟第1項學者稱之為對人之逕行搜索，第2項稱之為對物之緊急搜索，但其實質效應屬同一[79]。雖得以不使用搜索票，然事後需向法院陳報審查，屬事後補正之審查機制，針對搜索正當性之事後監督，可視為令狀之補正。基於搜索係強制性取證之行為，故需具有取證之必要性存在，倘若尚未有案件形成，即尚未存在犯罪嫌疑，根本無由發動強制取證之搜索行為，因搜索行為並非發現犯罪嫌疑的條件，也不是作為發現犯罪嫌疑的原因，所以在未有犯罪事實發生，而具有犯罪嫌疑存在時，根本不能也沒有發動搜索的可能性。故搜索的發動必須有事實待確認的必要性，否則所為之搜索，均不能視為合法的搜索[80]。

　　基此，相較於授權警察機關得在公共場所或合法進入之場所施以臨檢，但必須以「具有合理懷疑」為發動門檻，並以查明受檢人之身分為原則。也就是，雖然法律賦予警察機關有在公共場所對人實施臨檢之權限，但以「查明受檢人之身分」為臨檢的目的，又僅於有明顯事實足認受檢人有攜帶足以自殺、自傷或傷害他人生命或身體之物者，才能檢查其身體及所攜帶的物品[81]。至於，警察在公共場所執行臨檢時，倘發現受檢人有犯罪嫌疑時，得否逕行檢查受檢人隨身所攜帶之物品？警察職權行使法並未有明文規定，應參照釋字第535號解釋，依其他法定程序處理之。亦即，若受檢人為現行犯或因其持有兇器、贓物或其他物件或於身體、衣服等處露有犯罪痕跡，顯可能為犯罪人時，警察即可依刑事訴訟法第88條規定，

78　柯耀程，同註9，頁210-211。
79　林鈺雄，急迫性搜索之事後救濟──兼評刑事訴訟法第一三一條之修法，月旦法學雜誌，第89期，2002年，頁126。
80　柯耀程，同註9，頁211。
81　參照臺灣高等法院108年度上訴字第3303號刑事判決。

以現行犯將之逮捕，若符合刑事訴訟法第88條之1緊急拘提時，亦可逕行拘提。警察人員實施拘提或逮捕被臨檢人時，自可依刑事訴訟法第130條附帶搜索之規定或經被拘提、逮捕之人同意後，依刑事訴訟法第131條之1之規定為同意搜索。但對於警察人員在公共場所實施「臨檢」措施之授權性規範，僅限在「有明顯事實足認其有攜帶足以自殺、自傷或傷害他人生命或身體之物者，得檢查其身體及所攜帶之物」的情況下，授予警察人員可以檢查受檢人物品的權限，在不符合前述規定下，警察人員應不許以路檢名義檢查受檢人之物品，而對於人權之保障造成戕害[82]。

　　警察人員在公共場所臨檢時若發現受檢人有犯罪嫌疑，得否逕行檢查或搜索受檢人隨身攜帶的物品，實應依警察法第9條第4款，及警察法施行細則第10條第1項第3款規定，遵循刑事訴訟關於搜索、扣押所定的要件及程序。是以，對人身體或隨身攜帶物品之搜查，除有符合附帶搜索之情形外，係以令狀搜索為原則，若員警以路檢之方式，對受檢人之身體及所攜帶之物逕行檢查或搜索時，則需符合「一目瞭然」原則。路檢勤務所實施之行政檢查，基於第一線執勤員警之經驗，經常性會牽涉到搜索範圍，而此範圍若採令狀主義，基於聲請搜索票之流程冗長，恐無法立即解決當前之情境，亦有符合無令狀搜索之情狀時，即基於安全之附帶搜索、對人之逕行搜索、對物之緊急搜索及同意搜索等為例外，採無令狀搜索，均屬本文所提行政檢查涉及無令狀搜索之情境。惟實務上路檢之檢查性質，引用美國法院判決對於拍搜檢查，充任警察職權行使法規範，若有明顯事實足認其有攜帶足以自殺、自傷或傷害他人生命或身體之物者，得檢查其身體及所攜帶之物以及對於已發生危害或依客觀合理判斷易生危害之交通工具，得予以攔停檢查，在有事實足認其有犯罪之虞者，並得檢查交通工具等實施檢查運用之依據，惟本文認為拍搜檢查在此之運用僅限於拍觸而未及於拍搜。

---

[82] 參照最高法院99年度台上字第4117號判決意旨。

伍、警察執行路檢衍生無令狀搜索之爭點

搜索、臨檢與行政檢查時有重疊之處，司法警察（官）依法實施臨檢或行政檢查，性質上雖屬行政行為，但實質上仍無法脫離搜索之本質[83]，而刑事訴訟之目的在於真實發現、法律秩序之維持與人權之保障，所以，刑事程序不能允許以不擇手段之方式達成，真實發現必須在合理的手段下，方能得到允許，仍須在權利保障的前提下，方有真實發現之實踐[84]。搜索乃是一種強制性取證的行為，所為強制行為之對象，必然是以取得證物作為主要思維的方向，從而，以搜索作為出發點，主要思考之處應從證據本身及所在之處所為主。但因搜索為權利干預的強制手段，其對象應以犯罪嫌疑人之權利干預作為核心，除此之外的人欲實施干預，須有充分事證足以認定證據所在時，才可為強制性之搜索行為。刑事訴訟法第122條似乎以此觀點為基礎，惟該條第2項對於犯嫌以外之人的搜索，確實有忽略搜索是一種對於得為證據之物的強制行為並不以一種人的身分關係加以思考，所以該項應以反面限制性的規範為適當。亦即，應以對於犯嫌以外之人，其身體、物件、電磁紀錄及住宅或其他處所，非有相當理由足認證據存在時，不得搜索[85]。搜索對於被搜索人隱私權或財產權造成一定程序之干預與限制，基於憲法第23條法律保留原則之要求，採令狀主義，應用搜索票，由法官審查簽名核發之，目的在保護人民免受非法之搜索、扣押。惟因搜索處分具有急迫性、突襲性之本質，檢察官、檢察事務官、司法警察（官）難免發生時間上不及聲請搜索票之急迫情形，故另定有刑事訴訟法第130條附帶搜索、第131條緊急搜索、第131條之1同意搜索等無搜索票而得例外搜索之規定[86]。基此，警察在街頭執法維護治安，亦常在執行路檢勤務之際，極易存在既存證據即時性取得之緊急情況，為鞏固證據需在無令狀情況下實施搜索。茲將警察路檢衍生無令狀搜索之附帶搜索、

---

83 陳文貴，刑事訴訟法理論與實務注釋（上），元照出版，2023年3版，頁261。
84 柯耀程，同註9，頁10。
85 柯耀程，同註9，頁209-210。
86 參照臺灣高等法院108年度上訴字第3303號刑事判決意旨。

逕行與緊急搜索及同意搜索等之界限,加以探討如下:

一、警察執行路檢時衍生附帶搜索實務上常有之爭點

附帶搜索即為令狀原則之例外,立法目的係基於執法人員安全及被逮捕人湮滅證據之急迫考量,就得實施附帶搜索之範圍,適度限縮在受逮捕人可立即控制之範圍以內[87]。員警因路檢見受檢人神情有異,褲著口袋內有不明突出物,有明顯事實足認其有攜帶足以自殺、自傷或傷害他人生命或身體之物者,得檢查其身體及所攜帶之物,而拍觸其身體外部乃基於保護警察安全之方式,尚非搜索,嗣警員察覺受檢人褲裝口袋藏有白色夾鏈袋,依據執法經驗、客觀所見及受檢人持有反抗、閃避之態度,綜合判斷後,有相當理由懷疑被告持有違禁物,始發動附帶搜索,隨即以毒品現行犯逮捕,此認警員之搜索、扣押及逮捕行為有據[88]。

(一)行政檢查轉換逮捕而附帶搜索之界限

附帶搜索立法目的係在防止執法人員遭受武器攻擊及防止被逮捕人湮滅隨身證據。解釋上須注意實施附帶搜索之前提,必須是合法拘提、逮捕或羈押,如係非法拘捕或羈押,自不得進而行附帶搜索[89]。警察執行路檢之際,依其發動之要件明確可見,須於逮捕犯罪嫌疑人或執行拘提時,雖無搜索票,得逕行搜索其身體、隨身攜帶之物件、所使用之交通工具及其立即可觸及之處所;必須受檢人因持有兇器、贓物或其他物件、或於身體、衣服等處露有犯罪痕跡(即指違禁物),顯可疑為犯罪人者,方得認定為準現行犯而予以逮捕再實施附帶搜索,並非有相當理由懷疑被告持有違禁物,即可發動附帶搜索。故路檢勤務中實施附帶搜索在於現行犯、準現行犯或拘提、逕行拘提之情形下方得實施;其中準現行犯之認定較具爭議,如何發覺犯罪痕跡,而認定其顯可疑為犯罪人之準現行犯以現行犯論,為逮捕之要件。依據法律明確性原則,法律予以明文規定須於司法警察官或司法警察逮捕犯罪嫌疑人或執行拘提時,雖無搜索票,得逕行搜

---

[87] 參照臺灣桃園地院110年度訴字第880號判決意旨。
[88] 參照臺灣新北地方法院109年度簡上字第942號判決意旨。
[89] 參照最高法院110年度台上字第5776號判決意旨。

索。故應爲逮捕時而非逮捕前，需爲現行犯、準現行犯之逮捕、拘提時，執法人員基於安全性考量之前提，再實施附帶搜索。但因時代之變遷，法院尊重司法警察人員之判斷似爲可行附帶搜索，美國之體制似爲可行，惟依現行法律明定原則，我國並無拍搜檢查至有相當理由可在密接逮捕前爲附帶人身搜索實施之餘地，係屬違反現行刑事訴訟法第130條附帶搜索之法律明定原則，爲行政檢查轉換逮捕而附帶搜索之界限。

（二）附帶搜索範圍之界定

另一爭點爲附帶搜索之範圍，得逕行搜索其身體、隨身攜帶之物件、所使用之交通工具及其立即可觸及之處所。從目的性而言，是以保護執法人員的安全、鞏固證物，所以仍以受搜索人周邊爲主，顧慮其身邊有危險物品，如果不是周邊可以馬上拿到東西的地方，即非屬立即可觸及之處所。以車輛而言，其所駕駛之車輛，其可觸及之地方，理論上可以包含整部車；倘若係停放在其家中的車輛，即非所謂使用之交通工具。若因路檢發現爲準現行犯或現行犯時，加以逮捕，進而實施附帶搜索，此雖已脫離車子，且距車已有一段距離，此種情形係因盤查而帶離現場，本質上該車本就係其所使用、可觸及之處所。假如，以場域而言，在同一空間、處所目視所及之處，仍屬立即可觸及之處所，這種立即可以控制並加以調控的準則，稱之爲臂長之距法則，依刑事訴訟法第130條附帶搜索之範圍，明確定爲身體、隨身攜帶之物件、所使用之交通工具或立即可觸及之處所[90]。

二、警察執行路檢時衍生對人逕行搜索實務上之爭點

司法警察（官）執行路檢時雖無搜索票，因追躡現行犯或逮捕脫逃人，有事實足認現行犯或脫逃人確實在內者，得逕行搜索住宅或其他處所之逕行搜索要件，發動的主體係爲檢察官、檢察事務官、司法警察官、司法警察官；搜索範圍屬住宅或其他處所；實施對象爲被告、犯罪嫌疑人或脫逃之人。實務上之爭議點，都是具有即時發覺犯罪事實以便蒐證，以及

---

[90] 王兆鵬、李榮耕、張明偉，刑事訴訟法（上），新學林出版，2020年，頁259。

證據有即時性滅失之虞，乃授權與取證機關得以在未具有搜索票之前提下，得以為逕行或緊急搜索，主要是情況緊急，不及為搜索票之聲請，法律所許可的特殊性情狀，但其仍有正當性確認之必要[91]。又實務上另一爭點在於對人之逕行搜索，因係以拘捕人為目的，屬於發見人之逕行搜索，其搜索之客體與目的係為發見人而非發見扣押物[92]。

本文認為，對人之逕行搜索之主體除檢察官外，尚包含司法警察官、司法警察及檢察事務官；主要目的在於發見人而實施無令狀搜索之逕行搜索，以迅速拘捕被告、犯罪嫌疑人或發見現行犯，得以逕行進入人民住宅或其他處所搜索之對象，倘無令狀搜索卻以緊急搜索之方法逕行民宅等處所搜索物，均屬違法搜索，尤其進入處所或住宅時，僅能搜索可藏人之處所，諸如：大衣櫃，但至於抽屜則非屬此處搜索之處，因抽屜無法藏人，若因此搜得違禁物，亦屬違法搜索。所以，爭點在於進入住宅或處所逕行搜索之處，係以能藏人的地方為限，但如符合第1項所定發見人為目的之逕行搜索，逮捕被告或犯罪嫌疑人後，自得再實施附帶搜索，其身體、隨身攜帶之物件、所使用之交通工具及其立即可觸及之處所[93]。而法律上追躡現行犯或脫逃人之持續不斷地尾隨、追蹤之意[94]，即我在1公里的地方，發現有犯罪，一直追追到了800公尺，此時現行犯或脫逃人已不是在原本的犯罪處，而執行之司法警察或見義勇為的民眾，一直追、持續追都沒有離開視線範圍，仍算現行犯。因為其雖已脫離犯罪現場，但追躡的概念即為目視範圍沒有中間斷掉之現象。

檢察官、檢察事務官、司法警察官或司法警察，雖無搜索票，爰依刑事訴訟法第131條第1項之規定，得逕行搜索住宅或其他處所之主要事由有三：

（一）因逮捕被告、犯罪嫌疑人或執行拘提、羈押，有事實足認被告或犯罪嫌疑人確實在內者。

---

[91] 柯耀程，同註9，頁212。
[92] 陳文貴，同註83，頁303。
[93] 同前註。
[94] 林鈺雄，刑事訴訟法（上），自版，2022年，頁442。

（二）因追躡現行犯或逮捕脫逃人，有事實足認現行犯或脫逃人確實在內者。

（三）有明顯事實足信為有人在內犯罪而情形急迫者。

惟此無令狀之對人逕行搜索，倘由檢察官為之者，應於實施後三日內陳報該管法院；由檢察事務官、司法警察官或司法警察為之者，應於執行後三日內報告該管檢察署檢察官及法院。法院認為不應准許者，應於五日內撤銷之。而搜索執行後未陳報該管法院或經法院撤銷者，審判時法院得宣告所扣得之物，不得作為證據[95]。

三、警察執行路檢時衍生對物緊急搜索實務上之爭點

關於證據蒐集保全之緊急搜索，司法警察（官）在路檢時雖無搜索票，確有相當理由認為情況急迫，非迅速搜索，24小時內證據有偽造、變造、湮滅或隱匿之虞者，得否逕行搜索，轉換之契機為何？實務上之爭點，在於對物之緊急搜索之主體係為檢察官而非司法警察官或司法警察，性質上屬偵查搜索之概念，目的在於迅速取得證據以便保全。所以，僅有檢察官能為此種蒐集、保全證據之對物緊急搜索，但司法警察（官）亦會有面臨必須蒐集保全證據而緊急搜索的急迫情形，故檢察官除得親自實施緊急搜索外，亦得指揮檢察事務官、司法警察官、司法警察執行搜索。由於指揮並不以檢察官到場為必要，所以司法警察官、司法警察認有保全證據而緊急搜索之必要者，應即向檢察官報備，得其核可後可緊急搜索。為因應偵查與搜索之彈性與效能，報備之方式並無一定之要式限制（方式具有彈性），緊急搜索理論上仍屬檢察官之處分[96]。

（一）行政檢查轉換為對物緊急搜索之界限

依現行法規定不可否認檢察官是犯罪偵查主體，司法院釋字第392號亦採此見解，惟主體之定義非全程親自實施，於必要時得指揮司法警察（官）辦案，此不排除係有警察親自辦案之情狀，故癥結問題在於，檢察

---

[95] 柯耀程，同註9，頁212。

[96] 林鈺雄，同註94，頁444。

官既然爲主宰者，即應爲整個偵查程序負責，自然包括法律上、行政上之責任。但事實上在實務運作，檢察機關本身並無直接隸屬之調查單位，除非社會重大矚目之案件外，絕大多數之刑事偵查工作，都是由司法警察（官）執行並承擔未破案之責任與壓力。警察本於組織及專業偵查技術之優勢，在第一線犯罪對抗之處理上，實較能掌控犯罪現場、緝捕犯罪嫌疑人及蒐集證據，實際上經常先於檢察官實施犯罪偵查，而檢察官與司法警察（官）各有不同隸屬系統，雖爲國家整體利益實施犯罪偵查，而以法律創設指揮權，但檢察官對接受其指揮之司法警察（官）實無強而有力之監督考核權。基此，司法警察人員已非單純檢察官之輔助公務員或是延伸之手臂，爲因應實務需求乃訂頒檢察官與司法警察機關執行職務聯繫辦法[97]。而警察執行路檢中若有明顯事實足認其有攜帶足以自殺、自傷或傷害他人生命或身體之物者，得檢查其身體及所攜帶之物；或對於已發生危害或依客觀合理判斷易生危害之交通工具，得予以攔停檢查，在有事實足認其有犯罪之虞者，並得檢查交通工具，在此有相當理由認爲情況急迫，非迅速搜索證據有隱匿之虞者，司法警察（官）得否逕行搜索？爲另一爭點。

（二）聯繫請示對物緊急搜索主體，具時間性及不予核可之不確定因素

由現行法規定，行政檢查轉換爲對物緊急搜索之主體爲檢察官，只有檢察官才有保全證據之緊急搜索權，司法警察（官）則無此權限，雖是如此，司法警察（官）僅能請求檢察官指揮偵查，亦有保全證據之緊急搜索之實質內涵[98]。由於指揮並不以檢察官親自到場爲必要，所以，警察執行路檢發現前述情形，認爲有保全證據而緊急搜索之必要者，應即向檢察官報備，得其核可後實施緊急搜索爲因應偵查與搜索之彈性與效能，報備之方式並無一定之要式限制（例如電話請示地檢署執勤檢察官核可其緊急搜索）。如此，既能維持追訴效能，又可兼顧檢警關係，但對物之緊急搜

---

[97] 李震山，同註4，頁354-355。
[98] 林俊益，刑事訴訟法概論（上），新學林出版，2012年13版，頁316。

索權，理論上主體仍屬檢察官[99]，所以在執勤安全與急迫情形考量下，採前述之聯繫請示作為，仍有時間性及不予核可之不確定因素存在。然對物之緊急搜索權卻是限制司法警察（官），在執行路檢勤務，並不在准許之列。本條項立法反其道而行，限制司法警察（官）不得實施對物之緊急搜索，必須透過如前所述之迂迴方式，由司法警察（官）報告內勤檢察官或透過檢察官指揮，顯然過度限制偵查輔助機關之權限，致使司法警察執行路檢時，在執勤安全與急迫情形下，呈現高度安全疑慮，而有不同之差別規定，亦屬無必要性[100]。尤以，執行路檢勤務皆以發現物有安全疑慮，在符合警察職權行使法第7條第1項第4款要件或同法第8條第2項後段實施檢查行為，此大多採所謂之拍搜檢查，拍搜固然係檢查方法態樣之一種，此一方式係源自於美國法院判例而形成檢查之基準，得否直接援引作為我國檢查界限之基準，實有疑義，倘遽將其作為員警執行路檢檢查方式之基準，顯然已過度限縮本項之適用範圍，保護人身安全之立法目的，恐將有違，顯有恣意之嫌，應不足採[101]。

四、警察執行路檢時同意搜索之界限與實務上之爭點

警察執行路檢為免衍生自願同意搜索遭受質疑，執行人員應出示證件，經受搜索人出於自願性同意，並將其同意之意旨記載於同意書。而較具爭議之所謂經受搜索人出於自願性同意，係指受搜索人明知並有權拒絕之下，仍本於自由意志接受搜索之意，且由其自行決定搜索之範圍及搜索時間長短，並得隨時撤回其同意，而此項同意係受搜索人放棄憲法上保障之權利，自應獲得受搜索人同意後始得為之搜索。為免因執行同意搜索在未取得受搜索人真摯性之同意而遭法院認屬違法搜索，以致所取得之證據無證據能力，故在自願受搜索同意書中加註受搜索人基於刑事訴訟法之規定，得依自由意志同意或不同意本次搜索，並得隨時撤回同意等文字，以符最高法院相關判決之旨。另依警察職權行使法之規定盤查時，應以客觀

99 林鈺雄，同註94。
100 陳文貴，同註83，頁304。
101 蔡庭榕，同註33，頁158。

情形符合合理懷疑其有犯罪嫌疑或有犯罪之虞爲前提，僅得以目視爲之，不得爲同意搜索，更不得事後補簽自願受搜索同意書[102]。

　　同意搜索應經受搜索人出於自願性同意，所謂自願性同意，係指同意必須出於同意人之自願，非出自於明示、暗示之強暴、脅迫。關於出於同意搜索之證據取得，自應審查同意之人是否具同意權限，並應綜合一切情狀包括：徵求同意之地點、方式是否自然而非具威脅性、警察所展現之武力是否暗示不得拒絕同意、拒絕警察之請求後警察是否仍重複不斷徵求同意、同意者主觀意識之強弱、年齡、種族、性別、教育水準、智商、自主之意志是否已爲執行搜索之人所屈服等加以審酌[103]。執行人員應出示證件，並應係受搜索人出於自願性之眞摯同意，如被告之人身自由已處於受調查、偵查機關不論合法或非法拘束之下，雖外觀看來被告當時固無反對搜索之意，尚應考量被告是否係因搜索當時其人身自由已受拘束，無從亦無意爲反對之可能，具體而言，尤其同意搜索之筆錄或同意書係在搜索實施完畢後始行簽立，此等同意仍不應視爲被告之自願性同意，反係被動性甚或被迫之同意，當非眞摯之同意。國家干預人民的基本權利，必須具備法律明文的授權依據，才具有合法化、正當化的事由。由於搜索所干預的基本權利乃是住居權或隱私權，性質上是屬於可以抛棄的基本權利，因此，經同意的搜索，即使並無法律明文授權，只要其同意出於自願，仍屬於合法的干預[104]。

　　本文認爲，同意搜索的同意必須在被搜索前，以書面表示同意，且必須出於受搜索人的自主意願，非爲執行人員運用強暴、脅迫、施用詐術或隱匿身分等方法所取得之同意，亦不可在受搜索人不瞭解搜索的情況下所爲之同意[105]。同意搜索之爭點爲，執行時須注意出示證件，本人出於眞摯性同意，明瞭同意之意涵包括：同意搜索之範圍、時間之長短、需在其有權同意之範圍下行使同意權、同意搜索前須載明筆錄或同意書。倘非在路

---

[102] 依據內政部警政署109年11月13日警署刑司字第1090150687號函辦理。
[103] 參照最高法院99年度台上字第4117號、94年度台上字第1361號判決意旨。
[104] 參照最高法院110年度台上字第5776號刑事判決意旨。
[105] 參照臺灣高等法院108年度上訴字第813號刑事判決意旨。

檢程序進行中所爲之盤詰，僅爲一般談話間抑或執行過程中發現顯有可疑或合理懷疑狀況下實施攔查，而出自於其同意搜索，亟需先簽署同意書，亦即勤務執行時須列爲應勤裝備般的隨身攜帶，以符執行要件。基此，倘對於物之緊急搜索，無法取得受檢人之同意搜索之際，即須善用檢察官與司法警察機關執行職務聯繫辦法第5條，司法警察官或司法警察執行職務，發生法律上之疑義時，得隨時以言詞或電話請求檢察官解答或指示，以緩現場僵局氣氛。

陸、結語

　　路檢屬非強制性之行政處分，其目的在於犯罪預防、維護社會安全，並非對犯罪行爲實施搜查，無需令狀即得爲之，但搜索爲強制性之司法處分，目的在於犯罪之偵查，藉以發現被告、犯罪證據即可得沒收之物，原則上須有令狀始得爲之[106]。本研究係以警察執行路檢涉及無令狀搜索之研究，所以階段行爲以目視後發現可能或有事實足認其有攜帶足以自殺、自傷或傷害他人生命或身體之物後，發動行政檢查實施拍觸，拍觸發現犯罪跡證，經確認後認定爲現行犯、準現行犯而予以逮捕。若實施交通工具攔查，發覺駕駛人有依客觀合理判斷爲易生危害之交通工具，或經計畫性勤務設置之路檢點或管制站實施檢查，當搖下車窗一目瞭然可見駕駛有酒容並目視可見後座或副駕駛座有酒瓶可爲證物，認爲駕駛有酒駕行爲，實施酒測，並告知其罪名、權利及提審法時實施附帶搜索；倘無法確認則需善用眞摯性同意搜索，使受檢人自願性同意搜索，倘遭拒則予以放行。除此，尙有對人之逕行搜索，癥結點在於搜索可藏人之處所，以及主體爲檢察官或由檢察官指揮下，方得實施對物的緊急搜索，因情況急迫則需運用檢察官與司法警察機關執行職務聯繫辦法，立即請示內勤檢察官予以指示後續作爲，甚至指揮執行緊急搜索，以符法定程序（圖6-1）。

---

[106] 參照最高法院101年度台上字第763號判決意旨。

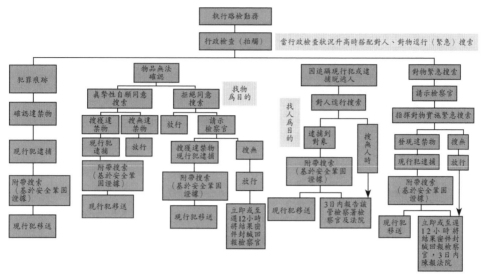

圖6-1　執行路檢涉及無令狀搜索處理流程圖
資料來源：本研究繪製。

　　綜上所述，警察執行路檢涉及無令狀搜索之情狀，需符合有明顯事實足認其有攜帶足以自殺、自傷或傷害他人生命、身體之物，而實施拍觸行為加以行政檢查。基於執勤人員之安全疑慮尚未解除，而具緊急之情狀，實施無令狀搜索，較常有之疑義為對於物的檢查，衍生是否實施緊急搜索，或是認定是否為現行犯之逮捕或準現行犯之逕行拘提；隨逮捕、拘提而實施附帶搜索，因具有危險性之際，實施行政檢查，目的在於去除執勤安全疑慮，倘受檢人不同意搜索，關於證據蒐集保全之物的緊急搜索，司法警察（官）並無權限，僅授權檢察官於偵查中確有相當理由認為情況急迫，非迅速搜索，24小時內證據有偽造、變造、湮滅或隱匿之虞者，得逕行搜索，或檢察官指揮檢察事務官、司法警察官或司法警察執行搜索，並層報檢察長。

　　路檢涉及無令狀搜索，實務上之爭點，在於對物的緊急搜索，其主體係為檢察官而非檢察事務官、司法警察官或司法警察，性質上屬偵查搜索之概念，目的在於迅速取得證據以便保全。對於物之緊急搜索權，僅檢察官能為此種蒐集、保全證據之緊急搜索權，然司法警察（官）因執行路

檢，亦會有面臨需蒐集保全證據而實施緊急搜索的急迫情形，故檢察官除得親自實施緊急搜索外，亦得指揮檢察事務官、司法警察官、司法警察執行搜索。由於指揮並不以檢察官親自到場為必要，所以司法警察官、司法警察認有保全證據而緊急搜索之必要者，應即請示檢察官，得其核可後指揮司法警察（官）執行緊急搜索，並由檢察官層報檢察長。而為因應偵查與搜索之彈性與效能，報告之方式並無一定之要式限制（方式具有彈性，例如電話請示地檢署內勤檢察官核可其緊急搜索），緊急搜索理論上仍屬檢察官之處分[107]。

故在執勤人員安全顧慮與急迫情形考量下，採前述之聯繫請示檢察官之作為，仍有時間性及不予核可之不確定因素存在；然現行法制下，司法警察（官）在執行路檢勤務面臨必須保全證據之情境時，並沒有對物之緊急搜索權，在立法上此似宜擴及適用檢察事務官、司法警察（官）第一線主官（管），使警察在執勤路檢涉及對物緊急搜索，在事後審查機制下，有法律充分授權，勇於執法，方屬得當。

（本文初稿曾發表於111年執法人員行政管理理論與實踐研討會，2022年10月。）

---

107 林鈺雄，同註94，頁444。

第七章

員警攔檢案例分析

蔡庭榕

壹、前言

　　警察職權行使法（下稱「本法」）在司法院釋字第535號解釋推波助瀾下催生，迄今已屆二十週年，應有回顧研討必要。警察執法千鈞一髮或千變萬化，員警得依個案蒐證，藉其五官六覺對人的行為、物的狀況、事實現象或整體環境因素考量，判斷其「違法」與「職權」構成要件，以決定是否及如何攔檢。本文乃舉述近年涉及警察執法雙安之醒目指標七案加以分析，並提出改進建議。警察執法實務易因「莽撞直直去」遭致「身安」而送醫，亦因「麥堪吔氣！」之情緒性執法肇致「法安」而涉訟，建議警察攔檢宜遵守「停、看、聽、停」，前三者乃過鐵路平交道的口訣，適合於警察攔檢使用。應先「自停」確定案情與安全，繼而「看、聽」來判斷調查是否有「違法」及「職權」要件該當，來裁量是否及如何採取第二個「停」（「攔檢」）措施。警察若遇有高安全風險案件，即可運用「警械使用條例」第5條加以涵攝適用於實務案例上，由警察下令高喊：「我是警察，站住不許動，高舉雙手」，此係依法執法的正當合理性（justification），並由員警配戴之密錄器（body camera）予以有效錄影音作為執法證據（evidence），以使員警能符合正當法律程序攔檢執法，以圓滿達成警察任務。

　　如何確保警察執法雙安是我個人一輩子從事警察實務或學術所關注的重點。「雙安」係指「身安」與「法安」，前者是生命或身體安全，包括執法員警、執法對象或一般民眾，本文更重在執法員警之身安維護；後者是執法警察人員之法律責任安全。茲舉下列近期有關警察攔檢執法衍生身安或法安問題之受社會矚目之案例加以分析，並試圖提出個人研究心得建議，以期有助於確保警察執法雙安。因此，本文重點不在提倡法律學術或探討法理，而旨在提供警察攔檢執法實務員警參考之用，係以近期員警攔檢受關注之指標性案件來分析相關執法所涉雙安問題，並提出解決之道。

貳、員警攔檢重要案例分析

什麼樣的人才算可疑？警察是如何判斷以實施對人之攔檢？司法院釋字第535號解釋文第一段首揭：「實施臨檢之要件、程序及對違法臨檢行為之救濟，均應有法律之明確規範，方符憲法保障人民自由權利之意旨。」[1] 又警察攔檢到使用警槍射擊等相關執法措施，均與警察執法雙安密切相關，值得進一步探討。茲舉述近期警察攔檢相關職權之重要案例與其特性分析如下：

一、板橋員警開罰單突遭民眾持菜刀砍殺事件

2016年8月2日新北市板橋吳姓廚師在板橋違規停車遭開罰單砍警案[2]，吳男被民眾檢舉而遭開罰6張逕行舉發單，看到新海派出所員警正在附近開單，不滿員警開單，暴怒之下持菜刀狠砍警員5刀，造成員警左手、左胸、左肩嚴重刀傷，左上臂三角肌幾被砍爛，緊急送醫後暫無生命危險。檢方以涉犯重罪有逃亡之虞，向法院聲請羈押吳男，法官認為檢方無法舉證被告有逃亡之虞，裁定30萬元交保，讓基層員警相當不滿。

本案特性分析：（一）事出突然，無事前徵兆；（二）無心理認知及防備；（三）民眾恐已失理性；（四）似因「被開單失去理智」；（五）一人執勤，無法立即得到警力支援。

二、台北京站轉運站攔檢李姓民眾事件

2017年3月19日客委會李前主委在台北京站轉運站因遭台北市警局保大警察攔檢盤查[3]，要求他出示證件，李前主委向警方表示他只是買二瓶

1　參考「走過釋憲一甲子（釋憲六十週年）」影片中第一個案例說明：https://www.youtube.com/watch?v=6cnh8xtXU9w（搜尋日期：2023年6月2日）。

2　【精選】警開6張罰單遭兇徒狠砍13刀！血染警徽「要尊嚴要安全」：https://www.youtube.com/watch?v=t0LGm8ESvgw（搜尋日期：2023年5月30日）；不滿砍警兇嫌30萬交保 警聚集高喊「要尊嚴」！，自由時報，2016年8月3日：https://news.ltn.com.tw/news/society/breakingnews/1783011（搜尋日期：2023年5月30日）。

3　李永得遭警盤查 民眾力挺警察，蘋果日報，2018年3月20日：https://tw.appledaily.com/local/20170320/Z6KPGGACJY2VSZNBWI4GKULVR4/（搜尋日期：2022年8月18日）；穿夾腳拖像壞人？李永得遭警盤查！，有話好說：https://www.youtube.com/watch?v=U-yTB8gp7a0（搜尋日期：2023年5月30日）。

飲料並未帶身分證件，而在警方進一步要求他報上身分證字號時，李前主委要求警方告知盤查的理由與相關法令，當時並有一路人某甲介入，並與警方發生爭論，當時李前主委並未告知其姓名、官職、身分證字號或其他身分證明，警方攔停李前主委查證其身分，在經過雙方爭議之後，即停止盤查，未有進一步的強制作爲，並讓李前主委與路人甲自由離去。事後李前主委在其臉書PO文痛批台北市何時變成警察國家[4]。此案經媒體大肆報導，北市保大警察亦提供其隨身攝錄現場爭執內容約8分多鐘的影片，指出李前主委穿夾腳拖鞋，手提裝有運動飲料塑膠袋，遇見警察時特別看了警察一眼等三項「行爲因素」，以及一項情狀因素，即：「北市保大指稱該轉運站是經常查獲違法案件的犯罪熱點」，此警察攔檢爭議案件，當時現場有六位員警在進行攔檢盤查。事後，李前主委及其擔任立委之妻子指稱警察臨檢的方式與法定程序及要件不合法，而北市警察認爲依法執行攔檢，並無不妥。因此，本案產生對警察攔檢如何依法執行的許多爭議。本案爭點：員警執行攔檢是個別或集體攔檢？得否於欠缺合理懷疑有犯罪嫌疑或有犯罪之虞時，實施個別攔檢而查證其身分？

　　有關此探討臨檢李前主委之案例並無判決書，茲以專家、學者及輿論重要意見爲探討基礎。按本案李前主委在台北京站轉運站遭警察攔檢盤查[5]，究係因其手攜塑膠袋裝的運動飲料、腳穿脫鞋及瞄看值勤警察一眼而遭警察「合理懷疑」其有犯罪嫌疑或有犯罪之虞，進而加以「個別攔檢」查證；抑或是因該轉運站經常查獲毒品犯罪案件，而經警察機關主管長官指定」爲全面「集體攔檢」盤查？按警察攔檢李前主委應係適用本法第7條查證身分方式，並進而採取對李前主委進行第1項第1款至第3款的攔停、詢問及令出示證件等措施，在引起受檢人之拒絕及爭議後，進一步採取第4款「……檢查其身體及所攜帶之物」，無適用第2項規定於受檢人顯然無法查證身分時，進一步將受檢人帶往勤務處所查證及其他強制力進行

4　穿拖鞋遭攔查 李永得：北市變警察國家？，自由時報，2017年3月20日：https://news.ltn.com.tw/news/focus/paper/1087329（搜尋日期：2021年12月10日）。

5　穿夾腳拖像壞人？李永得遭警盤查！，有話好說：https://www.youtube.com/watch?v=U-yTB8gp7a0（搜尋日期：2022年8月30日）。

查證，故並無影響其自由而違法之情形。惟在媒體報導後，引起輿論廣泛討論。

本案特性分析：（一）個別或全面攔檢之要件適用爭議；（二）欠缺合理懷疑之心證程度；（三）員警或因績效而具執法熱情；（四）計有六位員警之組合警力值勤；（五）保安大隊長認係適用本法第6條第1項第6款之「指定」攔檢。

三、中壢攔檢路人詹女爭議事件

2021年4月22日上午8時47分桃園市中壢警察分局興國派出所葉姓警員（下稱葉警）攔檢詹姓女士案[6]，葉警巡邏經該分局治安熱點（區）中壢火車站周邊，於新興路5號前，遇見正步行前往附近音樂教室教課之詹姓女老師（下稱詹女）攜帶肩包、提包獨自行走，葉員乃上前以「我在這邊管區沒看過妳」、「怕妳有沒有被報失蹤」爲由，加以攔停詹女，並要求其提供姓名、身分證字號等個人資料，以供查證身分。詹女隨即提出異議，但葉員仍續行盤查，並阻擋詹女離去。雙方於言詞爭執間，詹女脫口「你（這）眞的很蠢！」，葉警立即以詹女此語涉犯妨害公務罪嫌，奪下詹女自行蒐證錄影之手機，並將其摔倒上銬逮捕。案經中壢分局以詹女涉犯刑法第140條侮辱公務員之妨害公務罪嫌移送桃園地檢署偵辦；詹女亦提告葉警涉犯公務員假借職務上之機會故意犯強制、傷害、妨害自由等罪嫌。經桃園地檢署於2021年10月11日偵查終結，雙方皆「不起訴」處分。惟詹女對葉警涉犯強制、傷害及妨害自由罪嫌部分提出「再議」，致曾引起社會極大爭議[7]。惟經詹女聲請再議並發回桃園地檢署續查後全案逆轉，經承辦檢察官再調查相關事證，認爲葉員臨檢、盤查不符「警察職權

---

6 音樂老師拒警盤查遭壓制逮捕 監院糾正中壢分局，中央社，2022年3月15日：https://www.cna.com.tw/news/aipl/202203150210.aspx（搜尋日期：2023年5月29日）；女老師遭警「大外割」壓制痛到尖叫！路人視角影片曝光：https://www.youtube.com/watch?v=4aza5HicncI（搜尋日期：2023年5月28日）。

7 刁民拒盤查？警濫權執法？女老師遭「大外割」引爭議！，有話好說：https://www.youtube.com/watch?v=Fnu52ISPxlw（搜尋日期：2022年8月18日）。亦參考：女老師拒盤查 慘遭大外割上腳銬！律師：警未循正當程序：https://www.youtube.com/watch?v=pialTRXt1qI（搜尋日期：2022年8月18日）。

行使法」規定，非依法執行職務卻仍阻擋詹女離去，又在詹女無涉妨害公務情形下違法逮捕，剝奪她的行動自由，涉犯公務員假借職務上之機會妨害自由罪嫌重大，偵結將葉員起訴。[8]因此，本案經詹女聲請再議，其拒攔查遭大外割上銬結果逆轉，中壢分局葉警被起訴[9]，最後經由桃園地院判葉員假借職務上機會強制罪、公務員假借職務上機會剝奪他人行動自由罪，分判四月和六月徒刑，葉員放棄上訴。[10]

另一方面，監察院由三位監委介入調查，並作成「桃園市政府警察局中壢分局」之糾正案文，案由指出：「桃園市政府警察局中壢分局為求查緝績效，任由員警違反勤務紀律，在該分局自行劃定之『治安熱點（區）』隨機盤查民眾，又未落實教育訓練，導致少數員警僅憑個別主觀判斷，在欠缺合理懷疑之狀況下，任意攔查民眾；且留置及詢問現行犯期間，對其一律施用手銬及腳銬，不當侵害人民自由權利，確有違失，爰依法提案糾正。」[11]再者，監察委員新聞稿中更指出：「監察委員……調查發現，本案中壢分局葉姓警員在欠缺合理懷疑之狀況下，任意攔查詹姓女教師，且未踐行告知程序、漠視受臨檢人之異議，在雙方爭執時，不顧其違法執行職務在先，以詹女脫口『你真的很蠢』為由，依妨害公務罪之現行犯加以逮捕，違反警察職權行使法相關規定，不當侵害民眾自由權利。」[12]

因此，由上述介析可知，桃園地檢署雖以葉警無故意且對職權構成要件認知錯誤，而認其對詹女所執行之攔檢，於法無據；另一方面，監察院糾正文則直接以「桃園市政府警察局中壢分局為求查緝績效，任由員警

8　聲請再議逆轉！女師拒攔查遭大外割上銬　中壢警被起訴，自由時報，2022年7月7日：https://news.ltn.com.tw/news/society/breakingnews/3984186（搜尋日期：2022年8月18日）。

9　聲請再議逆轉！女師拒攔查遭大外割上銬　中壢警被起訴，自由時報，2022年7月7日：https://news.ltn.com.tw/news/society/breakingnews/3984186（搜尋日期：2023年5月4日）。

10　大外割女師　警不上訴拼服社會勞動，自由時報，2023年3月15日：https://news.ltn.com.tw/news/society/paper/1572123（搜尋日期：2023年5月4日）。

11　監察院111內調0013之調查報告，2022年3月16日：https://www.cy.gov.tw/CyBsBoxContent.aspx?n=133&s=17800（搜尋日期：2022年8月26日）。

12　監察委員新聞稿，提案糾正中壢分局，要求議處相關失職人員，並促請內政部警政署檢討改善，2022年3月15日：https://www.cy.gov.tw/News_Content.aspx?n=125&sms=8912&s=23396（搜尋日期：2022年8月26日）。

違反勤務紀律，在該分局自行劃定之『治安熱點（區）』隨機盤查民眾，又未落實教育訓練，導致少數員警僅憑個別主觀判斷，在欠缺合理懷疑之狀況下，任意攔查民眾」，違反本法，不當侵害人民自由權利，認定確有違失，而對該分局提出糾正。綜合上述桃園地檢署與監察院之調查資料分析，兩者均認葉警對詹女之攔檢於法無據或違法作為，但均未明確說明如何正確涵攝適用本法有關「攔檢」以「查證身分」措施之構成要件。爰本文認為有關京站攔檢李前主委案情節與本案均為治安目的之個別攔檢，應非如其主官（管）所稱本法第6條第1項第6款之「指定」地點的全面或集體攔檢，而是屬於同條項第1款規定：「合理懷疑其有犯罪之嫌疑或有犯罪之虞者。」此款內涵有二：一是「職權要件」之「合理懷疑」，另一為「違法構成要件」之「有犯罪之嫌疑或有犯罪之虞者」，然多數員警均以模糊且梗概之「合理懷疑」，而無法指出其有何「犯罪」或「危害」[13]之嫌疑或之虞，以致此二案[14]不論是北市保大對李前主委或中壢分局葉警對詹女之攔檢案，均因員警執法對案情判斷上欠缺「違法構成要件」，而致產生爭議，甚至構成違法而不自知，應引以為戒，更應如監察院糾正文所陳，應加強員警攔檢執法教育訓練，以確保執法公益與人民基本自由權利之衡平。

　　本案特性分析：（一）個別或全面攔檢之要件適用爭議；（二）欠缺合理懷疑之心證程度；（三）員警或因績效而具執法熱情；（四）單一位

13　司法院釋字第535號解釋文指出：「有關臨檢之規定，並無授權警察人員得不顧時間、地點及對象任意臨檢、取締或隨機檢查、盤查之立法本意。除法律另有規定外，警察人員執行場所之臨檢勤務，應限於已發生危害或依客觀、合理判斷易生危害之處所、交通工具或公共場所為之，其中處所屬私人居住之空間者，並應受住宅相同之保障；對人實施之臨檢則須以有相當理由足認其行為已構成或即將發生危害者為限，且均應遵守比例原則，不得逾越必要程度。臨檢進行前應對在場者告以實施之事由，並出示證件表明其為執行人員之身分。」按本號解釋之臨檢要件係指「已發生危害」合理懷疑有「危害之虞」，而非如本法第6條係以「犯罪嫌疑」或「犯罪之虞」。其實，在警察執法上，「犯罪」與「危害」嫌疑或之虞者，二者應均屬警察職權得以介入實施攔停以查證身分之要件內涵才是。

14　此二案之執法員警之法律責任極大差異，北市保大於台北京站攔檢李前主委案並無法律責任被訴追，主要因員警發現其攔檢之「合理懷疑」等心證程度不足時，即讓攔檢對象離去，並未進一步對其施以強制力；而中壢分局葉姓員警之攔檢詹女士案則因上欠缺足夠之違法心證程度，卻仍施以拘束其人身自由之強制力，導致遭受刑事責任之訴追，並被判刑。此二案結果之差異因素，值得員警攔檢執法之參考。

員警值勤；（五）中壢分局長認係適用本法第6條第1項第6款之「指定」
攔檢。

四、中壢員警處理超商爭議事件

　　2023年5月20日中壢分局中壢派出所員警接獲報案前往處理朱姓健身
教練於超商爭議事件[15]，據報載起因係買不到特定口味的雞胸肉，在超商
門市情緒失控，大聲嘶吼、破壞商品，還攻擊二名到場協助的員警。其中
一名警察於噴灑辣椒水後，在朱民獨自坐在超商門口時，員警仍持警棍狂
抽朱男12下，衍生出是否「執法過當」的爭議討論。

　　本案特性分析：（一）民眾似已一時失理性；（二）個別或全面攔檢
之要件適用爭議；（三）為現行犯之逮捕；（四）接受報案而趕至現場；
（五）有二位員警值勤；（六）二位員警一到場處理即發生民眾失控追打
員警；（七）民眾安靜坐在超商前卻遭一員警持警棍毆打頭或背部12下。

五、中和處理違規案件而壓制踹頭爭議事件

　　2020年4月7日晚間新北市中和之少年四人駕車經警攔檢案[16]，駕駛疑
因無照而心虛，致未遵員警指揮於路檢點停車受檢，且有越過雙黃線逆向
行駛與闖紅燈等交通違規情形。員警多人進行尾隨攔截少年，據稱員警將
四人強制離車。惟警方執法作為引起居民注意並將過程全程錄影，其執法
過程在員警壓制少年在地後，因有另一員警用腳狠踹少年頭部，以致造成
是否員警執法過當爭議，而向媒體投訴，進而各方議論。

　　本案特性分析：（一）多位警察一起處理執法對象飆車；（二）對
象已受員警壓制在地；（三）某一員警突然衝至踹被壓制執法對象的頭；

---

15 揮打「浩克」涉執法過當 中壢警：挑釁導致情緒失控：https://www.youtube.com/
watch?v=swTJip6f5eU（搜尋日期：2023年5月22日）；瘋狂裸男「超商浩克」爆氣大鬧！揮
拳爆吼打傷2警 竟因吃不到這東西怒炸，壹蘋新聞網，2023年5月20日：https://tw.nextapple.
com/local/20230520/1DEC042C010790D80BEA4521C96227B7（搜尋日期：2023年5月28
日）。

16 中和警踹頭扯髮、嗆民眾「請你呷慶記」下ður出爐再惹議，中時新聞網，2021年9月20日：
https://www.chinatimes.com/realtimenews/20210920000779-260402?chdtv（搜尋日期：2023年5
月28日）。

（四）圍觀民眾錄影PO網；（五）多位員警組合警力攔檢執法。

六、雲林公正派出所處理械鬥事件

2020年4月19日清晨雲林縣斗六警察分局公正派出所前發生聚眾鬥毆[17]，警方逮捕了12人到案，依傷害等罪嫌被雲林地檢署聲押獲准，斗六警分局長因此被記2小過，雲林縣警局長自請處分，本案引起有關警察處理過程是否有疏失責任之爭議。從所拍攝影片觀察，在場員警僅二人，而二幫人馬持刀械棍棒械鬥時，警察攔檢處理是否有「基本款」之SOP？

本案特性分析：（一）二幫人馬持刀棍械鬥；（二）僅有一男一女警力；（三）在派出所前；（四）未保持安全距離；（五）未宣示警察執法；（六）分局長調職。

七、鐵路警察處理票務糾紛殉職事件

2019年7月3日鐵路李姓員警於處理火車上補票爭議事件[18]，被鄭姓嫌犯持刀刺傷不治，引起鐵路警察員額不足、警械使用法令缺漏[19]或警察執法安全相關問題。對此事後迄今雖已有多項補救措施，然亦可據以檢討未來若有相類似案例再次發生時，員警應如何正確有效處理？其依法執法基本款何在？均有探討之必要性。

本案特性分析：（一）接受報案，前往處理；（二）事出突然，無心理認知及防備；（三）執法對象已失理性；（四）執法對象身上預藏刀械；（五）失去理智刀刺員警致死；（六）無法立即得到警力支援。

以上七案中涉及執法員警之「身安」者為第1、4、6、7案等4件，而涉及「法安」者為第2、3、4、5案等4件，其中則以第4案之中壢員警執法處理超商爭議事件時突遭執法對象攻擊，衍生出依法處理時之身體安全防護之需要，隨後執法對象已平息情緒，員警卻掄起警棍報復性地猛打

---

17 影片曝光！派出所前刀棍械鬥 雲林警方開槍示警：https://www.youtube.com/watch?v=kOpgKPVe4Nk（搜尋日期：2023年5月28日）。

18 男子逃票持刀狂刺 鐵路警察殉職，華視新聞，2019年7月4日：https://news.cts.com.tw/cts/society/201907/201907041966421.html（搜尋日期：2023年5月29日）。

19 《火車刺警案》慟鐵路警殉職 藍委建議配電擊槍，自由時報，2019年7月4日：https://news.ltn.com.tw/news/society/breakingnews/2842399（搜尋日期：2023年5月28日）。

執法對象，造成頭部傷害，故本案有身安與法安之問題，應予特別瞭解與注意。以上所列述之相關實務案例，旨在析論爲何在本法實施已二十年之後，卻仍有如此多關於警察職權行使之實務問題，本文乃從實務與法律之涵攝上及警察執法文化面向試提相關建議，以供改進參考。

參、精進員警攔檢執法之建議

一、警察應有正確涵攝法律之能力：實踐化法律

警察執法常從攔檢以查證身分開始，不論是行政危害防止或刑事犯罪查緝目的所爲之攔檢措施，都屬干預執法對象之自由或權利，而有法律保留原則之適用。因此，警察法規對於員警從攔檢盤查到使用警械之用槍行爲均有相關法律之規定，然如何使員警正確有效涵攝法律規定，則需藉由教育訓練使之瞭解法律之性質與內涵，並使之認知與內化成爲執法技術或文化，如此始能對於員警正確執法產生最大效益。

本法之性質屬於「行政作用法」之職權程序規定，亦是警察勤務使用物理力作爲之職權或程序規定。本法第6條第1項共有6款之治安攔檢措施之一般要件，然警察實務上經常對於抽象法律如何正確有效涵攝具體事件之適用產生質疑。例如，本法第6條第1項第1款之規定「合理懷疑其有犯罪之嫌疑或有犯罪之虞者」，如何定義該條規範之「職權」或「違法」構成要件與其適用，以及究屬「個別攔檢」或「全面攔檢」之性質與適用？常是實務執法同仁所困擾之處。例如，上述案例中，中壢分局攔檢詹女案與北市保大台北京站轉運站攔檢李姓民眾案，二位主管曾分別於接受媒體訪問時，不約而同地指出其員警攔檢係依據本法第6條第1項第6款規定，由警察機關主管長官所「指定」而進行攔檢，然而，多數論者認應屬本法第6條第1項第1款規定「合理懷疑其有犯罪之嫌疑或有犯罪之虞者」爲依據之攔檢，此在法規之涵攝與依據上，如何使員警能正確涵攝法律，即有探討空間。

再者，本法第6條第1項第1款之「違法構成要件」及「職權構成要件」均符合，員警始得行使本法第7條規定之相關查證身分措施。違法構

成要件係指員警需有效運用五官六覺判斷有「合理懷疑」之「心證程度」而認「其有犯罪之嫌疑或有犯罪之虞者」。此之「犯罪之嫌疑或有犯罪之虞者」應是「違法構成要件」。另司法院釋字第535號則以有：「警察人員執行場所之臨檢勤務，應限於已發生危害或依客觀、合理判斷易生危害之處所、交通工具或公共場所為之，其中處所為私人居住之空間者，並應受住宅相同之保障；對人實施之臨檢則須以有相當理由足認其行為已構成或即將發生危害者為限，且均應遵守比例原則，不得逾越必要程度。」然而，綜觀實務上有些員警執法常僅有「合理懷疑」之「職權構成要件」，而欠缺「違法構成要件」，卻加以攔檢盤查，甚至進而實施其他影響自由與權利更重之強制措施。因此，員警欲正確有效運用「合理懷疑」法則，可以「整體考量」（Totality of Circumstances）[20]法則加以蒐集所有一切使執法員警覺得與違法構成要件有可能合致之行為或情狀，作為對之採取警察職權措施之憑據。再者，亦可以「問句執法」方式為之，例如執法員警直接詢問相對人：「您為何被我攔檢，您知道嗎？」若對方回答「不知道」，則此時該員警應將對之實施攔檢之事由告知，此為本法第4條所明定。

　　另一方面，如何正確涵攝攔檢與使用警械之法規範，亦是警察執法重要事項。例如，警械使用條例第5條：「警察人員依法令執行取締、盤查等勤務時，如有必要得命其停止舉動或高舉雙手，並檢查是否持有兇器。如遭抗拒，而有受到突擊之虞時，得依本條例規定使用警械。」依本條規定內容，如何於警察執法勤務上適當且有效操作，作者以警察實務經驗與相關學術研究心得，認為警察執法攔檢應「停、看、聽、停」，以確保警察「雙安」，亦即「身安」與「法安」，前者旨在維護執法員警、相關民眾或執法對象之身體或生命安全；後者旨在確保警察免於違法攔檢作為而招致法律責任。至於「停、看、聽、停」之執法程序中，首先當執法員警

20　蔡庭榕，論警察治安攔檢職權，警察法學與政策，第3期，2022年11月，頁1-38。United States v. Arvizu, 534 U.S. 266 (2002)；該判決以「整體考量」（The Totality of Circumstances）作為形成「合理懷疑」之基礎。亦參見蔡庭榕，論警察臨檢之發動門檻──「合理懷疑」與「相當理由」，警察法學，創刊號，2003年1月，頁54。

遇案需處理時，應先「自停」以「看、聽」判斷，符合本法或相關法規之授權要件得加以「攔停」，此攔檢之執法原則旨在確保正確有效執法，並維護相關安全以達成治安任務。員警先「自停」以確認執法情況及安全與否，再進而「看、聽」以蒐集執法現場之狀況（人的行為、物的狀況、事實現象及整體環境考量），除安全要求外，亦可判斷確認違法之「行為責任人」或「狀況責任人」為何？並據以採取相關「攔停」與「檢查」措施。因此，警械使用條例第5條之實務操作化可成為：「先掩護你自己以求安全（Cover Yourself）、拉出與執法對象間之安全距離（Keep Safe Distance）、繼而必要時高喊『我是警察、不准動、高舉雙手』（Police, Freeze, Show Your Hands up）。靜觀其變！然員警執法務必開啟『密錄器』以蒐集執法過程作為證據。」

警察執法常要適用整體法律系統之各相關法規，而非一個或一條法律，員警應對整體法規體系瞭若指掌，以發揮執法專業。何謂「專業」？參考菜市場剁賣豬肉工作者之專業知識與技術來比喻的話，其對於整隻豬的屠體與大卸八塊後之各部位之特性、豬肉之口感及如何料理均非常清楚，則員警攔檢執法專業，即需對所為之相關法律依據及其適用之內涵與程序，均瞭若指掌。因警察係執法者，可知警察專業亦應對於法律之性質及其授予之措施、要件、程序、救濟等規範內涵及其適用方式瞭如指掌，應將抽象法條文加以「操作化」成可踐行的「口訣」，或「內化」成自然判斷與裁量的執法行動，特別是如何建立「合法有效的執法文化」，並應做好「掩護你自己、拉出安全距離」以維護執法安全，並在執法個案中均能掌握「正當合理性」與「證據」，並讓全民也共知共識，才能有效執法。

二、應建立警察依法執法文化：避免次文化

警察實務機關為使警察執法能有標準作業程序可資依據或參考，可謂用心良苦。警政機關特別彙整法令規定、作業流程、準備事項及注意要點等內容，編輯出版《警察機關分駐〈派出〉所常用勤務執行程序彙

編》[21]，針對警察執法之相關攔檢規定有：「執行巡邏勤務中盤查盤檢人車作業程序」、「執行路檢攔檢身分查證作業程序」及「執行臨檢（場所）身分查證作業程序」。上述相關作業程序之內容雖豐富，但龐雜繁多，其可行性如何及如何落實操作，不無值得探討之處。因此，警察如何將警察實務上之攔檢到用槍等一連串物理力之職權行使，做到既「精準」（技術）又「正確」（法治），應藉由教育、訓練及平時勤務要求執法員警培養正向執法文化，而避免次文化之運用。茲分別說明如下：

（一）警察正向文化是勤務執行應正確涵攝法令。派出所所長或警察分局長或局長可於「勤教」時藉由密錄器所蒐集之執法案例，經由相關員警討論共識之正確有效的執法方式，以「正當合理性」及「證據」為執法作為前後之關鍵考量重點，藉由勤教或常訓方式灌輸執法文化。

（二）避免員警運用次文化：警察常基於績效考量，而產生許多執法次文化方式。例如，假倒、激怒後加以逮捕、查水表、酒測感知器等不符法規範授權目的，或為爭取執法績效或上級要求任務所為之執法方式等，恐有違法或不當之疑慮，應予主動避免或禁止之。

（三）攔檢勤務應提高警覺：執法應強化精準判斷與裁量之涵攝法規範之能力，既可確保自身安全，亦可正確執法以達成任務。警察面對的常是未知的情況，誰是思覺失調症或有其他精神相關問題之人，並未寫在臉上，因此警察只能以「五官六覺」判斷（「合理懷疑」、「相當理由」）是否有犯罪或違規等違法情形，涵攝相關法令規定於具體事件上，於符合規定時，才能加以攔檢。

（四）警察執法應「避二去（氣），遵兩意」。執法實務工作上應避免**「莽撞直直去」**，恐造成**「身安」**問題，而有至**「醫院」**就診或喪失生命之可能；另一方面，警察執法亦應避免**「麥堪吔氣！」**之情緒性執法，此將肇致**「法安」**問題，而有因違法需移送法院涉訟，

21　內政部警政署編製，警察機關分駐〈派出〉所常用勤務執行程序彙編，中央警察大學印行（109年5月25日警署行字第1090090464號函授權印製），2020年。

亦可能因而被判刑。另一方面，警察執法應遵守「法意」與「善意」之原則，前者之警察干預性執法應仍有法律保留之適用。「善意」為執法誠實信用與比例原則之基礎。

（五）警察可否打人：一般邏輯上，個人執法教學上舉例以：「**打回來是人，不打回來是警察，打得快不罰，打得慢要罰，打得快是反應，打得慢是決定**」。警察可以為「**必要性**」（Necessary）**執法，但不可以為「報復性」**（Revenge）**[22]或「懲罰性」**（Punitive）**[23]執法。**因為警察依法得執行「行政管束」（行政即時強制權）或「刑事逮捕」（強制處分權），且警察經過專業教育訓練，係人民納稅支付薪資並依法任用之「警察人員」，應依法執法，可以依法為必要性執法，但不可為報復性執法。至於快速反應回打若屬防衛之必要作為，依法應可被接受。

（六）有諸中形於外，形於外有諸中，心裡決意之正常與異常均應注意。執法之教育、訓練如何有效涵攝法律使之內化於心，且能正確判斷與裁量適用於外之執法能力，應被期待。再者，依法執法仍應遵守一般法律原則（比例、平等、誠信、明確性、有利不利兼顧原則等），使警察攔檢執法遵守「依法行政」原則，圓滿達成警察治安任務。

三、明確瞭解法規範並取得警民共識：以利遵行與監督

警察攔檢執法與相關職權行使經常會受到「警、檢、審、辯、民」五層檢視。故如何能明確瞭解警察執法之法律規範，並取得警民共識，亦即執法者與被執法者對於法律規定與涵攝執法方式，所建立之執法文化，以利警民依法遵行，並受渠等之正確監督。因此，警察執勤之相關法規範與

---

[22] 吳忻穎，形同私刑的「報復性執法」：再談民粹背後的法治國與員警心理健康危機，聯合報鳴人堂，2022年7月4日：https://opinion.udn.com/opinion/story/12626/6434563（搜尋日期：2023年5月5日）。吳忻穎，「超商浩克」事件案外案：警棍「暴擊30秒」符合警察專業嗎？，聯合報鳴人堂，2023年5月26日：https://opinion.udn.com/opinion/story/12626/7191895（搜尋日期：2023年6月5日）。

[23] 陳建安，觀點投書：懲罰與報復不在警察的職權裡，風傳媒，2023年5月31日：https://www.storm.mg/article/4798677（搜尋日期：2023年6月5日）。

執法正向文化應先透過各種可行管道取得渠等之共知共識，將使警察執法受到社會多數大眾支持，執法員警既可避免違法執勤，更可獲得執法上之應有尊嚴。

四、以司法審判結果引領方向：司法功能運用

警檢審辯或刑事司法（CJ）之四階段，警察執法係在第一階段，故犯罪現場執法案件或爭議，隨之起訴、審判或訴訟中之律師辯護均在審視該案件執法之合法性或妥當性，故警察執法亦應注意司法審判結果所持之導引方向，作為警察實務是否正確涵攝法律之重要參考。例如，於司法院之網頁中以「警察職權行使法」之名，鍵入「法院案件查詢系統」，計有超過8,000件以上之判決書案例，可資參考。又雖然我國屬大陸法系，並非以「判例」為依據的國家，亦可據以作為警察職權適用之政策方向。

五、員警勤教以實務案例檢討：遵守執法基本（款）程序

警察派出所、分局或警察局常有勤教或常年訓練，允宜蒐集相關實務案例作為勤教或常訓之素材（減少政策宣達或長官訓勉方式為之），藉由警察勤務參與者之共同討論，尋求共識可行之執法方式，藉由逐步涵攝法律及司法審判案例來建立「警察執法文化」。至於現行之警政署之值勤SOP標準作業程序規定，鉅細靡遺，然於警察實際執法實務上，恐不易記得或遵守，宜盡可能將之化約為「可實踐之簡要守則」（例如**警察執法「停、看、聽、停」**之口訣要則），再藉由訓練或勤教要求而將之「內化」成為幾乎可以自然反應之動作，才能確保警察雙安。

六、採取「危機介入小組」：處理特殊心理疾患案件

論者指出：衛福部「強化社會安全網」第二期「提升警察及醫護人員處理社區危機事件」的計畫，正是參考美國國家精神健康聯盟所推動「危機介入小組」（Crisis Intervention Teams, CIT）。此小組旨在強化員警處理心理衛生危機相關案件的訓練機制，使警察重視並普遍接受精神疾病患者之危機處理訓練，包含防止衝突升高的技巧，以及警方應具備「以患者『精神健康』作為處理此類案件核心」的「認知與心態」，並改善精

神疾病的污名化問題。[24]另一方面，對於警察執法壓力下，亦可能因而產生心理問題，亦有失控之時候，特別是警察常持有警械，並可依法使用強制力，爲避免因心理失控而濫用，如何有效給予調解，更應受到重視，或是可考量比照「司法社工師」之設置，而招聘「警察社工師」協助之。因此，除執法對象不乏有心理及情緒問題，警察亦可能有心理及情緒問題，執法如何有效衡平，常需藉由良好的教育訓練、心理輔導及依法行政與一般法律原則之適用機制，使之合法且妥適地運用執法技能執行勤務，以確保執法雙方安全，並順利達成治安任務。

另一方面，警察執勤如何具有高度危機警覺性，執法情境安全與違法取締之判斷與裁量，均屬警察之重要素質。社會上常聞警察執法對象爲思覺失調症患者、心理疾病患者、酒醉者、吸毒者等多已屬於非常人之行爲狀態，而此常是警察所需要面對者。唯有提高警覺，隨時準備或戒備，以「任何人均可能開槍打我，包括同僚及我自己」之警覺心來面對任何執法之挑戰，而且「千鈞一髮、瞬息萬變」乃警察值勤之常有狀況，如何確保警察「雙安」，乃是警察職權行使不可忽視之重。特別是員警執勤需有之心理認知及警覺性，除養成提高注意到任何人均可能傷害你，包括你自己，亦應心理認知員警自己亦可能因暴走而失控。因此，執法對象不理性反應可被視爲可能的正常反應，因民眾平日壓力承受後，又突然受到干預、限制或剝奪其自由或權利的警察執法作爲，一時之間恐無法接受而暴走，任何人對其受警察攔檢，均可能當場反彈或攻擊，警察不可以「高權」自居。故警察應隨時提高警覺，才能專業地考量雙方與環境因素，並依據法律與一般法律原則進行正當的執法程序。

七、仿效美國警察攔檢UF250表單之適用：制度性規範

爲了避免員警任意隨機或偏頗攔檢執法，美國各州或地區警察局均有管理其執行警察攔檢措施之具體方法，予以制度性規範，例如紐約市警察

---

24 吳忻穎，「超商浩克」事件案外案：比員警情緒失控更嚴重的體制問題，聯合報鳴人堂，2023年5月29日：https://opinion.udn.com/opinion/story/12626/7197145#sup_5（搜尋日期：2023年6月5日）。

局要求警察針對其每一次的執法攔檢應填具UF250的表單[25]，以確保其執法之正確性，並避免警察任意實施攔檢，尤其是希望能有效管控員警具強制干預性質之執法措施，以減少其因種族歧視或不合理之濫權攔檢執法。然而，亦有報導該市員警仍不免多有不予遵守而漏未提報之情形。[26]另一方面，該市之警察攔檢曾被民權團體彙整分析此表單而控訴濫權與種族歧視而違憲。[27]然而，紐約市所施行之UF250之攔檢表單（圖7-1）旨在使警察攔檢應依其判斷，避免毫無合理懷疑而任意濫權攔檢，亦可有效管控並避免種族歧視之執法，可謂用心良苦，對我國警察攔檢合法性與妥當性之改進，應有其啟示作用，值得引介參考。

警察合理懷疑某人為犯罪嫌疑人，為預防犯罪，而得以查證其身分，又對於「有犯罪之虞者」，指犯罪雖發生，然基於警察合理懷疑即將有犯罪之可能時，得以防止犯罪之理由，對之進行查證身分。例如，見警即逃，是否構成合理懷疑程度，而可以進行攔停措施？美國聯邦最高法院表示，是否有合理懷疑，應依人類之行為習慣，進行合乎一般常理之推論判斷之，於執法現場由員警判斷決定，事後案件爭議送至法院，則由法官依據證據認定。因此，行為人之緊張與逃避行為，得作為判斷是否具有合理懷疑之相關因素之一，因為合理懷疑是由「整體考量」形成心證程度[28]。故聯邦最高法院於Illinois v. Wardlow (2000)[29]即作出與州最高法院不同之判決，而於該案支持見警即逃已經足以構成「合理懷疑」其有危害或

---

[25] Blank UF-250 Form - Stop, Question and Frisk Report Worksheet, NYPD, 2016, https://www.prisonlegalnews.org/news/publications/blank-uf-250-form-stop-question-and-frisk-report-worksheet-nypd-2016/ (last visited 26 Aug. 2022); Dan Nguyen, NYPD Stop, Question, and Frisk Worksheet (UF-250); My Attempt at Getting the Latest Version as 'Just a Researcher', http://blog.danwin.com/request-nypd-form-uf250/ (last visited 26 Aug. 2022).

[26] 紐約市警察實務與人權（Police Practices and Civil Rights in New York City）報導，U.S. Commission on Civil Rights, Police Practices and Civil Rights in New York City, https://www.usccr.gov/files/pubs/nypolice/exsum.htm (last visited 9 Sept. 2022).

[27] Martin J. Mayer, NYPD's Use of Stop and Frisk Declared Unconstitutional, https://www.jones-mayer.com/news/2013/10/01/cssa-magazine-article-nypds-use-of-stop-and-frisk-declared-unconstitutional/ (last visited 9 Sept. 2022).

[28] United States v. Arvizu, 534 U.S. 266 (2002)；該判決以「整體考量」（The Totality of Circumstances）作為形成「合理懷疑」之基礎。亦參見蔡庭榕，同註20，頁54。

[29] Illinois v. Wardlow, 528 U.S. 119 (2000).

UF-250

Front (COMPLETE ALL CAPTIONS)

STOP, QUESTION AND FRISK REPORT WORKSHEET
PD344-151A (Rev. 11-02)

Pct. Serial No.
Date | Pct. Of Occ.
Time Of Stop | Period Of Observation Prior To Stop | Radio Run/Sprint #
Address/Intersection Or Cross Streets Of Stop

☐ Inside ☐ Transit | Type Of Location
☐ Outside ☐ Housing | Describe:
Specify Which Felony/P.L. Misdemeanor Suspected | Duration Of Stop

What Were Circumstances Which Led To Stop?
(MUST CHECK AT LEAST ONE BOX)

☐ Carrying Objects In Plain View Used In Commission Of Crime e.g. Slim Jim/Pry Bar, etc.
☐ Fits Description
☐ Actions Indicative Of "Casing" Victim Or Location
☐ Actions Indicative of Acting As A Lookout.
☐ Suspicious Bulge/Object (Describe)
☐ Other Reasonable Suspicion Of Criminal Activity (Specify)

☐ Actions Indicative Of Engaging In Drug Transaction.
☐ Furtive Movements
☐ Actions Indicative Of Engaging In Violent Crimes
☐ Wearing Clothes/Disguises Commonly Used In Commission Of Crime.

Name Of Person Stopped | Nickname/Street Name | Date Of Birth
Address | Apt. No. | Tel. No.
Identification: ☐ Verbal ☐ Photo I.D. ☐ Refused ☐ Other (Specify)
Sex:☐ Male Race:☐ White ☐ Black☐ White Hispanic ☐ Black Hispanic
☐ Female ☐ Asian/Pacific Islander ☐ American Indian/Alaskan Native
Age | Height | Weight | Hair | Eyes | Build

Other (Scars, Tattoos, Etc.)
Did Officer Explain If No, Explain:
Reason For Stop
☐ Yes ☐ No
Were Other Persons Stopped/ ☐ Yes | If Yes, List Pct. Serial Nos.
Questioned/Frisked? ☐ No
If Physical Force Was Used, Indicate Type:
☐ Hands On Suspect
☐ Suspect On Ground
☐ Pointing Firearm At Suspect
☐ Handcuffing Suspect
☐ Suspect Against Wall/Car
☐ Drawing Firearm
☐ Baton
☐ Pepper Spray
☐ Other (Describe)

Was Suspect Arrested? | Offense | Arrest No.
☐ Yes ☐ No
Was Summons Issued? | Offense | Summons No.
☐ Yes ☐ No
Officer In Uniform? | If No, How Identified? ☐ Shield ☐ I.D. Card
☐ Yes ☐ No | ☐ Verbal

Back

Was Person Frisked? ☐ Yes ☐ No IF YES, MUST CHECK AT LEAST ONE BOX
☐ Inappropriate Attire - Possibly Concealing Weapon
☐ Verbal Threats Of Violence By Suspect
☐ Violent Crime Suspected/Use Of Force Or Threat Of Violent Crime
☐ Other Reasonable Suspicion Of Weapons (Specify)
☐ Furtive Movements
☐ Actions Indicative Of Engaging In Violent Crimes

☐ Refusal To Comply With Officer's Direction(s)
☐ Leading To Reasonable Fear For Safety
☐ Suspicious Bulge/Object (Describe)

Was Person Searched? ☐ Yes ☐ No IF YES, MUST CHECK AT LEAST ONE BOX
☐ Outline Of Weapon ☐ Other Reasonable Suspicion Of Weapons (Specify)
☐ Hard Object ☐ Admission Of Weapons Possession
Was Weapon Found? ☐ Yes ☐ No If Yes, Describe: ☐ Pistol/Revolver ☐ Assault Weapon ☐ Knife/Cutting Instrument
☐ Machine Gun ☐ Other (Describe) ☐ Rifle/Shotgun
Additional Circumstances/Factors: (Check All That Apply)
☐ Report From Victim/Witness ☐ Evasive, False Or Inconsistent Response To Officer's Questions
☐ Area Has High Incidence Of Reported Offense Of Type Under Investigation ☐ Changing Direction At Sight Of Officer/Flight
☐ Time Of Day, Day Of Week, Season Corresponding To Reports Of Criminal Activity ☐ Ongoing Investigations, e.g. Robbery Pattern
☐ Sights And Sounds Of Criminal Activity, e.g. Bloodstains, Ringing Alarms
☐ Suspect Is Associating With Persons Known For Their Criminal Activity
☐ Proximity To Crime Location
☐ Other (Describe)
Demeanor Of Person After Being Stopped
Was Other Contraband Found? ☐ Yes ☐ No If Yes, Describe Contraband And Location
Remarks Made By Person Stopped

Additional Reports Prepared: Complaint Rpt. No.
REPORTED BY: Rank, Name (Last, First, M.I.)
Print
Signature
Pct. Serial No.
Tax#
Command

Juvenile Rpt. No. | Aided Rpt. No. | Other Rpt. (Specify)
REVIEWED BY: Rank, Name (Last, First, M.I.)
Print
Signature
Tax#
Command

圖7-1　UF250攔檢表單

犯罪之虞，得進行攔停等相關查證身分之措施。美國紐約市警察局要求員警於執法時查填攔檢表單UF250[30]，員警因未具有足夠的「合理懷疑」而進行執法攔停（Stop）或拍搜（Frisk）執法，以致遭到法院判決違憲

30　Blank UF-250 Form - Stop, Question and Frisk Report Worksheet, NYPD, 2016, https://www.prisonlegalnews.org/news/publications/blank-uf-250-form-stop-question-and-frisk-report-worksheet-nypd-2016/ (last visited 9 Sept. 2022).

案[31]，更是值得警察實施干預性執法措施時，應先在心證程度或舉證責任上，具有實施執法作為之合理性，始得為之。

肆、結語

本法第1條明定立法意旨為：「為規範警察依法行使職權，以保障人民權益，維持公共秩序，保護社會安全，特制定本法。」因此，明確警察攔檢以查證身分職權規範，符合司法院釋字第535號解釋文意旨：「實施臨檢之要件、程序及對違法臨檢行為之救濟，均應有法律之明確規範，方符憲法保障人民自由權利之意旨。」基於上述之「警察職權」與「人民權利」如何有效衡平，則有賴執法員警正確與有效涵攝法律規範內涵。因此，本文主要區分二部分析論本法規範內涵及法實務執行之探討已如上述，旨在提供員警如何將抽象之法規範正確有效適用於個案，以達到本法之規範目的。另一方面，由於恐怖主義活動與科技發展後之新型態犯罪，影響國家安全或社會治安甚鉅，現今警察基於預防恐怖活動與偵查科技犯罪特殊任務需求，法治先進國家更將警察任務由「犯行追緝」與「危害防止」二分，往前移至「危險預防」領域[32]，在治安職權之法規範上亦必須配合時局需要，制定法律明確授權使警察得以更早介入私人自由或權利，始能克盡職責完成治安任務，此部分並未在本文內加以論析，惟係屬於現代科技發展與反恐時代中警察執法研究與執法之重要議題，仍有待更多學者、專家深入研究。

警察執法常是在千鈞一髮或千變萬化之情狀中進行，除應使員警對相關法制規範有良好教育訓練，更應使之內化熟練於實務情境上涵攝適用，使員警攔檢時依法辦理，若遇執法對象叫囂或暴力、脅迫行為，得依

---

[31] Bernard Vaughan, NYPD's 'Stop-and-Frisk' Practice Unconstitutional, Judge Rules, https://www.reuters.com/article/us-usa-newyork-police-idUSBRE97B0FK20130812 (last visited 15 June 2018). See also Floyd, v. City of New York, 959 F. Supp. 2d 540 (S.D.N.Y. 2013).

[32] 林明鏘，由防止危害到危險預防：由德國警察任務與權限之嬗變檢討我國之警察法制，臺大法學論叢，第39卷第4期，2010年12月，頁167-212。李震山，警察行政法論——自由與秩序之折衝，元照出版，2023年增修6版，頁40-41。

個案判斷依法執法。員警仍得依現場狀況個案蒐證，仍應運用正當合理性與證據作為執法之基礎，採取攔檢或其他強制措施前，該員警應以憑藉其五官六覺對人的行為、物的狀況、事實現象或整體環境因素實施，執法判斷「違法構成要件」與「職權構成要件」為考量基礎。若該民眾已經有違法行為，得據以依法執法而為取締或逮捕。但員警執法時不可「莽撞直直去」，容易因未將執法現場狀況判斷與風險評估清楚，而導致「身安」，故依據筆者的從警經驗與研究心得，認為警察攔檢應「停、看、聽、停」，前三者係從小受教有關穿過鐵路平交道的口訣，亦非常適用於警察攔檢，首先執法員警欲攔檢應先「自停」，緊接著「看、聽」來判斷調查，以人的行為、物的狀況、事實現象及整體環境考量，是否有上述之「違法」及「職權」要件該當與否，來裁量是否及如何採取「攔檢」措施；然後第二個「停」，乃是指警察判斷確認後之依法「攔停」。另一方面，為維護攔檢之「法安」，員警執法時宜避免「麥堪吔氣！」（台語，亦即無法忍辱負重），而可善用行政管束或強制處分權等作為，以免因違法攔檢而遭法律責任之追訴。因此，員警為執行法定職務，依法行使攔檢職權，除具有民主法治觀念外，更需在實務案件上依據本法規定之攔檢措施、要件、程序與救濟為之，並落實攔檢相關標準作業程序，宜將之程序精要化之後，納入「勤教」或「常訓」貫徹落實之，以營造警、檢、審、辯、民之共知共識。警察在攔檢執法過程中，應首先「維護自己安全」，繼而「確定安全距離」，進而表明身分與告知事由，若遇有高安全風險案件，即可運用警械使用條例第5條之規定，加以有效涵攝適用於實務案例上，亦即由執法員警下令處分，亦即向執法對象高喊或喝令「我是警察、不准動，高舉雙手」，此係依法執法的正當合理性，並由員警胸前之密錄器予以有效錄影作為執法證據，將更能確保警察執法「雙安」，亦即「身安」（身體、生命安全）與「法安」（法律責任安全），避免因懼怕「法安」而致不利於「身安」，亦不可因確保「身安」而過度「執法」導致影響「法安」，招致背負意外之法律責任。

（本文初稿曾發表於警察法學與政策，第5期，2023年11月。）

第八章

員警巡邏時隨機盤查
路人案例

許福生

壹、前言

　　1998年1月15日晚間9時5分，李男行經台北市重陽橋時，因台北市政府警察局保安大隊在該處執行道路臨檢勤務，見李男夜間獨自一人行走，即要求其出示身分證件檢查遭李男拒絕，警員即強行搜索李男身體，李男一時氣憤以三字經辱罵警員。後經法院以李男係於警員依警察勤務條例第11條第3款「依法」執行職務時，當場侮辱公務員，而被認定其行為該當刑法第140條第1項之於公務員依法執行職務時當場侮辱罪，而處以拘役定讞。李男以警察勤務條例第11條第3款及第2款內容涉及警察之盤查權及人身自由之限制，而有違反憲法第8條保障人身自由精神及憲法第23條比例原則之虞，故聲請大法官就系爭憲法疑義加以解釋，並宣告警察勤務條例第11條第2款、第3款違憲。

　　最終，大法官於2001年12月14日作成釋字第535號解釋，解釋文雖未直陳「警察勤務條例」違憲，但以「警告性裁判」、「合憲性限縮」的解釋方式指出甚多法制缺失[1]；其解釋文指出：「警察勤務條例規定警察機關執行勤務之編組及分工，並對執行勤務得採取之方式加以列舉，已非單純之組織法，實兼有行為法之性質。依該條例第十一條第三款，臨檢自屬警察執行勤務方式之一種。臨檢實施之手段：檢查、路檢、取締或盤查等不問其名稱為何，均屬對人或物之查驗、干預，影響人民行動自由、財產權及隱私權等甚鉅，應恪遵法治國家警察執勤之原則。實施臨檢之要件、程序及對違法臨檢行為之救濟，均應有法律之明確規範，方符憲法保障人民自由權利之意旨。……除法律另有規定外，警察人員執行場所之臨檢勤務，應限於已發生危害或依客觀、合理判斷易生危害之處所、交通工具或公共場所為之，……現行警察執行職務法規有欠完備，有關機關應於本解釋公布之日起二年內依解釋意旨，且參酌社會實際狀況，賦予警察人員執行勤務時應付突發事故之權限，俾對人民自由與警察自身安全之維護兼籌並顧，通盤檢討訂定，併此指明。」

---

[1] 李震山，「警察職權行使法」之緣起與形成紀實，收於李震山、蔡庭榕、簡建章、李錫棟、許義寶，警察職權行使法逐條釋論，五南出版，2018年2版，頁5。

　　爲符合釋字第535號解釋意旨，立法院於2003年6月5日三讀通過警察職權行使法（下稱警職法），總統於2003年6月25日公布全文32條，並自2003年12月1日施行，明白揭示其立法目的：「爲規範警察依法行使職權，以保障人民權益，維持公共秩序，保護社會安全，特制定本法。」

　　縱使警職法公布至今已滿二十週年，然就以2021年4月22日發生於桃園市中壢分局員警盤查詹女事件而言，似乎又重演當初釋字第535號解釋的案由。員警自認身處治安熱點，即具有隨機盤查路人之權，而盤查時僅告知詹女之理由爲「我是警察」、「我沒看過妳」、「這裡是公眾得出入之場所」、「妳一直看我」、「我憑我的經驗」，導致詹女不服遭任意盤查，始終未提供身分證字號供查證，欲離開現場時，回一句「眞的很蠢！」侮辱言語，而遭員警以強制力限制其人身自由，並帶回派出所留置、盤查，期間並輔以戒具手銬腳鐐，前後長達約9小時，被質疑侵犯人權，引發社會譁然。對此，當時警政署陳家欽署長受訪表示，警政署深刻檢討，也已要求全體警員與各級幹部面對執法重新教育，從法律面與執行技巧、話語、態度全面改變，努力把治安做好，得到民眾更多信賴與支持[2]。

　　本此理念，本文即以中壢分局違法臨檢詹姓女老師案爲例，探討本案之偵審結果爲何？員警執行巡邏勤務隨機盤查路人正當法律程序爲何？若係非法執行職務所衍生妨害自由等行爲，其法律效果爲何？

　　因此，本文在結構上分爲如下幾個部分：首先說明本文之動機與構想，接著論述相關案例事實、爭點及法律程序規範，之後探討實務偵審結果並提出評析，以作爲本文之結論與建議。

貳、案例事實與相關爭點

一、案例事實

　　警員甲於某日上午8時47分許執行勤務，負責巡邏轄區內治安要點路

---

[2]　參照2021年4月28日三立新聞網報導。

段，行經某路前，見乙女獨自行走在公共道路的路邊，員警甲在無符合警職法可發動身分查證之要件，要求乙女告知姓名、身分證字號等資料，並佯稱：「怕妳有沒有被報失蹤」云云，經乙女以員警甲依法無據為由，拒絕提供上開個人資料，並要求離去後，員警甲即以身體阻擋乙女離去，令乙女需配合返回派出所查驗身分。嗣因乙女多次向員警甲詢問其遭臨檢、盤查之原因及依據，員警甲均未明確告知合法攔檢、盤查之依據，乙女遂對員警甲濫行執法過程心有不滿，並評論道：「真的很蠢」、「你做的事情違反你的工作」等語，而員警甲以乙女於其依法執行職務時當場侮辱，係犯妨害公務罪嫌之現行犯為由，而進行逮捕，乙女當下拒絕並加以抵抗，員警甲為逮捕乙女而發生拉扯，並將乙女摔倒於道路，又將乙女壓制在地，造成乙女受有右側前臂手肘擦傷、左側腕部擦傷、右側膝部擦傷等傷害，嗣員警甲將乙女逮捕並上銬，並帶回派出所接受調查，嗣後將乙女解送至管轄分局及地方檢察署應訊。

二、相關爭點

（一）員警實施查證身分之要件為何？

（二）本案員警之行為是否為依法攔查及臨檢之執行職務？

（三）本案員警可否依妨害公務執行之現行犯逕行逮捕？

（四）本案員警有無涉犯強制罪與剝奪他人行動自由罪之主觀犯意？

參、執行巡邏勤務中盤查人車相關規範

一、警察職權行使法相關規定

依據警職法規定，警察盤查應遵守主要程序為：（一）表明身分並告知事由，第4條：「警察行使職權時，應著制服或出示證件表明身分，並應告知事由。警察未依前項規定行使職權者，人民得拒絕之。」（二）考量比例原則，第3條第1項：「警察行使職權，不得逾越所欲達成執行目的之必要限度，且應以對人民權益侵害最少之適當方法為之。」（三）遵守適時結束原則，第3條第2項：「警察行使職權已達成其目的，或依當時情

形，認為目的無法達成時，應依職權或因義務人、利害關係人之申請終止執行。」（四）考量誠信原則，第3條第3項：「警察行使職權，不得以引誘、教唆人民犯罪或其他違法之手段為之。」（五）履行救助義務，第5條：「警察行使職權致人受傷者，應予必要之救助或送醫救護。」（六）履行救濟義務，第29條：「義務人或利害關係人對警察依本法行使職權之方法、應遵守之程序或其他侵害利益之情事，得於警察行使職權時，當場陳述理由，表示異議。前項異議，警察認為有理由者，應立即停止或更正執行行為；認為無理由者，得繼續執行，經義務人或利害關係人請求時，應將異議之理由製作紀錄交付之。義務人或利害關係人因警察行使職權有違法或不當情事，致損害其權益者，得依法提起訴願及行政訴訟。」至於警職法對於警察盤查各種干預性職權之措施與其要件，主要係規定於第6條至第8條[3]。

警職法第6條規定：「警察於公共場所或合法進入之場所，得對於下列各款之人查證其身分：一、合理懷疑其有犯罪之嫌疑或有犯罪之虞者。二、有事實足認其對已發生之犯罪或即將發生之犯罪知情者。三、有事實足認為防止其本人或他人生命、身體之具體危害，有查證其身分之必要者。四、滯留於有事實足認有陰謀、預備、著手實施重大犯罪或有人犯藏匿之處所者。五、滯留於應有停（居）留許可之處所，而無停（居）留許可者。六、行經指定公共場所、路段及管制站者。前項第六款之指定，以防止犯罪，或處理重大公共安全或社會秩序事件而有必要者為限。其指定應由警察機關主管長官為之。警察進入公眾得出入之場所，應於營業時間為之，並不得任意妨礙其營業。」

3　許福生，員警執行巡邏勤務中盤查人車及取締酒駕案例之評析，警大法學論集，第42期，2022年4月，頁80。

　　警職法第7條規定：「警察依前條規定，為查證人民身分，得採取下列之必要措施：一、攔停人、車、船及其他交通工具。二、詢問姓名、出生年月日、出生地、國籍、住居所及身分證統一編號等。三、令出示身分證明文件。四、若有明顯事實足認其有攜帶足以自殺、自傷或傷害他人生命或身體之物者，得檢查其身體及所攜帶之物。依前項第二款、第三款之方法顯然無法查證身分時，警察得將該人民帶往勤務處所查證；帶往時非遇抗拒不得使用強制力，且其時間自攔停起，不得逾三小時，並應即向該管警察勤務指揮中心報告及通知其指定之親友或律師。」

　　警職法第8條規定：「警察對於已發生危害或依客觀合理判斷易生危害之交通工具，得予以攔停並採行下列措施：一、要求駕駛人或乘客出示相關證件或查證其身分。二、檢查引擎、車身號碼或其他足資識別之特徵。三、要求駕駛人接受酒精濃度測試之檢定。警察因前項交通工具之駕駛人或乘客有異常舉動而合理懷疑其將有危害行為時，得強制其離車；有事實足認其有犯罪之虞者，並得檢查交通工具。」

　　警職法第6條係以「查證身分」名之，其係屬於警察攔檢以蒐集資料之集合性名詞，內含第7條的五種職權措施（攔停、詢問、令出示證件、檢查身體或攜帶物件及帶往勤務處所等）及第8條交通攔檢的六種措施（攔停交通工具、查證駕駛及乘客身分、查證車分、酒測檢定、強制離車及檢查交通工具等）之授權。依據警職法第7條及第8條有關攔停之不同規定，可區分為第7條「治安攔停」與第8條之「交通攔停」，而治安攔停又可區分為「刑事攔停」與「行政攔停」[4]。

4　參照蔡庭榕，員警實施治安攔檢案例研析，收於許福生主編，警察情境實務執法案例研析，五南出版，2021年2月，頁44。

是以，依據司法院釋字第535號解釋意旨及警職法之相關規定，員警執行巡邏勤務中盤查盤檢人車之正當程序：第一，表明警察身分，即警察行使職權時，應著制服或出示證件表明身分，以符合程序正當。第二，符合警職法第6條、第8條要件並告知事由，以符合程序正當與實質正當。第三，手段符合比例原則、適時結束原則及誠信原則，以符合實質正當程序。上述三者需依序檢驗，全部符合始為合法之臨檢盤查，通過第一個程序始能進入第二個程序；況且人民在每個檢驗程序都可以當場陳述理由，提出異議救濟，警察認為異議有理由者，應立即停止執行或更正執行行為，認為無理由者，得繼續執行，若經義務人或利害關係人請求時，應將異議之理由製作紀錄交付之；義務人或利害關係人因警察行使職權有違法或不當情事，致損害其權益者，得依法提起訴願及行政訴訟[5]。

二、執行巡邏勤務中盤查盤檢人車作業程序

執行巡邏勤務中盤查（檢）人車作業程序係內政部警政署為落實依法行政，提升巡邏勤務中盤查或盤檢人車之執行效能，於2010年7月6日訂頒實施，於2019年2月27日將名稱修正為「執行巡邏勤務中盤查盤檢人車作業程序」，最新修正於2023年6月27日，茲為提升執勤安全，明確律定執行巡邏勤務警力編配及應勤裝備，盤查盤檢人車時應具備敵情觀念、保持安全距離，將狀況隨時報告勤務指揮中心管制及使用槍械之時機，爰修正本程序相關依據、流程及作業內容，以符實需（其作業程序如下圖所示）。

5　內政部警政署，員警盤查之正當法律程序探討講習簡報檔，1100521刑督字第1100050673號，2021年5月。

112-0627 警署行字第
1120121325 號函修正

執行巡邏勤務中盤查盤檢人車作業程序
（第一頁，共七頁）

一、依據：
（一）警察職權行使法第三條、第四條、第六條至第八條及第二十九條。
（二）警察勤務條例第十一條第二款。
（三）司法院釋字第五三五號解釋。
（四）提審法第二條及第十一條。
（五）身心障礙者權利公約施行法。
（六）警械使用條例。
（七）內政部警政署使用國民身分證相片影像資料管理要點。
（八）警察人員使用拋射式電擊器規範。

二、分駐（派出）所流程：

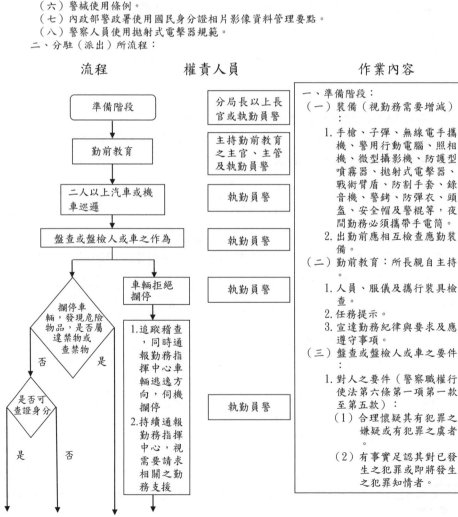

流程	權責人員	作業內容
準備階段	分局長以上長官或執勤員警	一、準備階段： （一）裝備（視勤務需要增減）： 　1.手槍、子彈、無線電手攜機、警用行動電腦、照相機、微型攝影機、防護型噴霧器、拋射式電擊器、戰術臂盾、防割手套、錄音機、警銬、防彈衣、頭盔、安全帽及警棍等，夜間勤務必須攜帶手電筒。 　2.出勤前應相互檢查應勤裝備。 （二）勤前教育：所長親自主持。 　1.人員、服儀及攜行裝具檢查。 　2.任務提示。 　3.宣達勤務紀律與要求及應遵守事項。 （三）盤查或盤檢人或車之要件： 　1.對人之要件（警察職權行使法第六條第一項第一款至第五款）： 　（1）合理懷疑其有犯罪之嫌疑或有犯罪之虞者。 　（2）有事實足認其對已發生之犯罪或即將發生之犯罪知情者。
勤前教育	主持勤前教育之主官、主管及執勤員警	
二人以上汽車或機車巡邏	執勤員警	
盤查或盤檢人或車之作為	執勤員警	
車輛拒絕攔停	執勤員警	
攔停車輛，發現危險物品，是否屬違禁物或查禁物 否 是	1.追蹤稽查，同時通報勤務指揮中心車輛逃逸方向，伺機攔停 2.持續通報勤務指揮中心，視需要請求相關之勤務支援（執勤員警）	
是否可查證身分 是 否		

（續下頁）

（續）執行巡邏勤務中盤查盤檢人車作業程序

（第二頁，共七頁）

流程	權責人員	作業內容

流程欄：

得帶回勤務處所，自攔停起不得逾三小時

情斷攔輛職止
客況無停，
觀判法車依終
權執行

告知其提審權利，填寫及交付帶往勤務處所查證身分通知書，並報告勤指中心及通知其指定之親友或律師

是否發現違法或違規情事

否　　　　是

當場放行　　依相關規定處理

1.出入登記簿簽註退勤
2.填寫員警工作紀錄簿
3.填寫其他簿冊

權責人員欄：

執勤員警

執勤員警

執勤員警

執勤員警

執勤員警

作業內容欄：

(3) 有事實足認為防止其本人或他人生命、身體之具體危害，有查證其身分之必要者。

(4) 滯留於有事實足認有陰謀、預備、著手實施重大犯罪或有人犯藏匿之處所者。

(5) 滯留於應有停（居）留許可之處所，而無停（居）留許可者。

2.行經指定公共場所、路段及管制站之要件（警察職權行使法第六條第一項第六款）：依據轄內治安狀況、過去犯罪紀錄、經常發生刑案地點、交通路線，布線蒐報情資及民眾報案、投訴等資料，綜合研判分析，由分局長以上長官指定地點或路段後，據以實施。

3.對交通工具之要件（警察職權行使法第八條）：
(1) 已發生危害。
(2) 依客觀、合理判斷易生危害。
(3) 有事實足認駕駛人或乘客有犯罪之虞者。

二、執行階段：

（一）巡邏中應隨時注意勤務中各警網通訊代號，並瞭解其實際位置，必要時，呼叫請求支援。

（二）處理事故或接獲通報抵達現場時，遇被盤查人有瘋狂、酒醉、暴力傾向、精神疾病或有犯罪之虞者，員警應具備敵情觀念，將巡邏車停放適當位置，提高警覺，掌握周邊狀況，

（續）執行巡邏勤務中盤查盤檢人車作業程序

（第三頁，共七頁）

落實警戒、監視分工，與被盤查人、車保持安全距離，備妥應勤裝備，預防遭被盤查人攻擊或駕車衝撞；裝備或警力不足以應付危險狀況時，應立即請求支援，切勿貿然接近。

（三）遇可疑人或車，應於盤查盤檢前，先報告勤務指揮中心登記實施地點、被盤查人外顯行為、衣著及車輛顏色、號牌等相關特徵資料；實施盤查時，得採取必要措施予以攔停，告知事由，並詢問基本資料或令出示證明文件；有明顯事實足認有攜帶傷害生命身體之物，得檢查身體及所攜帶之物；盤查結束後，應報告勤務指揮中心，以利管制。

（四）受盤查人未攜帶身分證件或拒絕出示身分證件或出示之身分證件顯與事實不符，而無從確定受檢人身分時，得使用 M-Police 查詢國民身分證相片影像資料予以查證。

（五）從觀察受檢人異常舉動及其他周遭現場環境情事，經綜合判斷符合警察職權行使法第六條第一項第一款合理懷疑之盤查要件，如受檢人無法查證身分且有抗拒攔停或逃逸之虞時，即可告知：「得依警職法第七條規定將其帶往勤務處所查證，如遇抗拒時，將使用必要之強制力限制其離去（如按住其肩膀或拉住手腕）。」除非受檢人有進一步犯罪事實（如當場辱罵員警或持械抗拒等違反刑事法令行為），不應率以上銬限制其人身自由。相關作法為身分查證之干預措施，應符合比例原則，不得逾越必要程度。

（續）執行巡邏勤務中盤查盤檢人車業程序

（第四頁，共七頁）

（六）帶往勤務處所查證身分時，非遇抗拒不得使用強制力，且其時間自攔停起，不得逾三小時，並應即報告勤務指揮中心。

（七）告知其提審權利，填寫及交付帶往勤務處所查證身分通知書，並通知受盤查人及其指定之親友或律師。

（八）受盤查人當場陳述理由，表示異議：

1. 異議有理由：立即停止，當場放行；或更正執行行為。
2. 異議無理由：繼續執行。
3. 受盤查人請求時，填寫警察行使職權民眾異議紀錄表一式三聯，第一聯由受盤查人收執、第二聯由執行單位留存、第三聯送上級機關。

（九）遇攔停車輛駕駛人拒絕停車受檢時，經員警以口頭、手勢、哨音或開啟警鳴器方式攔阻，仍未停車者，得以追蹤稽查方式，俟機攔停；必要時，通報勤務指揮中心請求支援，避免強行攔檢，以確保自身安全。

（十）客觀情況判斷無法攔停車輛時，依警察職權行使法第三條第二項終止執行，並依車牌號碼等特徵通知車輛所有人到場說明。

（十一）檢查證件時，檢查人員應以眼睛餘光監控受檢查人。發現受檢人係通緝犯或現行犯，應依刑事訴訟法規定拘提或逮捕之。

（續）執行巡邏勤務中盤查盤檢人車作業程序

（第五頁，共七頁）

（十二）遇有衝突或危險情況升高時，應手護槍套；必要時，拔出槍枝，槍口向下警戒，使用槍械應符合警械使用條例、警察人員使用槍械規範之規定及用槍比例原則：

1. 為能掌握機先，維護警察人員之安全，警械使用條例第四條第一項第五款及第六款規定，警察人員執行職務時，遇有下列情形，得使用槍械：「警察人員之生命、身體、自由、裝備遭受強暴或脅迫，或有事實足認為有受危害之虞時」、「持有兇器有滋事之虞者，已受警察人員告誡拋棄，仍不聽從時。」

2. 為避免突遭襲擊，同條例第五條規定，警察人員依法令執行取締、盤查等勤務時，如有必要得命其停止舉動或高舉雙手，並檢查是否持有兇器。如遭抗拒，而有受到突擊之虞時，得依規定使用警械。

（十三）逮捕現行犯，遇有抗拒時，先上手銬後附帶搜索其身體、隨身攜帶之物件、所使用之交通工具及其立即可觸及之處所。查獲違禁物或查禁物時，應分別依刑法、刑事訴訟法或社會秩序維護法等相關規定處理。

（十四）緝獲犯罪嫌疑人，應回報勤務指揮中心請求支援，禁止以機車載送犯罪嫌疑人，以保障執勤員警安全。

（續）執行巡邏勤務中盤查盤檢人車作業程序

（第六頁，共七頁）

三、分局流程：無。

四、使用表單：

（一）巡邏簽章表。

（二）員警出入登記簿。

（三）員警工作紀錄簿。

（四）警察行使職權民眾異議紀錄表。

（五）帶往勤務處所查證身分通知書。

五、注意事項：

（一）有關應勤裝備，應依下列規定攜帶：

　　1.械彈攜行：依勤務類別，攜帶應勤械彈，並符合械彈領用規定。

　　2.依內政部警政署（以下簡稱本署）函頒警察人員執行勤務著防彈衣及戴防彈頭盔規定，執行巡邏勤務著防彈衣及戴防彈頭盔規定如下：

　　（1）汽車巡邏：車內及車外均著防彈衣；防彈頭盔置於隨手可取之處，下車執勤時，由帶班人員視治安狀況決定戴防彈頭盔或勤務帽。

　　（2）機車巡邏：

　　　　a.防彈頭盔部分：戴安全帽，不戴防彈頭盔；執行特殊勤務時，由分局長視治安狀況決定。

　　　　b.防彈衣部分：日間（八時至十八時）由分局長視天候及治安狀況決定；夜間應著防彈衣。

　　（3）徒步或腳踏車巡邏：由分局長視天候及治安狀況決定。但執勤時發現可疑情事，應適時通報勤務指揮中心處理。

（二）依據警察職權行使法第四條規定：警察行使職權時，應著制服或出示證件表明身分，並應告知事由。警察未依前項規定行使職權者，人民得拒絕之。

（三）警察依據警察職權行使法第六條規定攔檢民眾查證身分時，民眾未攜帶證件或拒不配合表明身分，執行員警得透過查詢車牌號碼、警用電腦或訪談週邊人士等方法查證該民眾身分，仍無法查證時，或於現場繼續執行恐有不利影響或有妨礙交通、安寧者，得依據同法第七條第二項規定帶往勤務處所查證身分，帶往時非遇抗拒不得使用強制力，其時間自攔停起不得逾三小時，並應即向勤務指揮中心報告及通知其指定親友或律師。

（四）警察執行帶往勤務處所查證身分措施適用提審法之規定，乃在踐行提審法第二條所定之法律告知事項，其未告知者，依提審法第十一條第一項規定，得科新臺幣十萬元以下罰金。

（五）依據警察職權行使法第七條及第八條規定，對於已發生危害或依客觀合理判斷易生危害之交通工具，得予以攔停並檢查引擎、車身號碼或其他足資識別之特徵，遇駕駛人或乘客有異常舉動，警察合理懷疑其將有危害行為時，得強制其離車。因此，為維護執勤員警及公眾安全，要求駕駛人熄火離車，符合警察職權行使法第三條之比例原則。

（六）警察為落實身心障礙者權利公約及人權保障，執行盤查或盤檢時，應注意下列事項：

　　1.發現受盤查人為身心障礙者時，應使用其可以理解之用語詢問及溝通，應對指南及行為建議可參考本署一百零九年十一月二十六日警署行字第一〇

（續）執行巡邏勤務中盤查盤檢人車作業程序

（第七頁，共七頁）

九〇一五九八九九號函發「警察人員執行盤查或盤檢時，對各種精神或心智障礙病症認知及對自閉症患者應對資料」，如對前述疑似患者之辨識或溝通窒礙難行時，得請求衛生或醫療主管機關協助。

2. 得主動告知法律服務等團體提供之協助；如有必要，可轉介社政機關或社會福利機構，以提供社會救助。

（七）依據本署一百十年七月二日警署資字第一一〇〇一〇六九六四號函規定，使用 M-Police 查詢國民身分證相片影像資料，應注意下列事項：

1. 限於警察機關所屬人員為執行勤務或維護治安之目的內，得使用 M-Police 查證人民身分。

2. M-Police 相片比對功能係輔助驗證身分之最後手段，蒐集當事人影像以使用 M-Police 相片比對系統前，須告知當事人事由，並經當事人同意。但為執行法定職務之必要範圍者，不在此限。

（八）參照本署「警察職權行使法逐條釋義」，有關警察職權行使法第六條第一項各款易發生疑義要件，釋義如下：

1.「合理懷疑」係指必須有客觀之事實作為判斷基礎，根據當時的事實，依據專業（警察執法）經驗，所做成的合理推論或推理，而非單純的臆測。合理懷疑之事實基礎有：

(1)情報判斷之合理懷疑：例如由勤務指揮中心通報，歹徒習慣開（騎乘）某款式車輛作案，因而對其實施攔檢盤查。

(2)由現場觀察之合理懷疑：例如警察於剛發生犯罪現場附近，發現某人逗留徘徊，其衣著有泥土、血跡特徵，而懷疑其可能從事犯罪。

(3)由環境與其他狀況綜合研判之合理懷疑：例如警察於濱海公路執行夜間巡邏，發現某車內滿座有非本地口音之乘客，其駕駛人見警巡邏有企圖逃避或不正常之駕駛行為，且該車輛顯現超載或車內有人企圖藏匿；又當時濱海地區的海象狀況正適合船隻接駁靠岸，因而懷疑該車內可能載有偷渡人民。

(4)由可疑行為判斷之合理懷疑：例如警察發現行為人明顯攜帶武器、棍棒或刀械，與其合法使用之處所，顯不相當。

2.「合法進入之場所」係指警察依刑事訴訟法、行政執行法、社會秩序維護法等相關法律規定進入之場所，或其他「已發生危害或依客觀合理判斷易生危害」之場所。至於私人居住之空間，應受住宅相同之保障，警察非依法不得以臨檢手段任意為之。

3.「滯留於應有停（居）留許可之處所，而無停（居）留許可者」係指未經主管機關許可而進入停留、居留之處所，例如大陸地區人民、外國人未經許可來臺停留或居留，及外勞停留或居留於未經申請許可之工作處所等。

肆、本案之偵審結果

一、警方之移送

本案發生於2021年4月22日，警方以乙女涉犯刑法第140條侮辱公務員之妨害公務罪嫌移送地檢署。

二、乙女之提告

乙女則於2021年4月25日提告員警甲涉犯刑法第134條、第304條第1項、第277條第1項及第302條第1項之公務員假借職務上之機會故意犯強制、傷害、妨害自由等罪嫌。

三、檢方之處理

（一）最初甲男及乙女均不起訴處分

桃園地檢署於2021年10月25日針對甲、乙等妨害公務等案件，業經偵查終結，認為應該不起訴處分。其最主要理由認為：本件經調查之結果，被告甲為警員，其攔檢、盤查告訴人乙女之執法作為，與警職法第6條第1項第1款之規定未合，以致告訴人乙女之相關權利遭受侵害固有不當之處，然其主觀上應係誤認本件已符合上開法律所定「合理懷疑」之門檻，實無以強暴或脅迫之方式迫使告訴人乙女行無義務之事或妨害其行使權利之強制故意。又被告員警甲之攔檢、盤查行為既有違法失當之處，則乙女雖有出言辱罵員警甲之舉措，亦難以妨害公務罪責相繩。再者，員警甲主觀上因認告訴人乙女已涉犯侮辱公務員罪嫌，係犯妨害公務罪之現行犯，依法得對告訴人乙女進行逮捕，然遭告訴人乙女抗拒，故以強制力逮捕之，然因員警甲違法攔檢在先，以致本件事實上並無阻卻違法事由之存在，惟員警甲主觀上既對阻卻違法事由有認知錯誤，且執行逮捕行為之過程，尚符合比例原則，自難令其擔負妨害自由、傷害及過失傷害等刑事罪責。此外，復查無其他積極證據足認員警甲、乙女有何告訴暨報告意旨所載之犯行，揆諸首揭法條及判例意旨，應認其等犯罪嫌疑均有未足。故依依刑事訴訟法第252條第10款規定，為不起訴之處分[6]。

---

[6] 參照臺灣桃園地方檢察署檢察官110年度偵字第15747號、110年度偵字第35111號不起訴處分書。

（二）經乙女再議後最終起訴員警甲

因不服員警甲因妨害自由案件前經不起訴處分，告訴人乙女於2021年12月2日聲請再議，經臺灣高等檢察署檢察長命令發回續行偵查，業經桃園地檢署於2022年7月6日偵查終結，認應提起公訴，其最主要理由認為：本案依上開客觀情形，自難認員警甲所為攔檢行為，符合警職法第6條第1項各款所定要件；且依客觀情形並無使員警甲誤認得對告訴人乙女攔檢之情事，員警甲所為係屬違法攔檢。故所為係犯刑法第134條、第304條第1項之公務員假借職務上之機會故意犯強制罪嫌；以及犯刑法第134條、第302條第1項之公務員假借職務上之機會故意犯剝奪他人行動自由罪嫌。員警甲所犯各罪，犯意各別，行為互殊，請予分論併罰。至於乙女雖於遭員警甲逮捕過程中受傷，惟員警甲以乙女為涉犯妨害公務罪嫌現行犯為由而逮捕乙女，堪認員警甲係基於妨害自由之犯意，而對乙女施以強暴行為，難認員警甲另有傷害之故意，自不另論以傷害犯行[7]。

四、院方之判決

2023年1月31日臺灣桃園地方法院111年度矚訴字第3號刑事判決，判處員警甲犯公務員假借職務上之機會強制罪，處有期徒刑四月，如易科罰金，以新臺幣1,000元折算一日；又犯公務員假借職務上之機會剝奪他人行動自由罪，處有期徒刑六月。前者可易科罰金，但後者因依刑法第134條規定，加重其刑至二分之一，致最重本刑為七年六月之有期徒刑，不符合刑法第41條得易科罰金之要件。最後，員警甲放棄上訴全案定讞；至於一審桃園地院之判決主要觀點，本文分析如下[8]。

（一）難認符合警職法第6條第1項任一款之要件

警職法第6條第1項第1款所稱「合理懷疑」，需有客觀之事實作為判斷基礎，而非警察主觀上單純之臆測或第六感，必須是根據當時之事實，警察依據其執法經驗所作合理推論或推理，方可構成「合理懷疑」。

依據法院當庭勘驗員警甲值勤時配戴之密錄器錄影檔案內容，乙女當

---

7 參照臺灣桃園地方檢察署110年度偵續字第455號刑事起訴書。
8 參照臺灣桃園地方法院111年度矚訴字第3號刑事判決。

時獨自行走在公共道路外側，外表整潔、神色正常，並無濫用毒品後精神異常、泥醉或其他生命、身體將發生具體危害之跡象，亦沒有公然攜帶違禁物、武器、易燃物、爆裂物或顯為贓物之物品或有其他參與犯罪或即將犯罪之徵兆，更無與有上述行為、徵兆之第三人有互動關係，乙女亦非由犯罪現場步行而出，且員警甲攔檢乙女時，乙女除質疑員警甲盤查之法律依據外，亦無攻擊、衝撞警察或加速逃逸之行為，難認員警甲符合警職法第6條第1項任一款之發動查證要件。

又縱認員警甲依其擔任轄區員警之經驗，認為案發地點附近有許多旅館、遊藝場所等，故為治安重點區域，常有毒品及相關衍生案件，然乙女於白日在公共道路上行走，顯與上開有治安疑慮之場所無直接關係，員警甲僅因乙女經過上開場所外部，即率然對其發動身分查證，自顯無理由。換言之，倘若一般人僅因行經值勤員警認為常有治安疑慮之旅館、遊藝場所外部，即可構成「合理懷疑其有犯罪之嫌疑或有犯罪之虞者」之盤查要件，則一般人都將難逃警方任意盤檢之強制措施，並將使警職法第6條第1項第6款：「行經指定公共場所、路段及管制站者」、第2項：「前項第六款之指定，以防止犯罪，或處理重大公共安全或社會秩序事件而有必要者為限。其指定應由警察機關主管長官為之。」之嚴格的查證發動要件徹底遭到架空，形同具文。

（二）係屬違法攔檢自非「依法執行職務」

參之員警甲供稱：伊當時婉轉向乙女表示怕乙女被報失蹤，是因為若直接表明懷疑乙女是毒品人口，可能會引起人民反感、反抗等語，則客觀上，員警甲並非對乙女援引警職法第6條第1項任一款之查證依據，則乙女認為員警甲盤問其姓名、身分證字號缺乏法律依據，自屬合情合理，乙女要求直接離開現場去上課，員警甲自無攔阻乙女之合理依據，詎員警甲仍以身體阻擋乙女離去，並要求其等待支援警力到場並到派出所查驗身分，自已構成以強暴方式妨害乙女之行動自由權利。

本案案發當時，依前述分析之客觀情形，並無使員警甲發動對乙女身分查證之要件，員警甲所為係屬違法攔檢，並已先行觸犯刑法之強制罪，

自非「依法執行職務」。

（三）「真的很蠢」等語屬合理評論公務員違法行為之言論

　　刑法第140條規定：「於公務員依法執行職務時，當場侮辱或對於其依法執行之職務公然侮辱者，處一年以下有期徒刑、拘役或十萬元以下罰金。」由客觀的文義解釋，該條之構成要件之一，須行為時為該公務員「依法執行職務時」；而「侮辱」係以使人難堪為目的，用言語、文字、圖畫或動作，表示不屑、輕蔑或攻擊之意思，而足以對於個人在社會上所保持之人格及地位，達貶損其評價之程度。

　　在此事件脈絡發展之下，乙女於行動自由權利遭到員警甲不法侵害之時，對員警甲之違法行為評論道：「真的很蠢」、「你做的事情違反你的工作」等語，自屬於捍衛自己權利並合理評論公務員違法行為之言論，並非意在貶損員警甲個人在社會上所保持之人格及地位。

（四）以現行犯逮捕難認係合法執行職務無從阻卻犯罪故意及違法性

　　乙女之上開言論並無構成刑法第140條之妨害公務罪之虞，員警甲自無從依據刑事訴訟法第88條第1項之規定，以現行犯逮捕乙女，是員警甲將乙女壓制在地進而逮捕乙女，並對乙女上銬，嗣將乙女帶返派出所，均難認係合法執行職務之行為，無從阻卻其犯罪之故意及違法性。

表8-1　本案偵審結果分析一覽表

案例事實	員警甲於8時許執行巡邏勤務，行經某治安要點前見乙女獨自行走在公共道路的路邊，見其行跡可疑便發動身分查證，要求乙告知姓名等資料，並佯稱：「怕妳有沒有被報失蹤」云云，經乙以甲依法無據拒絕提供個資並要求離去，甲即以身體阻擋乙離去並令乙需配合返回派出所查驗身分。嗣乙多次詢問其遭盤查原因及依據，但甲均未明確告知，乙遂對甲濫行執法過程心有不滿並評論道：「真的很蠢」等語，甲便認乙於其依法執行職務時當場侮辱，而以犯妨害公務罪嫌現行犯逮捕，乙女當下拒絕並加以抵抗，造成乙女多處擦傷，乙女被逮捕上銬後帶回派出所接受調查。
本案爭點	1. 員警實施查證身分之合法要件為何？ 2. 本案員警之行為是否為依法攔查及臨檢之執行職務？ 3. 本案員警可否依妨害公務執行之現行犯逕行逮捕？ 4. 本案員警有無涉犯強制罪與剝奪他人行動自由罪之主觀犯意？
警方之移送	以乙女涉犯刑法第140條侮辱公務員之妨害公務罪嫌移送地檢署。
乙女之提告	提告員警甲涉犯刑法第134條、第304條第1項、第277條第1項及第302條第1項等罪嫌。
檢方之處理	1. 最初以員警甲違法攔檢在先，故非依法執行職務，但主觀上既對阻卻違法事由有認知錯誤自難令其擔負刑事罪責，故均不起訴處分。 2. 再議後難認員警甲所為攔檢行為符合規定，且依客觀情形並無使員警甲誤認得對乙女攔檢之情事，故起訴甲。
院方之判決	1. 難認符合警職法第6條第1項任一款之要件。 2. 係屬違法攔檢自非「依法執行職務」。 3. 「真的很蠢」等語屬合理評論公務員違法行為之言論。 4. 以現行犯逮捕難認係合法執行職務無從阻卻犯罪故意及違法性。 5. 犯公務員假借職務上之機會強制罪，以及犯公務員假借職務上之機會剝奪他人行動自由罪，犯意各別，行為互殊，應予分論併罰。

資料來源：作者自製。

伍、本案之評析

一、本案例不符盤查合法性要件

　　警察進行盤查，應有合於警職法第6條第1項之事由始得爲查證人民身分，而所謂「合理懷疑」係指以合理性爲前提，本於當時現場狀況等客觀事實，依據警察個人執法經驗，綜合所爲邏輯推論，而懷疑有犯罪之情事，除必須斟酌當時客觀之證據外，必須考慮警察專業觀察及直覺反應，亦即應尊重現場執法警察個人之合理性判斷[9]。如此可知員警對於受檢人有犯罪之嫌疑或犯罪之虞有合理懷疑時，始得對受檢人進行身分查證，且此合理懷疑應不包括受檢人僅具「有犯罪前科」之情形，因「犯罪前科」係過去之犯罪及執行之紀錄，與受檢人當下客觀顯現在外之行爲無涉，若以前案紀錄作爲查證身分依據，將使得員警得以憑「直覺」盤查「具有犯罪前案」之人，而不當擴大警察職權，故警職法第6條第1項第1款所定「合理懷疑其有犯罪之嫌疑或有犯罪之虞者」，必須限於員警依照盤查當時之客觀情狀，綜合推斷認定受檢人有犯罪之嫌疑或犯罪之虞，始得對其進行身分查證[10]。

　　又警職法上「個別盤查」與「集體盤查」之性質、要件與程序上均有不同。前者係依據警職法第6條第1項第1款至第5款之要件，以五官六覺對於盤查現場之人的行爲、物的狀況或整體環境考量，如執法員警有「合理懷疑」受檢人有犯罪之嫌疑或有犯罪之虞，始得依法採取「個別盤查」措施；後者係依據同條項第6款「行經指定公共場所、路段及管制站者」之情形，此時盤查之判斷事由已非由現場個別員警判斷，而是依據本條第2項規定：「前項第六款之指定，以防止犯罪，或處理重大公共安全或社會秩序事件而有必要者爲限。其指定應由警察機關主管長官爲之。」此時，其爲全面「集體盤查」之合理性程度已經大幅提高如本項要件，執法員警並得因此對經過之人、車進行盤查[11]。況且警察分局長以上長官所核定之

9　蔡震榮，警察職權行使法概論，自版，2012年2版，頁142。
10　臺灣高等法院高雄分院105年度原上易字第8號刑事判決。
11　參照蔡庭榕，同註4，頁69。

「指定公共場所、路段及管制站者」，係依據轄區全般治安狀況、過去犯罪紀錄、經常發生刑案之地點及「治安斑點圖」等綜合研判分析所得，但仍應遵守司法院釋字第535號解釋及比例原則，不得不顧時間、地點及對象任意臨檢、取締或隨機檢查、盤查，以兼顧治安與人權[12]。兩者之區別，如表8-2所示。

表8-2　個別盤查與集體盤查之區別

	個別盤查	集體盤查
依據	警職法第6條第1款至第5款	警職法第6條第6款
要件	以現場員警五官六覺對於盤查現場之人的行爲、物的狀況或整體環境考量。	以防止犯罪，或處理重大公共安全或社會秩序事件而有必要者爲限，其指定應由警察機關主管長官爲之。
程序	執法員警有「合理懷疑」受檢人有犯罪之嫌疑或有犯罪之虞，始得依法採取。	依勤務表所規劃之指定路段路檢點，係經分局長以上長官核定後規劃實施且所核定者，係依據轄區全般治安狀況、過去犯罪紀錄、經常發生刑案之地點及「治安斑點圖」等綜合研判分析所得；仍應注意必要性與比例原則之遵守。

資料來源：作者自製。

　　就本案例而言，縱認甲依其擔任轄區員警之經驗，認爲案發地點附近有許多旅館、遊藝場所等，故爲治安重點區域，常有毒品及相關衍生案件，現乙女白日在此公共道路上行走，顯與上開有治安疑慮之場所無直接關係，不能僅因乙女經過上開場所外部，即率然對其發動身分查證。況且縱使「該處爲治安重點區域」，但依據警察勤務條例第18條規定：「勤務執行機構應依勤務基準表，就治安狀況及所掌握之警力，按日排定勤務分配表執行之，並陳報上級備查；變更時亦同。」因本案未事先依勤務表所規劃之指定路段路檢點經分局長以上長官核定後規劃實施者，便不能作爲全面「集體盤查」依據，仍應回到「個別盤查」法律適用。

12　內政部警政署，同註5。

現員警甲實施盤查，如僅憑該路段屬於治安較複雜之區域，見乙女攜帶多件行李，逆向獨自行走經過旅館前，加上面容較為消瘦，眼神看似疲倦，便認為乙女形跡可疑，合法懷疑可能係犯罪或失蹤人口，故對乙女實施個別臨檢、盤查，且乙女一直不配合提供姓名及年籍資料供查證，便跟乙女說如果再不配合，依法可以帶回派出所查驗身分，率然對其發動身分查證，自顯無理由。因警職法第6條第1項第1款所定「合理懷疑其有犯罪之嫌疑或有犯罪之虞者」，需有客觀之事實作為判斷基礎，而非警察主觀上單純之臆測或第六感，必須是根據現場之事實，警察依據其執法經驗所作的合理推論或推理，始得對其進行身分查證。況且當事人要求解釋其究竟何處形跡可疑，員警亦未主動告知事由，僅要求其提供證件，並說該處為治安顧慮要點，即將要離開之乙女攔下，僅一再表示如果再不配合，依法可以帶回派出所查驗身分，確實不符合盤查合法性要件。

如此，乙女認為員警甲盤問其姓名、身分證字號係屬違法攔檢，自非「依法執行職務」，要求直接離開現場，自屬合情合理，詎員警甲仍以身體阻擋告訴人離去，並要求其等待支援警力到場並到派出所查驗身分，自已構成以強暴方式妨害告訴人之行動自由權利，諭知有罪，誠屬合理[13]。

二、本案成為扭轉警察違法執法之經典案例

相較於本案判決對員警甲違法盤查乙女認定「非依法執行職務」，因此無從阻卻妨害自由犯罪故意及違法性而判決有罪；早期類似案例，法院見解多採用「限縮法律效果罪責理論」，認為員警雖具備法律構成要件故意，但欠缺罪責故意，違反注意義務，僅成立過失犯罪，學理上稱為「容許構成要件錯誤」。

就以號稱「新店戰神」之員警涉違法盤查搜索案例為例，縱使本案員警因涉妨害自由案件，經檢察官提起公訴（107年度偵字第11540號），臺灣臺北地方法院107年度易字第1066號刑事判決無罪，其主要理由縱認本案搜索並不符合警職法第6條至第8條及刑事訴訟法搜索程序之規定，然因

13　許福生，員警隨機盤查路人案例研析，警光雜誌，第805期，2023年8月，頁54。

本案搜索行為因欠缺違法性認識阻卻犯罪之故意，故基於「罪證有疑利於員警」原則諭知員警無罪[14]。

換言之，該案判決認為：員警丙確係一再徵求受檢人丁之同意，於丁口頭表示同意後方進行搜索，雖丁之同意並非「自願性同意」，仍可認丙係誤認符合警職法第6條至第8條及刑事訴訟法第131條之1之規定而為法律所容許，始基於警職法第1條維持公共秩序及保護社會安全之意思進行搜索，否則丙大可不必再三徵求丁之同意，而直接對丁進行搜索，是丙於行為時，係誤信有上開阻卻違法事由之存在，此種所謂阻卻違法事由之錯誤，學說稱之為「容許構成要件錯誤」，在採限縮法律效果之罪責理論者，認為容許構成要件錯誤並不影響行止型態之故意，而只影響罪責型態之故意，亦即行為人仍具構成要件故意，但欠缺罪責故意，至於行為人之錯誤若係出於注意上之瑕疵，則可能成立過失犯罪。是以，丙本案搜索行為因欠缺違法性認識，阻卻犯罪之故意；惟丙對上開阻卻違法事由之前提事實是否存在，有一定之注意義務，丙違反該注意義務，仍應負過失責任，然刑法第307條違法搜索罪並無處罰過失犯之規定，依罪刑法定原則，自不得以刑章相繩[15]。

這樣的觀點，如同本案當初桃園地檢署不起訴處分所持理由一樣，認為警員甲誤認本件已符合警職法所規定「合理懷疑」要件，核屬容許構成要件錯誤之情形，阻卻罪責故意，僅負過失之責任。如此，以往員警盤查民眾時涉妨害自由，若他在盤查時以為自己具備阻卻違法事由（例如對

---

[14] 本案案例事實為：「員警丙於某日執行巡邏勤務之際，發覺因假釋受保護管束丁站立在違規停放於紅線自用小客車（下稱本案汽車）旁，旋上前盤查，因丁未承認該車係其所有，且為有毒品前科假釋人口，未經丁自願性同意下，以拍搜之方式檢查其身體及所攜帶香煙紙盒、包包，復未發現任何違禁或危險物品後，要求檢查本案汽車，經丁明示拒絕後，仍數次要求檢查車輛，嗣經丁向丙回稱：『我現在同意啊，如果車上沒有東西，我就告你們啦』等語，丙旋對乙陳稱：『你恐嚇我，是不是？那我要逮捕你，依刑法135條規定，你在強迫、脅迫公務員是不是？』『我跟你講喔，我看完一定要辦你喔，我讓你假釋撤銷！』等語，致丁聞後不得已方口頭同意搜索本案汽車，於是丙便詳細搜索本案汽車，終因未查獲任何違禁物品，始離去現場。本案後經檢舉及丁告訴，而啟動司法程序。」有關本案之評析，可參照許福生、蕭惠珠，從員警涉違法盤查搜索談盤查之發動，警光雜誌，第798期，2023年1月，頁35-45。

[15] 參照臺灣臺北地方法院107年度易字第1066號刑事判決。

方形跡可疑、有犯罪跡象)、主觀上不認為自己違法,就不會涉及故意犯罪,但仍要負過失責任;不過由於妨害自由不罰過失犯,最後往往不會定罪。

然而,本案判決認為案發當時,依當時客觀情形,並無使員警甲發動對乙女身分查證之要件,員警甲所為係屬違法攔檢,並已先行觸犯刑法之強制罪,自非「依法執行職務」。而在此事件脈絡發展之下,乙女於行動自由權利遭到員警甲不法侵害之時,對員警甲之違法行為評論道:「真的很蠢」、「你做的事情違反你的工作」等語,並無構成刑法第140條之妨害公務罪之虞,員警甲自無從依現行犯逮捕乙女,是員警甲將乙女壓制在地進而逮捕乙女等行為,均難認係合法執行職務之行為,無從阻卻其犯罪之故意及違法性,故而以妨害自由等「故意」犯論罪。如此本案可能成為扭轉警察違法執法之契機,也為警職法施行二十週年以來,可能成為改變違法執法之經典案例,深值重視[16]。

陸、結語

1998年台北市保大員警隨機攔停強行搜索案,促使大法官於2001年12月14日作成釋字第535號解釋,並也促成立法院於2003年6月5日三讀通過警職法,而於同年12月1日施行。縱使警職法公布至今已滿二十週年,然就以2021年4月22日發生於桃園市中壢分局員警盤查詹女事件而言,似乎又重演當初釋字第535號解釋的案由,員警自認身處治安熱點,即具有隨機盤查路人之權。然而,自警職法公布施行以來,司法實務對警職法第6條第1項第1款所規定「查證身分」之「合理懷疑其有犯罪之嫌疑或有犯罪之虞者」,一直均主張「需有客觀之事實作為判斷基礎,而非警察主觀上單純之臆測或第六感」,要以「具象化異常行為表徵」來說明,如「我觀察你剛剛見警轉身逃避,顯有異常」、「我剛才目睹你把身上包包快速交給旁人,顯有異常」;當事人有異議時,接受民眾非善意聲明異議權

---

16 許福生,同註13,頁56。

利，該停止就停止；唯一不同的是，以往遇到相類似案例之違法搜索或妨害自由案件，司法實務常以容許構成要件錯誤適之，即認爲員警誤認已符合警職法所規定「合理懷疑」要件，核屬容許構成要件錯誤之情形，阻卻罪責故意，僅負過失之責任。如此，以往員警盤查民眾時涉妨害自由，若他在盤查時以爲自己具備阻卻違法事由（例如對方形跡可疑、有犯罪跡象）、主觀上不認爲自己違法，就不會涉及故意犯罪，但仍要負過失責任；不過由於妨害自由不罰過失犯，最後往往不會定罪。惟本件員警盤查詹女案，法院一改以往見解，以員警所爲均難認係合法執行職務之行爲，無從阻卻其犯罪之故意及違法性，故而以妨害自由等「故意」犯論罪，可能成爲扭轉警察違法執法之契機，也爲警職法施行二十週年以來，可能成爲改變違法執法之經典案例。

1966年，Skolnick發表「無需審判的正義」（Justice Without Trial），認爲警察職責中包含著兩個關鍵性的變量——「危險」和「權威」，迫使警察往往很多疑，要求他人服從權威，而且憤世嫉俗而冷漠。這種工作環境導致警察文化很可能圍繞猜疑、對內團結與對外隔離、保守主義。「警察，作爲其社會地位綜合特點的產物，傾向於形成他們自己獨特的看待世界方式，並透過這種認知透鏡來看待各種局面和事情」，Skolnick將此稱爲警察的「工作人格」。「工作人格」概念的提出極大地挑戰了專業化時期關於警察遴選、培訓的基本假設；要改變不良的警察文化，重點不在於挑選適合這一職業的人，而是要轉變職業構建的「認知透鏡」，防止憤世嫉俗、冷漠等人格在工作中生成[17]。特別是員警對付街頭「混混」（asshole）的執法方式，常是以發洩對警工作日積月累的不滿；對警察來說，「混混」只是一個符號或代罪羔羊。由於「混混」代表的是一種對警察的質疑和控制的力量，這個力量卻可以鞏固警察的團結，使警察組織成爲抵抗外在現象的城堡，許多警察次文化因而產生[18]。

然而，隨著網路流通、監視透明的社會，「精緻執法」成爲現今警

---

[17] 儲卉娟，社會學如何研究警察—美國警察與社會研究述評，社會學研究雜誌，2019年3月1日：https://read01.com/nEEBG2M.html（搜尋日期：2023年8月12日）。

[18] 章光明，警察政策，自版，2018年9月3版，頁211。

方追求的目標，而非以對付街頭「混混」的「強勢執法」。是以，爲達到「精緻執法」，保障執法安全與威信，充分瞭解臨檢盤查之正當法定程序是必要的，員警執法上應依照警政署訂定「執行巡邏勤務中盤查盤檢人車作業程序」規定執行，特別是注意從觀察受檢人異常舉動及其他周遭現場環境情事，經綜合判斷符合警職法第6條第1項第1款合理懷疑之盤查要件，如受檢人無法查證身分且有抗拒攔停或逃逸之虞時，可告知「得依警職法第7條規定將其帶往勤務處所查證，如遇抗拒時，將使用必要之強制力限制其離去（如按住其肩膀或拉住手腕）」。除非受檢人有進一步犯罪事實（如當場辱罵員警或持械抗拒等違反刑事法令行爲），不應率以上銬限制其人身自由；相關作法爲身分查證之干預措施，應符合比例原則，不得逾越必要程度[19]。

警政的改變必須靠外力協助，包括學術宣導、政府推動甚至是司法制衡。特別是員警執法過程難免有情緒，但必須謹守法律界限，縱使實務與法律落差是必然的，但連結落差的根本方法仍是回歸執法教範、教育訓練、案例研析及管考，才能持續讓警察執法更精緻化，以達成警職法乃爲規範警察依法行使職權，以保障人民權益，維持公共秩序，保護社會安全，特制定本法之立法目的。

（本文初稿曾發表於警察法學與政策，第5期，2023年11月。）

---

19 許福生，同註13，頁57。

第九章

從晚近司法裁判實務檢視警察職權行使法有關臨檢規定之合理性

李東穎

壹、前言

2003年6月25日公布，同年12月1日生效之警察職權行使法（下稱警職法），施行迄今已將近二十年。警職法的制定為我國警察法治現代化的重要里程碑，蓋警察機關執行警察任務雖然隨時皆有行使職權的必要，但在警職法公布施行前，其或者以「警察法」中有關組織性質的規範[1]作為其行為法上之基礎，或者分散地以「刑事訴訟法」、「違警罰法」、「警察勤務條例」、「檢肅流氓條例」、「國家安全法」等法律之授權規範，作為其行使職權之依據；惟相關行為授權是否符合法治國原則的基本要求（法律保留、法律明確性等），在此時期備受質疑。警職法之施行在警察法制發展史上的重要意義即在於，系統性地建構警察職權行使的規範基礎，使警察機關行使公權力能夠符合依法行政原則的要求[2]。

就警職法的催生而言，大法官釋字第535號解釋顯然發揮了決定性的作用，該號解釋不但具體地指出警察任務的危害防止特質，對於在作用法上強化警察行使公權力的授權，亦功不可沒[3]。釋字第535號解釋涉及的問題是，警察勤務條例第11條第3款[4]得否作為警察執行臨檢勤務的規範基礎。釋字第535號解釋中所謂的「臨檢」係指於公共場所或指定處所、路段，由警察擔任臨場檢查或路檢，執行取締、盤查及有關法令賦予之勤務。在警職法施行後，警察執行臨檢勤務所得運用的公權力手段，則具體化為該法第6條至第8條的查驗身分，以及為達成此目的而由警察執行的相關措施[5]（攔停、詢問人別資料、令出示身分證明文件等）。

在行政法院審理與警職法之適用有關的案件中，相當大量的案例集中在民眾針對交通裁決表示不服的案件；其中又以汽機車駕駛人行經警察

1　特別是該法第2條：「警察任務為依法維持公共秩序，保護社會安全，防止一切危害，促進人民福利。」

2　李震山、蔡庭榕、簡建章、李錫棟、許義寶，警察職權行使法逐條釋論，五南出版，2020年3版，頁4-5。

3　關於大法官釋字第535號解釋對於警職法之催生的影響，參照同前註，頁5-6。

4　該款規定「臨檢：於公共場所或指定處所、路段，由服勤人員擔任臨場檢查或路檢，執行取締、盤查及有關法令賦予之勤務」。

5　林明鏘，警察臨檢與行政救濟，台灣法學雜誌，第85期，2006年8月，頁79-80。

機關設有告示執行酒精濃度檢定之處所，不依指示停車接受稽查（道路交通管理處罰條例第35條第4項第1款，下稱道交條例），或拒絕接受酒精濃度測試，以及駕駛人執行酒精濃度測試後，酒精濃度超過規定標準而受裁罰（道交條例第35條第1項第1款）之案件居多。此等案件係因警察機關依警職法第6條第1項第6款設置管制站，在執行酒駕稽查勤務的過程中舉發當事人之違規行為而生。行政法院審理上述案件時，關於警察執行酒駕稽查勤務，是否遵守警職法第6條第1項第6款所設定的規範框架，往往成為影響實體裁判結果的關鍵因素。蓋警察機關設置管制站若未滿足警職法所規定的條件，其後的攔停，甚至要求汽機車駕駛人接受酒精濃度測試措施的合法性皆將產生疑義。然而，仔細觀察前述執法情境即可發現兩方面值得注意之處：首先，警職法第6條第1項第6款的規定方式，相較於同項第1款至第4款存在明顯的差異：質言之，當事人只要「行經指定公共場所、路段及管制站」，而無須滿足「合理懷疑」或「有事實足認」其將造成危害或實施犯罪行為的條件，警察即可對其行使查證身分的權限。其次，警察對駕駛人採取酒精濃度測試措施的授權基礎，係規定於警察職權行使法第8條第1項，其復規定警察須對於「已發生危害或依客觀合理判斷易生危害之交通工具」，始得予以攔停並命駕駛人接受酒精濃度測試。在警察設置攔檢站從事酒駕稽查勤務的情形，其如何體系性且融貫地適用警職法第6條至第8條有關臨檢的規定，顯然將成為問題。本文擬就此深入討論。以下本文將先從警察任務的典型出發，探討警職法第6條第1項第6款規定的特殊之處，並釐清其與該法其他授權警察進行臨檢的措施間，在規範結構上的關係。接續於此，本文將分析行政法院就警察機關設置管制站執行酒駕取締勤務，如何正確適用警職法第6條至第8條，以及道交條例第35條等規定所表示之見解。最後，從學理的觀點檢討行政法院見解的妥適性。在此應合先敘明者為，本文所謂的「臨檢」乃指警職法第6條至第8條規範之查驗身分、攔停、詢問人別資料、令出示身分證明文件、命駕駛人接受酒精濃度測試等警察法上之標準措施（Standardmaßnahme）。

貳、從典型警察任務觀察警職法臨檢措施之特色

一、警察任務之典型特徵

　　就警職法內容的形塑具有相當程度引導作用的釋字第535號解釋，對於警察臨檢措施的作用範圍，及其應受之法律拘束有具體的描述。該解釋認為，警察勤務條例有關臨檢之規定，「既無授權警察人員得不顧時間、地點及對象任意臨檢、取締或隨機檢查、盤查之立法本意。除法律另有規定（諸如刑事訴訟法、行政執行法、社會秩序維護法等）外，警察人員執行場所之臨檢勤務，應限於已發生危害或依客觀、合理判斷易生危害之處所、交通工具或公共場所為之……；對人實施之臨檢則須以有相當理由足認其行為已構成或即將發生危害者為限，且均應遵守比例原則，不得逾越必要程度……」。據此，大法官欲將警察「臨檢」之權限限制在典型的警察任務情境，在此表露無遺，蓋警察之臨檢措施不僅應侷限在「已發生危害或依客觀合理判斷易生危害之處所」，該措施亦僅能針對「有相當理由足認其行為已構成或即將發生危害」之人實施；換言之，釋字第535號解釋容許警察採取臨檢措施的情境，符合學理認為警察之任務與權限原則上應著重在防止或排除「具體危險」，且警察措施實施的對象原則上應限於所謂的「侵擾者」（Störer）的立場[6]。

　　警察之執行職務之範圍與權限原則上應限制在上述典型的任務領域，不僅有學理意見的支持，從警職法第28條第1項所謂警察法上之概括條款的規定，亦可得到相同的結論。概括條款係警察機關在法律無特別規範的情況下所得引用的一般性行為授權，因此也被理解為警察機關之任務與權限的典型[7]。依據警職法第28條第1項的規定，警察機關為防止或排除對於「公共安全」、「公共秩序」或「個人生命、身體、自由、名譽或財產」之危害，得採取任何必要措施。就本條之適用而言，學理上一

6　李震山，警察法論——警察任務編，正典出版，2002年，頁108-111、389。林明鏘，論警職法第28條之權限概括條款與補充性原則，收於氏著，警察法學研究，新學林出版，2019年2版，頁22-23。

7　Hermann Pünder, Polizei- und Ordnungsrecht, in: Ehlers/Fehling/Pünder (Hrsg.), Besonderes Verwaltungsrecht, 4. Aufl., 2021, § 69 Rn. 84.

般認為，只有在對前述保護法益產生「具體危險」的情形，警察機關始可依據概括條款採取防止或排除危害之措施[8]；而所謂的「具體危險」通常係指，從客觀第三人的角度觀察，若容認事件流程不受干擾的進行，保護法益有充分的可能性（hinreichende Wahrscheinlichkeit）在可預見的時間內遭受損害[9]。至於警察依據概括條款所為的危害防止措施，其實施對象之範圍原則上被限制在所謂的「侵擾者」（或稱為「責任人」，Verantwortlichen），亦即「對於公共安全與秩序造成危險之人」；「非侵擾者」（Nichtstörer）則僅能在「緊急情況」下，例外將其納入危害防止措施的實施對象[10]。警察法學將概括條款的適用領域限縮在上開範圍，固然係為了避免警察機關大幅訴諸（不論係在構成要件或法律效果層面，規範密度甚低的）概括條款，作為其執行職務的規範依據，進而使法律保留原則的要求落空；警察法上的概括條款因此僅能承擔「漏洞填補」或是「補充性」的功能[11]。概括條款上述解釋方式，另一方面亦符合將警察機關的任務範圍原則上限制在，個案中防止或除去對保護法益之危險（危害）之領域的發展趨勢與法制結構[12]。

二、臨檢措施在警職法中之具體化

　　鑒於警察法上之概括條款相對於標準措施的填補漏洞與補充性的功能，對於法律所未規定的危險情況，警察雖可依據概括條款加以因應。然而，針對特定的，或一再重複出現的危害情況，立法者為滿足法律保留原則與法律明確性的要求，通常須形成所謂的標準措施

8　參照林明鏘，同註6，頁74-75；Friedrich Schoch, Polizei- und Ordnungsrecht, in: ders. (Hrsg.), Besonderes Verwalltungsrecht, 2018, 1. Kap. Rn. 279.

9　Schoch, (Fn. 8), 1. Kap. Rn. 279; Pünder, (Fn. 7), § 69 Rn. 99. 相對於「抽象的危險」（abstrakte Gefahr），具體危險因此是在個案中可以預見的危險；僅有一般、抽象性質的法規範得以防止抽象危險作為其規範對象。

10　Schoch, (Fn. 8), 1. Kap. Rn. 279; Pünder, (Fn. 7), § 69 Rn. 99. 應留意的是，侵擾者或責任人的認定並不以其有可歸責性為前提，只要是責任人的行為係造成危險狀態的直接原因，警察即可對其實施危害防止措施。

11　Schoch, (Fn. 8), 1. Kap. Rn. 232 ff.

12　關於在警察法領域，透過區分秩序機關（Ordnungsbehörde）與警察機關，將警察的任務領域限制在緊急與執行權限，以避免警察權力遭濫用的「去警察化」（Entpolizeilichung）發展趨勢：Pünder, (Fn. 7), § 69 Rn. 11.

（Standardmaßnahme）作爲防止特定危險發生的手段。警察干預權限的標準化主要有助於提升法安定性，蓋警察可藉此釐清其在特定危險情況可從事何種作爲，民眾對於警察可能採取的干預措施亦得有所預見。在符合標準措施適用前提時，標準措施將排除回溯適用概括條款的可能性；因此，釐清個別標準措施與概括條款在適用條件上的差異，具有法釋義學上的重要意義。標準措施通常會對於概括條款所呈現之警察任務的典型情況有所修正，具體而言，干預措施發動的構成要件可能更爲嚴格（例如只保護特定法益，或只有針對更爲緊急的危害始得行使職權），或者可能只要有危險嫌疑（Gefahrenverdacht）即可採取干預措施，或者將干預措施限制在特定類型的行政行爲，甚至可能將非侵擾者納入干預措施的實施對象[13]。

以警職法上的查證身分措施爲例，其主要運用的範圍即在於防衛具體危險。查證身分作爲排除民眾匿名狀態，以及確認警察執行勤務之相對人身分的權限，可能在幾個面向上發揮防止具體危害的作用。首先，作爲「危害防止措施」，查證身分可以嚇阻當事人從事有害公共安全與公共秩序之行爲；其次，作爲「危險調查措施」（Gefahrenerforschungsmaßnahmen），其亦有助於釐清是否存在危險狀態[14]。警職法第6條第1項授權警察在合理懷疑當事人有犯罪嫌疑（第1款），或有事實足認其對已發生之犯罪或即將發生之犯罪知情（第2款），或有事實足認其將對他人生命、身體造成具體危害時，採取查證身分之措施（第3款），即爲適例。此外，警職法第8條第1項，就警察對於「已發生危害或依客觀合理判斷易生危害之交通工具」得予以攔停，並查證駕駛人或乘客身分之授權，亦屬於此。於上開情形，查驗身分措施實施的對象僅限於可能對保護法益造成具體危害之人。至於警職法所規定的「攔停」（第7條第1項第1款）、「詢問人別資料」（第7條第1項第2款）、「令出示身分證明文件」（第7條第1項第3款、第8條第1項第1款）、「帶往勤務處所查證」（第7條第2項）等，在性質上則屬於警察爲執行查驗身分措施所附帶之權限[15]。

---

[13] Schoch, (Fn. 8), 1. Kap. Rn. 489.

[14] Vgl. Schoch, (Fn. 8), 1. Kap. Rn. 500.

[15] 類似意見：陳正根，警察處分，收於蔡震榮主編，警察法總論，一品文化，2020年4版，頁300。

相較於警職法前述條文將查證身分視爲防止具體危險發生的手段，警職法第6條第1項第4款至第6款的規定方式，即顯得相當特別，蓋在此等情況，當事人只要「滯留」於可能實施重大犯罪或有人犯藏匿之處所，或者「滯留」於應有停留許可之處所（而無停留許可），甚至只是「行經」指定之公共場所、路段及管制站[16]，即達到警察行使查證身分權限的門檻。警察基於前述條文而採取查證身分的措施，究其實已非在防止或排除對於保護法益的具體危險，毋寧係在損害之發生尚未具有充分的蓋然性時（抽象的危險），即被授權採取介入措施；由於此時警察職權的行使不再注重危險發生與責任人間的歸因關係，蓋促成權限發動的理由並非在當事人的行爲，而係其停留地點。因此，不僅是侵擾者可成爲查證身分措施的實施對象，非侵擾者亦可被列入其中[17]。

鑑於立法者將防止具體危害設定爲警察任務與權限的典型，實有限制得使用物理上強制力之警察機關權力的考量，法律允許警察在危險的前階段（Gefahr im Vorfeld）發動權限，即應特別注意比例原則對於警察權力的限制。比例原則要求在損害發生的可能性，與保護之法益以及（干預措施影響之）基本權之間保持平衡。是以，保護的法益愈重要，比例原則對於危害發生可能性的要求即愈低（換言之，容許公權力行爲提早介入）；對於保護法益可能造成的損害愈小，或干預措施影響之基本權愈嚴重，對於危害發生可能性的要求即愈高[18]。學理上一般認爲，查驗身分及其附隨的攔停與詢問措施對於人民資訊自決權與一般行動自由的影響尚屬輕微[19]，因爲資訊並非以秘密的手段取得，亦非毫無理由，且藉由查證身分

---

[16] 本條在適用上存在諸多疑義，有認爲警察若已依本條規定設置管制站，查證身分措施即得對所有行經管制站的人車爲之（李震山等著，同註2，頁158-160。蔡震榮，警察職權行使與執法之標準，台灣法學雜誌，第72期，2005年7月，頁148）；但亦有認爲仍須限制在可能產生具體危險者。參照林明鏘，法治國與警察職權行使，收於氏著，警察法學研究，新學林出版，2019年2版，頁268-269：「指定公共場所、路段及管制站之查驗身分，並非對於行經指定處所者皆得盤查身分，仍須依『合理懷疑』推斷具有犯罪嫌疑惑有犯之虞，方得爲身分之查驗，以符合釋字第535號解釋揭示警察人員不得不顧時間、地點及對象任意臨檢、取締或隨機檢查、盤查之意旨。」

[17] Vgl. Pünder, (Fn. 7), § 69 Rn. 215; Schoch, (Fn. 8), 1. Kap. Rn. 505, 512.

[18] Pünder, (Fn. 7), § 69 Rn. 100.

[19] Vgl. Pünder, (Fn. 7), § 69 Rn. 216; Schoch, (Fn. 8), 1. Kap. Rn. 501. 謝碩駿，論警察危害防治措

措施獲取之與個人有關的資訊自始即相當有限[20]。因此，即使法律授權警察在僅有危險嫌疑的情況採取查證身分措施，並不當然違背比例原則的要求。

　　然而，警察基於警職法第6條第1項第4款至第6款取得之查證身分的權限並非毫無限制，在可能產生危害的場所或地點實施查證身分措施仍應有其事實上的根據。換言之，警察仍須在事實的基礎上以其經驗判斷某地是否為「可能實施重大犯罪或有人犯藏匿之處所」，例如單純因民眾匿名檢舉某大樓正在進行毒品交易，仍無法正當化在該大樓附近採取查證身分措施。至於實務上運用較為頻繁之管制場所、路段及管制站的設置，警職法第6條第2項更設定了若干控制機制：設置管制處所不僅有原因上的限制（為防止犯罪，或處理重大公共安全或社會秩序事件），就是否以及如何設置管制處所的決定，亦必須受到比例原則的拘束；管制處所的設置因此必須基於特定的動機或理由（例如為防止特定犯罪）。此外，管制處所的指定僅能由警察機關主管長官為之，換言之，透過組織與程序的設計，進一步限縮管制處所設置權被濫用的可能性，藉以維護人民的基本權利。

三、警察臨檢權限之競合

　　如前文所述，警職法上的查證身分措施並非僅規範於一處，該法第6條第1項與第8條第1項分別授權警察在不同的情境下行使查證身分的權限。然而，上開兩條文之規範內容，彼此頗有重疊與矛盾之處，例如交通工具若處於已發生危害或易發生危害之狀態（警職法第8條第1項），通常亦滿足「有事實足認為防止其本人或他人生命、身體之具體危害，有查證其身分之必要」的要件（警職法第6條第1項第3款）。然而，僅有依警職法第8條第1項規定攔停之車輛，警察始得查證駕駛人身分、檢查引擎、車身號碼，並要求其接受酒精濃度測試；依同法第7條第1項規定攔停者，警察原則上則僅有詢問人別資料，或令當事人出示身分證明文件的權限。反之，警察依後一規定查證當事人身分而無法確認時，得將其帶往勤務處所

施之行使對象，國立中正大學法學集刊，第33卷，2011年4月，頁292。
[20] BVerfG-K NVwZ-RR 2016, 53.

查證（警職法第7條第2項）；對於依前一規定攔停之車輛駕駛人，警察則無此權限。

警職法第6條至第8條在規範邏輯上的齟齬，在警察依警職法第6條第1項第6款規定設置管制站，執行酒駕稽查勤務的情形，則更為明顯。質言之，警察對於行經管制站之車輛，依同法第7條第1項之規定，雖有權逐一攔停並查證駕駛人之身分，但此時如發現駕駛人有酒駕嫌疑，而欲要求其接受酒精濃度測試，則該攔停之車輛是否另須符合「已發生危害或依客觀合理判斷易生危害」的條件，警察始得要求駕駛人配合酒精檢測，不無疑義。當事人如因不配合酒精檢測，或因酒精檢測結果超標而受裁罰，該裁罰處分的合法性是否以管制站合法設置為前提，亦經常成為爭論焦點。以下將簡要說明行政法院裁判實務就此曾表示之意見。

參、行政法院相關裁判見解

一、管制站設置之合法性審查

在警察設置管制站執行交通酒駕勤務，車輛駕駛人因不依指示停車接受稽查，或拒絕接受酒精濃度測試，以及酒精濃度超過法定標準而受裁罰的案件中，就裁罰處分之合法性是否取決於管制站合法設立的問題，行政法院諸多判決皆採取肯定的意見。以臺北高等行政法院107年度訴字第682號判決為例：「警方依警察職權行使法第6條第1項第6款、第2項及第8條規定盤查原告身分並攔停車輛，是否違誤？有兩層次的探討：①其一，被告執行路檢勤務，就行經指定公共場所、路段及管制站之車輛，以防止犯罪，或處理重大公共安全或社會秩序事件而有必要者為限；得由警察機關主管長官『指定』該公共場所、路段實施攔停車輛並盤查通行該地點之人的身分。這是警察職權行使法第6條第1項第6款、第2項的警方職務，但就『指定』而言，仍有相當之裁量空間，而該裁量需符合警察職權行使法第6條第2項之必要性。而以防止犯罪，或處理重大公共安全或社會秩序事件所必要者為限，臨檢位置之指定，是第一個爭點。……②其二，是針對行經該路段之原告，警方所實施之臨檢行為是否有裁量濫用而觸法之情。查

警方發現原告駕駛自小客車○○○○-○○號有改裝違反道路交通安全規則情形，而將之攔停檢查；……堪以認定警方依客觀合理判斷，該車經任意改裝，為易生危害之交通工具，自得依法攔停……，並採行查證身分、檢查引擎、車身號碼或其他足資識別車輛之特徵，及要求駕駛人接受酒精濃度測試之檢定等措施。……是以，警方對原告實施路段臨檢並攔停車輛受檢，是依據警察職權行使法第6條第1項第6款與第2項（由分局長指定路段設置路檢點）、第7條第1項（查證原告身分，因原告駕駛之車輛非其本人所有）及第8條第1項（原告駕駛之車輛有改裝情形，警方請原告打開車窗時有聞到疑似酒味情形），均屬依法執行事項。」

　　至於如何審查管制站設置是否合法及其審查密度如何，行政法院的看法則不甚一致。前述臺北高等行政法院107年度訴字第682號判決認為，警察主管長官對於管制站的指定具有「裁量空間」，關於審查標準該判決則指出：「查該路段處所……，106年12月份110通報發生交通事故11件，於107年1至7月間共發生92件交通事故、1件死亡車禍、5件竊盜案及3件酒醉鬧事，被告依警察職權行使法第6條第1項第6款及第2項規定，對已發生危害情事，或依客觀存在之事實，即得據以合理判斷，認定該路段處所，為於公共場所查證身分之適當而必要之位置；且本案是依警察職權行使法由分局長規劃執行……，『取締酒後駕車專案勤務』及『全縣性防制危險駕車專案勤務』……，實施攔停、強制離車、身分查證、酒測檢定、及交通工具之檢查等警察職權活動，以防止犯罪、重大公共安全或社會秩序事件發生，於法當屬有據。」本判決似認為，只要警察機關能夠舉證設置管制站之處所曾發生與犯罪、重大公安全或社會秩序有關的案件數量，即符合設置管制站的要件，至於案件之性質（5件竊盜案及3件酒醉鬧事）與管制站設置之目的是否有正當合理的關聯，則非所問。

　　相對於前開判決採取的寬鬆審查標準，臺北高等行政法院108年度交上字第148號判決對管制站設置合法性的判斷，則有較為明確的說明：「系爭酒測攔檢處所，係舉發機關參酌監察委員高鳳仙等人105年『夜店（飲酒店）違法及犯罪防治專案調查研究』指出，夜店（飲酒店）通常以賣酒為業，酒醉駕車亦如黑道聚眾滋事、性侵害、毒品案件一般，屬於夜

店所衍生常見相關違法案件之一，且其統計數據有增加之趨勢，以及中央警察大學犯罪防治研究所研究生闞迺璇同年整理臺北市飲酒店分布情形，發現以大安區靠近松山信義交界處之密度最高，暨太平洋研究與評估研究所（PIRE）預防研究中心（PRC）前高級研究員Gruenewald（2002年）指出，有多項研究表明酒駕與機動車事故均與販售酒精營業場所有關，販售酒類店面密度高的地方，其鄰近區域的酒駕肇事率也高（更加盛行）等文獻，分析研判民眾至臺北市信義區飲酒場所（如信義商圈夜店、酒吧）多屬非轄內住戶，並時有於飲酒後，忽略酒精對駕駛人中樞神經或其他感官器官、動作器官之影響，而駕車行經信義快速道路離開臺北市接續上高速公路，如未能加以攔查，上高速公路後因行車高速，精神不濟體力下降疲勞駕駛及視線不良等因素，恐造成嚴重事故致人傷亡，並參考103至105年2月止，信義快速道路舉發計64件違規，相較於該轄區酒後駕車違規舉發總件數1,462件，占4%之取締成效情形，為避免衍生更大事故傷亡，指定該轄區易發生酒後駕車或酒駕易肇事地點，擇定鄰近飲酒場所且車輛駕車駛○○○區○○○道路，並考量銜接至高速公路行車高速等因素，為防患於未然，而於105年2月19日經舉發機關分局長核定作為管制站，並指定23時至翌日2時進行計畫性勤務稽查部署。系爭管制站之設置目的乃為確保道路交通之秩序與安全，防制酒駕者行駛於其他路段造成其他更大危害而有必要，且係由舉發機關分局長所指定，合於警察職權行使法第6條第1項第6款、第2項規定。」本案中，警察機關不僅援引相關研究證明飲酒店位置分布與酒駕行為發生率的關聯，更重要的是，其以管制站設置處所以往舉發酒駕案件之數量，並考量設置處所對於確保道路交通秩序與安全的必要性，正當化管制站設置處所之選擇，經行政法院採納認為符合警職法第6條第1項第6款及同條第2項的要求[21]。

---

21 另參臺北高等行政法院106年度交上字第194號判決：「被上訴人有無違反道路交通管理處罰條例第35條第4項行經設有告示執行酒精濃度測試檢定處所，不依指示停車接受稽查之規定，原審自應詳予審查警察有無依警察職權行使法第6條第1項第6款及第2項之規定設置管制站，管制站之設立有無基於警察專業認知，有無違反比例原則，警察指示駕駛人接受稽查所採手段，是否有助於道路交通管理處罰條例第35條第4項立法目的之達成，是否選擇對人民權益損害最少之方法，所採取方法如造成人民自由權利受損，與道路交通管理處罰條例第35

二、查證身分權限之競合與法律之適用

　　關於警察得否全面攔停行經管制站之車輛，以及此時如發現疑似酒駕之車輛，是否另須符合警職法第8條第1項之要件，警察始得要求駕駛人接受酒精濃度測試，行政法院裁判實務見解頗為一致。就是否得全面攔檢而言，例如臺北高等行政法院109年度交上字第27號判決即指出：「依警察職權行使法第6條第1、2項規定……屬於警察人員得全面攔檢之依據（亦稱集體攔停）。又依警察職權行使法第8條第1項規定……則屬於警察人員對已發生危害或依客觀合理判斷易生危害之交通工具，得予以攔停，並視受攔停對象有無飲酒徵兆，要求接受酒精濃度測試檢定之個別攔檢的依據（亦稱隨機攔停）。因此，員警依前開處罰條例規定實施酒測時，於集體攔停之情形應依警察職權行使法第6條所定之攔停程序；至於在隨機攔停之情形，員警對依客觀合理判斷易生危害之交通工具，則依同條第8條規定，得予以攔停並視受攔停對象有無飲酒徵兆，要求接受酒精濃度測試檢定。對於員警以設置酒測站方式攔停稽查，應屬前開警察職權行使法第6條第1、2項集體攔停之情形，員警為確認駕駛人之身分，**無須合理懷疑即得攔停人及車輛，與隨機攔停必須有已發生危害或依客觀合理判斷易生危害之交通工具，始得攔停並進而實施酒測不同**[22]。」換言之，本判決認為依據警職法第6條第1項第6款配合第7條第1項規定所進行的集體攔停，並無須滿足行為人之行為造成法益侵害具體危險的要件。

　　至於行經管制站的車輛，是否另須符合警職法第8條第1項之要件，警察始得進行酒精檢測的問題，則可參照臺北高等行政法院106年度交上字第194號判決的論述：「上訴人主張本案舉發機關於設立攔檢點時所採取之干預手段，並未將行經該處之交通工具全面攔停、盤查與進行酒精測試，而係採縮減車道方式使員警藉此依目視判斷駕駛人減速慢行後對於前方車輛行進動態之掌握，及起步操作、速度是否流暢，作為判斷是否有危

條第4項規定所欲達成目的之利益有無顯失均衡。」

22 類似的裁判意旨參閱臺北高等行政法院111年度交上字第7號判決、臺北高等行政法院110年度交上字第212號判決。

害行車安全情事，如研判駕駛人未飲用酒類或其他類似物，則指揮車輛迅速通過，應屬取締酒後駕車作業程序所述之『過濾』行為，其目的在於確保道路交通之秩序與安全，以防制酒駕者行駛於其他路段造成其他更大危害，以對人民侵害最小之方式實施臨檢，應尚符比例原則等情，似非全然無據。原判決未區辨『駕駛汽車行經警察機關設有告示執行酒精測試檢定之處所，不依指示停車接受稽查』；與『駕駛汽車行經警察機關設有告示執行酒精測試檢定之處所，拒絕接受酒精測試之檢定』，二者規範目的、審查要件、構成要件均屬有別，亦未釐清本院上開所指應予審查之疑點與道路交通管理處罰條例第35條第4項修正增訂『汽車駕駛人，駕駛汽車行經警察機關設有告示執行第一項測試檢定之處所，不依指示停車接受稽查』之立法目的是否相符，予以論斷，遽採被上訴人主張，遽以本件舉發機關員警於設有告示之執行酒測處所，攔停所有通過該處所之車輛，以觀察過濾駕駛人是否疑似酒後駕車，已經逾越警察職權行使法第8條第1項第3款之規定，而屬恣意對人民實施之違法臨檢云云，遽指原處分有違誤，自有判決適用法規不當、不適用法規及理由不備之違法[23]。」從本段論述應可推知，行政法院認為即使警察已依警職法第6條第1項第6款規定設置管制站，但如欲要求行經管制站之駕駛人接受酒精濃度測試，仍須符合同法第8條第1項之要件；此時，管制站的功能主要在於透過車輛行經管制站減速慢行後對於前方車輛行進動態之掌握，及起步操作、速度是否流暢等行為，判斷車輛是否滿足「已發生危害或依客觀合理判斷易生危害」的要件。此外，除有明顯酒駕徵兆外，車輛如有違反交通安全規則之情事（例如改裝大燈、排氣管、輪胎[24]、機車有裝置噪音器物[25]等），行政法院裁判實務亦認為已滿足符合車輛已生或易生危害的要件。

綜合前述裁判實務意見，行政法院雖然容許警察對於通過管制站的車輛進行全面性的攔停，但若欲要求車輛駕駛人接受酒精濃度測試，法院認為仍應符合發生具體危險的要件（警職法第8條第1項）。因此，為同時滿

---

[23] 類似的裁判意旨參照臺北高等行政法院108年度交上字第238號判決。
[24] 參照臺北高等行政法院107年度訴字第682號判決。
[25] 參照臺北高等行政法院111年度交上字第7號判決。

足警職法上「全面攔停」與「隨機攔停」的條件，唯一可行的方式即爲將管制站當作過濾車輛是否造成具體危險的方法。有疑問的是，若延續此意見之立場，在全面攔停（而非僅是過濾）的情形，警察是否僅能行使警職法第7條規定的查驗身分措施？蓋於此情形，其並非基於車輛已生具體危險爲由實施攔停，而未滿足警職法第8條得要求駕駛人接受酒精濃度測試的前提。然而，管制站設置的功能本在於預防抽象的危險，若警職法容許爲稽查酒駕之目的而設置管制站，但對於行經管制站之車輛卻又要求必須發生具體危險，始得對駕駛人進行酒精濃度測試，如此一來，設置管制站的功能也將大幅喪失。然而，造成此矛盾現象的原因主要並非法院對於法律規範的解釋，毋寧來自於警職法第6條至第8條在規範邏輯上的齟齬。

肆、從學理觀點檢視行政法院裁判見解

一、管制站設置之合法性審查

關於警察機關依警職法第6條第1項第1款設置管制站決定的合法性審查，部分行政法院判決認爲警察機關對於管制站的設置具有「裁量空間」，因此應依「裁量瑕疵理論」判斷管制站的設置是否合法。根據此理論，行政法院原則上即應尊重行政機關是否選擇設置管制站與選擇設置地點的決定；除非此等決定具有裁量瑕疵之情事，行政法院始得認爲管制站設置的決定違法[26]。著眼於警職法第6條第2項的規範結構，就管制站設置決定的合法性控制而言，解釋上雖非不得將該條解釋爲，授權警察機關主管長官在符合「防止犯罪，或處理重大公共安全或社會秩序事件」要件下，裁量決定是否設置管制站與選擇管制站設置地點的規定；至於該條「而有必要」的文字，則宜解釋爲警察機關主管長官設置管制站的決定應受比例原則拘束之意，否則在構成要件層次適用比例原則，恐將大幅壓縮本條的適用可能性。然而，行政法院將審查重點側重在裁量決定的控制，可能偏廢警職法第6條第2項關於構成要件層面的規範，質言之，本條「防

---

26 關於裁量瑕疵理論請參照：Hartmut Maurer/ Christian Waldhoff, Allgemeines Verwaltungsrecht, 20. Aufl., 2020, § 7 Rn. 19 ff.；陳敏，行政法總論，新學林出版，2019年10版，頁190-194。

止犯罪、重大公共安全或社會秩序事件」之構成要件，雖屬不確定的法律概念，但其並不屬於行政法學理與實務承認之行政機關擁有判斷餘地的類型，因此行政法院對於警察機關主管長官基於何種動機與情境選擇設置管制站，其是否符合「防止犯罪，或處理重大公共安全與社會秩序事件」在法律上的解釋，應有完全審查的權限[27]。至於本條「防止犯罪」的概念，在解釋上則必須限於與「重大公共安全或社會秩序事件」同等嚴重的情形，並非防止任何類型之犯罪皆可正當化管制站的設置。此外，管制站之設置理論上應該被限制在防止「單一」犯罪、公共安全或社會秩序事件之情形，例如為追捕脫逃之重大犯罪受刑人，而於可能藏匿的地區設置管制站，過濾出入民眾及車輛，或為防止不法分子滲入合法舉行之集會，破壞集會秩序，而於重要出入口設站管制出入民眾等[28]。為一般性的防止犯罪或處理重大公共安全或社會事件之目的而設置管制站，應非警職法第6條第2項規範射程範圍所及。學理上雖有認為，警察主管長官可依據轄區治安狀況、過去犯罪紀錄、經常發生刑案地點及「治安斑點圖」等綜合研判分析，指定特定公共場所、特定之路段以及臨時設置之管制[29]。然而，此種未具有個案關聯性的管制站設置動機，恐難以通過比例原則的檢驗，蓋設置管制站所欲防止的危險為何，本身即難以確定[30]。

　　根據上述說明，本文以為，行政法院就管制站設置決定的合法性審查，首先應確認設置的原因是否符合「防止犯罪，或處理重大公共安全或社會秩序事件」之條件；就酒駕攔檢站之設置而言，行政法院裁判實務通常雖未質疑其在構成要件上的合致性，但依本文之見，本於一般性稽查酒駕違規行為之動機，並不符合警職法第6條第2項欲防止單一犯罪、公共安全或社會秩序事件所造成之危害的規範目的。行政法院較為寬泛地容許警察機關依前述規定設置酒駕管制站，恐係考量道路交通違規稽查之行政現

27　關於判斷餘地理論請參照Maurer/Waldhoff, (Fn. 26), § 7 Rn. 31 ff.; 同前註，頁205-213。

28　Vgl. Pünder, (Fn. 7), § 69 Rn. 215

29　林明鏘，同註16，頁268。

30　類似意見：蔡庭榕，論警察攔檢以查證身分及其實務問題，2023警政與警察法學學術研討會「警察職權行使法施行20週年之回顧與展望」，中央警察大學行政警察學系、法律學系主辦，2023年6月，頁28。

實與現行規範體系的結果，蓋若非如此解釋，道交條例第35條第4項第1款恐無適用餘地。其次，在裁量決定的合法性審查層次，行政法院應著重在確認管制站設置目的與設置地點的選擇是否具有正當合理的關聯（警察機關是否濫用裁量權限）；就此而言，警察機關若能合理說明管制站設置地點為酒駕違規發生頻率較高地區，或是曾舉發酒駕違規事件的數量，對於管制站設置地點的正當化應有所助益。若僅是空泛地舉證管制站設置地點附近發生刑事案件數量，應無助於裁量決定合法性的審查。換言之，「犯罪熱點」並非設置酒駕稽查管制站的理由。

二、警職法第6條至第8條間之調和適用

在警察依警職法第6條第1項第6款設置管制站的情形，行政法院裁判實務認為警察得全面性攔停行經的車輛見解，應可支持，蓋管制站設置之目的即在於防止抽象的危險，警察行使職權的原因並非來自於當事人之行為對保護法益可能造成的具體危害。法院對於警察權力的控制因此應著重於管制站設置的合法性。至於警察如欲要求經攔停之車輛駕駛人接受酒精濃度測試，依行政法院之見，則須另符合警職法第8條第1項之要件。本條之立法目的在於防止具體危險，如車輛並未顯現對於保護法益造成危害的充分可能性，警察即無法發動攔停的權限，更遑論要求車輛駕駛人接受酒精濃度測試。警職法第6條至第8條在規範內容上的不協調，恐將造成稽查實務上甚為不合理的結果，蓋警察若就行經管制站之車輛進行全面性的攔檢，對於未表現出具體危害狀態之車輛的駕駛人，警察即可能無法要求其接受酒精濃度測試，即使在攔停查驗身分的過程中，車輛駕駛人表現出酒駕的跡象（例如面有酒容，車輛內部散發酒味）。在警職法第6條至第8條規定未能透過修法的方式，在規範內容與邏輯上形成更合理的配套之前，為確保警察在設置管制站舉發酒駕措施的合法性，可能只能接受（行政法院裁判實務亦肯認之）實務上技巧性的執法策略，亦即利用管制站作為篩選符合警職法第8條第1項要件的車輛（而非全面攔停），並在攔停後視駕

駛人有無酒駕之嫌疑，再命其接受酒精濃度測試[31]。

伍、警職法有關臨檢規範之修正建議

警職法有關臨檢的規定，其主要的功能在於面對公共秩序與安全可能造成的危害，一般性地賦予警察查證當事人身分與實施為達成此目的必要手段的權限。如前文所述，在警察設置管制站執行酒駕稽查勤務的情形，實務上因適用警職法關於臨檢規定所產生的爭議，固然起因於該法第6條第1項第6款與第8條在攔檢權限發動門檻上的不一致。儘管透過前述執勤技巧，警察可勉強在警職法前開條文的規範齟齬之間，尋求合法行使職權的空間。但畢竟通過管制站的車輛是否滿足「已發生危害或依客觀合理判斷易生危害」的條件，相當考驗執法人員的臨場反應；對於通過之車輛未能逐一攔停，並在駕駛人有酒駕嫌疑時對其實施酒精檢測，則不免產生漏網之魚。因此，正本清源之道仍在於透過修正警職法，提供警察合理的執法空間。

關於警職法臨檢規定之修正，本文以為首先應注意該法第8條在規範體系上的特異之處，質言之，相較於警職法的主要目的在於就一般性的防止危害任務賦予警察行使公權力的權限，警職法第8條的功能僅重在維護道路的安全與秩序。警職法第8條在該法規範體系中的特立獨行，復與道交條例之規範內容有關：道交條例雖係為「維護交通秩序，確保交通安全」（參照同條例第1條）而制定，但其內容大幅偏重在違規態樣及處罰內容的規定；有關道交條例的執法權限，則主要仰賴警職法之行為法規範，以致於道交條例第35條雖就汽機車駕駛人行經警察機關設置之管制站，不依指示停車接受稽查，或拒絕接受酒精濃度測試，以及駕駛人執行酒測後，酒精濃度超過規定標準等違規行為定有罰則，惟關於警察設置管制站以及要求駕駛人接受酒精濃度測試的前提條件，則須援引警職法第6條第1項第6款及第8條第1項之規定。鑑於前述維護交通安全秩序的執法

---

[31] 此亦為警察執法實務上常用的技巧，但在個案中關於具體攔停車輛的判斷仍屬不易，參見中華警政研究學會，警政與警察法相關圓桌論壇（29）會議紀錄，2020年9月，頁17。

權限，與交通違規態樣及其處罰在不同法典分離規範的現象，部分學者即呼籲應在道交條例中就交通勤務警察（或其他依法令執行交通稽查任務人員）執行交通違規取締任務的權限，另為專門性的規定[32]，若採此建議，現行警職法第8條的規範內容實應回歸道交條例規定之。儘管採取此修法建議較能兼顧警職法與道交條例的規範體例，但仍應注意警職法第8條僅授權警察針對已發生或即將發生具體危害的交通工具，實施攔停、查證身分，或酒精濃度測試等危害防止措施。然而，就交通安全與秩序的維護而言，類如警職法第6條第1項第6款，換言之，即使車輛未展現對於交通秩序與安全的具體危害，仍得攔停經過車輛並檢查駕駛人與車輛本身是否處於合規狀態的權限，仍屬必要[33]，蓋如此始能一般性的強化交通工具駕駛人的守法及安全駕駛意識，有效提升道路交通秩序與安全。

陸、結論

在行政法院審理與警職法之適用有關的案件中，大量的案件集中在民眾針對交通裁決表示不服的情形；其中又以交通工具駕駛人行經警察機關設置之管制站，不依指示停車接受稽查，或拒絕接受酒精濃度測試，以及駕駛人執行酒測後，酒精濃度超過規定標準而受裁罰的案件居多。就此，行政法院裁判實務多認為，裁罰是否合法應以警察設置酒駕管制站，以及

---

32 蔡佩潔，論警察職權行使法之定位——以警察職權行使法第八條之立法為中心，2023警政與警察法學學術研討會「警察職權行使法施行20週年之回顧與展望」，中央警察大學行政警察學系、法律學系主辦，2023年6月，頁74-76。

33 以德國交通法規為例，該國「道路交通安全規則」（Straßenverkehrs-Ordnung）第36條第5項第一句即規定，警察人員（Polizeibeamte）得基於交通檢查（包含適於駕駛狀態之檢查，Kontrolle der Verkehrstüchtigkeit）或交通流量統計之目的，攔停交通參與者。據此，警察人員得以檢查駕駛人駕駛執照、其得否安全駕駛，或者車輛是否處於合規狀態等理由，無須特定動機或嫌疑，隨機執行交通檢查。至於基於犯罪預防或單純為追究駕駛人違反交通規則之行為責任之目的所為的攔停措施，則不在本條的適用範圍。Vgl. Michael Burmann/Rainer Heß/Katrin Hühnermann/Jürgen Jahnke, Straßenverkehrsrecht, 27. Aufl., 2022, § 36 Rn. 12; Adolf Rebler/Dieter Müller, Polizeiliche Kontrollen im Straßenverkehr, SVR 2017, 1 f. 應注意的是，本條並未授權警察人員對駕駛人實施酒精濃度測試，其僅得在駕駛人拒絕配合測試時（換言之，配合酒精濃度測試屬自願性質），在有犯罪嫌疑的前提下，依刑事訴訟法第81條之1之規定，將其移送強制採檢，強制採檢原則上須經法官同意。

要求經攔停之交通工具駕駛人配合酒測之措施是否合法為前提。行政法院部分判決將管制站設置決定合法性審查的焦點，側重在警察機關裁量的決定是否具有裁量瑕疵。就此，本文以為，關鍵性的判准毋寧為確認管制站設置目的與設置地點的選擇是否具有正當合理的關聯，換言之，酒駕管制站設置地點應與酒駕違規發生頻率較高之地區有正向的牽連。此外，行政法院裁判實務一般認為，警察得對行經管制站之車輛進行全面性的攔檢，但若欲要求車輛駕駛人配合酒精濃度測試，則另須符合警職法第8條第1項之要件。在現行警職法的規範體系之下，上開實務見解雖無反對的理由，但其對於酒駕稽查的效率不免造成妨礙。就警職法第6條至第8條在規範內容上的不協調，本文以為釜底抽薪之道在於將警職法第8條之規定移列道交條例規範，並於該條例中增列交通執法人員得在車輛未發生具體危險前，即得將之攔停檢查的規範。

（本文曾發表於公法研究，第7期，2023年12月，頁129-152。）

第十章

論警察職權行使法之「場所」概念

陳景發

壹、前言

　　凡治安、交通乃至任何危害事件的發生，必定是在一定的處所。這些處所可能是公共場所，也可能是公眾得出入之場所，或是私人處所；另依警察職權行使法（下稱警職法）第6條第1項規定：「警察於公共場所或合法進入之場所，得對於下列各款之人查證其身分：……」又有「合法進入之場所」一種。在這些處所發生的上述事件，警察均責無旁貸必須處理。然而，並非所有的處所，警察均可暢行無阻的進入，例如作為私人生活堡壘的住宅，因受憲法居住自由的高度保障，故對於警察之進入，即受嚴格之限制。又例如警察追蹤取締交通違規或欲攔檢依客觀合理判斷易生危害的交通工具時，該駕駛人拒不停車且突然駛入私人住宅之車庫、公寓大廈停車場、大賣場及其他收費停車場時，警察可否因執行職務之需要，而緊跟進入稽查取締？此外，依社會秩序維護法（下稱社維法）第84條規定：「於非公共場所或非公眾得出入之職業賭博場所，賭博財物者，處新臺幣九千元以下罰鍰。」以及刑法第266條第1項規定：「在公共場所或公眾得出入之場所賭博財物者，處五萬元以下罰金。」故對於賭博財物之行為，究應依社維法處理，或應依刑法賭博罪送辦？凡此，均涉及這些處所的概念範圍澄清，對警察執行職務而言，至關重要。以下，擬先解析相關場所之概念範圍，而後針對警察實際進入上述處所執行職務之幾則問題加以探討。

貳、警職法所定相關「場所」的概念解析

一、公共場所與公眾得出入之場所

　　所稱公共場所，一般係指供不特定多數人集合、逗留、遊覽或利用之場所，如道路、公園等；所稱公眾得出入之場所，則指不特定多數人得隨時、自由出入之場所，如旅館、餐廳、百貨公司等，而其出入是否「隨時」、「自由」，需視場所之實際情形而定，例如商店為公眾得出入之場

所，但在打烊後，則與一般私人住宅無異，非屬公眾得出入之場所[1]。騎樓屬於道路，為公共場所〔道路交通管理處罰條例（下稱道交條例）第3條參照〕，店家白天擺放販賣之物品，晚上打烊時將三面鐵捲門拉下後，亦形同一般私人住宅（是否違反道交條例等相關法規規定，另當別論）。換言之，場所之性質是具有變動特性，其通常取決於場所所有人或管理人（下稱所有人等）之意思[2]，故須按個案狀況具體判斷。法務部83年檢字第16531號函釋認為：「按旅館房間於出租予旅客時，該旅客對於該房間即取得使用與監督之權，此時該房間於客觀上即不失為住宅之性質。惟該房間究否屬於公共場所或公眾得出入之場所，仍應就具體個案衡酌案發當時該房間之實際使用情形而定。如旅客將其租用之旅館房間供多數人公同使用或聚集，例如供作開會之場所或以之供作不特定多數人隨時得出入之場所，則仍應視為公共場所或公眾得出入之場所。」亦採相同見解。從而，例如張三入住附近一家飯店後，邀來狐群狗黨在房間聚賭，賭客來來去去，最後連不認識的其他房客也來「摻一腳」，此時，該原屬張三個人住所性質之飯店房間，於其提供不認識之其他不特定房客共同使用、聚集，而達到得以隨時、自由進出之狀態之時起，即變更其法律性質為公共場所或公眾得出入之場所[3]。

此外，即使是多數人使用、聚集之處所，如僅供特定人使用、聚集，如同學會，亦非公眾得出入之場所[4]；且縱係公共場所或公眾得出入之場所，當中例如公園中的管理員室、車站中的售票櫃台，乃至餐廳等營業處所中貼有「員工專用」、「非請勿入」揭示牌之非公開部分，仍為私

1　李震山，從公共場所或公眾得出入之場所普設監視錄影器論個人資料之保護，東吳大學法律學系主辦，第一屆東吳公法研討會論文集，2004年6月5日，頁5。河上和雄，詳釋・警察官職務執行法，日世社，1988年3月6版，頁246。田宮裕等，警察官職務執行法，青林書院，1993年8月，頁361。

2　例如營業場所等公眾得出入之場所，於營業時間，任何人雖無須經業者的同意而隨時、自由進出，此項同意進入，或可謂屬業者之事前概括性同意，然該營業處所終歸私人之業者所有，且配合其營業之目的性，業者擁有最終之決定權，亦即決定臨時歇業或決定不讓不符合或有害其開放目的之人進來。

3　陳景發，警察法規基礎講義，元照出版，2022年10月，頁456-457。

4　警察法令研究會編（日本警察廳總務課監修），新版注解警察官職務執行法，立花書房，2002年4月，頁144。

人處所[5]。

二、合法進入之場所

依警職法第6條第1項規定，警察盤查必須、也只能在公共場所或合法進入之場所實施，這是針對盤查場所之限定規定。

所稱「合法進入之場所」，依該條項立法理由說明，係指：「警察依刑事訴訟法、行政執行法、社會秩序維護法等相關法律規定進入之場所，或其他『已發生危害或依客觀合理判斷易生危害』之場所（司法院釋字第五三五號解釋參照）。至於私人居住之空間，應受住宅相同之保障，警察非依法不得以臨檢手段任意為之，乃理所當然。」準此，例如依刑事訴訟法規定持搜索票進入搜索之處所，或如有人企圖在屋內引爆瓦斯自殺，在此危急情況下，依警職法、行政執行法規定為即時救護人命而破門進入之處所等，始可稱為合法進入之場所，而後警察始得在此等場所，對於符合該條項各款所定要件之人實施盤查。直言之，刑事訴訟法、警職法、行政執行法等法律規定本身，固為授權警察進入該等場所之依據，但並非授權警察盤查之依據，警察如欲在該合法進入之場所對人實施盤查，仍須該人符合該條項各款所定要件，例如警察依警職法破門進入救護時，發現屋內角落蹲坐一眼神可疑之符合該條項各款所定之人，此時始可對該可疑之人實施盤查。至於「依客觀合理判斷易生危害之場所」，須由警察基於客觀的事實基礎，依其專業經驗而為判斷，不得為主觀臆測，自屬當然[6]。

如依前揭該條項立法理由所稱，現行法將「其他已發生危害或依客觀合理判斷易生危害之場所」納入本條所稱合法進入之場所者，主要是參照釋字第535號解釋之意旨。然究其實，該段文字最早出現在行政院版草案第5條第1項規定：「警察對於已發生危害或依客觀、合理判斷易生危害之處所、交通工具或公共場所得實施盤檢。但處所為私人居住之空間者，不

5　警察法令研究會編，同前註，頁144。古谷洋一，注釋警察官職務執行法，立花書房，2002年10月改訂版，頁330。田村正博，改訂警察行政法解說，東京法令，1993年6月改訂版，頁209。

6　陳景發，同註3，頁129。

得爲之。」只是在立法過程中，並未被採納，之後黨團協商時，始在第6條之立法理由中恢復[7]。

從而，倘該依客觀合理判斷易生之危害，係發生在公共場所，警察自可進入，並無問題；如發生在私人居住之空間，則在憲法居住自由的嚴密保障下，除非如前述，警察取得屋主同意或法官令狀，或爲排除急迫危害而實施即時強制進入等，否則不得進入，亦屬當然。問題是，如該危害係發生在營業處所等公眾得出入之場所時，警察是否亦可直接進入臨檢？

如前述，營業處所等公眾得出入之場所，不特定多數人得以隨時、自由進出，故從外觀觀察，似非不能認爲營業處所所有人等，已包括性的事前承認不特定多數人的自由進出與利用[8]，且就其對不特定多數人公開而使自由進出之特性觀之，與公共場所似有某種程度的重疊性[9]。然吾人不能忽略的是，公眾得出入之場所有其「目的性」，基此特性，場所所有人等應仍保有拒絕不符其目的或與其目的相衝突之人進入之最終決定權，例如店家拒絕單純借廁所或進入募款之人進入[10]；其次，如考量危害之類型多樣、輕重與緊急程度亦不一，故所謂「已發生危害或依客觀、合理判斷易生危害」，究係指多重大、多緊急之危害？理應有一客觀標準，總不能一有危害，即容許警察進入，如此恐造成警察權力濫用。故本文認爲，或有將「已發生危害或依客觀合理判斷易生危害之場所」納入本條合法進入之場所要件中之實際需要，但應有更細緻化之餘地[11]。

三、私人場所

住宅爲私人生活堡壘，屋主有完全的處分、使用與監督權限，非經屋主同意或有法律之特別授權，如前述取得法官令狀，或爲排除急迫危害而實施即時強制進入者外，警察不得擅自、強制進入。不過，例如選舉期

7　立法院公報處編，警察職權行使法案，法律案專輯，第335輯，2004年7月，頁82、383。
8　警察法令研究會編，同註4，頁147。
9　警察法令研究會編，同註4，頁144。河上和雄，同註1，頁241。田上穰治，警察法，有斐閣，新版，1994年7月，頁154。田宮裕等，同註1，頁356。
10　陳景發，論警察分局長之指定權限——以指定進入公眾得出入之場所臨檢爲中心，警大法學論集，第24期，2013年4月，頁216。
11　陳景發，同註3，頁129。

間，某候選人在其豪宅庭院舉辦政見發表會，而讓不特定之多數選民隨時、自由進出，則在政見發表會舉辦期間，候選人乃基於所有人之意思，將其豪宅庭院提供不特定多數選民自由進出、利用，此時，該豪宅庭院即變更為公眾得入之場所；待政見發表會結束，始變更為原來之私人住宅性質。

如前述，飯店房間出租予旅客時，該旅客對於該房間即取得使用、監督之權，此時該房間於客觀上即不失為住宅之性質。實務上，警察機關主管長官經常依警職法第6條第1項第6款規定，指定KTV實施擴大臨檢。於此有待討論的是，KTV包廂於消費者付費使用狀態下，其性質究為公眾得出入之場所或為私人處所？

KTV包廂係供歌唱、娛樂，且其空間獨立、密閉，故一直以來，被認係易生犯罪、危害（吸毒、性交易等）之處所，常為警察臨檢查察的重點處所，且臨檢作法上，無須消費者的同意，即可進入（至多只需服務人員帶路、開門而已）。從而，實務上，是否把它當作是公眾得出入之場所，或未可知，但應可確定並不把它視作私人處所，且屬於社維法所稱「公共遊樂場所」之一種[12]。KTV包廂空間獨立、密閉，付費使用之消費者對之亦具有使用、監督之權限，其他消費者不得任意進入，形式上與飯店房間有其類似性，然因其包廂門通常不上鎖，與飯店房間係供人們休憩之用，且其房門通常可上鎖仍有差異。然能否以此為由，即認定消費者使用狀態下之KTV包廂，非屬私人處所？試想，一家標榜絕對安全、隱密之星級飯店，即使其房門未設鎖，乃至其房間根本沒有門，吾人應亦不會因此而認其為公眾得出入之場所。就此，或許可以二者之供用目的——一為供休憩，一為供娛樂——與隱私期待可能程度之差異作為區分基準，但是否因此即可認為消費者使用狀態下之KTV包廂，其性質屬公眾得出入之場所，似仍非無討論之餘地[13]。

---

[12]　內政部警政署90年4月11日警署刑司字第8226號函參照。
[13]　陳景發，同註3，頁128。

參、幾則與場所有關的警察職權行使問題探討

一、從道路追蹤進入公寓大廈地下室停車場稽查取締

（一）設例事實

員警巡邏時，發現一符合酒駕要件之機車騎士某甲，乃依警職法第8條予以攔停，然某甲卻不依員警指示停車受檢並加速駛離，於是員警開啟警示燈、鳴按喇叭、警笛，一路跟追其後並要求停車，但某甲置之不理。直至某甲行駛進入其居住之公寓大廈（封閉式社區）地下室停車場內停妥機車，員警跟車進入上前稽查取締，並欲對其實施酒測時，某甲卻以實施酒測地點為私人領域並非道路為由拒絕配合。員警因而告以拒絕接受酒測之法律效果後，因仍拒絕接受酒測，故而對其開單告發[14]。請問：員警可否追蹤進入公寓大廈地下室停車場實施稽查取締？

（二）裁判實務見解

就此問題，裁判實務見解有否定說與肯定說之分，以下擬先略述此二說之主要內容後，再進一步思考、探討。

1. 否定說

「按警察職權行使法第8條第1項第3款……僅賦予警察機關得攔停經其合理判斷具有危害之車輛，並對車輛駕駛人實施酒精濃度檢測，惟究竟警察機關應在何處實施攔停取締，仍未有所明文規範。……審酌道路交通管理處罰條例第3條第1款所規定之『道路』，係指公路、街道、巷衖、廣場、騎樓、走廊或其他供公眾通行之地方，當可推知……警察機關縱可攔停車輛並對駕駛人實施酒精濃度檢測，然其執行該勤務之地點，應以公共場所或可供公眾通行之道路為限，方符道路交通管理處罰條例之立法意旨，此可對照警察勤務條例第11條第3款規定，亦明文侷限在公共場所或供大眾通行之道路或指定之處所、路段等處，警察機關方可為執行取締、盤查及有關法令賦予之勤務，此採同旨至明。且按憲法第10條所規定人民

---

[14] 本件案例事實，係改編自108年度高等行政法院及地方法院行政訴訟庭業務交流提案第6號所提之法律問題；又，以下否定說與肯定說之裁判實務見解，亦自該交流提案摘錄而來。

有居住之自由，旨在保障人民享有……在自己所設定之住居所內擁有一寧靜之空間上條件，不受國家公權力之不法騷擾與入侵，以不受干擾地實現自我，並自由發展其人格……。又憲法第10條意義下之「居住」範圍，並不以起居室、臥室、廁所等傳統居住空間為限，從本條之保護目的以觀，即使是地下室（包括地下停車場）、車庫、露台、前後庭院等屬於住宅（包括公寓大廈）之一部分，以作為增進或提升住宅用途與價值而與住宅有密不可分關係之輔助性空間，均應認為亦包含在住居所之範圍內……。是員警於目睹某甲進入封閉式社區，已可認知某甲所欲前往之地點乃是屬於住宅一部分，而非屬於對外開放之公共場所或公眾得出入之場所，即使某甲未理會員警要求停車之指示而逕行騎車駛入上開住宅內，員警仍隨後跟車進入，有違警察職權行使法第3條第1項所揭示行駛（應係「行使」之誤植，筆者註）職權應符合比例原則之規定，故員警對某甲進行酒測稽查之過程自非合法。」

2. 肯定說

「員警發現某甲酒後騎乘機車行跡可疑之情事，即自後跟隨要求某甲停車接受盤查，並於某甲不依要求停車受檢時一路跟隨，追至某甲封閉式社區（或上有屋簷前與道路相鄰之住家庭院或地下室停車場）停車時，仍屬員警發動盤查之狀態，即員警發現某甲酒後騎乘機車行跡可疑後，依警察職權行使法第8條第1項規定，認依客觀合理判斷有生危險之虞，開啟攔停盤查程序，某甲先就員警要求停車均置之不理，員警於某甲進入其封閉式社區……停車時，自仍得要求某甲進行酒測，員警所為係屬上開合法要求某甲接受攔停情狀之延續，所為之要求某甲進行酒測並未違法，是員警如在道路上已開啟攔停程序，因受攔停人無故拒絕攔停者，員警則密切跟隨，直至受攔停人停車受檢之狀態，皆屬上開合法攔停盤查之狀態，況依警察職權行使法第8條第1項第3款之規定，員警依客觀合理判斷，認駕駛人有發生危害之危險時，本得攔停，要求駕駛人接受酒測，並不以員警認在行駛中車輛駕駛人有酒後駕車狀況，始得要求駕駛人接受酒測。員警既基於合法攔停盤查之程序，要求某甲進行酒精濃度檢測接受酒測，亦經員警告以某甲拒絕接受酒測之法律效果後，某甲仍拒絕接受酒測，員警遂以

某甲拒測製單舉發，並無違背警察職權行使法第8條之規定。」

（三）問題思考

此類案件，在警察實務上並非罕見，也時常造成現場警察之困擾。一方面，警察欲進入封閉式社區停車場實施盤查、取締，因涉及私人居住之空間，而擔心違法侵入私人住宅問題；另方面，既已發現易生危害之交通工具（或可疑車輛），雖欲加攔停卻遭拒且加速逃逸，或如本案駛入私人停車場，此時若放棄追究、終止職務執行，又擔心有縱容違法之批評或導致群起效尤之後續效應。現在，下級審行政法院決議採取有利於警察之肯定說，無疑為警察帶來振奮之效果與信心。不過對此，本文擬進一步思考以下問題：

首先，警職法第8條雖未規定交通工具攔檢之處所，但從道交條例——交通違規之取締，不管是汽機車、行人、道路障礙物之違規，必然是發生在道路上，例如汽車裝載貨物超長、超寬、超高，如發生在其公司停車場等私人處所時，便不能依該條例第29條規定予以處罰；以及警察勤務條例第11條第2款規定：「巡邏：劃分巡邏區（線），由服勤人員循指定區（線）巡視……」、第3款規定：「臨檢：於公共場所或指定處所、路段，由服勤人員擔任臨場檢查或路檢……」之規定以觀，解釋上似仍應限於公共場所。如本件公寓大廈（封閉式社區）地下室停車場，因僅供社區住戶專用，社區以外之不特定第三人不能隨意進入，自非屬道交條例所定供公眾通行之「道路」（該條例第3條參照）[15]，故其性質應認係社區住戶之私人處所，而非公共場所或公眾得出入之場所[16]。

其次，肯定說認為員警已在道路上發現某甲有酒駕之嫌疑，而後隨即依警職法第8條規定，開啟攔停盤查程序，並一路尾隨進入地下室停車場要求酒測，整體過程乃攔停情狀之延續，故屬合法攔停盤查之狀態。然僅以「攔停情狀之延續」之理由，即容許警察進入，理由是否充分？是否符

---

[15] 最高法院110年度台上字第3758號刑事判決。
[16] 惟據悉，部分公寓大廈會將其部分地下停車位出租給非大廈住戶使用，此時是否會改變其法律性質？本文認為，即使如此，該承租車位之大廈住戶以外之人，仍屬特定人，其私人處所之性質，應不改變。

合憲法第10條居住自由之保障要求？事實上，諸多交通違規事件可透過逕行舉發予以取締，未必需現場取締。

　　第三，實務上亦曾發生被告夜間駕車未開啟車頭燈，為巡邏員警發現，因認有交通違規與易生危害之情事，乃開啟警示燈、鳴警笛，依法攔停、取締，惟被告不僅拒不停車，反而加速駛離，員警遂在後一路跟追，俟被告駛入其住處車庫內並隨即關下車庫鐵捲門之時，員警亦跟隨進入該車庫內（並發現被告酒駕情事），而爭執是否構成無故侵入住宅之案件？對此案件，最高法院106年度台上字第1626號刑事判決對於警察執行職務之法律依據，首先揭示一般性見解指出：「警察因執行具體犯罪偵查司法警察職務與一般維護治安之警察任務之不同，具有雙重身分，執行之程序是否合法，應視所執行職務之性質而定。如係執行司法警察之犯罪偵查職務，須符合刑事訴訟法有關搜索之規定，其扣押可為證據或得沒收之物，始告合法；惟若執行一般維護治安之警察任務，其執行程序是否合法，則依警察職權行使法觀察之。」換言之，應依警察所執行之職務性質而定，如係在執行行政警察權之盤查職務，其適法性應依警職法有關盤查、攜帶物品檢查、扣留等相關規定以斷；反之，如係在執行司法警察權之犯罪偵查職務，則須符合刑事訴訟法有關搜索、扣押之相關規定[17]；而後對於警察從道路一路跟追至私人處所續行職務乙節，雖亦提及類似前揭肯定說所說之「攔停情狀之延續」，亦即「且以員警攔停動作始於公共場所，終於上訴人住處車庫內等客觀情狀以觀，更非可割裂觀察而遽指員警係擅入民宅進行盤查」。然本判決之個案事實是，警察並不知道被告進入之車庫是否為其住宅，亦即員警證稱：「『我當時不知道這是不是他的住宅，我基於執勤經驗不知道這台車坐的是不是這棟房子的屋主，我就一個人跟著進去』等語。其已對上訴人及駕駛之車輛產生合理懷疑，於此緊急狀況如選擇不繼續行使職權，無法排除上訴人可能存在進行中之犯罪，或上訴人侵入他人住宅並滯留其內可能造成該處住戶安全之危險。」雖然本判決並未提及，但並非不能推測，其真意毋寧係先以警職法第6條至第8條作為攔

17　相同見解，另參最高法院98年度台上字第7590號刑事判決

停、盤查之依據，接續再依該法第26條所定為排除急迫危害之即時強制進入規定，作為警察進入之依據。換言之，若依前揭肯定說見解，警察本得僅依該法第8條作為進入續行職務之依據，但最高法院卻非僅以該法第8條為據，而是另援引該法第26條規定作為警察進入之依據，毋寧更是基於住所前車庫係屬受憲法第10條居住自由保障之私人居住空間之考量。

第四，如同否定說所言，憲法第10條意義下之「居住」範圍，並不以起居室、臥室、廁所等傳統居住空間為限，即使是地下室（包括地下室停車場）、車庫、露台、前後庭院等屬於住宅（包括公寓大廈）之一部分，以作為增進或提升住宅用途與價值而與住宅有密不可分關係之輔助性空間，均應認亦在住居所之範圍內[18]。就此，本文敬表贊同。若從憲法保障居住自由之觀點來看，否定說見解應可支持；然若從公安秩序之維持觀點以論，肯定說見解亦非無理。從而值得進一步思考的是，能否從隱私權保障觀點，將上述居住之空間，再作進一步區分？具體言之，某甲停車後若已進入客廳、臥室、廁所等屬於私密性較高之空間，此時，警察若非經屋主同意、取得法官令狀或為排除急迫危害，縱如本件交流提案之案例事實，係在取締交通違規之延續情狀下，亦應不得進入；反之，若係在公寓大廈之地下室停車場、前庭後院等輔助性空間，因其私密性程度較低，故或有容許警察在此延續情狀下進入續行職務之可能，似非無再斟酌之餘地[19]。當然，若非屬延續狀態下之進入，例如員警發現某甲在自家庭院喝酒後，坐上停在車庫之車輛駕駛座並發動引擎，則應認不得進入[20]。

最後，肯定說認為：「依警察職權行使法第8條第1項第3款之規定，員警依客觀合理判斷，認駕駛人有發生危害之危險時，本得攔停，要求駕

---

[18] 憲法第10條所定「居住」之範圍，學理上亦認為並不以起居室、臥室等傳統居住空間為限，亦及於居住延伸之相關空間。吳信華，憲法釋論，三民書局，2011年9月，頁271。法治斌、董保城，憲法新論，元照出版，2020年3月7版，頁265。

[19] 臺灣高等法院111年度上訴字第3996號刑事判決：「本件固為違法搜索，然查獲地點係在被告居住大樓地下停車場，雖屬住宅之一部分，惟係整棟大樓停車住戶均可自由出入之場所，與各住戶個人區分所有部分之絕對隱私場所不同，本件員警於搜索前取得該大樓管委會主任委員之自願受搜索同意書……對被告個人侵害法益之危害性顯然較低。」似亦如是認為。

[20] 陳景發，同註3，頁156-157。

駛人接受酒測。」或許是考慮到本交流提案之討論題綱，業已設定「某甲酒後騎乘機車酒測要件具備」吧！然除此之外，恐有再商榷之餘地。蓋，交通工具依客觀合理判斷易生危害，未必皆因酒駕而起，亦可能因撿拾掉在副駕駛座踏板之手機等原因而生，不一而足。

二、從道路追蹤進入大賣場等停車場實施盤查

(一) 設例事實

巡邏員警發現一形跡可疑且左右搖擺駕駛不穩妥之自小客車，欲依警職法第6條、第7條規定予以攔停、盤查，但駕駛人卻不依員警指示停車受檢並加速駛離，員警開啓警示燈、鳴警笛，一路跟追其後並再次要求停車，但仍不予理會。直至其行駛進入某一提供消費者停車，亦供不特定第三人付費停車之大賣場停車場內停車後，員警亦跟車進入，始遂行盤查。請問：員警可否跟追進入大賣場停車場執行盤查等勤務？

(二) 大賣場停車場的法律性質

依警職法第6條第1項：「警察於公共場所或合法進入之場所，得對於下列各款之人查證其身分：……」之規定，明確揭示警察得以實施盤查之地點，應限於公共場所或合法進入之場所。本件大賣場爲營業場所，該停車場乃大賣場業者爲經營事業而附設，其雖亦提供不特定第三人自由進出、付費停車，但整體而言，仍屬於大賣場的一部分，而爲公眾得出入場所。其他如便利商店附設具有相同功能之停車場，亦應作如是解。因此，警察可否在大賣場停車場內實施盤查，端視該停車場是否爲公共場所或合法進入之場所而定。其既屬公眾得出入場所，即非公共場所[21]；至於是否爲合法進入之場所，則視其進入有無法律之授權依據。警職法第6條第3項規定：「警察進入公眾得出入之場所，應於營業時間爲之，並不得任意妨礙其營業。」是否得作爲警察進入公眾得出入之場所的大賣場停車場的授權依據？若是，則屬合法進入之場所，警察當可進入盤查；反之，則否，不得進入盤查。

---

21 此係從警職法第6條明確區分規定公共場所、合法進入之場所與公眾得出入之場所等用語，所爲之當然解釋。

（三）問題思考

就此，學說上有持肯定見解者認爲，該法第6條第3項規定，即「允許警察在無其他法律規定下，得進入『公眾得出入之場所』進行臨檢」[22]；最高行政法院96年度判字第2007號判決亦參照前述學說見解，認爲：「警察職權行使法提出於立法審議時，有多種版本，立法通過之第6條規定主要是來自陳其邁委員版本，惟其第3項規定係來自行政院版本，該條項規定：『警察進入公眾得出入之場所，應於營業時間爲之，並不得任意妨礙其營業』，即是警察得對『公眾得出入之場所』爲臨檢之規定。」[23]

從學理上觀察，一般而言，法律規定通常包含法律要件與法律效果二大部分，二者須合併觀察以資確定其適用對象、範圍與法律效果。從而，吾人若觀察該法第6條第3項規定暨其立法理由所稱：「第三項明定警察進入旅館、酒店、娛樂場所等公眾得出入之場所，應於營業時間爲之，以避免干擾人民正當營業及生活作息。所稱『營業時間』，係指該場所實際從事營業之時間，不以其標示之營業時間爲限。」似非不能發現，其僅在說明倘若警察進入臨檢之處所係公眾得出入之場所，其應遵守之時間限制——需在營業時間——及其他相關之注意事項——避免干擾人民營業與作息——而已，並未規定警察可在何種情況（要件）下進入該場所，故尙不得直接援引爲採取進入權限之授權依據[24]。準此，除非還有其他法律授

---

[22] 蔡震榮，警察職權行使法概論，中央警察大學印行，2005年1月再版，頁146。

[23] 下級審法院似亦多採相同之見解。例如臺灣高等法院98年度上易字第994號刑事判決：「又警察職權行使法第6條第3項規定：『警察進入公眾得出入之場所，應於營業時間爲之，並不得任意妨礙其營業。』警察實施臨檢作業規定第3條第1項規定：『對場所實施臨檢之標的：1.公共場所：指車站、機場、碼頭、港埠等。2.交通工具：指供人、動物及貨物運行之載具。如車、船、航空器等。3.公眾得出入之場所：如商店、娛樂場所、加油站、理容院、休閒中心…等營業處所。4.其中處所爲私人居住之空間者，並應受住宅相同之保障。』據此，商店、娛樂場所、加油店、理容院等營業場所，縱屬私人所有，仍屬公眾得進入之營業場所，警察在該場所之營業時間內，並非不得對其進行臨檢。」（其他如宜蘭地方法院98年度簡上字第7號刑事判決、士林地方法院97年度易字第1444號刑事判決、高雄地方法院94年度易字第1528號刑事判決、高雄地方法院94年度易字第79號刑事判決，亦同）。

[24] 梁添盛，論警察官之進入場所權限——以日本法爲中心，警政論叢，第9期，2009年12月，頁133-134。李震山、蔡庭榕、簡建章、李錫棟、許義寶，警察職權行使法逐條釋論，五南出版，2018年12月2版，頁159。

權警察可進入公眾得出入之場所，否則不得以該法第6條第3項規定，作爲進入大賣場停車場盤查之依據。既欠缺授權依據，即非屬合法進入之場所，警察自不得進入實施盤查。對此問題，警察實務機關一向認爲，酒店、KTV、網咖等「特定營業場所，亦屬公眾得出入之場所，警察執行巡邏勤務，基於防止危害之目的，即可進入作一般『任意性』（非強制性）檢視」[25]，似係認爲只要是非強制性之任意手段，縱無法律之明文授權，亦可進入營業場所等公眾得出入之場所，恐有商榷之餘地。再者如前述，即使有將「已發生危害或依客觀合理判斷易生危害之場所」納入本條合法進入之場所之實際需要，但仍應按危害之輕重與緊急程度，作更細緻化之區分[26]。

又，如前述，依同法第8條規定實施交通工具攔檢之處所，解釋上也應指公共場所，則警察亦不得以本條規定爲據，跟車進入本件大賣場停車場實施攔檢稽查。

三、取締賭博違序行為

（一）設例事實

據悉，實務上曾發生警察機關破獲職業賭博場所[27]後，於依刑法第268條規定：「意圖營利，供給賭博場所或聚眾賭博者，處三年以下有期徒刑，得併科九萬元以下罰金。」將負責人移送地檢署偵辦之同時，並依社維法第84條規定裁處其他賭客罰鍰，但檢察官卻將其他賭客一併以刑法賭博罪起訴之案件。

---

25 內政部警政署編印，警察職權行使法逐條釋義，2003年8月，頁26。

26 不過，如本文前述，基於公安秩序之維持與隱私權保障的綜合考量，大賣場停車場固爲私人所有，然基於其供不特定多數人使用之開放性特徵，對人民隱私權之侵害較低（前揭臺灣高等法院111年度上訴字第3996號刑事判決參照），倘若在客觀上已可合理判斷易生一定程度之危害下，若仍不許警察進入，恐有礙公安秩序之維持。就此觀點而言，本文基本上傾向於肯定警察的進入。只是，在現行法下，仍有待立法解決。

27 所稱「職業賭博場所」，依違反社會秩序維護法案件處理辦法第13條規定，係指「具有營利性之賭博場所」。具體言之，該賭博場所須有負責人，且以營利爲目的而設置即已足，無須常時經營，即使第一天開張即被查獲，亦屬之。司法周刊雜誌社印行，社會秩序維護法法規函令法律問題文書例稿彙編，1993年6月，頁351。

（二）問題探討

　　早期法治程度不高時，常有警察未獲屋主同意，亦未取得法官令狀即直接進入職業賭博場所取締，現在則多有按照法規範之所定，例如以取締刑法第268條意圖營利提供賭博場所之人爲由，於取得法官令狀後進入該賭場，而後將該提供場所之負責人及把風等一干人，依刑法第268條規定移送地檢署偵辦，其餘賭客則依社維法第84條由警察機關裁罰。

　　如前述，社維法第84條所定賭博違序之違反，須以其賭博場所爲非公共場所或非公眾得出入之場所，而刑法第266條第1項規定之賭博罪，則須發生在公共場所或公眾得出入之場所。因此，對於賭博財物之行爲，究應依社維法處理或應依刑法究辦？關鍵即在於「場所」。具體言之，如係發生在公共場所或公眾得出入之場所，依後者究辦；反之，如係非公共場所或非公眾得出入之場所，則依前者處理。就此，如依前述分析，場所之性質具有變動特性，須按個案狀況具體判斷。例如前述法務部函釋，利用租用之飯店房間聚賭，依警察的判斷，該聚賭之飯店房間尙屬私人住宅，未達公共場所或公眾得出入之場所之程度，但檢察官則認爲，該飯店房間因已提供不特定多數人隨時、自由進出，而屬於公共場所或公眾得出入之場所，故作爲刑法賭博罪而將其他賭客一併起訴。最高法院107年度台非字第174號刑事判決，對於利用網際網路爲通訊賭博之行爲，究應論以刑法第266條第1項之普通賭博罪，抑應依社維法第84條處罰，認爲應：「以個案事實之認定是否符合於『公共場所』或『公眾得出入之場所』賭博財物之要件而定」，並認爲在「電腦網路賭博而個人經由私下設定特定之密碼帳號，與電腦連線上線至該網站，其賭博活動及內容具有一定封閉性，僅爲對向參與賭博之人私下聯繫，其他民眾無從知悉其等對賭之事，對於其他人而言，形同一個封閉、隱密之空間，在正常情況下，以此種方式交換之訊息具有隱私性，故利用上開方式向他人下注，因該簽注內容或活動並非他人可得知悉，尙不具公開性，即難認係在『公共場所』或『公眾得出入之場所』賭博，不能論以刑法第266條第1項之賭博罪，惟如合於社會

秩序維護法第84條規定之要件，則依該法予以處罰。」亦採此見解[28]。

附帶說明者，倘經檢察官起訴之該其他賭客，嗣後經法院判決有罪，此時，先前警察機關依社維法第84條所爲之罰鍰處分，即構成違法[29]。由於警察機關依社維法所爲之罰鍰處分，性質上，係屬行政處分，既爲違法之行政處分，理應撤銷使回復到原來之適法狀態。從而，警察機關應依行政程序法第117條規定：「違法行政處分於法定救濟期間經過後，原處分機關得依職權爲全部或一部之撤銷；其上級機關，亦得爲之。……」依職權撤銷該罰鍰處分，並發還該已收繳之罰鍰[30]。

肆、結論

綜上所述，對於警察執行職務而言，相關場所的概念範圍釐清，至關緊要。本文主要針對警職法第6條所規定之「公共場所」、「公眾得出入之場所」以及「合法進入之場所」等概念範圍予以釐清，以利警察決定是否進入處所執行職務之判斷；特別是基於場所性質之變動特性，勤務警察尤須按個案狀況具體判斷。

本文特別針對警察實務上，常見的追蹤車輛至公寓大廈地下室停車場或大賣場停車場等執行盤查或取締交通違規之事件，分析警察得否追蹤進入該等場所之問題。對於能否追蹤進入公寓大廈地下室停車場，裁判實務見解肯否都有，不論從憲法保障居住自由之觀點觀察，或從公安秩序之維持觀點以論，雖均有見地，然本文建議能否從隱私權保障觀點，將居住

---

28 此外，本判決亦指出：「對此因科技之精進新興賭博之行爲，如認其可責性不亞於刑法第266條第1項之普通賭博罪，於刑事政策上認有依刑法處罰之必要，則應循立法途徑修法明定，以杜爭議，並符罪刑法定之原則。」基此，立法院110年12月28日修正刑法第266條，新增第2項規定：「以電信設備、電子通訊、網際網路或其他相類之方法賭博財物者，亦同。」

29 此時之處分構成違法，其理由並非單純外觀所見之違反「一罪不二罰」原則而已，更重要的是，在此案件警察機關已不具有違序處分之管轄權。蓋，社維法賭博違序與刑法賭博罪之適用，業已在場所要件上截然劃分，亦即不會有一個場所既是公共場所或公眾得出入之場所（刑法賭博罪），又是非公共場所或非公眾得出入之場所（社維法賭博違序）的狀況發生。陳景發，同註3，頁459。

30 陳景發，同註3，頁458-459。

空間再作進一步區分。亦即駕駛人停車後如已進入客廳、臥室等屬於私密性較高之空間，此時警察若非經屋主同意、取得法官令狀或爲排除急迫危害，不得進入；反之，若係在公寓大廈地下室停車場等私密性程度較低之輔助性空間，或有容許警察在攔停延續情狀下進入續行職務之可能。而對於能否追蹤進入大賣場停車場執行盤查勤務，或有不同見解，然本文認爲，基於大賣場停車場之開放性特徵，其私密性程度並不高，倘若在客觀上已可合理判斷易生一定程度之危害下，若仍不許警察進入，恐有礙公安秩序之維持。不過，大賣場停車場終究屬於營業場所之一部分，爲公眾得出入之場所，而在現行警職法明確區分「公共場所」、「公眾得出入之場所」以及「合法進入之場所」之下，除非另有法律授權警察進入而轉變爲合法進入之場所，否則警察仍不得基於攔停情況之延續而追蹤進入大賣場停車場。此外，對於賭博財物之行爲，究應依社維法處理？或應依刑法究辦？關鍵即在於場所之認定，從而在此，還有賴警察依個案具體狀況審愼以斷。

第十一章

從交通違規舉發案例論警察職權行使法之定位

蔡佩潔

壹、問題之提出

民眾何○○於2019年10月14日下午騎乘機車違規逆向行駛進入台北市某巷弄，為當時身著制服在巷弄內處理違規停車之警察楊○○及王○○察覺，立刻騎乘警用機車跟上準備攔停，因何○○旋即在巷弄交叉口之路邊停車，二位警察遂亦停車，待何○○停妥機車後，上前告知渠有交通違規情事，將執行盤查勤務。何○○聽聞後當場表示未攜帶任何證件，經警察楊○○詢問其身分證字號，何○○回稱「我忘了」，警察楊○○詢問「請問這台機車是誰的？」，何○○回答「我不知道」，其後經警察再追問機車車主，何○○一概回答「我不知道」，警察多次請何○○出示身分證明文件，均遭拒絕，何○○直接將安全帽放入機車置物箱，並取出背包準備步行離去，並稱趕時間要離開。二位警察隨即攔阻何○○，警察楊○○對何○○稱「我們警方有權力把你帶回去我們派出所查證你身分」、「我們盤查你是因為你逆向行駛，在南○○路○段303巷7弄這邊，而我們把你帶回派出所的原因是因為我們盤查你身分，第一個你不知道你的身分證字號是什麼，第二個你也沒帶任何證件，這是我們盤查你的依據，然後依據法條是警察職權行使法第7條的規定」，警察楊○○並指示警察王○○以警用小電腦查核何○○所騎乘之機車，而何○○仍準備離去。二位警察復阻止何○○離開，雙方持續口角，警察楊○○續對何○○稱：「**我們等一下要把你帶回派出所查證身分。剛剛我們依據都跟你講了，今天是因為你逆向行駛交通違規，犯道路交通安全管理處罰條例第45條第1項**（此時何○○打斷稱「所以呢，你有拍到照你就當場舉發嘛，沒有就不要找碴嘛」）……**不依遵方向行駛。我們依據的是這個，然後呢，我們警察盤查你問你身分證，你不知道你身分證字號。第二個，你也沒帶你的身分證。所以我們警方就依照警察職權行使法第7條規定把你帶回派出所盤查身分**」，何○○往另一方向走欲離開現場，警察楊○○以左手攔住何○○，警察王○○則站在何○○前方擋住其去路，並以雙手抓住何○○手腕及手臂，何○○即握拳揮舞雙手試圖掙脫，雙方出現碰撞聲，何○○並稱「你要舉發去舉發，我為什麼要給你報？」雙方持續前面肢體接觸，並

經警察王○○以無線電呼叫支援，警察楊○○並稱「現在依妨害公務罪嫌疑逮捕你」，何○○當場對二位警察罵「混蛋」、「神經病」等語，嗣後支援警察陳○○駕駛巡邏車到場並將何○○上銬，拉住何○○右手欲帶其上車，何○○持續抵抗到最後被強制帶上警車。之後，何○○被依涉犯刑法第135條第1項妨害公務罪及第140條第1項侮辱公務員罪嫌等移送，並經檢察官起訴，第一審臺北地方法院以109年度訴字第1038號刑事判決判何○○被訴妨害公務罪及侮辱公務員罪部分無罪。檢察官不服提起上訴，第二審臺灣高等法院111年度上訴字第1882號刑事判決將原判決（第一審）撤銷，認為何○○犯妨害公務執行罪，處拘役50日，如易科罰金，以新臺幣1,000元折算1日。嗣後，何○○不服第二審判決提起上訴，最高法院以112年度台上字第676號刑事判決將何○○上訴駁回，全案定讞[1]。

本案第一審判決民眾無罪之主要理由在於案件中警察對於交通違規拒不配合查證身分之民眾，欲依警察職權行使法第7條之規定處置，惟警察職權行使法第7條必須以構成同法第6條查證身分要件為前提，但本案警察均未表明該交通違規民眾有符合同法第6條查證身分之情事，因而該民眾當得依警察職權行使法第4條之規定拒絕配合，並無妨害公務之主觀犯意。

本案經臺北地方法院第一審判決民眾無罪後，該判決在警界流傳。報載臺南一名婦人闖紅燈，警察攔查要求該婦人出示證件，該婦人反問警察要她出示證件之依據，認為她只是違規並沒有違法（按應該是指犯罪），如果要開罰單她會收，但若要盤查就要檢舉，這讓處理員警亂了手腳，因為警察職權行使法第6條規定有犯罪疑慮才可以盤查，交通違規並非犯罪；處理員警又想到前揭臺北地院刑事判決，不敢辦婦人妨害公務。部分基層員警對於警察職權行使法之規定，認為實務與法令有落差，希望能考

---

[1] 本案事實經過係綜合臺北地方法院109年度訴字第1038號刑事判決及臺灣高等法院111年度上訴字第1882號刑事判決，法官當庭勘驗警察密錄器影像光碟之內容等相關卷證資料所整理。本案尚有臺灣士林地方法院109年度交字第323號行政判決，該審法官認為原告（民眾）並無警察職權行使法第6條第1項所載情形，故員警依警察職權行使法第7條第2項將原告帶回派出所難認適法。警察本件舉發難認合於警察職權之行使程序，從而撤銷本件罰單。

處修法[2]。

　　對此，警政署在2022年6月6日以警署交字第1110110344號函，針對「有關報載『闖紅燈婦被盤查身分嗆檢舉』，法令讓警亂手腳衍生員警處理違反道路交通管理事件對行為人查證身分疑義案」，認為「違反道路交通管理事件之行為人經員警攔查，請其出示證件，如其未能出示證件，又於員警詢問相關資料時，就其姓名、住所或居所為不實之陳述或拒絕陳述者，即有社會秩序維護法第67條第1項第2款規定之適用；其不服通知到場者，得依同法第42條規定強制到場，並可依違反社會秩序維護法案件處理辦法第33條第3項將該行為人『隨案移送』」，該函同時提到「歷來法院判決[3]，對於交通違規行為人於員警攔查時，就其姓名、住所或居所為不實之陳述或拒絕陳述者，已有依社會秩序維護法第67條規定移請處罰之裁定可資參照，執行尚無疑義。行為人因交通違規經員警攔停拒絕出示證件或陳述者，不宜逕依行政罰法第34條第1項第4款規定將行為人帶往勤務處所，係因法院間對此見解尚有分歧[4]，部分法院認為不得依行政罰法第34條處理，甚至無將人帶往勤務處所之必要[5]；倘若其再拒絕出示證件或陳

2　引自闖紅燈婦被盤查身分嗆檢舉—法令讓警亂手腳，自由時報，2019年5月19日：https://news.ltn.com.tw/news/society/breakingnews/3931467（搜尋日期：2023年6月10日）。

3　係指臺灣士林地方法院110年度秩抗字第5號、臺灣臺北地方法院108年度秩抗字第26號刑事裁定。

4　本文作者閱讀本案臺灣臺北地方法院109年度訴字第1038號（第一審）、臺灣高等法院111年度上訴字第1882號（第二審）及最高法院112年度台上字第676號刑事判決（第三審），認為關於交通違規舉發確認身分，前揭三個審級之刑事判決同樣認為警察應該依據行政罰法第34條之規定確認身分。只是第二審法官認為縱警察未能具體告知行政罰法第34條第1項第4款之法律依據，仍無礙警察依法得強制被告前往派出所之適法性。第三審法官則認為縱警察誤引警察職權行使法，對本案員警執行職務之合法性不生影響。惟本文認為第二審認為警察未能具體告知法律依據，第三審認為員警誤引警察職權行使法等均無礙員警執行職務適法性之觀點有待商榷。法治國家之執法者對其執行職務之法律依據未能確實瞭解，妥適運用，卻一昧要求人民有配合義務，恐與法治國原則相違背，似有未洽。

5　臺灣臺北地方法院109年度訴字第1038號刑事判決（第一審）認為員警對於違反行政義務，認有裁處之必要，本可依行政罰法第34條第1項第4款規定確認違規人身分，但依據警察職權行使法第8條及道路交通管理處罰條例第85條第1項之規定，本案員警仍得依系爭機車車牌號碼查得系爭機車所有人並予以舉發，倘系爭機車車主非駕駛人，該車主可檢附相關證據及應歸責之人的證明文件，向處罰機關告知應歸責之人，而認為無將民眾帶回派出所之必要。惟本文認為若警察當場以警用小電腦查得本案機車明顯非在場違規人所有，卻不當場確認身分，而是以處罰車主，事後再由車主檢具相關文件交由處罰機關查明後再處罰違規駕駛

述，亦難以達成查證其身分以填記舉發違規之目的，最終勢必仍得依社會秩序維護法相關規定始能達到效果，且依社會秩序維護法處理，目前於法院見解上較無爭議」，從而於2022年8月30日修正「取締一般交通違規作業程序」，對於交通違規拒絕出示證件或陳述身分資料之違規人，依違反社會秩序維護法處理（即如前所述隨案移送至簡易庭）。且該「取締一般交通違規作業程序」所依據之法律除道路交通管理處罰條例外，尚包含警察職權行使法第4條、第8條及第29條。

綜上警察處理交通違規事件，因為身分查證後續與交通違規民眾發生肢體衝突，最後以妨害公務罪移送之案件不少[6]，本案如同釋字第535號解釋之聲請案件一樣，是否成立妨害公務罪的前提是警察是否為「依法執行職務」，上揭警察處理交通違規案件之實況，存在下列問題：

一、警察處理交通違規案件，在裁罰前要進行稽查（調查）時，表明身分、告知事由，對違規人確認身分以便進行舉發等行政調查手段，道路交通管理處罰條例是否有相關規範？

二、道路交通管理處罰條例若無規定，該如何進行稽查（調查）、舉發？

（一）依行政罰法第33條、第34條等相關規定為之？

（二）依警察職權行使法第7條第1項查證身分，進而用同條第2項帶回勤務處所查證身分？

（三）依警察職權行使法第8條予以攔停、查證身分，再依警察職權行使法第7條第2項帶回勤務處所查證身分？

（四）依警察職權行使法第8條予以攔停、查證身分，對於拒絕出示證件或陳述身分資料者，依警政署2022年6月6日函以社會秩序維護法處理，隨案移送？

人之作法，確實如同本案第二審判決所說，過於迂迴，徒增困擾，仍應以當場確認違規人身分為宜。只是身分確認之法規依據應非警察職權行使法，且係違規裁處時，身分確認方法之問題，有關此問題容於本文壹之二之（一）中論述。

[6] 類似案件尚有臺灣新北地方法院108年度易字第81號（上訴審臺灣高等法院108年度上易字第1813號維持第一審判決）、臺灣彰化地方法院109年度易字第943號刑事判決（上訴審臺灣高等法院臺中分院110年度上易字第341號維持第一審判決）等，惟均判決民眾無罪（妨害公務罪不成立），少數如本文前揭案例臺灣高等法院111年度上訴字第1882號刑事判決（第二審判決，第三審最高法院112年度台上字第676號判決維持第二審判決）諭知妨害公務罪成立。

　　本文認爲前揭問題之探討，實涉及警察職權行使法之定位問題。在司法院釋字第535號解釋催生出這部警察職權行使法後，讓警察實施一般危害防止的盤查有了法律依據。然而這部警察職權行使法實無可能涵蓋警察爲完成危害防止任務，所應具備的所有權限手段，除了警察職權行使法這部法律外，尚待其他個別法之授權，例如道路交通管理處罰條例、槍砲彈藥刀械管制條例、保全業法等，方能健全我國警察完成任務的手段依據。本文擬先探討警察職權行使法的定位，檢討警察職權行使法第8條之立法，並對警察稽查（調查）、舉發交通違規及防除酒駕危害權限提出改進之道，在警察職權行使法這部法律制定公布二十週年之際，俾供權責機關未來修法之參考。

貳、警察職權行使法之定位

　　警察之任務，係以行政組織法上之警察機關爲前提之概念。國家爲增進人民福祉，乃設置各種行政機關，實施各種行政活動。各種行政機關係爲擔當部分國家目的而設置[7]。而所謂之警察任務，乃指作爲組織體之警察所應擔任事務之範圍[8]。警察任務爲組織法之範疇，其包含事務管轄及業務分工。

　　爲完成警察任務，在行爲法（包含行使要件與手段）之授權下，警察得實施必要之活動，此爲作用法，即警察權限（Befugnisse der Polizei）[9]

---

[7] 參照關根謙一，警察の概念と警察の任務(2)，警察學論集，第34卷第4号，1981年4月，頁80。

[8] 參照宍戶基男ほか編，警察官權限法注解（上卷），立花書房，1988年4月，頁135-136。

[9] 「Befugnisse」在漢語翻譯上，有「權能」（參照許宗力，行政機關若干基本問題之研究，收於翁岳生等著，行政程序法之研究，行政院經濟建設委員會健全經社法規工作小組，1990年12月，頁242。土屋正三，西ドイツ統一警察法模範草案（四），警察學論集，第34卷第6号，1981年6月，頁118）、「職權」（參照陳敏，行政法總論，自版，2019年11月10版，頁956。李震山，警察法論──警察任務編，正典出版，2002年10月，頁52）及「權限」（參照藤田宙靖，警察法二条の意義に関する若干の考察，收於氏著，行政法の基礎理論（上卷），有斐閣，2005年10月，頁393。Franz-Ludwig Knemeyer，劉淑範譯，德意志聯邦共和國憲法（基本法）對於法治國家警察法之要求，憲政時代，第14卷第4期，1989年4月，頁67。梁添盛，警察權限法，自版，1999年8月，頁54）三者。本文認爲三者譯名各有其理由，沒有對錯，在討論時只要敘明係指完成任務之活動（手段）即可。我國警察法第9條有

法之範疇。而所謂「警察權限法」，係指有關授予個別警察，於完成警察任務之活動過程中，所得採取措置之法規之總稱[10]。其意義如下[11]：

一、**警察權限法爲關於授予個別警察，於執行任務，實施活動時，所得採取措置之法規。**

　　警察權限法乃規定個別警察之權限之法規。此係基於其權限之性格，以期能就各種狀況加以現場地、緊急地對應所作之設計[12]。一般而言，作爲執行機關[13]之警察，必須接受行政官署[14]之命令，執行其意思，

　　「職權」之用語，學者及實務機關多依據警察法第9條，採用「職權」用語；然仔細審視我國警察法第9條及其施行細則第10條有關「警察職權」之規範，其中「協助偵查犯罪」及「有關警察業務之保安、正俗、交通、衛生、消防、救災、營業、建築、市容整理、戶口查察、外事處理等事項」應爲警察法第2條任務的具體化業務事項；第9條第1款依據司法院釋字第570號解釋，僅具有組織法劃定職權與管轄事務之性質，欠缺行爲法之功能；其餘各款規定雖屬手段（執行搜索、扣押、拘提及逮捕、行政執行、使用警械等），但並未規定手段行使之要件，因爲該手段之要件，在相關法律已經明定，且實際上，警察行使各該手段係依據個別法律，並非警察法第9條。換言之，警察法第9條之「職權」未必爲「Befugnisse」。再者，警察在執行任務時，相關措置之發動，除符合法律保留外，尚須遵守一定之界限，從而使用「權限」字語，可表明警察採取措置之本質。故本文以「警察權限」來表示警察於完成警察任務之活動過程中，所得採取之手段，屬於作用法之性質。

10 從而，「警察權限法」乃學理上用語，如同行政組織法、行政作用法、行政救濟法一樣，並非制定法（實定法）。如前所述，本文將完成警察任務之活動過程中，所得採取手段，以「權限」（Befugnisse）表達，雖與警察職權行使法採用「職權」此一用語有所不同，但這正好可與「警察職權行使法」有所區隔；警察權限法爲學理上用語，警察職權行使法爲制定法（實定法），警察職權行使法爲警察權限法其中一部法律。

11 以下參照梁添盛，警察法總論講義，自版，2017年2月20日，頁83-85。

12 參照田村正博，警察行政法解說，東京法令，2006年3月4訂版，頁169。古谷洋一編，注釋警察官職務執行法，立花書房，2007年6月再訂版，頁25。

13 所謂執行機關，乃作用法的行政機關中，具有對私人直接行使實力權限之行政機關。與自體著眼於法行爲之行政官署不同，執行機關乃著眼於實力行使之契機。在現實上，擔任行政上強制執行及即時強制者，該當於執行機關；而在行政調查中，負責進入檢查、臨檢檢查者，亦屬於執行機關（參照宇賀克也，行政法概說III——行政組織法／公務員法／公物法，有斐閣，2015年12月4版，頁31-32）。執行警察（即作爲執行機關之個別警察）擅於在現場，迅速地壓制目前急迫之危險。具備：（一）在室外之業務；（二）現場即時性；（三）以事實行爲，迅速壓制危險；（四）口頭及非形式性等特徵。與之相對者，行政官署則長於處理官署中（屋內）之業務，中長期地對應危險。擁有：（一）在室內之業務；（二）與現場有些距離；（三）以行政處分壓制危險（對應未立即發生的危險）；（四）防禦抽象的危險；（五）書面主義及形式性等特色（參照米田雅宏，「警察權の界限」論の再定位，有斐閣，2019年4月30日，頁51-52）。

14 「行政官署」與「執行機關」均爲作用法之機關概念，係依其擔當之機能予以分類。行政官署具有爲行政主體決定意思，並將之表示於外部權限之機關，如行政院院長、各部部長。行政官署此一用語因被認爲不甚民主，後改爲行政機關。林紀東氏認爲此固有其道理，但在行

從而其執行行為，原則上以行政官署之意思決定為前提。此種情形下，並無即時處置之必要。而警察權限法主要在賦予作為執行機關之個別警察，得於無暇接受行政官署之個別、具體的指揮監督之場合，在現場憑其判斷，採行法律所賦予之手段[15]。

　　道路交通管理處罰條例第56條第4項：「第一項及第二項情形，『交通勤務警察』、依法令執行交通稽查任務人員或交通助理人員，應責令汽車駕駛人將車移置適當處所；如汽車駕駛人不予移置或不在車內時，得由該『交通勤務警察』、依法令執行交通稽查任務人員或交通助理人員為之。」之規定即為適例，透過法律將行使要件規定後，賦予「交通勤務警察」（執行機關）得不待行政官署之命，在現場憑其判斷而行使實力，以符合防除危害之現場即時性。而集會遊行法第25條第2項：「前項制止、命令解散，該管『主管機關』得強制為之。」之規定，仍由警察機關強制為之，未配合實際需要（現場即時性），授予現場個別警察（或現場指揮官，但未必是分局長）實施強制力。

二、警察權限法主要係賦予個別警察，於實施犯罪（危害）預防活動時，得採取措置之法規。

　　從目的、機能著眼，警察作用可區別為「犯罪（危害）預防活動」與「犯罪偵查活動」兩種。而警察實施犯罪偵查活動，得採行之權限手段，應由刑事訴訟相關法規加以規範。因之，所謂警察權限法，主要係賦予警察，於實施犯罪（危害）預防活動時，得採取手段之法規。於此使用「主要」之用語，乃因某些措置（例如日本警察官職務執行法第2條規定之「職務質問」及第7條規定之「武器之使用」等是），不僅在實施犯罪（危害）預防活動時被使用，亦有可能於犯罪偵查活動上被運用之故[16]。

三、警察權限法為規範個別警察，於實施犯罪（危害）預防活動時，得採取強制手段與任意手段之法規。

　　政法學上，行政官署與行政機關仍有區別，故在氏所著行政法教科書中仍沿用行政官署一詞（參照林紀東，行政法，三民書局，1994年11月再修訂再版，頁152）。

15　參照宍戶基男ほか編，同註8，頁11。

16　參照宍戶基男ほか編，同註8，頁10-11。

依法律保留原則，警察所採取之手段，若涉及人民權利限制時，除任務之授予外，尚須有法律之授權，而如其所運用之手段，並不觸及人民之權利範圍，警察只要基於任務之規範，即可行之。惟因警察所採取不涉及人民權利範疇之所謂的「任意手段」，實際上往往給相對人帶來心理上的困惑，為使該手段之行使場合、程度及界限更加明確，此等任意手段亦應盡可能由法律加以明文規定。以日本警察官職務執行法之規定為例，該法所列舉之警察手段包括：「質問」（第2條第1項）、「命令停止」（第2條第1項）、「要求同行」（第2條第2項）、「凶器之調查」（第2條第4項）、「精神錯亂者等之保護」（第3條第1項第1款）、「迷途幼童、病人等之保護」（第3條第1項第2款）、「危險事態下之警告」（第4條第1項）、「危險事態下之措置」（第4條第1項）、「犯罪預防之警告」（第5條）、「犯罪之制止」（第5條）、「危險事態下之進入」（第6條第1項）、「對公開場所之要求進入」（第6條第2項）、「武器之使用」（第7條）等。一般將「凶器之調查」、「精神錯亂者等之保護」、「危險事態下之措置」、「犯罪之制止」、「危險事態下之進入」及「武器之使用」等手段，解為強制手段；其餘則被認為任意手段[17]。強制手段一定要有法律依據，始符合法律保留原則，但有法律規定者未必都是強制手段，應依據個別規定予以判斷。

四、警察權限法為規定個別警察，於實施犯罪（危害）預防活動時，得採取措置之法規之總稱。

由於警察任務之廣泛、複雜性，欲將有關個別警察實施犯罪（危害）預防活動時，所得採取之手段，全部納入一部法律中，實在不可能。以日本警察權限法制為例，其在「警察官職務執行法」之外，尚有不少制定法賦予個別警察於執行任務時，得採取某些措置，例如道路交通法、槍砲刀劍類攜帶等取締法及關於風俗營業等規制暨業務適正化相關法律等。因此，所謂警察權限法，乃一學理上用語，係指規定賦予個別警察，在實

---

[17] 參照河上和雄，詳釋・警察官職務執行法，日世社，1992年4月，頁10-11。田村正博，同註12，頁170-171。

施犯罪（危害）預防活動時，得採取措置之法規之總稱。

從而，我國2003年6月25日制定公布，2003年12月1日施行之警察職權行使法，其應為上述警察權限法其中一部法律，警察職權行使法應作如下之定位[18]：

一、該法係授予個別警察於執行任務，實施活動時，所得採取手段之法律。

如同林山田氏所講，警察人員（個別警察）經常單獨地擔任執法工作，在工作中往往無法等候長官，甚至是行政官署之指示辦理，常須由警察依據現場狀況，自己臨機應變，即時決定應採取何種手段以為因應，有如社會的外科醫生[19]。司法院釋字第535號解釋「應許受臨檢人、利害關係人對執行臨檢之命令、方法、應遵守之程序或其他侵害利益情事，於臨檢程序終結前，向執行人員提出異議，認異議有理由者，『在場執行人員中職位最高者』應即為停止臨檢之決定，認其無理由者，得續行臨檢，經受臨檢人請求時，並應給予載明臨檢過程之書面」，其中「在場執行人員中職位最高者」即為個別警察（執行機關）之角色功能，不用等行政官署作決定，以符合現場即時性。

二、該法係賦予個別警察，於實施犯罪（危害）預防活動時，得採取措置之法律。

個別警察實施犯罪偵查活動，得採行之手段，應由刑事訴訟法加以規範，警察職權行使法乃個別警察實施犯罪（危害）預防活動時，得採取措置之法規。法務部在警察職權行使法之立法過程中，曾質疑該法部分條文之規定，涉及犯罪偵查活動。爰建議將立法院審查會通過條文第1條第2項：「警察行使職權，依本法之規定；本法未規定者，適用其他法律之規定。」[20]之規定，修正為「警察行使職權，除其他法律另有規定外，依本法之規定」。後經立法院黨團協商，作成「為避免本法與刑事訴訟法適用之爭議，爰建議將第二項刪除；警察行使職權，除本法規定外，有涉及犯

---

18 以下參照梁添盛，警察職權行使法案例講義，自版，2017年9月，頁3-4。
19 參照林山田，犯罪問題與刑事司法，臺灣商務印書館，1982年8月2版，頁214-215。
20 引自立法院內政委員會編，警察職權行使法案，立法院公報處，2004年7月，頁293。

罪偵查範疇，應依刑事訴訟法規定辦理」之結論[21]以及司法院釋字第535號解釋「其僅屬維持公共秩序、防止危害發生爲目的之臨檢，立法者當無授權警察人員得任意實施之本意」亦是相同見解。

其他相關司法實務見解如下：

（一）最高法院91年度台上字第535號刑事判決：警察機關執行勤務時所謂之「臨檢」，依警察勤務條例第11條第3款規定，指警察機關於公共場所或指定處所、路段，由勤服人員擔任臨場檢查或路檢，執行取締、盤查及有關法令賦予之勤務，屬警察勤務方式之一，且警察人員執行場所之臨檢勤務，參酌司法院大法官會議釋字第535號解釋意旨，限於已發生危害或依客觀、合理判斷易生危害之處所、交通工具或公共場所爲之，並應遵守比例原則，不得逾越必要程度，臨檢進行前，應對在場者告以實施之事由，及出示證件表明其爲執行人員之身分，始無悖於維護人權之憲法意旨；此與刑事訴訟法第131條第1項第3款（90年1月12日修正公布前後之規定相同）有關緊急搜索權之規定，司法警察或司法警察官有事實足信有人在內犯罪而情形急迫者，雖無搜索票，亦得逕行搜索之情形有別，不容混淆。本件上訴人在原審之選任辯護人，主張彰化縣警察局員林分局督察員許○○於案發當時搜索扣押，並未持檢察官簽發之搜索票，所爲之扣押程序即非適法，爲上訴人辯護。則許○○等員警究係執行臨檢勤務時，查獲賭博犯罪而實施扣押？抑係執行緊急搜索權所爲之扣押？該臨檢勤務或緊急搜索權之執行程序是否合法？關乎所實施之扣押適法與否之待證事實，自應依法詳加查究並於判決內敘明其理由。

（二）臺灣高等法院高雄分院97年度上國易字第7號民事判決：被上訴人（警察）既已於銀行內確認上訴人（人民）之身分，上訴人（人民）亦帶被上訴人（警察）至自己所騎乘之機車，打開機車置物箱，配合被上訴人（警察）行使職務，但被上訴人（警察）於上

---

21 引自梁添盛，警察法專題研究（二），自版，2006年8月20日2版，頁383。

訴人（人民）打開置物箱後，2次伸手入上訴人（人民）所有機車置物箱內，其中1次向自置物箱取出物品檢視，依上開說明，已屬搜索之範疇。被上訴人（警察）未得上訴人（人民）同意，即伸手入上訴人（人民）所有之機車取出並檢視牛皮紙信封袋後，又不符刑事訴訟法第131條逕行搜索之要件，上訴人（人民）主張被上訴人（警察）故意違法搜索其機車置物箱，侵害其自由權，尚屬可採[22]。

從而，警察職權行使法第3條第3項：「警察行使職權，不得以引誘、教唆人民犯罪或其他違法之手段為之。」及第6條第1項第1款、第2款：「警察於公共場所或合法進入之場所，得對於下列各款之人查證其身分：一、合理懷疑其『有犯罪之嫌疑』或有犯罪之虞者。二、有事實足認其對『已發生之犯罪』或即將發生之犯罪知情者。」之規定，涉及犯罪偵查範疇，規定在警察職權行使法並不妥適。

三、由於該法所定權限之發動，無令狀原則等刑事程序原理之適用，原則上屬於任意性手段。

日本警察官職務執行法第2條第2項規定：「於認定當場實施前項之質問，對被質問人不利，或將妨害交通者，為行質問，得要求被質問人同行至附近警察署、派出所或駐在所。」第3項規定：「非依關於刑事訴訟之法律規定，不得拘束前二項規定之人之身體，或違反其意，強制同行至警察署、派出所或駐在所，或強要其答辯。」故除犯罪偵查外，若為犯罪（危害）預防之身分查證應為任意同行。而韓國警察官職務執行法第3條規定：「警察得命從異常之舉動及其他周遭情事，經合理地判斷，有相當理由足疑已犯或將犯某些罪之人，或經認定就已發生或將發生之犯罪知情之人停止，予以質問（第1項）。如認為當場為前項之質問對於本人不利，或妨害交通時，警察為行質問，得要求其同行至附近警察分局、分駐所、派出所或駐在所（以下稱警察官署）。**此時，其人得拒絕警察之同行要求**（第2項）。對於第一項所規定之人，警察於質問時，得檢查其有無

---

[22] 本案為警察執行巡邏勤務，盤查民眾確認身分後卻違法搜索之案例。

攜帶凶器（第3項）。依第一項或第二項規定為質問或要求同行時，警察應對其人提示證件，告知姓名及所屬機關，並說明執行目的及理由。**要求同行時，關於同行之場所、得拒絕同行之自由及同行至警察官署後，得隨時離去之自由，亦應告知**（第4項）。警察依第二項規定要求同行時，應將要求同行至警察官署之警察身分、同行之場所、同行之目的及理由等事項，告知其人之家屬或親友。警察並應給予其人即時聯絡之機會，告知其選任辯護人之權利（第5項）。依第二項規定所為之同行，警察不得將其人在警察官署留置六小時以上[23]（第6項）。第一項至第三項所定事項，非依刑事訴訟有關法律之規定，不得拘束其身體或違反其意志，強要答辯（第7項）。」從規定內容來看，韓國警察所得採行之身分查證措置，性質屬於任意手段，不得強制為之，其立法例比所參考之日本警察官職務執行法第2條規定更完善。而其雖為任意性手段但仍明定留置時間為6小時未滿，應係基於「任意手段乃基於相對人之承諾，為實現行政目的而採取之措置。此所謂承諾，雖不以相對人之人民自發性申請之情形為限，尚包括被警察說服後而為之承諾。然而，基於超過限度之說服所得之承諾，其承諾已非真實，依此而為之措置，形成與無承諾之行為並無二致。此外，作為一般正常人絕不可能承諾之態樣之行為（例如承諾被留置在留置所），雖獲大致之承諾，其承諾輒被認定非真實」[24]之考量。

我國警察職權行使法第7條第2項規定：「前項第二款、第三款之方法顯然無法查證身分時，警察得將該人民帶往勤務處所查證；帶往時非遇抗拒不得使用強制力，且其時間自攔停起，不得逾三小時，並應即向該管警察勤務指揮中心報告及通知其指定之親友或律師。」從其立法紀錄，可

---

23 本條主要引自金衛睦節譯，韓國警察官職務執行法，新知譯粹，第5卷第5期，1989年12月10日，頁12-13。在我國，提及韓國警察官職務執行法相關條文者，多引自金衛睦氏之翻譯內容，金衛睦氏係翻譯1988年12月31日韓國公布之條文。本條第6項為1988年12月31日增訂，惟該項於1991年3月8日修正為6小時（參照梁添盛，同註11，頁195。金孝振，韓国における警察官職務執行法上の不審検問と人権保障，中央学院大学社会システム研究所紀要，第10卷第1号，2009年12月1日，頁12）。

24 參照梁添盛，同註11，頁194-195。

知其係參考韓國警察官職務執行法第3條立法例而得[25]，然而如前所述，韓國警察官職務執行法第3條身分查證為任意性手段。

內政部曾委託學者從事「內政部主管法律有無侵犯人權顧慮之檢討研究」，所提報告針對警察職權行使法第7條第2項，認為：「本條規定於顯然無法查證身分時，如拒絕回答或出示身分證明，警察得將該人民帶往勤務處所查證，其立法理由中表示係參考德國聯邦與各邦統一警察法草案[26]第15條及第23條而設之規定。惟德國該草案固規定為查證身分得將該人民帶往警所，僅限於依其他方法不能確認身分或僅有在相當困難始能確認身分之情形下方得為之，且在人民拒絕陳述身分或有事實足認所為陳述虛偽時，才能違反人民之意思為之。同時，依同草案第23條[27]規定，警察應即請求法官依法官剝奪人身自由程序規定，裁定其行為之合法性。相較之下，本條規定要件寬鬆，且得由警察片面剝奪人身自由，恐有侵犯人身自由之虞。」並建議刪除第2項規定[28]。

四、該法屬於警察權限之一般法，其規範內容實無法涵蓋警察為完成犯罪（危害）預防任務，所應具有之所有權限手段。

日本警察官職務執行法第1條第1項規定「本法之目的為規定必要之手段，使警察官得以忠實地遂行警察法（昭和29年法律第162號）所規定之保護個人生命、身體及財產、預防犯罪、維持公安暨其他法令之執行等職權職務」，若將之與該國警察法第2條第1項「警察之任務為保護個人之生命、身體及財產、預防及鎮壓犯罪、偵查犯罪、逮捕嫌疑犯、取締交通暨維持其他公共安全與秩序」之規範相比，日本警察官職務執行法第1條第1項未將「犯罪之鎮壓、偵查、逮捕嫌疑犯、取締交通」等事項，列為職務之內容。雖有學者主張犯罪之鎮壓、偵查、逮捕嫌疑犯、取締交通等

---

25 參照立法院內政委員會編，同註20，頁385；而其所參考之立法例應係金衛睦氏所翻譯之舊韓國警察官職務執行法第3條第6項。

26 參照立法院公報第92卷第34期，2003年6月18日，頁338，應係「德國聯邦與各邦統一警察法選擇草案」（德國聯邦及各邦統一警察法對案）之誤。

27 應係「第21條」之誤。

28 引自梁添盛，同註11，頁195-196。

事項，可以涵攝在「維持公安」概念之內，故無特別列舉之必要[29]。但通說認為，此乃因關於犯罪之偵查、逮捕嫌疑犯及取締交通方面，已由刑事訴訟法、道路交通法等，設有必要的權限規定；而犯罪之鎮壓，主要以集團的犯罪為對象，其內容可包含在犯罪之預防、偵查、嫌疑犯之逮捕等範圍內[30]。由此可知，日本警察官職務執行法旨在賦予警察必要的手段，使之得以遂行所負犯罪（危害）預防任務，但無法涵蓋所有個別警察完成任務之權限手段。

警察職權行使法第1條規定：「為規範警察依法行使職權，以保障人民權益，維持公共秩序，保護社會安全，特制定本法。」將「維持公共秩序、保護社會安全」列為立法目的，似乎又將所有警察任務包含其中，但吾人不應因此誤以為該法能涵蓋完成警察任務之所有權限手段，警察職權行使法固然重要，但係警察權限法制其中一部法律而已。

在我國，賦予警察完成危害防止任務之權限手段，除警察職權行使法外，尚有諸多個別法律，例如道路交通管理處罰條例、槍砲彈藥刀械管制條例、保全業法、當鋪業法等。警察之危害防止任務廣泛，個別法律有特定危害防止之規範時，該特定危害防止之權限手段應整建在該個別法律中，警察職權行使法所規範者乃為預防犯罪或防止一般危害所應採取之手段。基此，有關交通危害防除之權限手段，本文認為應該規範於道路交通管理處罰條例，不應該定於警察職權行使法中。

參、警察職權行使法第8條立法之評析

一、立法過程

（一）研究案版本

過去早就有李震山教授、梁添盛教授等警察法學學者呼籲要制定像警察職權行使法這樣賦予警察盤查依據的法律，但實務機關基於有組織法

29　參照田村正博，同註12，頁169、175。
30　參照宍戶基男ほか編，同註8，頁24。河上和雄，同註17，頁41。

就有行為法之錯誤思維，遲遲未有行動。直到1998年9月中旬李震山教授接受警政署委託進行「警察職務執行法草案之研究」，並於1999年6月提出期末報告，當時研擬的警察職務執行法草案（下稱研究案版本）係參考德國、日本、英國、美國等相關法制，而主要還是以德國聯邦及各邦統一警察法模範草案為主要參考依據。其中第二章「警察職權」，研究案版本第8條規定身分查證之要件（相當於現行法的第6條），第9條規定身分查證之手段（相當於現行法的第7條），第10條規定為查證身分得採取之鑑識措施，在第10條有一段重要說明：有關汽車駕駛人酒醉之酒精測試，似不宜規定於本法，建議修正道路交通管理處罰條例或相關法令[31]。

（二）司法院釋字第535號解釋後的行政院版本

研究案版本似乎成為後來警政署、內政部有關此法之草案版本，直到2001年12月14日司法院釋字第535號解釋作出，該解釋將盤查臨檢要件分為對人的要件（須以有相當理由足認其行為已構成或即將發生危害者為限）及對場所要件（限於已發生危害或依客觀、合理判斷易生危害之處所、交通工具或公共場所為之）。此後，行政院版本即以釋字第535號解釋為基礎，第4條規範對人盤檢的要件及手段，其規定為：「警察有相當理由足認人民之行為已經發生或即將發生危害者，得採行下列措施，對其實施盤檢：一、攔停。二、詢問。三、查證身分（第1項）。警察依前項規定實施盤檢時，對有事實足認有攜帶足以自傷或傷害他人生命或身體之物者，得檢查其所攜帶之物；必要時，並得扣留之（第2項）。」第5條規範對場所盤檢之要件，其規定為：「警察對於已發生危害或依客觀、合理判斷易生危害之處所、交通工具或公共場所得實施盤檢。但處所為私人居住之空間者，不得為之（第1項）。前項易生危害之處所，應由地區警察分局長或與其相當層級以上者，就營業場所或其他公眾得出入之場所指定之（第2項）。前項營業場所之範圍，由內政部定之（第3項）。」第6條規範營業場所盤檢注意事項，其規定為：「警察進入營業場所實施盤檢，

31　參照李震山主持，「警察職務執行法草案之研究」，內政部警政署委託，1999年6月10日，頁226。

應於營業時間爲之，並不得任意妨礙其營業（第1項）。前項營業場所之負責人或管理人無正當理由，不得拒絕盤檢（第2項）。」第7條規範對交通工具盤檢之措施，其規定爲：「警察對於交通工具實施盤檢時，得採行下列措施：一、攔停。二、要求駕駛人或乘客出示相關證件或查證其身分。三、檢查引擎、車身號碼或其他足資識別之特徵。**四、要求酒後駕車之駕駛人測試酒精濃度**（第1項）。警察因駕駛人或乘客有異常舉動而合理懷疑其將有危害行爲時，得強制其離車；有事實足認其有犯罪之虞者，並得檢查交通工具（第2項）。」

行政院版本第5條的立法說明如下：「所稱『依客觀、合理判斷易生危害』，係指警察依據客觀事實及其專業經驗，所作合理判斷，認爲該處所、交通工具或場所有易生危害之情形而言。例如警察接獲相關單位通報或民眾檢舉，知有通緝犯或犯罪嫌疑人利用車輛朝某方向逃逸，對其所可能經由之路段及利用之相關類型車輛，予以實施盤檢，即是基於客觀合理之判斷。」而第7條立法說明如下：「一、第1項明定警察對交通工具實施盤檢時，得採行之措施。第1款所稱『攔停』，係指將行進中之車輛加以攔阻，使其停止前進；第3款所稱『其他足資識別之特徵』，係指該交通工具之稀有零件廠牌、規格、批號及其所有人所爲之特殊識別記號（如車輛紋身）等。二、第2項賦予警察強制駕駛人或乘客離車及檢查交通工具之權限，並明定其發動要件，以防止犯罪及保障警察執勤安全。三、警察檢查駕駛人或乘客所攜帶之物，須符合第4條第2項所定要件，方得爲之[32]。」從行政院版本第5條及第7條之立法說明觀之，此處對交通工具之盤檢應係犯罪檢舉或犯人檢舉之盤檢。而對於第7條第1項第4款規定「要求酒後駕車之駕駛人測試酒精濃度」此一措施，並未有任何立法說明。

（三）立法委員提案版本

上述行政院版本「警察職務執行條例」草案係2002年12月13日函請立法院審議，而陳其邁等38位立法委員於2002年5月31日即提出「警察職權行使法」草案（下稱立法委員提案版本）交付審查，而綜觀立法委員提

---

[32] 以上引自立法院內政委員會編，同註20，頁81-84。

案版本幾乎是研究案版本內容，包含前述第10條重要立法說明：有關汽車駕駛人酒醉之酒精測試，似不宜規定於本法，建議修正道路交通管理處罰條例或相關法令[33]，文字完全一樣。

（四）現行法版本

　　立法委員提案版本及行政院版本在交付立法院內政及民族委員會後，即併案審查。因爲行政院版本第7條有酒精測試之權限手段，在立法院內政及民族委員會審查時，陳學聖立法委員特別關心酒駕執法的問題，對於警察攔停要件爲何提出疑問，發言提到：「道路交通管理處罰條例第35條雖規定汽車駕駛人駕駛汽車經測試檢定，但規定非常模糊，這個問題在警察職權行使法中必須有周延的考量，否則若有酒醉駕車情況卻無法取締的話，我會覺得對不起市民。」[34]特別希望該條可以列入（立法委員提案版本沒有），與會委員均同意陳學聖委員的看法，一致通過，從而立法院內政及民族委員會審查會通過之第7條條文爲：「警察對於已發生危害或依客觀合理判斷易生危害之交通工具，得予以攔停並採行下列措施：一、要求駕駛人或乘客出示相關證件或查證其身分。二、檢查引擎、車身號碼或其他足資識別之特徵。三、要求駕駛人接受酒精濃度測試之檢定（第1項）。警察因駕駛人或乘客有異常舉動而合理懷疑其將有危害行爲時，得強制其離車；有事實足認其有犯罪之虞者，並得檢查交通工具（第2項）[35]。」本條在朝野協商後變成第8條，即現行條文，僅第2項前面有做些微文字修正。

二、制定公布施行後之適用情形

　　警察職權行使法第8條第1項規定：「警察對於已發生危害或依客觀合理判斷易生危害之交通工具，得予以攔停並採行下列措施：一、要求駕駛人或乘客出示相關證件或查證其身分。二、檢查引擎、車身號碼或其他足資識別之特徵。三、要求駕駛人接受酒精濃度測試之檢定。」條文中

33　引自同前註，頁25。
34　引自同前註，頁195。
35　引自同前註，頁304-311。審查會通過條文應係將行政院版本第5條及第7條合併修正。

「危害」所指爲何？是否爲所有的交通危害？本條之適用情形，目前大致有下列三種：

（一）如警政署訂頒之「取締一般交通違規作業程序」行政規則所示，將警察職權行使法第8條的危害理解爲所有的交通危害，且因該條有「攔停」手段之明定，從而，對於交通違規案件，直接以警察職權行使法第8條第1項攔停交通工具，並依同條第1款要求違規人出示證件、查證身分，再依所違反之道路交通管理處罰條例第12條至第88條之1各條情形予以舉發處罰。

（二）主張以「交通工具違規之情狀」，例如「闖紅燈」之違規行爲，已構成依客觀合理判斷易生危害之交通工具，屬於警察職權行使法第8條所規範之範疇；若僅爲機車後座乘客未依規定配戴安全帽之一般交通違規行爲，尚未有發生危害之危險駕駛，與警察職權行使法第8條所規範之「依客觀合理判斷易生危害之交通工具」仍有不同，對此違規交通工具之攔查，非依警察職權行使法第8條，而依違反道路交通管理事件統一裁罰基準及處理細則第10條第2項第1款予以攔查，並依行政罰法第34條第1項規定實施身分查證[36]。

（三）將第8條第1項的危害限定於酒駕危害，警察職權行使法第8條第1項第1款至第3款對於交通工具的危害所得採取的措施爲查證身分、檢查引擎車號等足資識別之特徵，及要求駕駛人接受酒精濃度測試檢定，從手段與目的之關聯性來看，第8條第1項的交通工具危害，應限縮在酒駕行爲，本文認爲在現行法制欠缺酒測發動要件下，警察職權行使法第8條充其量可作爲酒駕行爲之酒測依據，惟正本清源之道仍應將酒測之發動要件規定於道路交通管理處罰條例第35條。

---

36 參照陳永鎮，警察執行攔查交通工具適法性之探討，軍事專刊，第68卷第3期，2022年6月，頁84、91-92。該文主張警察職權行使法第8條第1項第1款查證身分之規定相對於行政罰法第34條第1項爲特別規定，應優先適用警察職權行使法第8條第1項第1款。惟從本文前述警察職權行使法之定位以論，該見解恐非適論。

三、評析

經由上述警察職權行使法立法過程之簡介可知，警察職權行使法第8條之立法係從司法院釋字第535號解釋有關「警察人員執行場所之臨檢勤務，應限於已發生危害或依客觀、合理判斷易生危害之處所、交通工具或公共場所爲之」之提示，變成行政院版本，惟依該版本說明應係犯罪檢舉或犯人檢舉爲目的，另外在盤檢交通工具之措施中增加酒精測試之手段，但未特別說明立法理由。直到立法委員在委員會審查時特別關心酒駕問題，認爲道路交通管理處罰條例第35條規定模糊，極力要求要在警察職權行使法中訂定周延的相關規定，因此才有現行第8條條文之通過。換言之，警察職權行使法第8條之立法應係爲了酒精測試找法律依據。

造成交通危害行爲甚多，酒駕、闖紅燈、超速、超載等，警察職權行使法第8條第1項第1款至第3款對於交通工具的危害所得採取的措施爲查證身分、檢查引擎車號等足資識別之特徵及要求駕駛人接受酒精濃度測試檢定，從手段與目的之關聯性來看，第8條第1項的交通工具危害，應限縮在酒駕行爲。且若將警察職權行使法第8條擴及所有交通危害，作爲後續依道路交通管理處罰條例裁罰前，所需攔停、身分查證等行政調查手段之依據，仍與警察職權行使法作爲一般危害防止之定位不合。

此外，若如部分論者主張再依據警察職權行使法第8條第1項「依客觀合理判斷易生危害之交通工具」，從交通工具外觀，再區分「闖紅燈、車輛蛇行、猛然刹車、車速異常等」之違規行爲適用警察職權行使法第8條，「後座未戴安全帽等」等非易生危害之交通違規行爲適用行政罰法第34條，同樣是違反道路交通管理處罰條例之違規行爲，在處罰前的攔查再分兩種攔查依據，且以「依客觀合理判斷易生危害」此一不確定法律概念的方式來區分，此舉無異治絲益棼，將問題複雜化。

然而即使將警察職權行使法第8條的交通危害限縮在酒駕行爲，本文亦認爲防制酒駕確爲重要政策，道路交通管理處罰條例第35條定有防除酒駕行爲之規範，條文項次甚多，該條第1項至第3項規定接受酒測超標之處罰，第4項至第5項規定行經警察機關設有告示執行第1項測試檢定之處

所，不依指示停車接受稽查或未肇事單純拒絕酒測或之處罰[37]，第6項規定酒駕肇事拒絕接受或無法實施呼氣酒測時強制抽血之規定[38]，並爲遏止酒駕，一再提高罰則，然而這些取締處罰、強制手段的前提要件：發動酒測之要件在道路交通管理處罰條例卻竟然長期付之闕如，一直到警察職權行使法第8條之立法，才試圖讓這個重大立法缺漏補起來，但不僅該條要件規定在適用上發生疑義[39]，最重要的是酒測發動要件規定在警察職權行使法是立委所謂的周延規定嗎？臺北高等行政法院111年度交上字第180號判決認爲，道路交通管理處罰條例第35條第1項、第4項雖有駕駛人接受酒測而酒精濃度超過規定標準處罰，及經警察機關設有告示指定執行第1項測試檢定處所之規定，但卻缺乏指定處所行全面攔檢或行個別攔檢爲酒測程序之規定，所以警察職權行使法第6條、第8條之立法，有補充及承接

---

[37] 汽車駕駛人未肇事拒絕接受酒測，除處罰鍰、當場移置保管該汽車外，並吊銷其駕駛執照。98年12月15日修正公布之道路交通管理處罰條例第68條另規定，汽車駕駛人拒絕酒測，違反第35條第4項而受吊銷駕駛執照處分者，吊銷其持有各級車類之駕駛執照（下稱系爭規定）。對此，司法院釋字第699號解釋認爲合憲，理由如下：依內政部警政署1999年至2001年間之統計數字顯示，酒後駕車肇事傷亡事件有逐年上升之趨勢。鑑於汽車駕駛人拒絕接受酒測，或係爲逃避其酒後駕車致可能受刑法第185條之3公共危險罪之處罰。立法者遂於2001年1月17日修正道路交通管理處罰條例第35條提高拒絕酒測之罰責，以防堵酒駕管制之漏洞，有效遏阻酒後駕車行爲。系爭規定所採手段，具有杜絕此種僥倖心理，促使汽車駕駛人接受酒測之效果，且尚乏可達成相同效果之較溫和手段，自應認系爭規定係達成前述立法目的之必要手段。系爭規定之處罰，固限制駕駛執照持有人受憲法保障之行動自由，惟駕駛人本有依法配合酒測之義務，且由於酒後駕駛，不只危及他人及自己之生命、身體、健康、財產，亦妨害公共安全及交通秩序，是其所限制與所保護之法益間，尚非顯失均衡。縱對於以駕駛汽車爲職業之駕駛人或其他工作上高度倚賴駕駛汽車爲工具者（例如送貨員、餐車業者）而言，除行動自由外，尚涉工作權之限制，然作爲職業駕駛人，本應更遵守道路交通安全法規，並具備一般駕駛人爲高之駕駛品德。故職業駕駛人因違反系爭規定而受吊銷駕駛執照之處罰者，即不得因工作權而受較輕之處罰。況在執行時警察亦已先行勸導並告知拒絕之法律效果，顯見受檢人已有將受此種處罰之認知，仍執意拒絕接受酒測，是系爭規定之處罰手段尚未過當。綜上所述，尚難遽認系爭規定牴觸憲法第23條之比例原則，其與憲法保障人民行動自由及工作權之意旨尚無違背（參照司法院釋字第699號解釋）。

[38] 酒駕肇事拒測或是昏迷無法呼氣酒測時，強制抽血，此一手段被憲法法庭111年憲判字第1號判決認爲雖符合比例原則，但目前強制抽血的規定違反正當法律程序及法律保留原則；而非酒駕肇事拒絕或昏迷無法呼氣酒測卻要強制抽血此一手段亦違反比例原則。

[39] 警察職權行使法第8條第1項：「警察對於已經發生危害或客觀合理判斷易生危害之交通工具，得予以攔停……」，其乃是規定已經發生危害或易生危害之交通工具，係以「交通工具」外顯之危害狀態作爲判斷依據，但交通工具會發生危害應該是駕駛交通工具的人所致，從而應該直接規定駕駛人造成交通危害之行爲，而非規定發生危害之交通工具。

道路交通管理處罰條例不足之處。惟本文認為立法（修法）不是有規定就好，而是應該規定在適當、正確的地方。如前所述，警察職權行使法為警察權限之一般法，有關酒駕此一交通危害之防除，應該規定在道路交通管理處罰條例這部專法中。先禁止駕駛人酒駕，接著規定為確認酒駕之酒測發動要件，進而規範相關處罰及拒測之效果，讓整個立法，前後連貫，體系完整。

肆、警察官防除交通危害權限改進之道

一、現行道路交通管理處罰條例之缺失

警察職權行使法係警察權限之一般法，以防止一般危害為目的，有關交通危害之防除（包含酒駕危害之防除）不宜規定在警察職權行使法，而應規定於道路交通管理處罰條例中。我國作為防除交通危害專法之道路交通管理處罰條例至少存在以下重要缺失：

（一）整體規範架構、體系本末倒置

道路交通管理處罰條例係防除交通危害之法律，其規範內容，理論上應該如同日本道路交通法般，包含道路交通安全之作為與禁制規定、對違反規定者予以罰則，並授權主管機關人員，為防除交通安全與秩序之危害，所得採行之手段。然而該條例並未採取上述作法，而是將有關道路交通安全之作為與禁制規定，由該條例授權主管機關以「道路交通安全規則」加以規範，並將多數之違反該規則行為，再於該條例中重複宣示，且設罰則。如此，似有本末倒置之疑，且對個別警察防除交通危害所得採行之手段，多未規定[40]。該條例法律名稱為道路交通「管理」「處罰」條例，惟整部法律幾乎著重在「處罰」，對於管理、防除等手段規範不足。變相成為以處罰作為代替管理，且處罰愈來愈重，似乎認為重罰即可達到管理之目的與效果。

---

40 參照梁添盛，行政法在交通執法上之應用，自版，2015年8月，頁33。

（二）欠缺調查、舉發手段之法律明文規定

　　整部道路交通管理處罰條例幾乎都是規定處罰，但對於違反道路交通安全案件處罰前之調查、舉發手段，在條例本身未有明確規範。該條例第7條第1項規定：「道路交通管理之稽查，違規紀錄，由交通勤務警察，或依法令執行交通稽查任務人員執行之。」此處之稽查應該包含違反本條例之調查、舉發權限，但本條未進一步有相關手段之賦予，充其量為事務分配之規定而已。反倒是違反道路交通管理事件統一裁罰基準及處理細則第三章有授予警察交通稽查之權限，惟其為授權命令，且相關內容仍欠完備，這或許也是實務上會依警察職權行使法第7條或第8條進行身分查證之原因之一。

　　本文作者在教學中與現職警察交換意見時，常遇認為交通違規攔停需有明確法律規定，但道路交通管理處罰條例未有攔停規定而主張以警察職權行使法第8條為攔停依據者。本文認為法條中有規定「攔停」手段，固然明確，惟若未明文規定「攔停」手段，仍可為之。蓋因無論名稱叫做稽查、調查、舉發，都屬於行政調查之手段，為確認違規事實，當場舉發時，對於行進中違反道路交通管理處罰條例之用路人（包含行人、駕車之人）予以攔停，乃違規裁處前，伴隨著身分查證之必然手段，只要符合比例原則，攔停未必要有明文規定。從而，認為攔停一定要有明文規定，而警察職權行使法第8條有交通工具之攔停明文規定，即以該條作為交通違規攔停依據之見解，似有未洽。

　　警察職權行使法第7條所賦予之身分查證（確認）手段，其性質應該為一般危害防止的行政調查手段，而第4條表明身分、告知事由等規定，乃踐行身分查證（確認）之正當法律程序。這些均為行政調查手段之一，但不等於只有警察職權行使法才有或才該有的手段。行政罰法作為行政罰（秩序罰）之總則及裁罰程序，該法第33條：「行政機關執行職務之人員，應向行為人出示有關執行職務之證明文件或顯示足資辨別之標誌，並告知其所違反之法規。」及第34條：「行政機關對現行違反行政法上義務之行為人，得為下列之處置：一、即時制止其行為。二、製作書面紀錄。三、為保全證據之措施。遇有抗拒保全證據之行為且情況急迫者，得使用

強制力排除其抗拒。四、確認其身分。其拒絕或規避身分之查證，經勸導無效，致確實無法辨認其身分且情況急迫者，得令其隨同到指定處所查證身分；其不隨同到指定處所接受身分查證者，得會同警察人員強制爲之[41]（第1項）。前項強制，不得逾越保全證據或確認身分目的之必要程度（第2項）。」之規定均類似。但行政罰法第33條及第34條係用於秩序罰違規裁處之調查程序中，警察職權行使法第6條及第7條則爲犯罪預防或一般危害防止之手段，兩者不應混爲一用，也不能因規定類似，恣意擇一爲之。

　　而前述警政署函中提及之社會秩序維護法第67條第1項第2款：「於警察人員依法調查或查察時，就其姓名、住所或居所爲不實之陳述或拒絕陳述者，處三日以下拘留或新臺幣一萬二千元以下罰鍰。」之規定，條文中「警察人員依法調查或查察」，若僅從法條文字來看，似乎是只要法律有規定調查或查察者，均適用本款。除了社會秩序維護法外，其他法律有規定調查或查察者，應該會在該法律中規定要件、手段及相關法律效果，以符合法律保留原則及法律明確性原則。在該法律之外的社會秩序維護法規定對就其姓名、住所或居所爲不實之陳述或拒絕陳述之處罰是否妥適？不無疑義。一方面因爲行政調查乃蒐集情報，瞭解事實之手段，個別法律依據實際需要（目的）授予相關手段，至於法律效果，或可能爲任意性（可拒絕）、以罰則擔保或強制力爲之等，應該由規範該行政調查的法律定之，體系才完整、明確，並符合實際需要。另一方面，若對違規行爲欲予以裁罰，在蒐集證據的同時，應先確認違規人的身分，但對於拒不提供

41　該項之立法理由爲：「對於爲確認身分而強制行爲人到指定處所時，明定其程序要件，對不隨同到指定處所者，增訂得會同警察人員強制爲之，藉以落實憲法第8條人身自由保障之規定。『會同警察人員強制爲之』在行政院提案版本中並無此規定，此乃立法院司法、法制委員會審查時，高育仁等立法委員提議修正通過增訂。」（參照立法院公報第94卷第6期，2005年1月，頁388-390）。當時尚未有司法院釋字第588號解釋，該號解釋針對警察概念有明確論述，並認爲憲法第8條之警察機關乃爲廣義之警察概念，並非僅指組織法上之形式「警察」之意，凡法律規定，以維持社會秩序或增進公共利益爲目的，賦予其機關或人員得使用干預、取締之手段者均屬之。從而，一般行政機關爲確認身分，在符合法律保留原則及比例原則下，即可強制爲之，無須會同警察人員（組織法上之警察），行政院提案版本即如此規定。

姓名或爲不實陳述者處以罰鍰，應無實益。而若以社會秩序維護法第67條第1項第2款配合第42條現行違序強制到場，並依違反社會秩序維護法案件處理辦法第33條第3項將該行爲人隨案移送簡易庭，是否符合比例原則，亦不無疑義。

實務上，對於警察依警察職權行使法第7條身分查證或交通違規事件拒絕提供姓名無法查證身分者，均以社會秩序維護法第67條第1項第2款予以處理。除了前述該款要件過於空泛外，警察職權行使法第7條的身分查證因爲是一般的危害預防，盤查後若無證據顯示行爲人有犯罪嫌疑（轉依刑事訴訟程序處理），或有其他個別法規之違序行爲（轉依個別法規處理程序）者，應予以放行，畢竟其僅爲一般危害防止的手段。當然，如果一開始，警察就是懷疑其犯罪或是違反其他法律，就應該依據刑事訴訟法或違反之個別法規調查裁處程序處理，自不待言。

（三）欠缺發動酒精測試之要件規定

李震山大法官在司法院釋字第699號解釋提出之不同意見書有下列看法：

1. 司法院釋字第699號解釋規避執法機關發動酒測要件之審查

釋字第699號解釋認爲法律既明文禁止並處罰酒駕，人民當然有配合酒測的義務，至於該等法律有關酒測要件是否明確、程序是否正當，並非重點。若有不足，尚得依警政署所訂定「取締酒後駕車作業程序」執行之，不致影響後續處罰之合法性。但實質法治國依法行政的邏輯，與前揭理路正好顛倒，即當國家實施嚴重干預人民自由權利的公權力措施時，應有明確法律依據，法律的實體與程序都應具備實質正當性，否則並不排除人民有拒絕的權利。該解釋顯然是先推定公權力發動之合法性，從而淡化且規避審查執法機關發動酒測措施之法定構成要件，進而引據未經檢證的職權命令作爲補充，實已大大弱化以「法效果」爲主要內容之道路交通管理處罰條例第35條第4項的合法性。更重要的是，憲法比例原則之審查，必須詳細斟酌系爭規定「要件是否明確」、「程序是否正當」與「處罰寬嚴」間之關係，才能據以形成法益均衡與否之判斷標準。本件解釋既對

「構成要件」存而不論，審查標準就已失衡，避重就輕的結果，就是解釋焦點的模糊，導致憲法比例原則之審查徒具形式而難有說服力。

2. 道路交通管理處罰條例第35條第1項並非實施酒測之授權依據

道路交通管理處罰條例第35條第4項就警察機關攔停汽機車而實施酒測之實體與程序要件，未置一詞，參諸司法院釋字第535號及第570號等解釋，應可認定道路交通管理處罰條例第35條第1項並非實施酒測之授權依據。既無實施酒測之授權基礎，如何課予人民接受酒測之義務？從而道路交通管理處罰條例第35條第4項拒絕酒測應受處罰之規定，恐將失所附麗。

3. 釋字第699號解釋以警察職權行使法第8條第1項第3款爲實施酒測之授權依據

道路交通管理處罰條例第35條第1項並非實施酒測之授權依據，因此本解釋找到警察職權行使法第8條第1項第3款作爲依據，即警察對於已發生危害或依客觀合理判斷易生危害之交通工具，得予以攔停，要求駕駛人接受酒精濃度測試之檢定，並自行加上「疑似酒後駕車」要件，作爲警察執行酒測的法律依據，從而認爲駕駛人有依法配合酒測之義務。

4. 以警察職權行使法第8條爲酒測依據存在不少疑義

第一，道路交通管理處罰條例第35條第4項係針對「未肇事」之拒絕酒測者而處罰，並不會符合「已發生危害」之要件。其次，實務上酒測若非採取隨機而係集體攔停方式，受測者往往需排隊受檢，自非每部受檢車輛皆與「依客觀合理判斷易生危害之交通工具」之要件有直接關係，因爲警察職權行使法第8條規定係以「交通工具」外顯之危險或危害狀態爲判斷準據，自難據以精確判斷駕駛人是否「疑似酒駕」。最後，該條規定並未賦予警察實施全面交通攔檢之權，至於同法第6條與第7條則是爲一般危害防止攔檢人車查證身分，亦非爲維護交通安全與秩序而設。因此，警察實施集體酒測，大多只能勉強以同法第6條第1項第6款：「警察於公共場所或合法進入之場所，得對於下列各款之人查證其身分：……六、行經指定公共場所、路段及管制站者。」及第2項：「前項第六款之指定，以

防止犯罪，或處理重大公共安全或社會秩序事件而有必要者為限。其指定應由警察機關主管長官為之。」以及同法第7條第1項第1款：「警察依前條規定，為查證人民身分，得採取下列之必要措施：一、攔停人、車、船及其他交通工具。……」拼湊出程序之依據，於常發生酒後駕車之特定路段，由警察分局長或相當職務以上長官指定，實施攔停措施，並視情況於符合要件下進行酒測。若要一律對被攔停之駕駛人實施酒測，恐須另為修法。是本件解釋單獨援引警察職權行使法第8條第1項第3款，聊備一格地欲作為警察酒測依據，意圖為道路交通管理處罰條例第35條第4項之處罰取得正當性，恐怕弄巧成拙。

李大法官上述見解即明白指出：以警察職權行使法第8條第1項作為發動酒測要件依據並不妥適，且警察職權行使法第6條與第7條為一般危害防止攔檢人車查證身分，並非為維護交通安全與秩序而設。

而本文認為警察職權行使法第8條第2項之立法理由乃在防止犯罪及保障警察執勤安全，「警察人員對酒後駕車駕駛人實施強制作為應注意事項」卻將之作為對拒絕酒測者實施強制力之依據實為不妥。

實務上將警察職權行使法第8條作為非計畫性（或稱隨機）取締酒後駕車勤務之依據，而將警察職權行使法第6條第1項第6款「行經指定公共場所、路段及管制站者」、同條第2項：「前項第六款之指定，以防止犯罪，或處理重大公共安全或社會秩序事件而有必要者為限。其指定應由警察機關主管長官為之。」[42]由地區警察分局長指定轄區經分析研判易發生酒後駕車或酒後肇事之時間及地點，作為計畫性（或稱全面、集體）取締

---

[42] 警察職權行使法第6條第1項第6款係以研究案版本第8條第1項第5款：「警察對下列各款之人，得查證其身分：……五、行經指定場（處）所、路段及管制站。」及該條第2項：「前項第五款之指定，以偵辦重大刑事案件或處理重大公共安全與社會秩序事件，有必要者為限。其指定並應由該管檢察官、警察局長、警察分局長、警察機關主管長官為之。」之規定（引自李震山主持，同註31，頁225）（立法委員提案版本與之相近）為基礎進行法案審查，現行法版本之指定要件已較研究案版本放寬。若對照其所參考之德國聯邦及各邦統一警察法模範草案第9條第1項第4款「於警察為阻止刑事訴訟法第100a條或集會法第27條之犯罪，而設置之檢問所（管制站）」之規定（引自福井厚監訳，警察法研究会「連邦及び州の統一警察法の対案」，法学志林，第93卷第3号，1996年3月，頁89），其內容更顯失之寬鬆（參照梁添盛，同註11，頁198）。

酒後駕車勤務之依據[43]。即使該款配合第7條可作身分查證之依據，但實施酒測之手段依據呢？如前所述，第6條配合第7條乃為一般危害防止所授予之身分查證之依據，如何再依警察職權行使法第8條第1項予以酒測？行政法院對此有不少相關判決，多數透過解釋，將第6條與第8條予以連結[44]。惟本文認為：與其想盡辦法透過法規解釋將各條（第6條、第7條、第8條）交互援引，毋寧好好將酒測發動要件規範於道路交通管理處罰條例第35條中。

二、改進之道

（一）以該條例明文規定個別警察調查、舉發等權限[45]

現行道路交通管理處罰條例對於個別警察調查、舉發等權限規範不足，在目前個別警察調查（稽查）、舉發交通違規案件權限不足之情況下，應依行政罰法第八章予以調查，其中以行政罰法第33條及第34條為主要依據。前述警政署2022年6月6日函提示不宜逕依行政罰法第34條第1項規定將違規人帶往勤務處所，係因法院間對此見解尚有分歧。函中所提法院見解，其中之一似指臺北地方法院109年度訴字第1038號刑事判決，惟本文認為該判決，法官並非認為不能依據行政罰法第34條第1項第4款帶回勤務處所，而是認為在該案中有其他方法（依道路交通管理處罰條例第85條第1項舉發）可以處理，無依據行政罰法第34條第1項第4款將民眾帶至勤務處所查證身分之必要。

行政罰法為行政罰（秩序罰）之總則及裁處程序之普通法，若個別行政法規無裁處程序規定，應適用行政罰法，但道路交通管理處罰條例為防除交通危害之專法，有關防除交通危害之調查、舉發、取締等宜在該條例中依據各種交通危害狀況予以明確規定，並將目前部分規定在違反道路交通管理事件統一裁罰基準及處理細則第三章之規範，提升位階定至該條例

---

43 參照警政署2023年7月19日修正下達之「取締酒後駕車作業程序」。
44 參照臺北高等行政法院108年度交上字第148號判決、臺北高等行政法院111年度交上字第7號判決、高雄高等行政法院高等行政訴訟庭112年度交上字第90號判決等。
45 參照李憲人，警察官防除交通危險權限之研究，中央警察大學警察政策研究所博士論文，2013年6月，頁335-337。

中，賦予個別警察明確、符合實際需要且符合法治的調查權限[46]。

此外，對於違反行政法義務處以行政罰之違規人民，在裁罰前，除確認違規事實外，必須先確認違規者身分，惟如何確認違規者身分，除請其出示證件、告知相關身分資料外，行政罰法第34條第1項第4款規定可令其至指定處所查證身分，必要時強制其至指定處所查證身分。然而，至指定處所查證身分之方法為何並不明確。為確認身分有所謂的鑑識措施，例如按捺指紋、掌紋、照相、確定外部特徵及量身高，目的在於對人之身分確認。至於對身體之干預，如驗血、DNA檢定因為需要法官之令狀，不得為之[47]。本文認為對於已經違規之違規人，為進行裁罰，若無法確認身分，將無從裁處，從而有身分確認之必要，只是在出示證件、陳述身分資料之外，為確認身分，若已無其他更適合之方法，應可採取影像辨識、指紋辨識等科學方法。然而這需要將影像、指紋資料庫之建立使用，以法律明定其蒐集目的，並應明文禁止法定目的外之使用，對於所蒐集之資料檔案採取必要防護措施，以符合司法院釋字第603號解釋所揭示之憲法保障人民資訊隱私權之意旨。

（二）參考日本道路交通法增訂酒測發動要件

日本道路交通法第65條第1項「任何人均不得帶有酒氣駕駛車輛等」及第67條：「警察官於認定車輛等之駕駛人違反第六十四條第一項、第六十五條第一項、第六十六條、第七十一條之四第四項至第七項或第八十五條第五項至第七項（第二款除外）規定駕駛車輛等時，得命令該當車輛等停止、要求該當車輛等之駕駛人提示第九十二條第一項之駕駛執照或第一百零七條之二之國際駕駛執照或外國駕駛執照（第1項）。除前項規定外，警察官於車輛等之駕駛人關於車輛等之駕駛，違反本法（第

---

[46] 行政罰法第19條第1項規定：「違反行政法義務應受法定最高額新臺幣三千元以下罰鍰之處罰，其情節輕微，認以不處罰為適當者，得免予處罰。」惟道路交通管理處罰條例所定之法定罰有不少在新臺幣3,000元以下罰鍰，故並不適合用行政罰法第19條，乃於道路交通管理處罰條例第92條第4項授權，於違反道路管理事件統一裁罰基準及處理細則第12條明定道路交通管理之輕微違規勸導案件，以符合實際需要，乃屬適例。

[47] 參照Heinrich Scholler, Bernhard Schloer，李震山譯，德國警察與秩序法原理，登文書局，1995年11月2版，頁123-124。

六十四條第一項、第六十五條第一項、第六十六條、第七十一條之四第四項至第七項及第八十五條第五項至第七項（第二款除外）除外）或基於本法之命令規定或基於本法之處分，或因車輛等之交通致人傷亡或物之損壞（以下稱交通事故）之場合，爲確認能否使該當車輛等之駕駛人繼續駕駛該當車輛等，認有必要時，得要求該當車輛等之駕駛人提示第九十二條第一項之駕駛執照或第一百零七條之二之國際駕駛執照或外國駕駛執照（第2項）。警察官於認定乘車或欲乘車之人有違反第六十五條第一項規定駕駛車輛等之虞時，關於次項規定之措置，爲調查該人身體保有酒精之程度，得依政令之規定，檢查該人之呼氣（第3項）。前三項情形，該當車輛等之駕駛人有違反第六十四條第一項、第六十四條之二第一項、第六十五條第一項、第六十六條、第七十一條之四第四項至第七項或第八十五條第五項至第七項（第二款除外）規定駕駛車輛等之虞時，警察官得採取指示該人於恢復正常駕駛狀態前，不得駕駛車輛等之旨等爲防止道路上交通危險之必要的應急措置（第4項）。」之立法例可供參考，其規範酒後駕車之禁制規定（如日本道路交通法第65條第1項），並授予警察包含下列應有之權限手段：

1. 實施酒測（呼氣檢測）之要件（如日本道路交通法第67條第3項）[48]。
2. 防止交通危害之應急措置（如日本道路交通法第67條第4項）。

（三）在該條例中明確規定全面酒測之權限依據[49]

　　道路交通管理處罰條例第35條第4項第1款規定汽機車駕駛人，駕駛汽機車行經「警察機關設有告示執行第一項測試檢定之處所，不依指示停車接受稽查」，處新臺幣18萬元罰鍰，並當場移置保管該汽機車、吊銷其駕駛執照。此處之「警察機關設有告示執行第一項測試檢定之處所」似與目前實務上，依警察職權行使法第6條第1項第6款，由地區警察分局長指定轄區經分析研判易發生酒後駕車或酒後肇事之時間及地點而設的檢測站

---

48 日本道路交通法第118條之2規定：「拒絕或妨礙警察官依第六十七條第三項規定所爲之檢查者，處三個月以下懲役或五十萬圓以下罰金。」
49 參照梁添盛，同註11，頁201-202。李憲人，同註45，頁337。

相同。但道路交通管理處罰條例第35條第4項第1款「警察機關設有告示執行第一項測試檢定之處所」之規定爲設置後的結果，如同酒測要先有發動要件一樣，必須要在道路交通管理處罰條例中，先規定設置檢測站之要件，之後才有道路交通管理處罰條例第35條第4項之適用。

爲彌補外觀上難以認定可疑酒駕危險車輛之不足，在道路交通管理處罰條例中明定要件與程度，例如不能不分任何時間、恣意地實施，而係「在酒駕事故或酒駕多發地區[50]」，針對特定時間，實施全面酒測（一齊交通檢問），並規定該措置發動時，所應遵守之限制，如不得以將單向之三車道，封閉成只有一車道等，以兼顧公共利益與人權保障，並符合法治主義之要求。

伍、結論與建議

一、結論

學者呼籲甚久之警察職權行使法在司法院釋字第535號解釋催生下，終於在2003年6月25日制定公布，2003年12月1日施行。警察職權行使法之制定公布讓我國警察權限法制完備獲得改善，然而，警察職權行使法之定位應爲授予個別警察，於實施犯罪（危害）預防活動，得採取手段之警察權限一般法，其規範內容無法涵蓋警察完成任務所應具備的所有權限手段。從而，不要把警察職權行使法當作警察權限行使唯一的法律，各項職務執行都以警察職權行使法爲依據，特別是將警察職權行使法第6條、第7條及第8條，透過解釋，交互運用。甚至覺得不夠用，還要修法將第6條、第7條及第8條規定連結，以便更符合實務需要，如此將導致警察職權行使法之定位不清。

吾人常說，警察工作兩大重點：治安、交通，故若防除交通危害之權限不完備，對警察工作影響甚鉅，尤其是防除交通危害的最重點酒駕防制。然而，警察職權行使法爲一般法，有關交通危害之防除，應該依據道

---

[50] 這類與犯罪熱點類似的地區，應經由過去酒駕事故、酒駕案件之資料庫分析所得，絕非由警察分局長指定即可。

路交通管理處罰條例。為健全我國警察權限法制，在警察職權行使法施行二十年後，除應檢討修正該法外，個別警察權限法，例如道路交通管理處罰條例、槍砲彈藥刀械管制條例、保全業法、當鋪業法等亦應全面檢視修正，始能建立完善的、整體的警察權限法制。以道路交通管理處罰條例為例，除前述交通舉發調查手段規範不明確、欠缺酒測發動要件及個別交通危害防止權限授權缺乏等外，憲法法庭111年憲判字第1號判決所揭示違反比例原則、法律保留原則及正當法律程序等部分均亟待修法。而且修法時不應單點單條修改，應該全面檢視[51]，整體考量，如此規範體系、架構、法制才會完善。

二、建議

基於本文對警察職權行使法之定位，有關警察防除交通危害法制整備之相關建議如下：

（一）刪除警察職權行使法第8條。

（二）於道路交通管理處罰條例明定調查（稽查）、舉發之要件及程序。

（三）於道路交通管理處罰條例增訂發動酒測之要件。

（四）於道路交通管理處罰條例明定全面酒測之要件及限制。

（五）全面檢視道路交通管理處罰條例，全盤修法。

（本文曾發表於中央警察大學法學論集，第45期，2023年10月。）

---

51 李憲人博士在其「警察官防除交通危險權限之研究」博士論文中，針對整部道路交通管理處罰條例提出很多具體修法建議，亟具參考價值，請參閱李憲人，同註45，頁330-367。

第十二章

警察蒐集處理及利用個人資料之法律依據

許義寶

壹、前言

　　警察維護社會治安，須依法對相關之人、事、時、地、物爲必要之調查與蒐集資料，以作爲預防犯罪或採取行政處分、秩序罰等之依據。公權力對個人資料之蒐集[1]，屬於干預性之行政措施，依法治國家原則，在合法性上，應有明確法律依據作爲授權之規範基礎，始能兼顧人權之保護。

　　警察要完成任務，須掌握相關個人之活動資料，此屬不可或缺之工作。在犯罪偵查上，蒐集特定個人資料，亦屬必要。例如，爲防止國際恐怖分子之活動，及避免其可能對我國造成之危害，須包括蒐集其周邊相關之人的活動資料，亦屬非常必要[2]。

　　依警察職權行使法（下稱警職法）第9條相關規定，警察對於集會遊行或公共活動，認爲對公共安全或秩序有危害之虞時，爲防止危害之必要，得對參與之人攝錄影[3]。處於目前資訊與科技時代，手機與攝影設備非常普遍，公權力機關得善用科技設備之輔助，以有效處理公務，此會較有效率及得到更爲精準及正確之結果，乃時代之所趨。

　　警察實務上對有關不確定法律概念要件之適用，常須加以認定或舉證。即何種情況爲對「公共安全或秩序有危害之虞」，一般主要爲指：依情況可預見的會形成違法犯罪之行爲或違反社會秩序行爲、或會造成具體危害活動之可能情況而言。客觀的事先蒐集資料，以供事後可以比對判斷，或明確的確認違法者之具體身分及其行爲[4]。

　　依警職法第11條[5]規定，警察對於下列情形之一者，爲防止犯罪，認

---

[1] 相關文獻，請參考陳俊宏，警察蒐集資料相關問題之研究——以個人資料保護爲中心，警專學報，第5卷第7期，2014年4月，頁17-34。許義寶，警察蒐集與利用個人資料職權之研究——以警察職權行使法第十七條爲中心，高大法學論叢，第15卷第1期，2019年9月，頁71-114。許文義，論個人資料蒐集或處理之合法性，警學叢刊，第31卷第6期，2001年5月，頁249-281。

[2] 田村正博，警察における情報の取得及び管理に対する行政法的統制，産大法学，第50卷第1、2号，2017年1月，頁67。

[3] 參見警職法第9條。

[4] 相關日文文獻，請參考田村正博，同註2。池田公博，警察によるイスラム教徒の個人情報の収集・保管・利用の合憲性，メディア判例百選，2018年2版，頁92-93。

[5] 參見警職法第11條。

有必要，得經由警察局長書面同意後，於一定期間內，對其無隱私或秘密合理期待之行為或生活情形，以目視或科技工具，進行觀察及動態掌握等資料蒐集活動；其中第2款為對有事實足認其有參與職業性、習慣性、集團性或組織性犯罪之虞者。此種情形，亦屬警察蒐集治安資料之對象。

大數據應用本質上係追求資料開發的價值最大化，而個人資料保護的目的則在於保障個人對於個資的自主控制，這兩者價值各異，實難以置於同一天秤上衡量其輕重；然倘若這兩者價值間產生交錯時，孰輕孰重仍應按法益衡量方式按個案方式處理，或可調整既有框架（如採取Privacy by Design概念，或調整個資法規範或其範圍等）以尋求利益最大化的解決之道[6]。

本文擬探討警察蒐集、處理與利用個人資料之相關法律問題；釐清有關個人資料保護與警察蒐集職權之法律關係，並透過相關案例，加以分析，提出見解與看法，供作參考。

貳、公務機關蒐集處理及利用個人資料與個人資料之保護

一、隱私權與個人資料之保護

個人資料涉及個人隱私及資訊自決權[7]，警察在蒐集特定人資料時，應尊重當事人之權益[8]。依個人資料保護法（下稱個資法）第5條規定：

---

[6] 葉志良，大數據應用下個人資料的法律保護，人文與社會科學簡訊，第19卷第1期，2017年12月，第32頁。

[7] 相關日文文獻，請參考渡辺康行，「ムスリム捜査事件」の憲法学的考察－警察による個人情報の収集・保管・利用の統制－，收於松井茂記、長谷部恭男、渡辺康行編，自由の法理－阪本昌成先生古稀記念，成文堂，2015年，頁937-967。村上秀樹，個人情報の収集，利用と被害の実態，法律のひろば／ぎょうせい編，第41卷第3期，1988年3月，頁21-26。

[8] 相關文獻，請參考張陳弘，個人資料之認定——個人資料保護法適用之啟動閥，法令月刊，第67卷第5期，2016年5月，頁67-101。蕭奕弘，論個人資料保護法的法制性問題，成大法學，第23期，2012年6月，2012年6月，頁141-191。洪家殷，公務機關資料之蒐集與個人資料之保護，東吳法律學報，第30卷第4期，2019年4月，頁29-68。翁清坤，大數據對於個人資料保護之挑戰與因應之道，東吳法律學報，第31卷第3期，2020年1月，頁79-159。劉定基，雲端運算與個人資料保護——以臺灣個人資料保護法與歐盟個人資料保護指令的比較為中心，東海大學法學研究，第43期，2014年8月，頁53-106。翁清坤，論個人資料保護標準之全球化，東吳法律學報，第22卷第1期，2010年7月，頁1-60。

「個人資料之蒐集、處理或利用，應尊重當事人之權益，依誠實及信用方法為之，不得逾越特定目的之必要範圍，並應與蒐集之目的具有正當合理之關聯。」第11條第1項、第2項規定：「公務機關或非公務機關應維護個人資料之正確，並應主動或依當事人之請求更正或補充之（第1項）。個人資料正確性有爭議者，應主動或依當事人之請求停止處理或利用。但因執行職務或業務所必須，或經當事人書面同意，並經註明其爭議者，不在此限（第2項）。」[9]

從憲法理論，雖傳統認為警察機關等對個人資料加以保管，並不構成對個人隱私的侵害，但從基本權利之主體性而言，有論者指出此亦屬干預個人基本權利之措施。依德國資訊自決權內涵，要求公權力之措施，須具有明確性與特定性，遵守比例原則及符合法律的授權。另為預防洩漏個人資料或資料的濫用，在法律程序上，對有關個人資料的蒐集、保管，須有人民的代表所制定的法律，加以授權，為所必要[10]。

另資訊自我決定權，是否完全為隱私權所含括？在德國將此二者予以區分，也就是個人資料保護問題與傳統隱私權之問題，有所不同[11]。此在法理分類上，亦值得探討。

一般警察執行盤查可疑人時，得要求行為人提出其個人身分證或相關證件。國民身分證為個人資料，關涉人民身為國民自我認知之形成，主要實來自於國民身分證記載所憑之我國戶籍登記資料。國民身分證並無「形成」國民身分之效力，且相對於戶籍登記之申辦，係藉由國家裁罰權之行使而構成強制力，關於國民身分證申領後之持用，戶籍法第75條僅針對偽造、變造或冒用等有礙其真正性之行為訂有罰則[12]。

有關個人生活私密領域不受侵擾自由或個人資料自主權利，在第689號大法官解釋中，前大法官李震山指出：系爭規定對「跟追者」與「被跟

9　臺北高等行政法院110年度訴字第679號判決。

10　田村正博，同註2，頁78。

11　山本龍彥，憲法と個人情報保護法制—自己情報コントロール権論の現在，シンポジウム報告書，憲法の価値から考える個人情報保護，2022年8月24日。

12　臺北高等行政法院110年度訴字第696號判決。

追者」基本權利保護原本就不足。本件解釋所證立的「跟追者」與「被跟追者」應受憲法保障之基本權利皆屬重要基本權利，國家有踐行積極保護之義務。本件解釋為證立跟追者之「一般行為自由，特別是所屬的行動自由並聯結到新聞採訪自由」，以及被跟追者「身體權、行動自由、生活私密領域不受侵擾自由或個人資料自主權」等應受憲法保障之自由權利，在通篇解釋中，依序指出諸多得作為其內涵的相關自由與權利，包括：人性尊嚴、個人主體性、人格自由發展、知的權利、免於身心傷害之身體權、於公共場域不受侵擾之自由、健康、隱私等，其中雖有諸多重疊競合之處，正也可彰顯該應受憲法第22條保障諸多自由權利之重要性與迫切性[13]。

　　本件解釋更進一步正確地指出：「尤以現今資訊科技高度發展及相關設備之方便取得，個人之私人活動受注視、監看、監聽或公開揭露等侵擾之可能大為增加，個人之私人活動及隱私受保護之需要，亦隨之提升。是個人縱於公共場域中，亦應享有依社會通念得不受他人持續注視、監看、監聽、接近等侵擾之私人活動領域及個人資料自主，而受法律所保護。」就現代科技與風險社會中，如此重要且主要源自於「一般行為自由」並與人格發展有密切關係的前揭各項自由權利，國家對之應善盡保護義務，實無待深論。從基本權利功能理論觀點出發，憲法所保障的基本權利不僅建構出對抗國家的防禦權，同時也從基本權作為客觀價值決定或客觀法秩序，進而構成國家應積極保護基本權法益的義務，使之免於受到來自第三人的違法侵犯。此種立法者如何履行國家保護義務的問題，在結合基本權利對第三人效力時，需特別強調國家之保護不得低於必要之標準，而致違反所謂「不足之禁止」之憲法原則。至於國家保護是否及如何才足夠，行政權與立法權保有很大預測及形成空間，因此司法證立「保護不足」時，須審慎地從應受憲法保障權利之性質，其所生危害的程度與風險，相應組織、制度、程序之設計，以及所採取保護措施的有效性等為綜合判斷[14]，

13　大法官李震山，釋字第689號解釋部分不同意見書。
14　同前註。

值得參考。

二、公務機關蒐集處理及利用個人資料應遵守之原則

個人資料保護法對於個人資料之蒐集、處理或利用之限制，係本於憲法保障個人資料自主控制權之目的。「個人資料」，指關於自然人個人之「客觀」資料，且得以直接或間接方式予以識別該個人者；有其定義範圍與侷限性。在不同保護規範與適用原則上，亦應予以確認。

個人資料保護法對於個人資料之蒐集、處理或利用之限制，係本於憲法保障個人資料自主控制權而來，用以保障人民決定是否揭露其個人資料，及在何種範圍內、於何時、以何種方式、向何人揭露之決定權，並保障人民對其個人資料之使用有知悉與控制權及資料記載錯誤之更正權（司法院大法官釋字第603號解釋文參照），而所稱當事人得請求更正之個人資料，係指如姓名、出生年月日、國民身分證統一編號等，客觀上具有得以直接或間接方式識別該個人之資料，至於行政機關對於該當事人於特定事項內容之記載或其評價與判斷，自非當事人所得以本於個人資料自主控制權所得請求更正者[15]。

警察對所保管之**個人資料，應維護其正確性**。所謂「其他得以直接或間接方式識別該個人之資料」，依99年5月26日修法理由：「……因社會態樣複雜，有些資料雖未直接指名道姓，但一經揭露仍足以識別為某一特定人，對個人隱私仍會造成侵害，參考1995年歐盟資料保護指令（95/46/EC）第2條、日本個人資訊保護法第2條，將『其他足資識別該個人之資料』修正為『其他得以直接或間接方式識別該個人之資料』，以期周全。」可知僅將個人資料遮蔽並非即屬無從識別該個人資料，仍應依具體個案判斷提供之資料，是否可能涉及個人資料，而對個人隱私造成侵害[16]。

---

[15] 臺北高等行政法院110年度訴字第679號判決。

[16] 相關日文文獻，請參考山田秀樹，公安警察による個人情報の提供は違法：岐阜・大垣警察市民監視事件〔岐阜地裁2022.2.21判決〕，季刊自治と分権／自治労連・地方自治問題研究機構編，第88期，2022年，頁106-114。田井義信，警察の公安当局によるイスラム教徒の個人情報の収集・保管・利用と憲法二〇条：個人情報の流出と警視庁の注意義務違反，東京

　　個人資料之利用，其他法律另有利用之規定者，依個資法第16條第1款規定，於法律有明文規定之情形，公務機關固得為蒐集之特定目的以外之個人資料利用，然仍應受各該法律規定之限制。政府機關雖不受該特定人意思表示之拘束，應本於權責就「公開特定資訊所欲達成之公益」與「不公開資訊所欲維護之個人隱私權益」間為輕重權衡，據以決定有無為達成公益而犧牲個人隱私之必要性；於確認公開特定之資訊所欲達成之公益優於該各款規定所欲維護之公益或私益時，始得公開[17]。

三、目的性拘束原則與例外

（一）「目的拘束原則」的概念內涵

　　「特定目的」不僅是個資當事人（資料主體）權利義務關係之關鍵，更是蒐集、處理與利用資料各個行為階段的合法要件，因此判斷個人資料相關處理行為是否合法，首要且必要的判斷標準即為「目的拘束原則」[18]，學者因此稱之為個資法上的「帝王條款」。在各國個人資料保護法制規範中，幾乎都明文揭示「目的拘束原則」作為一個重要且核心的原則。個人資料的蒐集應與特定目的相關，且其利用不得逾越特定目的範圍之外，亦即必須在特定、明確且正當的目的之下蒐集、處理與利用個人資料，並且不應進行與原始目的不符之進一步處理[19]。

　　「目的拘束原則」最早為德國法在學說與憲法法院的裁判中提出並確立，其規範目的源自「資訊自決權」與國家權限分配之議題，雖然此一概念一開始並非專為個人資料保護而創設，惟從相關的法律實務中，可以

地裁平成26.1.15判決，私法判例リマークス：判例評論，第50期，2015年，頁50-53。星周一郎，街頭防犯カメラの現在——設置・管理・利用と法的規制の實態，都市問題，第102卷第8期，2011年8月，頁65-73。

[17] 臺北高等行政法院107年度訴字第787號判決。

[18] 相關文獻，請參考李惠宗，個人資料保護法上的帝王條款——目的拘束原則，法令月刊，第64卷第1期，2013年1月。范姜真媺，個人資料目的外利用之檢討——以行政機關為對象，人權、法制及訴願業務研討會，臺北市政府法務局，2017年4月。呂信瑩，個人資料保護法上目的拘束原則之探討，新學林出版，2012年12月初版。田炎欣，警察偵查犯罪侵害個人資料保護法「目的拘束原則」之探討，台灣法學雜誌，第257期，2014年10月，頁85-94。

[19] 蔡柏毅，不可須臾離也——淺介個資法帝王條款「目的拘束原則」，金融聯合徵信，第37期，2020年12月，頁56。

發現該法理已行之有年。此原則於完成個資保護立法後，即為「德國聯邦個人資料保護法」，其中「目的明確原則」規定於第14條及第28條、「利用限制原則」規範於第31條。而統合性之歐州聯盟成立後，無論1995年的95/46/EC號指令即「個人資料保護綱領」（Data Protection Directive），或2018年「個人資料保護規則」（General Data Protection Regulation, GDPR）亦均有相關規定，並影響各國個人資料保護法制的發展[20]。

（二）個人資料之目的外利用

我國個資法第16條但書，及日本行政機關個資法第8條第2項，均定有若干行政機關得為特定目的外利用保有個資之例外事由。但應注意的是，「目的外利用個資」本質上為目的拘束原則之例外，基於「例外」應從嚴之原則，相關規定要件應明確且作嚴格之解釋，以避免被過度浮濫之援用，而破壞個資法重要立法原則[21]。

如有為維護國家安全或增進公共利益所必要情形；因「國家安全」、「公共利益」均為典型不確定法律概念，為避免濫用，並避免成為公務機關擴大目的外利用之藉口，該項事由的重點應在其「必要性」之合致判斷，亦即「比例原則」於個資法之適用。資料之目的外利用，須為達成特定公共利益所必要之手段（適當性原則）；如目的內利用即可達成該公益目的，或存在多種目的外利用的選項時，應採取對當事人侵害最小者（必要性原則）；個資之目的外利用所欲達成之公共利益，與因此所造成之當事人損害（或不為目的外利用，所欲保護之當事人利益）間，應進行比較衡量，於特定公共利益之重要性明顯優先於當事人權益時，始得為合法之目的外利用（狹義比例原則）[22]。

---

20 蔡柏毅，不可須史離也——淺介個資法帝王條款「目的拘束原則」，金融聯合徵信，第37期，2020年12月，頁56。

21 范姜真媺，同註18，頁5。https://www-ws.gov.taipei/Download.ashx?u=LzAwMS9VcGxvYWQvMzc1L3JlbGGZpbGUvNDUxMDcvNzY2NjExMC8wZmQ3MDcxMS1iYjIzLTQxMjYtOTRlMS0xMjZkNmYyNGIxYjQucUGRm&n=5YCL5Lq66LOH5paZ55uu55qE5aSW5Yip55So5LmL5qqi6KiO4oCU5Lul6KGM5pS%2F5qmf6Zec54K65bCN6LGhLeS4iue2sueJiC5wZGY%3D&icon=.pdf（搜尋日期：2023年6月10日）。

22 蔡柏毅，同註20，頁59。

依大法官第603號解釋，個人資料涉及個人資料隱私權，應受到憲法第22條之保護。警察之蒐集，應有明確之法律規定或經當事人同意。

有關難謂符合個資法第16條但書所列舉各款得為特定目的外利用之案例，其原因為因公務機關對於個人資料之蒐集或處理，應有特定之目的；依個資法第15條規定，公務機關對於個人資料之蒐集或處理，應有特定之目的，並符合法定情形之一（例如執行法定職務必要範圍內、經當事人書面同意等），且應符合蒐集之特定目的，並於執行法定職務必要範圍內予以利用（個資法第5條、第16條參照）[23]，如不符合則不得為特定目的外之使用。

參、警察蒐集處理及利用個人資料之一般法律依據

一、警察向其他機關間接蒐集資料

行政機關間，依行政程序法第19條規定，有相互協助之義務[24]；但仍應遵守相關法律要件限制。因個資法在個人資料之傳遞給其他機關，作為目的外之使用有特別規定，因此應優先適用個資法之要件。

警察機關蒐集個人資料，依個資法第15條第1款規定：「公務機關對個人資料之蒐集或處理，除第六條第一項所規定資料外，應有特定目的，並符合下列情形之一者：一、執行法定職務必要範圍內。……」上開規定所稱「法定職務」係指法律、法律授權之命令、自治條例、法律或自治條例授權之自治規則、法律或中央法規授權之委辦規則等法規中所定公務機關之職務（個資法施行細則第10條規定參照）[25]。

內政部警政署組織法第2條第1項第6款及處務規程第12條第6款，警政署負責失蹤人口查尋之規劃及督導；各直轄（縣）市政府警察局之組織規程亦均明定掌理失蹤人口查尋事項。是警察機關基於特定目的（例如警政，代號：167），並於執行失蹤人口查尋職務必要範圍內，向戶政事務

---

[23] 法務部法律字第10403511320號。
[24] 請參見行政程序法第19條。
[25] 法律字第10503512050號。

所請求提供旨揭資料，以查明失蹤人口之行蹤，俾能早日尋獲失蹤人口，應可認為符合前揭個資法第15條第1款規定。

戶政事務所向警察機關提供（即利用）資料[26]，依個資法第16條但書第3款及第4款規定：「公務機關對個人資料之利用……。但有下列情形之一者，得為特定目的外之利用：……三、為免除當事人之生命、身體、自由或財產上之危險。四、為防止他人權益之重大危害。……」戶政事務所基於特定目的（例如戶政，代號：015）留存洽辦戶政業務民眾之聯絡電話，經民眾同意蒐集其個人電話號碼，以利辦理戶政業務有疑義時聯繫當事人，原應於蒐集之特定目的必要範圍內為利用，惟如係為免除當事人之生命、身體、自由或財產上危險，將失蹤個案當事人之聯絡電話提供予警察機關；或係為防止他人權益之重大危害，而提供失蹤個案當事人之親（家）屬聯絡電話，以協助儘速查明失蹤人口之行蹤，應可認分別符合個資法第16條但書第3款或第4款規定，而得為特定目的外之利用。個資法第5條規定：「個人資料之蒐集、處理或利用，應尊重當事人之權益，依誠實及信用方法為之，不得逾越特定目的之必要範圍，並應與蒐集之目的具有正當合理之關聯。」是警察機關及戶政事務所蒐集、處理或利用旨揭資料時，仍應注意比例原則之規定[27]。

警察為協助尋找失蹤人口，得透過向相關機關取得特定個人特徵等有關資料，考量此有利於當事人，應得在必要限度內，戶政機關將相關資料提供給警察機關。但因個人資料，涉及諸多隱私，亦應考量及尊重當事人之權益與比例原則。

曾發生台北市政府警察局刑事警察大隊以偵辦案件為由，行文特定醫院要求提供2014年3月24日凌晨1時至3時的病患就診病歷資料，此舉恐違反醫療法與個資法。衛福部強調，市刑大應該出面述明法律依據和犯罪事實，醫院一定要有法律依據才能給病歷，衛福部有責任保護病人隱私[28]。

---

26 請參考詹鎮榮，公務機關間個人資料之傳遞——以臺灣桃園地方法院行政訴訟102年度簡字第2號判決出發，法學叢刊，第60卷第1期，2015年1月，頁1-27。
27 發法字第1080000958號。
28 警調324急診個資 衛福部：違法，風傳媒，2014年4月10日報導。

二、警察提供個人資料給目的事業主管機關

（一）警察提供妨害青少年身心營業場所資料給目的事業主管機關

特定營業場所，出入人員複雜，有可能發生妨害風化、毒品、賭博等違法行為，為預防犯罪之目的，警察常須到此場所巡邏、盤查，依法對可疑人等加以檢查。

警察對妨害青少年身心之營業場所，提供其紀錄送各目的事業主管機關之作法，其非屬個資法第16條但書第1款之「法律明文規定」。市政府建設局（產業發展局前身）於87年間為解決對臺北市違規（法）營業動態掌握困難需要，請台北市政府警察局對於嚴重影響社會治安、涉營色情、賭博或妨害青少年身心發展之營業場所，就違規部分提供臨檢紀錄表及筆錄影本送各目的事業主管機關參處，該台北市政府警察局所為尚非屬個資法第16條但書第1款之「法律明文規定」，自不得以此作為目的外利用之依據。如認為警察機關提供臨檢紀錄表，係為協助公務機關辦理各該主管業務，則符合個資法第16條但書第2款「增進公共利益」規定，因各公務機關向警察機關請求提供臨檢紀錄表，係屬個人資料之蒐集，亦應分別判斷各公務機關有無符合個資法第15條規定。

警察機關對臨檢紀錄表之利用，以及各公務機關對臨檢紀錄表中個人資料之蒐集、處理，縱符合規定，仍應注意個資法第5條規定「不得逾越特定目的之必要範圍，並應與蒐集之目的具有正當合理之關聯」所揭示之比例原則[29]。

各機關基於管轄法定原則，有其職掌範圍；一個機關所蒐集之資料，為了達成公共利益之目的，在法律明文授權或符合相關法律規定範圍內，得將有關個人資料傳送給其他機關。例如社會安全網之有關地方政府之各機關，在資訊取得上，即應相互分享，以利即時協助個案。

---

[29] 法務部法律字第10503504760號。

（二）警察機關提供個人計程車客運業申請人之犯罪前科資料予公路主管機關

個資法第15條第1款規定：「公務機關對個人資料之蒐集或處理，除第六條第一項所規定資料外，應有特定目的，並符合下列情形之一者：一、執行法定職務必要範圍內。……」所謂「法定職務」係指於法律、法律授權之命令中所定公務機關之職務（個資法施行細則第10條第1款參照）[30]。

例如，「經營計程車客運服務業，應向所在地之公路主管機關申請核准，其應具備資格……之辦法，由交通部定之」、「有下列情形之一者，不准申辦個人經營計程車客運業登記：一、曾犯故意殺人、搶劫、搶奪、強盜、恐嚇取財、擄人勒贖或刑法第一百八十四條」等。

個資法第16條規定：「公務機關對個人資料之利用，……應於執行法定職務必要範圍內爲之，並與蒐集之特定目的相符。但有下列情形之一者，得爲特定目的外之利用：……二、爲維護國家安全或增進公共利益所必要。……」警察機關提供個人計程車客運業申請人之犯罪前科資料予公路主管機關，固屬特定目的外之利用行爲，然警察機關係基於協助公路主管機關審查個人計程車客運業申請人資格之目的，應可認屬個資法第16條第2款「增進公共利益」情形。惟此時仍應注意個資法第5條規定：「個人資料之蒐集、處理或利用，應尊重當事人之權益，依誠實及信用方法爲之，不得逾越特定目的之必要範圍，並應與蒐集之目的具有正當合理之關聯。」所揭示之比例原則[31]。

三、小結

從法律保留理論，警察蒐集處理及利用個人資料之方式，依其干預人權之程度，或警察採行直接干預或間接干預等不同，而受到不同法律規範。如蒐集屬個人自行公開之資料，符合組織法之規範，即爲合法。如爲透過干預措施，所蒐集之個人資料，則應符合作用法之明確授權，始爲合法。

---

30 法務部法律字第10403507140號。
31 法務部法律字第10403507140號。

肆、警察蒐集處理及利用個人資料之特別法律依據

一、警察使用微型攝影機之錄影資料

警察執勤依法得要求當事人提出其個人身分證件，或陳述其個人身分證字號等資料，此資料可以連結相關警政系統，以查出是否爲通緝犯、失蹤人口或當事人之正確資料。必要時，警察並得使用微型攝影機加以錄影。

（一）警察即時蒐錄特定人之影音資料

依法遇有必要情況，警察得即時蒐錄特定人之影音資料，以保全證據或作爲後續採取相關措施之依據。警察有偵查犯罪與防止危害之法定任務，在現今時代警察更須進一步提前預防犯罪或危害之發生[32]。

警察預防性干預措施之意涵；即爲預防具組織、隱密、高科技、智慧、再犯等性質之特別類型的重大危害，現代國家往往會試圖透過立法方式，授權行政機關在該「危害尙未發生」之時，即得採取限制、禁止之干預性措施，並以預防危害、風險或犯罪等公益理由，作爲干預權行使正當化之理論基礎。上述預防性的規範，大都植基於預測或預設的立場，但預測危害與具體危害之間，往往有相當落差，稍有不愼，所採取之干預措施將會侵害相對人之基本權利。此類問題之研究，在多元風險社會之科技領域頗爲常見，例如生物科技發展所隱藏諸多未知且不確定的巨大風險，人民享受新科技成果的同時，心中或已潛藏對該科技可能產生負面作用之焦慮。國家若對尙未確知，或尙有爭議的科技風險，以所謂「風險決定」爲名，採行干預或管制措施，或採取所謂實驗性立法，至少會限制研究自由或特定人之生命、身體、健康之維護與醫療權益。於警察職權行使之危害預防領域上，亦有類似之立法，其係一貫串憲法、行政法、警察法之重要新興議題[33]。

依「警察機關執勤使用微型攝影機及影音資料保存管理要點」，其第1

---

[32] 李震山主持，預防性干預措施之授權與執行之研究——以警察職權行使爲中心，行政院國家科學委員會專題研究計畫成果報告，2006年10月，頁2。

[33] 同前註，頁2。

點規定：「內政部警政署（以下簡稱本署）為規範警察機關執勤使用微型攝影機（以下簡稱攝影機）及影音資料之保存管理，以維護員警執勤安全及保障民眾權益，特訂定本要點。」

第2點：「員警因執行公務取得之攝錄影音資料（以下簡稱影音資料），不論攝錄器材係屬公有或私人財產，均受本要點之規範。」

第3點：「攝影機之使用，依下列規定辦理：（一）員警執行公務與民眾接觸前或依個案研判有開啟必要時即應開啟，並完整連續攝錄處理事件經過。（二）攝影機應於出勤前測試，確保功能正常；無法正常運作時，應即時報告主管辦理報修，攜行備用攝影機或協調借用其他攝影機，並登載於員警工作紀錄簿備查。」員警執勤使用微型攝影機，是為保障民眾權益及員警執勤安全，避免事後舉證困難，無法還原真相[34]。

為加強金融機構及財物匯集處所之安全維護，依內政部警政署訂頒「警察機關強化金融機構、金銀珠寶業、當舖業及加油站等處所安全維護計畫」之規定，於重要節日或慶典期間，視治安狀況針對營業場所周邊可疑人、車加強盤查，必要時予以錄影或照相，以維護治安及民眾生命、財產安全。

為確保民眾及相關營業處所之安全，員警執勤使用之攝錄設備及監視錄影系統，其檔案之保管、調閱、複製，均恪遵警職法、個資法，以及上開「管理要點」等相關規定辦理，在預防或偵查犯罪等維護治安勤務作為，以及保障人權隱私間，有合理之衡平。另員警執行公務與民眾接觸前或依個案研判有開啟必要時，即應開啟並完整連續攝錄處理事件經過。除保全證據，以利相關案件之偵辦處理外，因警察從事執法工作，涉及人民權益甚鉅，執勤員警也經常遭民眾投訴，若員警能出示蒐存錄製之影音資料，還原真相，也可還執勤員警的清白，避免員警遭惡意投訴檢舉[35]。

相關法律依據，為個資法第15條：「公務機關對個人資料之蒐集或

---

34 你知道嗎、警察正對你錄影 有侵犯隱私的疑慮？真相報你知，臺北市政府警察局：https://www.gov.taipei/News_Content.aspx?n=74806083EBDF5A03&s=96F482F578D5FE95（搜尋日期：2023年6月1日）。

35 同前註。

處理，除第六條第一項所規定資料外，應有特定目的，並符合下列情形之一者：一、執行法定職務必要範圍內。二、經當事人同意。三、對當事人權益無侵害。」另警職法第28條：「警察為制止或排除現行危害公共安全、公共秩序或個人生命、身體、自由、名譽或財產之行為或事實狀況，得行使本法規定之職權或採取其他必要之措施（第1項）。警察依前項規定，行使職權或採取措施，以其他機關就該危害無法或不能即時制止或排除者為限（第2項）。」可作為警察執行之依據。

　　警職法第9條為授權對集會活動之攝錄影，第10條為公共場所等之設置監視器，第11條為對特定人之長期監視。都屬於利用科技工具之蒐集個人資料。警察執勤使用微型攝影機，其目的為保障民眾權益及員警執勤安全，避免事後舉證困難，無法還原。如對違規行為之蒐證，屬於行政罰法之保全證據措施[36]。如對可疑人之查察，為防止危害之附隨措施，可以依警職法第28條之警察概括條款規定，加以適用。

（二）警察提供所攝錄之個人影像資料

　　警察公開其所攝錄之個人影像，為個人資料之利用，其公開方式須符合相關法規之規定。對於有關**警察不得任意公開其密錄器所錄個人影像之議題**，有立法委員針對警員密錄器或打擊犯罪的相關影片，長期出現在各大新聞媒體之上，造成國人對治安或社會問題產生惶恐提出質詢。其認為警察真正的責任，除要維護社會治安之外，還要力促民心安定，達成社會和諧，不是挑起爭端製造恐慌。甚至讓基層員警為配合績效曝光要求，必須與媒體合作，造成惡性循環[37]。

　　2016年警政署訂立「警察機關執勤使用微型攝影機及影音資料保存管理要點」、「警察機關警用車輛使用行車紀錄器及影音資料保存管理要點」為各種警用攝影機的使用規定。

　　依「警察機關執勤使用微型攝影機及影音資料保存管理要點」第6點

36　對違規行為之蒐證，屬於行政罰法之保全證據措施。

37　邱志偉立法委員批警界勿成社會不安的破口，台灣好報，2023年4月17日：https://news.m.pchome.com.tw/living/newstaiwandigi/20230417/index-68170807636723279009.html（搜尋日期：2023年5月16日）。

規定：「使用影音資料提供新聞媒體輿情說明、辦理犯罪預防宣導或教育訓練等公務事項時，應經分局長或相當職務以上長官或其授權人員核准始可提供；涉及刑案處理時，相關發布新聞要件、程序及應注意事項，應依偵查不公開作業辦法及警察機關偵辦刑案新聞處理應行注意要點辦理。」

　　針對「新聞媒體輿情說明、辦理犯罪預防宣導或教育訓練等公務事項」要經過上級長官核准才能提供，這應該是媒體的報導客體，而非主體。從目前新聞媒體所揭露的畫面來看，警用密錄器早已經成為報導的主體，而不是為說明的必要。甚至有些極為細微的社會事件，例如違規停車或是行人穿越馬路或路邊吵架等，竟都可以有畫面，這些枝微末節的事件，卻占據媒體巨幅版面，令人不解。

　　偵查不公開作業辦法第9條第4項明文規定：「案件在偵查中，不得帶同媒體辦案，或不當使被告、犯罪嫌疑人受媒體拍攝、直接採訪或藉由監視器畫面拍攝；亦不得發表公開聲明指稱被告或犯罪嫌疑人有罪，或對審判結果作出預斷。」曾有警界在重大刑案偵辦時，不只是帶著媒體辦案，而且是帶媒體拍刑案現場、證物，甚至拿槍枝起來使用給攝影機拍，完全不合乎偵查不公開的最基本原則[38]。

　　警察勤務所蒐集個人影像資料之公開，屬於個人資料之利用，應符合個資法之規定。如果有車牌或當事人影像，即不得任意公開；否則即有違法之問題。警察在提供給媒體前[39]，應加以審核是否合於公共利益之目的與必要性。

　　個人資料之註記與使用，主管機關應加以正確註記或依法更新或依其保存期限處理，如已逾保存期限，則應刪除。如警職法第9條規定，對於集會遊行之現場攝錄資料，除有違法情形須調查者外，應即予以刪除，以避免供作其他不符合目的之使用。

二、警察取得民間監視（錄）器之錄影資料

　　在公眾出入之場所，私人為保護其權益，得設置監視器，加以錄存相

38　同前註。
39　同前註。

關個人影像。此為基於家宅權之保護其權利作為。另警察依警職法第10條規定，亦得協調相關機關（構），設置監視器。

警察所取得私人之錄影資料，是否可以另提供給其他私人使用之問題。依政府資訊公開法（下稱政資法）第3條：「本法所稱政府資訊，指政府機關於職權範圍內作成或取得而存在於文書、圖畫、照片、磁碟、磁帶、光碟片、微縮片、積體電路晶片等媒介物及其他得以讀、看、聽或以技術、輔助方法理解之任何紀錄內之訊息。」所謂「於職權範圍內取得」，係指政府機關依其組織法或作用法行使職權所取得，是警察機關本其職權處理道路交通事故案件，於徵得民眾口頭同意後所取得之民間路口監視器或民眾自行裝置之行車錄影監視器設備等相關錄影資料，核係「於職權範圍內取得」錄影資料，屬政府資訊。

警察機關得應人民申請而提供政府資訊，但具有政資法第18條第1項各款規定情形，應不予提供，例如第2款規定，提供有礙犯罪之偵查、追訴、執行或足以妨害刑事被告受公正之裁判或有危害他人生命、身體、自由、財產者，相關資料應不予提供；另如第6款規定，政府資訊之提供，如有侵害個人隱私、職業上秘密等者，應不予提供，但有公益上之必要或經當事人同意者，不在此限。至所謂「對公益有必要」，應由主管機關就「提供個人資料所欲增進之公共利益」與「不提供個人資料所保護之隱私權益或營業上秘密」間比較衡量判斷之[40]。

警察機關對於具體個案申請，依職權審認有無政資法第18條第1項規定所列應限制公開或不予提供之事由，以判斷是否提供。倘因含有車號、經過時間、經過地點等，且技術上仍得透過其他資料之比對而識別該車輛所有權人或使用人，即屬個資法所定「得以間接方式識別」之個人資料，且係警察機關依法定權責處理道路交通事故案件，並基於「警政」（代碼167）特定目的而為蒐集、處理。

警察機關如應道路交通事故當事人或利害關係人申請而提供所詢之錄影資料，應與蒐集之特定目的相符，且屬執行上開法定職務必要範圍內，

---

[40] 以上參法務部法律字第10100202950號、法務部法律字第10300511510號。

符合個資法第16條規定,仍應注意個資法第5條規定,其利用不得逾越特定目的之必要範圍,並應與蒐集之目的具有正當合理之關聯[41]。

如為追查交通事故之肇事者資料,屬警察之工作;受害人之一方,亦有可能要求警察提供相關影像資料,此時警察應考量提供之必要性與合理性,並依政資法之規定要件,加以審核。

三、警察在道路上設置監錄系統與車牌辨識系統

(一)車牌辨識系統

利用科技協助偵查犯罪,在不違反比例原則、不過度限制人權原則下,應符合法治國原則,可以實施。車牌辨識系統俗稱「電子警察車牌辨識系統」,是協助警方犯罪偵防的利器,當「車牌辨識系統」感應到車輛經過時,就會啓動影像擷取及車牌辨識系統,進行車牌辨識、比對工作,再依使用單位的需求執行。因此,當歹徒駕駛贓車行經警方裝設「車牌辨識系統」的路段,監視器會拍下畫面,並透過網路連線作業,與資料庫交叉比對,0.2秒內就能立即從資料庫比對出可疑車輛,電腦系統一辨識出贓車立即發出警告聲響,員警馬上進行通報,由附近的巡邏車攔截,進而查獲贓車[42]。

車輛之通行,可以依其車牌號碼連結車輛之所有人資料,亦屬個人資料。其蒐集與利用,須符合法律之規定。如為贓車辨識系統,為逮捕犯罪之輔助設備,有其重大公益性,應有設置之必要,亦符合比例原則。如連結其他車輛之所有人資料,造成蒐集與使用目的不明確之情形,應另有法律授權。

(二)未具車牌辨識功能之監錄系統

警察蒐集個人資料,在於預防危害與保全犯罪證據;另一方面,一般大眾之私人行蹤或影像,亦會被蒐集保存,二者之間,有其緊張關係。

個資法第2條第1款規定:「本法用詞,定義如下:一、個人資料:

---

41 法務部法律決字第10000619030號、法務部法律字第10000036690號。

42 車牌辨識系統,2004年11月16日:https://www.merit-times.com/NewsPage.aspx?unid=345701(搜尋日期:2023年6月8日)。

指自然人之姓名、出生年月日、國民身分證統一編號、……及其他得以直接或間接方式識別該個人之資料。」第51條第1項第2款規定：「有下列情形之一者，不適用本法規定：……二、於公開場所或公開活動中所蒐集、處理或利用之未與其他個人資料結合之影音資料。」警察機關所建置未具車牌辨識功能之監錄系統，如確僅錄存不特定自然人影像，且不足以識別個人資料，尚無本法之適用[43]，惟這見解應有討論空間。

監錄系統所錄存之影像[44]，倘經與其他個人資料結合而成為能識別該特定個人之個人資料，進而有本法之適用。當事人權利之行使並非毫無限制，如有政資法第10條各款所定情形之一（如妨害公務機關執行法定職務等）則不得答覆查詢、提供閱覽或製給複製本；如監錄系統所攝錄儲存之影像資料係警察機關依警職法第10條維護治安、調查犯罪嫌疑等目的而為，其蒐集之目的尚未消失或期限尚未屆滿，依同法第11條第3項規定，則無庸主動或依當事人之請求，刪除、停止處理或利用該個人資料。中央法規標準法第16條第1項前段規定：「法規對其他法規所規定之同一事項而為特別之規定者，應優先適用之。」警職法第10條第2項對於同條第1項所蒐集資料之保存及銷毀已有特別規定，自應優先適用之[45]。

依警職法第10條規定，警察對經常發生犯罪之場所，為防止危害之必要，得設置監視器。在道路上為監視交通流量，提供必要管控措施，警察亦設有相關監視系統。

四、警察機關將臨檢紀錄與所屬員警資料庫比對

個人資料之使用，須符合目的性拘束原則[46]，否則已違反個資法及警

---

[43] 法務部法律字第0999009760號、第1000014276號、第10203500150號函。

[44] 相關文獻，請參考李震山，從公共場所或公眾得出入之場所普設監視錄影器論個人資料之保護，東吳法律學報，第16卷第2期，2004年12月，頁45-92。陳英淙，探討監視器之資料蒐集的適法性，警察法學，第19期，2020年7月，頁37-67。陳英淙，從危害概念論警察法中的資訊式職權（Informationelle Befugnisse）——以監視錄影為例探討之，軍法專刊，第65卷第5期，2019年10月，頁1-38。黃慧娟，設置防犯監視器與個人資料保護，警學叢刊，第40卷第4期，2010年1月，頁115-132。

[45] 法務部法律字第10203500150號。

[46] 特定目的外利用之原因，請參個資法第16條規定。

職法之規定。除非爲重大公共利益之需要，才能提供作爲目的外使用。

　　個資法係規範個人資料之蒐集、處理及利用，將蒐集之個人資料爲處理以外之使用者，係屬個人資料之「利用」（個資法第1條、第2條第5款規定參照）。警察機關將依法執行臨檢勤務所取得受臨檢民眾之個人資料與所屬員警資料庫「進行比對」，以確認所屬員警有無涉足不妥當場所，係屬個人資料之「利用」，須符合個資法第16條規定，始得爲之。

　　警職法第17條規定：「警察對於依本法規定所蒐集資料之利用，應於法定職掌之必要範圍內爲之，並須與蒐集之特定目的相符。但法律有特別規定者，不在此限。」公務機關對個人資料之利用，應於執行「法定職務」必要範圍內爲之，並與蒐集之特定目的相符，但爲增進公共利益所必要，得爲特定目的外之利用，個資法第16條本文及但書第2款定有明文。

　　個資法規定所稱「法定職務」，係指法律、法律授權之命令等法規中所定公務機關之職務（個資法施行細則第10條規定參照）。是警察機關基於警政特定目的（代號：167），執行警察勤務條例第11條第3款規定之臨檢職務，並依警職法第6條及第7條規定採取「身分查證」措施，蒐集受臨檢民眾之姓名、出生年月日、住居所及身分證統一編號等個人資料，並載明於臨檢紀錄表。警察機關將臨檢紀錄表之個人資料與所屬員警資料庫進行比對，則屬特定目的外之利用行爲，所稱能先期掌握違紀員警加強督導考核，達成「整飭官箴、杜絕貪腐」之目的，雖可認爲符合個資法第16條但書第2款「增進公共利益所必要」之規定，而得爲特定目的外利用。

　　個人資料之利用，應尊重當事人之權益，依誠實及信用方法爲之，不得逾越特定目的之必要範圍，個資法第5條定有明文，是個人資料之利用，除應符合個資法第16條之利用規定，並應符合個資法第5條比例原則之規定。警察機關爲查察員警風紀狀況，避免所屬員警有違紀案件發生，而將經列管之不妥當場所之所有受臨檢民眾之個人資料與所屬員警資料庫進行比對，此種全部、通案、預先之比對機制，恐有違反比例原則之虞[47]。

---

[47] 以上參法律字第10503512050號。

基於目的性拘束原則,個資法第15條對公務機關蒐集、處理一般性個資(不包含第6條敏感性個資)已明定「應有特定目的」,且符合所列之三項要件一者,始得爲之。其一,爲執行法定職務必要範圍內:此乃以該當行政機關依法令所定之職務,以界定其得蒐集、處理個資之範圍,且須在必要最少限度內。又依個資法第8條第2項第2款及第9條第2項第1款,該當行政機關爲執行法定職務不問直接或間接自當事人蒐集,均無須告知當事人,此對當事人資料自主權之保護是否周全?容有疑慮;尤以因執行法定職務自其他機關或單位間接蒐集人民個資者,因無法告知當事人,將致使人民個資在當事人不知情之暗渠間傳送、蒐集[48]。

五、通報警示帳戶之特定個人資料

對於犯罪行爲或有可疑爲犯罪之對象[49]、物品等,公權力機關要即時防制,此有其重大之公共利益考量。警職法第29條第3項規定:「義務人或利害關係人因警察行使職權有違法或不當情事,致損害其權益者,得依法提起訴願及行政訴訟。」[50]銀行法第45條之2第3項規定:「前項疑似不法或顯屬異常交易帳戶之認定標準,及暫停帳戶之作業程序及辦法,由主管機關定之。」

金融監督管理委員會依授權規定訂定之存款帳戶及其疑似不法或顯屬異常交易管理辦法第3條第1款、第3款規定:「本辦法用詞定義如下:一、警示帳戶:指法院、檢察署或司法警察機關爲偵辦刑事案件需要,通報銀行將存款帳戶列爲警示者。……三、通報:指法院、檢察署或司法警察機關以公文書通知銀行將存款帳戶列爲警示或解除警示,惟如屬重大緊急案件,得以電話、傳眞或其他可行方式先行通知,並應於通知後5個營業日內補辦公文書資料送達銀行,逾期未送達者,銀行應先與原通報機關聯繫後解除警示帳戶。」

---

[48] 范姜眞媺,同註18,頁11。
[49] 請參考謝碩駿,警察機關的駭客任務——論線上搜索在警察法領域內實施的法律問題,臺北大學法學論叢,第93期,2015年3月,頁1-78。
[50] 最高行政法院109年度上字第813號判決。

司法警察機關就警示帳戶之認定或解除，具有決定及通報權限，經其認定為警示帳戶並向銀行通報後，即發生銀行應採取存款帳戶及其疑似不法或顯屬異常交易管理辦法第5條第1款第2目所規定處理措施之規制效果，銀行僅係依據通報辦理通知聯徵中心，並暫停該帳戶全部交易功能，匯入款項逕以退匯方式退回匯款行等處理措施，並非決定者。系爭帳戶為警示帳戶通報銀行予以管制，應認系爭簡便格式表係屬行政處分[51]。

　　為制止犯罪、防止被害因有其重大公益目的，執行機關應獲得較大授權。警示帳戶之通報，此屬一種保全措施性之處分，在符合明確通報要件及不違反比例原則情形下，應有必要。

六、民衆向警察檢舉交通違規行為影像

　　依道路交通管理處罰條例（下稱處罰條例）規定，授權民衆可以檢舉部分交通之違規行為[52]。將特定車輛之違規行為影像，蒐集後提供給主管機關，加以認定裁罰。警察法第9條第7款規定：「警察依法行使左列職權：……七、有關警察業務之……交通……等事項。」將交通事項列為警察職權，為此處罰條例除明文規定警察機關為交通違規處罰機關之一，亦明文賦予交通勤務警察執行交通指揮（處罰條例第4條參照）、交通稽查及違規紀錄（處罰條例第7條參照）、舉發交通違規（處罰條例第7條之1、第7條之2參照）等權限，俾使警察機關得以達成防止交通危害之交通管理任務[53]。

　　舉發既係為舉報違規事實移送處罰機關裁處之目的，原則上自應以處罰條例所定違規行為人為被舉發人。惟處罰條例第7條之2之逕行舉發，係就汽車駕駛人之行為有該條所列情形，因當場不能或不宜攔截製單舉發，而由交通稽查人員記明之車輛牌照號碼、車型等可資辨明之資料，以汽車所有人為被通知人製單舉發，此種舉發方式，乃係考量於交通違規事實明

---

[51] 最高行政法院109年度上字第813號判決。

[52] 處罰條例第7條之1：「民衆對於下列違反本條例之行為者，得敘明違規事實並檢具違規證據資料，向公路主管或警察機關檢舉：一、第三十條第一項第二款或第七款。二、第三十條之一第一項。三、第三十一條第六項或第三十一條之一第一項至第三項。……」

[53] 最高行政法院104年度判字第708號判決。

確，卻因受限客觀環境無法當場舉發，如任由違規行為人脫逸免罰，嚴重減損交通法令及執法人員之權威，無以維護交通秩序，故始例外容許得依可辨明之汽車資料，逕以汽車所有人為被舉發人先予舉發，對於汽車所有人或非實際違規之行為人部分，則依處罰條例第85條規定處理[54]。

一般民眾之檢舉行為，屬於依法令行為，在合於必要限度內，可阻卻違法，尚不會構成侵害被檢舉車輛所有人個資權益責任。

七、對黑道幫派及有違法紀錄者其車輛上有球棒之註記

（一）蒐集黑道幫派活動資料

警職法第9條規定，警察對公開集會活動，為預防危害之必要，得加以攝錄影。另同法第11條規定，警察對有犯罪習慣與集團、組織犯罪者[55]，合於一定要件，得加以長期監視[56]。

幫派[57]分子，到處惹事生非、暴力相向，並且動輒開槍殺人毫不手軟。由相關偵辦情形可以推測，背後都牽扯到幫派勢力範圍的衝突與不法利益的糾葛。警察對於幫派分子介入暴力討債或以各種方式暴力犯罪滋擾社會治安案件，採不定時辦理「全國同步掃黑行動專案」。

警政署表示，持續掃蕩黑道幫派，不法分子的犯罪型態不斷改變，下手犯案的嫌犯往往僅是被教唆者，其背後潛藏的犯罪結構並未消滅，幕後首要分子仍然逍遙法外。警政署要求各警察機關全面盤點轄區幫派勢力，重新思考具體偵查策略，對於幫派暴力犯罪除了個案偵查及向上溯源外，應找出「其組織賴以維生的行業及據點」、整合各警察機關的團隊力量，結合第三方警政強力查緝[58]。

黑道公開活動，展現其影響社會實力，向公權力挑戰，警察機關須即

---

54 同前註。
55 請參考李寧修，公務機關合理利用特種個人資料之法定要件／最高行103判600判決，台灣法學雜誌，第269期，2015年4月，頁153-156。
56 警察長期監視，為犯罪偵查方法之一種，目前應定位為任意性之偵查作為。
57 請參考鄭善印，日本不良幫派之處理模式暨我國可以借鏡之處，警學刊，第27卷第1期，1996年7月，頁17-82。
58 鄭善印教授發言，警政與警察法相關圓桌論壇（三十五），【幫派份子處理法制之研究】會議紀錄，中華警政研究學會，2021年3月12日，頁2。中時新聞網，2021年3月4日。

時蒐證其相關活動資料，並分析採取必要措施，以避免其持續擴大勢力，危害社會治安秩序。對合法商家收取保護費、以暴力方式處理私人債務、經營色情或賭博場所等，均為其經常使用之犯罪手法。

有關犯罪偵查與個人隱私權保護之間的問題，或警察蒐集個人資料之活動，涉及犯罪偵查及隱私權的問題，在蒐集個人資料方面，依日本山本龍彥教授意見，認為認定時須以「蒐集時中心主義」原則，而有關個人資料在蒐集後，儲存、利用、分析之一連串過程，應特別重視蒐集時的影響性問題，且必須要求其具有正當性[59]。

如警察使用GPS偵查，此涉及偵查本質性的問題，因利用該方式，對個人行動持續性、全面性的監控，已明顯構成干預個人資訊隱私權[60]。即使警察使用GPS偵查的目的，在於犯罪偵查，但此亦有手段正當性之問題。即使用GPS的必要性、持續監視，及其所蒐集個人資料的後續管理問題[61]，均須加以授權及規範。

（二）對有違法紀錄者其車輛上有球棒之註記

警察此措施是否為執行法定職務之範圍，即有關「執行法定職務」應如何界定？依一般說明為：依該當行政機關之組織法及作用法所定之得管轄事項定之。按組織法一般而言為規範行政機關內部組織方式、事務運作方法、權限分配，為抽象性、概括性宣示之權限規定。而作用法則為行政機關對外具體行使職權之依據，因行政機關對外行使職權通常對人民之權利、利益造成干預，依法律保留原須有具體法令為授權依據並劃定職權行使範圍。行政機關不能僅依組織法內有關抽象權限之規定，在無作用法之依據下，對人民採取干預其權利、義務之措施。從而行政機關執行法定職務蒐集人民個資，必須同時有行政組織法及作用法之依據，不得僅憑組

---

[59] 中曾久雄，GPS捜査とプライバシー權，愛媛大学教育学部紀要，第64期，2017年12月，頁247。

[60] 山本龍彥，憲法と個人情報保護法制—自己情報コントロール權論の現在，シンポジウム報告書，憲法的價值から考える個人情報保護，2022年8月24日。

[61] 中曾久雄，同註59，頁249。

織法概括之職權規定即逕行為之[62]。警察蒐集個人資料，須符合職務範圍內，對於街頭滋事分子，警察須預先加以防範。在執行勤務過程中，如發現行為人車輛內有球棒等器械，依情況可加以註記，先行蒐集，以有效維護治安。註記為將此客觀情況資料，加以儲存，以供後續利用比對之用。

前內政部長表示，「警方臨檢發現車內有危險物品將進行註記」的部分，為避免誤解，進一步說明，只有當警方臨檢發現車內有刀械、球棒、或其他危險物品，且攜帶者有暴力、詐欺、地下錢莊、幫派組織背景者，才會予以註記，「一般民眾進行運動等並不會註記，請民眾不用擔心」[63]。

此註記方式應很有必要，因能預先掌握、制止不法行為。現今時代，警察透過影像資料之蒐集分析、建檔比對，應屬一項重要工作。但應符合必要原則，及有危害可疑，經詢無正當目的[64]，始得加以蒐集註記。

伍、結論

本文探討警察蒐集、處理及利用個人資料之相關法律依據問題；在現今資訊科技發達時代，犯罪類型與手法，一日數變，警察在偵查犯罪上須蒐集甚多特定相關之個人資料。又今日危害來源，有許多不確定性與急迫性；警察為預防可能發生之危害，須先行蒐集必要之個人資料，以作為即時防止危害與判斷之基礎資料。

一般社會大眾個人隱私與其個人資料，在今日時代，很難完全受到保護。隱私與個人資料，涉及個人人格權、肖像權、行動自由權、資訊自決權等。在民主自由法治國家，應受到憲法與一般法律之保護，以維護個人基本權利。對此，為公共利益目的之蒐集與處理利用個人資料，如何與保護個人資料間，相互取得平衡，屬今日時代應面對之議題。

---

62 范姜真媺，同註18，頁11。
63 警方臨檢發現車內有危險物品，將進行註記，中央社，2021年11月22日。
64 人民在外攜帶器械，如無正當目的之行為，有可能會造成危害之顧慮，已違反社會秩序維護法之規定。

　　警察蒐集個人資料，須符合法律授權目的，屬於警察職務上行為。警察可以透過直接或間接方式，蒐集個人資料。如透過向其他機關取得個人資料；在機關間之傳遞個資，仍須符合相關之法理與法律依據。提供資料之一方，要加以審核該所傳遞資料屬性內容，是否符合特別法律之規定與其必要性。

　　警察處理與利用個人資料，常要加以比對或過濾特定個人之身分與其行為等資料，判定是否有造成危害，或其他違法犯罪。但如該資料之利用，會造成人民基本權受到過度干預限制，則要受到比例原則之限制。如警察將為維護治安所設置之監視器影像資料，提供作為取締交通違規之用，即不符合目的性拘束原則、比例原則及明確性原則之要求。另如對於防止重大危害或組織犯罪之行為，因該危害行為之性質，屬於對社會法益造成重大影響，為抗制之目的，有必要適度授權警察得預先採取必要有效之蒐集資料等措施，以即時有效維護社會之重大公共利益。

（本文原發表於2023年警政與警察法學學術研討會，「警察職權行使法20週年回顧與展望」，中央警察大學行政警察學系與法律學系主辦，2023年6月20日，後經修改與補充而成。）

第十三章
警察透過資訊科技進入電腦蒐集資料的法律問題

黃清德

壹、前言

現代國家面對風險社會潛在的不確定情況，爲有效預先防範風險轉變爲危害，以避免危害發生，必須採取許多蒐集資訊的措施，往往會試圖透過立法方式，授權行政機關在該「危害尚未發生」時，即得採取限制、禁止的干預性措施，並以預防危害、風險或犯罪等公益理由，作爲干預權行使正當化的理論基礎，尤其爲預防具有組織、隱密、高科技、智慧、再犯等性質之特別類型的重大危害。這些預防性的規範，例如警察職權行使法規定爲預防發生危害在公共場所設置監視器錄存或監視個人的活動蒐集資料[1]、集會遊行活動的蒐集資料[2]、長期跟監監視[3]、遴選第三人蒐集資料[4]、盤查查證身分及交通工具[5]、治安顧慮人口查訪[6]；道路交通管理處罰條例規定有特定範圍的前科紀錄者，不得從事計程車駕駛人[7]；保全業法規定有特定範圍的前科紀錄者，不得擔任保全人員[8]等。這些預防性的規範，大都植基於預測或預設的立場，預測危害與具體危害之間，往往存在著相當落差，稍有不愼，所採取的干預措施將會侵害相對人的基本權利[9]。

現今資訊社會，電腦及網際網路在人們的生活中扮演了極為重要的角色，尤其近年恐怖攻擊事件及其相關活動在國際間日趨頻繁，恐怖分子爲避免被發覺，多不再使用傳統的書信或電話通訊方式，轉而使用隱密性極高的電腦與網際網路系統，以降低違法行爲被國家發現的風險並且增強破壞力，更加助長了利用科技犯罪的風潮。因此，傳統的國家安全防禦或偵查措施，例如實體的搜索、扣押等措施，恐怕已經無法有效完成安全偵

---

1 參閱警察職權行使法第10條。
2 參閱警察職權行使法第9條。
3 參閱警察職權行使法第11條。
4 參閱警察職權行使法第12條到第14條。
5 參閱警察職權行使法第6條到第8條。
6 參閱警察職權行使法第15條。
7 參閱道路交通管理處罰條例第37條。
8 參閱保全業法第10條之1。
9 李震山，公權力運用科技定位措施與基本權利保障，人性尊嚴與人權保障，元照出版，2009年3版，頁265。

防或犯罪偵查任務，而必須隨著科技發展考慮更隱密有效的危害防禦或偵查措施。監視與蒐集在網路系統上傳遞或存取的資訊，被視爲有效且必要的隱密資料蒐集或偵查措施[10]，透過資訊科技進入電腦蒐集資料（Online-Durchsuchung），這種新型態的危害防禦或偵查措施出現，容許國家機關在一定條件下，可以透過科技隱密方式，入侵特定網路資訊系統，並監視、蒐集儲存在電腦上的資訊，需要特別法律授權[11]。這種對於網路資訊的監視與資料蒐集，並非傳統針對實體物的搜索、扣押或通訊監察措施所能涵蓋。傳統對實體的搜索、扣押，執行時必須有第三人在場，僅能針對現實空間進行搜索，或者將整部實體電腦扣押，並進一步檢視電腦硬碟內的資料；而通訊監察雖然能夠對他人正在進行中的通訊活動進行監聽，但當他人通訊活動已經終止，且資訊留存於電腦空間，即無法透過通訊監察蒐集該資訊。國家蒐集網路上資訊已經成爲危害防禦的有效且必要的蒐集資料措施，其對於人民權利的干預強度並不亞於搜索、扣押及通訊監察等相類似的國家行爲。

德國北萊茵西伐利亞邦2006年12月20日通過的憲法保護法（Gesetz über den Verfassungsschutz in Nordrhein-Westfalen）第5條第2項第11款，授權憲法保護局爲取得資訊，得採取秘密觀察網路並蒐集網際網路資料，特別是可以隱藏性侵入網路通訊或搜尋網路通訊，以及運用科技方法秘密蒐集儲存在電腦中資訊，聯邦憲法法院在2008年宣告該規定因爲欠缺完整配套措施違憲[12]，後來北萊茵西伐利亞邦因此修正憲法保護法規定以爲因應。近年德國警察也採取透過資訊科技進入電腦蒐集資料措施[13]，爲因應該聯邦憲法法院判決，德國聯邦與各邦警察法也紛紛立法因應，例如巴伐利亞邦警察任務及職權法（Gesetz über die Aufgaben und Befugnisse

---

[10] Manfred Hoffmann, Die Online-Durchsuchung-staatliches "Hacken" oder zulässige Ermittelungsmaßmahne?, NStZ 2005, S. 121.

[11] 李震山，行政法導論，三民書局，2019年2月修訂11版，頁471。

[12] BVerfG, 1 BvR 370/07 vom 27.2.2008, Absatz-Nr. 165.

[13] 參見Michael Ronellenfitsch，「行政罰與刑事罰界線問題之探討」開幕式專題報告「Polizeirecht und Datenschutz」，2013第一屆國際暨兩岸學術研討會，眞理大學，台北，2013年5月1日。

der Bayerischen Staatlichen Polizei, BayPAG）、萊茵伐茲邦警察及秩序機關法（Rheinland-Pfälzischen Polizei-und ordnungsbehördengesetzes, RhpfPOG），增訂相關配套措施，作爲執行依據。2011年，德國巴伐利亞等邦官員對外表示，曾經運用木馬程式監控竊盜、詐欺、毒品案犯罪嫌疑人的電子郵件及網際網路上的語音通訊，並截取其螢幕截圖[14]。聯邦憲法法院又於2016年4月20日[15]與6月15日[16]分別對於聯邦刑事局法、巴伐利亞邦警察任務及職權法關於透過資訊科技進入電腦網際網路資料蒐集規定的合憲性，作成判決，足見此問題的重要性。2017年德國刑事訴訟法第100b條，立法授權爲了調查重大犯罪的嫌疑人或共犯等理由，得採取此項措施。近期則爲聯邦憲法法院2022年12月9日裁定[17]，對於Mecklenburg-VorPommern邦公共安全秩序法（2020年6月5日生效）第33c條第1項第二句及第5項第2款授權警察得以線上搜索（Online-Durchsuchung）方式偵查或追緝犯罪，將線上搜索規定，不當連結並適用「預防恐怖活動行爲」之規定，該移花接木的結果，使基本法第13條保障居住自由須達「急迫危害」（Gefahr im Verzuge）的職權發動門檻，降低或提前至「風險預防」的層級與階段，並違反法律明確性原則，非憲法所許。

　　近年我國爲因應恐怖攻擊事件，也在行政院下設有國土安全辦公室，綜合國內各情治機關蒐集的情資，進行研析和橫向溝通協商，如果發現可能有恐怖攻擊的危機，就會向行政院建議發出不同等級的警報，由相關單位採取因應行動。危害防止是警察主要任務，如果有恐怖攻擊事件發生或爲防止重大法益危害，是否也允許警察機關採取透過資訊科技進入電腦蒐集資料措施？警察機關這種透過科技方式，秘密的監視、蒐集人民電

---

[14] Nicholas Kulish, *Germans Condemn Police Use of Spyware*, N. Y. Times, Oct. 14, 2011, https://www.nytimes.com/2011/10/15/world/europe/uproar-in-germany-on- police-use-of-surveillance-software.html, last visited 04.23.2019

[15] BVerfG, 1 BvR 966/09 vom 20.4.2016.

[16] BVerfG, 1 BvR 2544/08 vom 15.6.2016.

[17] BVerfG, 1 BvR1345/21 vom 9.12.2022. 參閱李震山大法官專題演講，論警察職權行使法中「以科技工具」蒐集或利用資料之依據——借鑑德國聯邦憲法法院的兩則裁判，警察職權行使法施行20週年之回顧與展望學術研討會論文集，中央警察大學，2023年6月20日，頁8-9。

腦系統內的數位資料，在法律上應如何評價？均有待進一步加以釐清。在我國警察法危害防止領域內，現行法制上有無可資適用的規定？或是該如何透過立法程序因應，尤其在實體上應具備何種要件，應經過何種程序，以避免以追求提升行政效率或保障國家安全為名，發動對人民廣泛性監控，過度侵害人民的自由權利，將會成為無可迴避的重要課題，值得探討與深思，也深具研究價值[18]！本文主要以警察法領域為研究範圍，討論透過資訊科技進入電腦蒐集資料涉及的人權問題、德國聯邦憲法法院的相關判決與法制，以及我國警察法上的法律依據，最後提出結論與建議。

貳、透過資訊科技進入電腦蒐集資料涉及的基本人權

所謂透過資訊科技進入電腦資料蒐集又稱之為線上搜索（Online-Durchsuchung），係指警察機關為了蒐集儲存在電腦與網路上的資料，透過資訊科技侵入被蒐集的網際網路的目標系統，有效取得在網路系統上儲存的資訊，或監視他人在網路空間的活動歷程[19]，這種新型態的危害防禦或偵查措施出現，容許警察機關在一定條件下可以入侵特定資訊系統，並監視、讀取與使用存於該電腦的資訊。透過資訊科技進入電腦蒐集資料的方式在技術上可以做到，尤其在「危害尚未發生」時即得以蒐集資料，問題是在法律上是否允許，尤其這措施強烈干預人民居住自由、營業自由、資訊隱私權、一般行為自由、人性尊嚴等基本人權，會涉及到我國現行法制上是否有相關的授權依據，說明如下：

一、憲法明文列舉的人權

（一）居住自由

憲法第10條規定人民有居住自由，旨在保障人民有選擇其居住處所，私人生活不受干預的自由。居住自由的保護領域，係指任何人在其居住空間內享有一安寧居住空間，國家公權力不得非法侵入。國家如果透過

---

18 林明鏘，由防止危害到危險預防，警察法學研究，新學林出版，2011年，頁37。
19 BVerfG, 1 BvR 370/07 vom 27.2.2008, Absatz-Nr. 5.

資訊科技進入住宅中的電腦蒐集資料，是由侵入住宅或穿透住宅的方式爲之，也構成居住自由的干預；透過網際網路上蒐集資料樣態繁多，未必都是由入侵住宅的方式爲之，例如對於在住宅以外場所使用手機、手提電腦的情形，因此必須要有其他基本權的保護，才能避免浮濫透過資訊科技進入電腦蒐集資料[20]。

（二）營業自由

我國憲法沒有明文提及職業自由、工作自由或營業自由，但依照司法院大法官解釋，憲法第15條規定人民之工作權應予保障，包括人民得自由選擇工作及職業的自由[21]，亦包括營業自由[22]、營業秘密[23]。警察機關透過資訊科技進入電腦蒐集資料時，容易看到不相關人的信件內容與資料，尤其進入蒐集的如果是公司的電腦時，會蒐集察看到該公司客戶儲存於其電腦系統中的資料[24]，或營業上的機密資料，凡此種種皆涉及營業自由。

二、憲法未明文列舉的人權

（一）資訊隱私權

我國憲法並未明文保障隱私權，直到司法院釋字第585號解釋，大法官明白地表示隱私權爲憲法第22條所保障的權利，並揭示維護人性尊嚴與尊重人格自由發展，乃自由民主憲政秩序的核心價值，基於人性尊嚴與個人主體性的維護及人格發展的完整，爲保障個人生活私密領域免於他人侵擾及個人資料的自主控制；大法官在釋字第603號解釋詳細地闡述資訊隱私權，乃保障人民決定是否揭露其個人資料，及在何種範圍內、於何時、以何種方式、向何人揭露的決定權，並保障人民對其個人資料的使用有知悉與控制權及資料記載錯誤的更正權，確定隱私權屬憲法第22條所保障的

---

20 陳英鈐，通訊監察保障之建置及運用——論德國聯邦憲法法院線上搜索與資訊隱私權保護判決對我國基本權體系應有的回應，21世紀資訊法治之新趨勢學術研討會論文集，台灣行政法學會，2010年1月30日，頁84-85。
21 參閱司法院釋字第404、411、510、514、584、606、612號解釋。
22 參閱司法院釋字第538號解釋。
23 參閱司法院釋字第585號解釋理由書。
24 李震山，同註9，頁259。

權利。個人資料有其私密性，因此隱私權中有關個人資料的部分，即稱之為資訊隱私權[25]。

「資訊自決權」則是較屬於德國法的概念與用語[26]，乃由德國聯邦憲法法院於1983年人口普查案判決[27]，自一般人格權進一步闡釋發展出資訊自決權理論[28]，亦即所有的個人資料均受到保護[29]，人有權自己決定，是否或在如何範圍內公開個人資訊，而且資訊的使用過程也必須是依據當初蒐集的目的[30]。亦即「資訊自決權」，係指每個人基本上有權自行決定，是否將其個人資料交付與利用[31]。我國大法官釋字第603號解釋揭示人民對其個人資料之使用，有知悉與控制權及資料記載錯誤之更正權。易言之，個人資料非經本人許諾，不得任意蒐集、儲存、運用及傳遞，若基於公益的理由，必須限制該權利，當然必須具備憲法上要求的原則。資訊自決權肯認每一個人對於涉及自己資料提供、利用的決定過程，皆有積極參與及形成自我決定的可能，並且尚得以之作為抗拒他人恣意干涉的消極自由權，唯有如此，作為主體性的個人，其人性尊嚴，才不致受貶損[32]。從大法官第603號解釋的見解來看，資訊自決與資訊隱私權實為一體的兩面，所指涉的範圍似乎沒有什麼差距。

警察透過資訊科技進入電腦，人民在不知情的狀況下，儲存在電腦中

---

[25] 李震山，資訊權——兼論監視器設置之法律問題，多元寬容與人權保障——以憲法未列舉權之保障為中心，元照出版，2007年2版，頁196。

[26] 黃昭元，無指紋則無身分證？——換發國民身分證與強制全民捺指紋的憲法爭議，民主人權正義——蘇俊雄教授七秩華誕祝壽論文集，元照出版，2005年，頁469。

[27] BVerfGE, 65, 1ff. 判決中譯，參閱蕭文生，關於「一九八三年人口普查法」之判決，西德聯邦憲法法院裁判選輯（一），司法週刊雜誌社，2000年，頁288以下。

[28] Vgl. Ingo von Münch/Philip Kunig/Brun-Otto Bryde, a.a.O. (Fn.24), Art. 1 Rn. 36.

[29] 德國聯邦憲法法院關於人口普查案中指出：「欲決定資訊自決權對於國家要求國民提供涉及人身資料之侵害的作用範圍，不能只針對資料的性質而定，決定性的因素乃在於資料實用性和使用可能性。就此，一方面取決於該資料蒐集所欲追求的目的，另一方面則視資訊技術上，資料處理與資料結合的可能性而定；一項原本看來不重要的資料，可能在資料處理後得到新的意義，就此而言，在自動化資料處的情形下，已不再有所謂『不重要』的資料存在。」參閱李震山，同註9，頁229。

[30] Walter Schmitt Glaeser, Schutz der Privatspäher, in: Heidelberg, Handbuch des Staatsrechts der Bundesrepublik Deutschland, Bd. 6.1989, S. 66 Rn. 43.

[31] 李震山，同註9，頁221。

[32] 李震山，同註9，頁214-215。

的資料，例如電子郵件、電腦書寫的文字、照片、購物紀錄、通訊錄、甚至整個家庭生活上點點滴滴的紀錄等各項輸入的資料，都被秘密地蒐集，人民無法充分安全的綜觀哪些涉及自己的資料，已經被蒐集或利用等，而無法決定其公開個人資料的範圍；即使知道資料已經被蒐集，但也無法知悉或參與後續資料的利用、保存問題，亦會使資訊自決權受到影響，這種趨勢無疑地已強烈威脅到個人資料的隱密性以及自主決定的權利，當個人資料輕易地暴露於有心人的侵襲與操控之後，個人隱私及其權益尊嚴飽受威脅，嚴重受到侵害。

（二）一般行為自由

　　一般行為自由（Allgemeine Handlungsfreiheit）係指一般人格權（Allgemeine Persönlichkeit）中的行為自由，即在遂行人格自由發展中，個人行為除非傷及他人權利，或違反憲政秩序或道德法（Sittengesetz），應有其完全作為或不作為的自由。我國憲法第22條規定：「凡人民之其他自由及權利，不妨害社會秩序公共利益者，均受憲法之保障。」分別以正面與反面的規範方式，規定憲法所保障的自由權利，不限於憲法所明文列舉。憲法第22條從文義而言，係概括性權利規定，從理論言，應為導出「新興人權」保障的重要規定。

　　警察利用資訊科技進入電腦蒐集資料干預基本權的同時，往往也干預了一般行為自由，對個人自主決定本身的干預，將造成個人不願意或不放心將資料儲存在電腦中的心理制約[33]，進而導致在思想、言語、行動各層面上的「精神上寒蟬效應」，並可能同時影響民主社會重要的價值秩序：思辨民主的形成[34]。

（三）人性尊嚴

　　德國基本法第1條第1項規定：「人性尊嚴不可侵犯，對其之尊重與保護係所有國家權力之義務。」我國憲法增修條文第10條第6項規定：

---

[33] 李震山，個人資料保護與監視錄影設置之法律問題研究——以警察職權行使法第十條為中心，警察法學，第4期，2005年12月，頁47。

[34] Andrew E. Taslitz, *The Fourth Amendment In The Twenty-First Century: Technology, Privacy, And Human Emotions*, 65: 2 Law and Contemporary Problem. 125, 127 (2002).

「國家應該維護婦女之人格尊嚴，保障婦女之人身安全，消除性別歧視，促進兩性地位之實質平等。」得否作為人性尊嚴保障的直接依據？李震山大法官認為從規範內容的目的言，依該條文的解釋，不應得到國家只維護婦女人格尊嚴的結論，因為在同條文中有「……消除性別歧視，促進兩性地位平等」。在整個條文的邏輯、結構與體系上看，既是強調兩性平等，在解釋上自不得引用「列舉其一，排除其他」的法理，排斥男性的人格尊嚴保障，應是所有「人的尊嚴」皆需保障[35]。該條文中捨人性尊嚴而採人格尊嚴，兩用語或有其差異，人性尊嚴即是人的尊嚴，其核心在強調每個人有「人格自我形塑」的自治自決權，從而每個人有其獨立性，以及個人間有其差異性。人性尊嚴除自主性外，尚包括不得以自主權為前提，將自身物化、商品化、工具化。人性尊嚴也是先國家性的基本權的一種[36]，乃生為一個人即擁有的權利，無待國家加以規定，國家不得加以剝奪[37]。

警察機關如果為發現真實，不計代價採取任何非法手段，不當運用資訊科技進入電腦蒐集資料，尤其過程中許多非犯罪嫌疑人與非滋擾者成為資料被蒐集的對象，嚴重限制個人自我決定權，連帶干預到第三人的權利，已因侵害個人的主體性以及自由應受尊重「內在領域」的自由，而傷及人性尊嚴。

三、小結

警察機關為了蒐集儲存在電腦與網路上的資料，透過資訊科技侵入被蒐集的網際網路的目標系統，有效取得在電腦網路系統上儲存的資訊，或監視他人在網路空間的活動歷程，尤其在「危害尚未發生」時即得以蒐集資料，在技術上可以做到，但問題是在法律上是否允許？尤其這措施強烈干預人民居住自由、營業自由、資訊隱私權、一般行為自由、人性尊嚴等基本人權，應該要有明確的法律授權依據，以符合法治國的要求，而我國

---

[35] 李震山，同註9，頁20-22。

[36] 人性尊嚴是否為一項獨立基本權？相關論述詳請參閱李建良，自由、平等、尊嚴（下）——人的尊嚴作為憲法價值的思想根源與基本課題，月旦法學雜誌，第154期，2008年3月，頁199-200。李震山，同註9，頁21-23。

[37] 李惠宗，憲法要義，元照出版，2015年7版，頁92。

現行法制上是否有相關的法律授權依據，應加以深思與探討，面對新興資訊科技問題，法律應如何審查新興科技所產生的基本權利侵害，將是一個新的挑戰。

參、德國聯邦憲法法院關於透過資訊科技進入電腦資料蒐集判決與法制

一、德國透過資訊科技進入電腦蒐集資料的法制概況

德國聯邦最高法院判決指出，刑事訴追機關執行透過資訊科技進入電腦網際網路蒐集資料，並無法在刑事訴訟法上找到法律依據[38]，德國聯邦與各邦紛紛提出法律修正案，以回應判決的要求。德國北萊茵西伐利亞邦在其邦法位階之憲法保護法（Verfassungsschutzgesetz）中明文規範線上搜索，授權邦憲法保護局（Bundesamt für Verfassungsschutz）得基於危險防禦目的，在一定條件下侵入他人資訊系統進行線上蒐集資料。憲法保護法第5條第2項第11款，明文規範授權憲法保護局得為預防性的秘密線上蒐集資料與監控[39]（heimlicher Zugriff auf informationstechnischer System）：為取得資訊作為情報手段，憲法保護局得採取秘密觀察網路並進行其他搜尋，特別是秘密侵入網路通訊或搜尋網路通訊，以及運用科技方法秘密蒐集資訊科技體系，憲法保護局可以藉此監視網路通訊及透過技術性方式獲取其內容。此項規定包含秘密參與以及秘密蒐集兩個特別的干預構成要件，但是兩者皆被聯邦憲法法院認為該規定欠缺完整配套措施宣告違憲[40]。後來北萊茵西伐利亞邦憲法保護法、德國聯邦刑事局法、巴伐利亞等邦警察法紛紛修法加以因應。2017年7月18日德國刑事訴訟法第100b條，立法授權為了偵查該條第2項所指特別重大犯罪的嫌疑人或共犯，或

---

[38] Vgl. Manfred Hoffmann, a.a.O. (Fn. 10), S. 121; BGHSt 51, 211; BVerfG, 1 BvR 370/07 vom 27.2.2008, Absatz-Nr. 7. 轉引自陳英黔，通訊監察保障之建制及運用——論德國聯邦憲法法院線上搜索判決對我國資訊隱私權的啟發，收於台灣行政法學會主編，資訊法制、土地規劃與損失補償之新趨勢，元照出版，2010年9月，頁293-312。

[39] BVerfG, 1 BvR 370/07 vom 27.2.2008, Absatz-Nr. 5.

[40] BVerfG, 1 BvR 370/07 vom 27.2.2008, Absatz-Nr. 165.

是利用其他方式調查事實或確定被告的所在地將更加困難或無望時，得採取此項措施，該立法採重罪原則、最後手段原則及比例原則。

二、德國聯邦憲法法院關於透過資訊科技進入電腦蒐集資料判決

本案[41]的原告有1a、1b、2a、2b、2c等五人，1a是新聞記者，主要從事線上出版的工作，因工作性質，常常瀏覽反憲法之人及組織的網站，他也與他人共同經營網站聊天室，致力於資料保護問題，右翼極端分子亦會參加其聊天室。1a為了私人及工作的目的，於硬碟中儲存這些資訊。1b為北萊茵西伐利亞邦左派政黨（DIE LINKE）中的積極成員，遭受到該邦憲法保護局的監視，其使用自己的電腦接連網路從事政治活動，也使用網路為私人通訊以及金融帳戶進行消費的交易。2a與2b為法律事務所的合夥人，2a專門為尋求政治庇護者代言，而其客戶中有一個為庫德族勞工黨（PKK）的領導人，也受到憲法保護局的監視，2a使用其家中及辦公室連接電腦的網路，辦公室的網路同時也被2b及2C使用，2C為受雇於法律事務所的自由業者[42]。這五名提起憲法訴願的訴願人本身並非憲法敵對人士或敵對組織的成員，但卻因為透過網路與被憲法保護局監視的人士有某種聯繫，因此成為憲法保護局線上蒐集資料的對象。原告以北萊茵西伐利亞邦（Nordrhein-Westfalen）憲法保護法中相關的秘密線上蒐集資料與監控條文違反基本法第2條第1項連結第1條第1項人格權保護、基本法第10條第1項通訊自由權以及基本法第13條第1項家宅不受侵犯權為由，向聯邦憲法法院提起憲法訴願。

此種為因應極端主義及恐怖主義者，利用資訊科技經由網際網路侵入

---

[41] BVerfG, 1 BvR 370/07 vom 27.2.2008, Absatz-Nr. (1-333).

[42] BVerfG, 1 BvR 370/07 vom 27.2.2008, Absatz-Nr. 116-118. 另請參閱林佳儀，國家進行非侵入性線上資訊蒐集分析之基本權利類型探究——以「電腦基本權」創設問題為中心：http://www.law.ntu.edu.tw/center/%E5%85%AC%E6%B3%95%E4%B8%AD%E5%BF%83/graduate_file/%E5%9C%8B%E5%AE%B6%E9%80%B2%E8%A1%8C%E9%9D%9E%E4%BE%B5%E5%85%A5%E6%80%A7%E7%B7%9A%E4%B8%8A%E8%B3%87%E8%A8%8A%E8%92%90%E9%9B%86%E5%88%86%E6%9E%90%E4%B9%8B%E5%9F%BA%E6%9C%AC%E6%AC%8A%E5%88%A9%E9%A1%9E%E5%9E%8B%E6%8E%A2%E7%A9%B6.pdf（搜尋日期：2023年11月18日），該文參考德國聯邦憲法法院，認為我國亦有發展出電腦基本權新興權利之空間，使基本權利保障盡可能無漏洞之功能。

電腦蒐集資料，若國家用以往的資料蒐集方法，例如查封電腦及儲存硬碟難以獲得，而且不同於搜索房屋，人民無法事前受到警告，甚至可以得到使用者當下正在使用的資訊，如果長期監視更可遏止有關加密及其他預防措施，並且可以蒐集密碼以及個人的使用習慣，這些皆是傳統的調查方法難以獲得的。這種資料蒐集措施，引起了德國法學界許多的討論，認為其究竟是一種國家「駭客」或者是合法調查措施[43]；法院實務上態度前後也有很大的改變，2006年2月21日德國聯邦最高法院肯定其合法性，認為屬於德國刑事訴訟法中的搜索，但在同年的11月25日，聯邦最高法院一反前述立場，認為這種措施違法，2007年德國聯邦最高法院仍維持此一立場，認為這種資料蒐集措施不屬於刑事訴訟法中的搜索，且刑事訴訟法中也沒有任何依據[44]。

　　德國聯邦憲法法院於2008年2月27日宣布，北萊茵西伐利亞邦2006年12月20日立法通過，為了國家安全的目的，賦予國家得於電腦及網路上蒐集人民資訊的權力，所制定的北萊茵西伐利亞邦憲法保護法第5條第2項第11款規定違憲，並認為現有的基本權出現漏洞，故創設電腦基本權，作為一般人格權保障的特殊面向，其從德國基本法第1條第1項人性尊嚴的保障及基本法第2條第1項一般人格權中導出，認為科技資訊系統親密性與整合性保障權，旨在確保使用者所創造、擁有及儲存在資訊科技系統中的資訊的利益受到保障而可維持其秘密性，此為保障個人主體性及人性尊嚴所不可或缺[45]。此基本權所保障的客體涵蓋的範圍包括儲存於網路服務提供中的資料，如其所提供的儲存空間以及短期記憶體中的暫時性或永久性資訊，故可保障人民使用網路的過程當中，各種紀錄不受國家任意的蒐集、分析，亦可解決居住自由限定於空間面向的保障不足的情形，其所欲保障者為利用網路的秘密性及人格的整合性，故人民利用網路、網站的過程中，所需附隨公開或透露給資訊交換者之片段、零碎的資訊，國家亦不得

---

[43] Vgl. Manfred Hoffmann, a.a.O. (Fn.10), S. 121.

[44] 何賴傑，論德國刑事程序「線上搜索」與涉及電子郵件之強制處分，月旦法學雜誌，第208期，2012年9月，頁234-236。

[45] BVerfG, 1 BvR 370/07 vom 27.2.2008, Absatz-Nr. 201.

任意蒐集拼湊建立人格圖像[46]。

於合憲性控制方面，德國聯邦憲法法院認爲北萊茵西伐利亞邦憲法保護法並未盡其立法義務，憲法保護機關所採取的調查措施是否侵害了某些基本權的問題，須進行複雜的評價與衡量，此主要且應優先由立法者處理。立法者對其任務，亦即以適當立法措施具體化所有基本權的任務，不能僅以在構成要件上連結到一種可能相關基本權的方式，而將該等基本權應如何履行的決定權轉交給執行法規的行政機關。北萊茵西伐利亞邦憲法保護法，將網際網路蒐集資料的發動要件及程序，皆援引規範秘密通訊之基本法第10條施行法，立法者並未於此法本身規定此種新型態的國家干預行爲的合憲程序及控制要件，並且第5條第2項第11款後段更用「與干預秘密通訊自由有本質及強度相等性」，作爲適用基本法第10條施行法的要件，而委由行政機關判斷有無達到此種干預程度。對於北萊茵西伐利亞邦憲法保護法第5條第2項第11款後段這種規定新型態的調查措施的法規範來說，不符明確性要求。爲了在程序上確保受監控者的利益，必須要有程序上的措施考量基本權的侵害強度，原則上此種干預必須事先取得法院的許可（法院保留）[47]，唯有經由獨立並且中立的機構，對於預計採行的秘密偵查措施進行預防性的控制，才能滿足有效基本權利保障的要求。聯邦憲法法院並非毫無例外否定此項措施的合憲性，憲法法院認爲只要有事實依據顯示，對重要優越利益存有具體危害，例如生命、身體、自由以及爲避免危害國家存立或人類生存之公共利益，且有相當高的可能性，該具體危害於可見的未來即將發生，在符合法官保留原則以及對私人核心生活領域有防護措施時，該法律就不致違憲，對於爲了預防危害透過資訊科技進入電腦蒐集資料措施，提出了可以合法獲得法律授權的標準[48]。

惟值得進一步關注的是，聯邦憲法法院2022年12月9日裁定[49]，對於Mecklenburg–VorPommern邦公共安全秩序法（2020年6月5日生效）第33c

[46] BVerfG, 1 BvR 370/07 vom 27.2.2008, Absatz-Nr. 201-203.
[47] BVerfG, 1 BvR 370/07 vom 27.2.2008, Leitsätze 3.
[48] 何賴傑，同註44，頁237、244。
[49] BVerfG, 1 BvR1345/21 vom 9.12.2022. 參閱李震山大法官專題演講，同註17。

條第1項第二句及第5項第2款授權警察得以線上搜索方式偵查或追緝犯罪，將線上搜索規定，不當連結並適用「預防恐怖活動行為」之規定，該移花接木的結果，使基本法第13條保障居住自由須達「急迫危害」的職權發動門檻，降低或提前至「風險預防」的層級與階段，並違反法律明確性原則，非憲法所許。

三、德國警察法修法因應動向

為因應資訊時代的迅速蓬勃，規範警察蒐集資料的法制必須隨之進展，以達兼顧維護治安與人權保障的功效，德國是一個警察法學發達國家，制定有許多比較完整的警察蒐集資料法制[50]，值得我國參考。德國為因應上述聯邦憲法法院2008年2月27日判決，聯邦與各邦警察法紛紛修法增訂相關配套措施因應，授權警察透過資訊科技進入電腦網際網路資料蒐集，逐成為警察機關有效危害防止的新措施，針對修法後的聯邦刑事局法、巴伐利亞邦警察任務及職權法關於透過資訊科技進入電腦網際網路資料蒐集的規定，聯邦憲法法院又再次分別於2016年4月20日與6月15日作成判決。以下簡要加以說明：

（一）德國2008年12月修正的聯邦刑事局法（Bundeskriminalamtgesetz, BKAG）第20k條規定，授權聯邦刑事局（Bundeskriminalamt, BKA）為防止國際恐怖主義的危害，防止人民生命、身體或自由的緊急危害，或是國家受到脅迫狀態或人類存在的公共利益的緊急威脅，得不用通知當事人，得實施網際網路蒐集資料，利用科技工具秘密侵入人民的資訊科技系統設備蒐集資訊，資料銷毀等在同條文也都有相關規定，此措施有法官保留原則適用[51]。例如，為了對抗國際恐怖主義對於國家的危害，聯邦刑事局可以秘密侵入關係人的資訊系統並擷取資料，以防止國家受到脅迫[52]。針對修正後聯邦

---

50 陳正根，德國警察資料蒐集法制發展之新趨勢，警察與秩序法研究（三），五南出版，2018年8月，頁111。

51 Vgl. BKAG § 20 k.

52 何賴傑，同註44，頁238。

刑事局法關於實施網際網路蒐集資料的規定，德國聯邦憲法法院於2016年4月20日判決指出，資料於符合其蒐集目的的情形下，立法者得允許其除於原先的偵查程序外，只要該蒐集機關將其使用於自身任務的履行，所要保障的法益同一，且係爲追訴或預防同類型犯罪，即不會違反目的拘束原則；立法者亦得就目的外利用的情形加以規範，依據比例原則的要求，目的之改變應假定爲資料的重新蒐集，其後續利用資料的行爲仍須有保障特定法益或追訴犯罪的正當目的；而依據聯邦刑事局法實施網際網路蒐集所得的資料，必須有現存緊急的具體危險情況存在，方得爲目的外利用[53]。

（二）巴伐利亞邦2008年8月修正警察任務及職權法（BayPAG）第34d條規定，授權邦警察機關，爲防止人民生命、身體或自由的緊急危害，或是國家受到脅迫狀態或人類存在的公共利益的緊急威脅，得不用通知當事人，在別無其他方法可以使用時，得利用科技工具侵入人民的資訊科技設備蒐集資訊；在無可避免的情況下，也可以蒐集第三人資料；資料銷毀等在同條文也都有相關規定；該項措施的發動的對象、範圍、期間等，必須得到法官書面同意[54]。例如，有具體訊息指稱恐怖分子將劫持或攻擊民航客機，爲防止機上乘客生命、身體緊急危害，在別無他法可使用時，警察機關得利用科技工具侵入人民的資訊科技設備蒐集資訊。對於修正後的巴伐利亞邦警察任務及職權法第34d條，關於實施網際網路蒐集資料的規定，所提出的憲法訴願，德國聯邦憲法法院認爲，本件憲法訴願所涉及的相關法律已經修改或納入其他相關法律規定，而且提起憲法訴願的四位巴伐利亞邦議會議員並非現在的利害關係人等原因，本件憲法訴願不具備德國聯邦憲法法院法第93a條應予以受理要件，本件憲

---

[53] BVerfG, 1 BvR 966/09 vom 20.4.2016, Leitsätze 2. 該判決詳細說明，請參閱李寧修，「自由與安全之衡平：國家預防性干預行政之理論與法制研究」，科技部補助專題研究計畫成果報告期末報告（MOST 104-2410-H-034-007），2016年10月30日，頁6-11。

[54] Vgl. BayPAG § 34 d.

法訴願不合法，於2016年6月15日作出拒絕受理判決[55]。

（三）萊茵伐茲邦警察及秩序機關法（RhpfPOG）第31c條規定，授權邦警察機關在危害防止的領域內，為了防止人民生命、身體或自由的緊急危害，或是國家受到脅迫狀態或人類存在的公共利益的緊急威脅，得不用通知當事人，實施網際網路資料蒐集措施，在無可避免的情況下，也可以蒐集第三人資料；資料銷毀等在同條文也都有相關規定[56]。

四、小結

觀察上述2008年德國聯邦憲法法院裁判，聯邦憲法法院非常重視法規範明確性原則、程序正當性，以及憲法比例原則的要求，為了補充現有之基本權漏洞，創設電腦基本權，作為一般人格權保障的特殊面向，聯邦憲法法院為了人權保障努力不遺餘力。透過資訊科技進入電腦網路蒐集資料成為警察機關有效履行危害防止任務的新措施，當愈來愈多的危害透過科技設備藏身在電腦網路建構的虛擬世界，警察機關為達危害防止無漏洞，必須試圖使用科技設備將這些危害找出，以防止他們對實體世界的法益造成威脅與實害[57]。而德國聯邦與各邦警察法也本著有事實依據顯示，對重要優越利益存有具體危害，例如生命、身體、自由以及為避免危害國家存立或人類生存之公共利益，且有相當高的可能性，該具體危害於可見的未來即將發生，在符合法官保留原則以及對私人核心生活領域有防護措施的精神，迅即修法因應，以符合聯邦憲法法院要求，例如在要件上需有對個人生命、身體、自由或公共利益重大急迫危害，或是國家受到脅迫狀態或人類存在的公共利益的緊急威脅，至於何謂「急迫危害」、「緊急威脅」，都必須從嚴解釋，以防免警察機關恣意。在程序上須出於別無他法，在無可避免的情況下，可以蒐集第三人資料或須經過法官書面同意等

---

[55] BVerfG, 1 BvR 2544/08 vom 15.6.2016, Absatz-Nr. 1, 11-12.

[56] Vgl. RhpfPOG § 31 c.

[57] 謝碩駿，警察機關的駭客任務——論線上搜索在警察法領域內實施的法律問題，臺北大學法學論叢，第92期，2015年3月，頁6-7。

相關配套措施；又對於所蒐集資料的目的外利用，德國聯邦憲法法院於2016年4月20日判決，針對修正後聯邦刑事局法關於實施網際網路蒐集資料的規定，指出必須有現存緊急的具體危險情況存在，方得爲目的外利用；2017年德國刑事訴訟法第100b條，也立法授權爲了偵查該條第2項所指刑法或其他法律所規定的特別重大犯罪的嫌疑人或共犯，或是利用其他方式調查事實或確定被告的所在地將更加困難或無望時，得採取此項措施[58]。這些規定都值得我國深思與將來相關立法時借鏡！惟需要特別注意到前述2022年12月9日聯邦憲法法院裁定的意旨。

肆、我國警察法上透過資訊科技進入電腦網路蒐集資料的法律依據

透過資訊科技進入電腦網際網路蒐集資料強烈干預人民基本權，德國聯邦憲法法院裁判特別提出必須符合法規範明確性原則、程序正當性，以及比例原則的要求。警察機關爲達成危害防止無漏洞，當面對新興危害時，在我國現行警察法制下，可否採取透過資訊科技進入電腦網路蒐集資料措施？以下嘗試從警察職權行使法等相關法律規定，加以分析、探討及說明如下：

一、依據警察職權行使法第11條

從警察職權行使法第6條以下列舉的警察類型化措施的規定來看，比較可能和網際網路資料蒐集措施相關的，應該是該法第11條第1項[59]「以目視或科技工具蒐集資料」長期監視的規定。依據第11條第1項的規定，警察爲了防止犯罪發生，在必要時得對該項所列舉的兩款對象，以目視或科技工具，進行觀察及動態掌握等資料蒐集活動。由於第11條第1項的觀

---

[58] Vgl. StPO § 100 b.

[59] 警察職權行使法第11條第1項規定：「警察對於下列情形之一者，爲防止犯罪，認有必要，得經由警察局長書面同意後，於一定期間內，對其無隱私或祕密合理期待之行爲或生活情形，以目視或科技工具，進行觀察及動態掌握等資料蒐集活動：一、有事實足認其有觸犯最輕本刑五年以上有期徒刑之罪之虞者。二、有事實足認其有參與職業性、習慣性、集團性或組織性犯罪之虞者。」

察及動態掌握等資料蒐集活動，目的在於「事前防止犯罪發生」，而非「事後蒐集犯罪證據」，因此確實屬於警察危害防止的範疇。第11條長期監視發動要件包括：（一）有事實足認其有觸犯最輕本刑五年以上有期徒刑之罪之虞者；（二）有事實足認其有參與職業性、習慣性、集團性或組織性犯罪之虞者；（三）一定期間之觀察；（四）警察局長書面同意。監視範圍則有下列限制：（一）無隱私或秘密合理期待之行為或生活情形；（二）監視方式包含「目視」與利用電子設備的錄音、錄影等「科技方式」，進行觀察及動態掌握等資料蒐集活動[60]。

然而，「以科技工具進行資料蒐集活動」，科技工具是否包括透過資訊科技進入電腦網際網路秘密蒐集資料，恐怕也有爭議[61]。縱然認為可以包含「透過資訊科技進入電腦網際網路資料蒐集」措施，但是，其侷限於蒐集「對其無隱私或秘密合理期待之行為或生活情形」範圍，在這個前提下，「透過資訊科技進入電腦網際網路」隱密蒐集資料的措施，已經侵害隱私，顯然應該被排除在第11條第1項的授權範圍外。尤其透過網際網路要蒐集的是儲存在人民電腦硬碟內的資訊，應該只限於「有權使用該儲存設備者」才得以瀏覽[62]，如果要將這樣的資料劃歸到「無隱私或秘密合理期待」的領域內，恐怕無法自圓其說。透過資訊科技進入電腦網際網路蒐集資料會干預人民資訊隱私，既然第11條第1項要蒐集的是「無隱私或秘

---

[60] 蔡震榮，警察職權行使法概論，五南出版，2016年3版，頁164-167。

[61] 警察可不可以依據警察職權行使法第11條的規定，作為利用衛星定位系統跟監，追蹤、掌握特定人的行蹤？有採肯定見解者，認為科技的發展，在法律運用上，本即協助執法者解決問題。汽車追蹤器只要無法監聽車內人員談話內容，僅可查詢車子方位和所在位置，並對有特定犯罪之虞者方得採取本項措施，侵害人民權益輕微，應屬允許，請參閱李翔甫，警察法規，新學林出版，2009年，頁211。也有採否定的看法，認為警察職權行使法第11條之立法係以警察犯罪預防為目的，並非為刑事偵查而設。若允許警察得於犯罪發生之先前領域，使用衛星定位系統，公益與私益間，難免有失均衡，請參閱李震山、蔡庭榕、簡建章、李錫棟、許義寶，警察職權行使法逐條釋論，五南出版，2005年，頁284-285。

[62] 相同見解，謝碩駿，同註57，頁30。另我國刑法第358條規定：「無故輸入他人帳號密碼、破解使用電腦之保護措施或利用電腦系統之漏洞，而入侵他人之電腦或其相關設備者，處三年以下有期徒刑、拘役或科或併科三十萬元以下罰金。」其立法理由指出：「鑒於對無故入侵他人電腦之行為採刑事處罰已是世界立法之趨勢，且電腦系統遭惡意入侵後，系統管理者須耗費大量之時間人力檢查，始能確保電腦系統之安全性，此種行為之危害性應已達科以刑事責任之程度，為保護電腦系統之安全性，爰增訂本條。」

密合理期待」的資訊,那麼就不能作為警察法領域內實施網際網路秘密蒐集資料的法律授權依據。再從比較法上,警察職權行使法第11條立法主要參考的德國聯邦與各邦統一警察法標準草案第8條,有關長期監視、藉由科技工具秘密執勤攝影錄音的規定,以及德國聯邦國境保護法第28條有關長期監視、藉由科技工具秘密執勤攝影、錄音蒐集資料的規定[63],並沒有授權警察機關透過資訊科技進入電腦網際網路蒐集資料,因此,也可以推知警察職權行使法第11條不得作為警察機關透過資訊科技進入電腦蒐集資料的依據。

二、依據警察職權行使法第28條

上述警察職權行使法列舉的警察類型化措施的規定,並無法作為警察透過資訊科技進入電腦網際網路蒐集資料的依據,最後可以思考是否可以援引警察職權行使法第28條第1項概括條款作為依據?概括條款授權警察蒐集資料,藉以執行警察任務防止具體或抽象危害[64],具有補結構規範遺漏功能[65],可以發揮規範完整功能的優點;但是也會產生對於法安定性、權力分立的挑戰,以及對於個別基本權利理論體系及保障範圍輕忽的缺點[66]。

要以有限的條文規範無窮的社會現象,並冀求能與時俱進的實踐其規範功能,似乎不太可能。立法者除了在立法當時盡可能就規範內容依列舉原則詳為規定外,必須再輔以概括性規定,才能承接立法者所意識到某些暫時無法明確規定的漏洞,並避免修法頻繁危及法的安定性。然法律概括條款仍應受法治國「法律明確性」憲法原則的制約,李震山大法官在司法院釋字第702號解釋部分不同意見書即指出:「概括條款,本就是以公權力具有專業追求公益權責的預設所為之立法制度設計,自始就偏向賦予公權力運作的彈性空間,因此,就其所潛藏的行政與司法權運作恣意的可能

---

63 蔡震榮,同註60,頁162-164。
64 Vgl. Bodo Pieroth/Bernhard Schlink/Michael Kniesel, Polizei - und Ordnungsrecht mit Versammiungsrecht, 9. Aufl. 2016, § 13, Rn. 14 ff.
65 Vgl. Bodo Pieroth/Bernhard Schlink/Michael Kniesel, a.a.O., § 7, Rn. 11 ff.
66 李震山,警察行政法論,元照出版,2016年修訂3版,頁212-213。

性，人民就不易節制。」

　　警察職權行使法第28條第1項即是警察職權的概括規定[67]，第28條第1項明文規定：「警察為制止或排除現行危害公共安全、公共秩序或個人生命、身體、自由、名譽或財產之行為或事實狀況，得行使本法規定之職權或採取其他必要之措施。」從「為制止或排除現行危害公共安全、公共秩序或個人生命、身體、自由、名譽或財產之行為或事實狀況」這個要件來看，該項規定適用在警察法危害防止領域內。而其立法理由也在因應社會政經文化等的快速變遷，以免如果出現新興危害，因為法律一時難以因應而不予處理，無從維護公共安全與秩序，以及保障個人生命、身體、自由、名譽與財產，賦予警察出面處理的相應職權，因此參考德國聯邦與各邦統一警察法標準草案第8條第1項規定予以明文規定。該規定的適用要件包含[68]：（一）制止或排除現行危害公共安全、公共秩序或個人生命、身體、自由、名譽或財產。「現行危害」指現行存在的危害；「公共安全」是指個人生命、身體、自由、名譽或財產、法秩序以及國家設施等不得受到任意侵害；「公共秩序」是指個人於整體公開行為，應遵守所有不成文的規範，以作為共同生活必要的條件。「公共安全」保護實定法所承認的法益，確保法秩序不受侵害[69]；「公共秩序」則創設法規範以外的保護法益，兩者互為構成要件[70]；（二）行為或事實狀況所引發。危害的發生，可能是人的行為所肇致，亦有可能是物的狀況所引起；（三）採取必要的措施。所謂「必要」是一種比例原則的考量，若警察的目的以其他方式不能或相當困難達到時，警察採取的措施即屬必要，若危害尚屬輕微，警察的介入即無必要。該條規定賦予警察「得採取其他必要之措施」彰顯「警察法上概括條款」的補遺及承接功能，授權警察機關可以採取其他必要措施，而「透過資訊科技進入電腦蒐集資料」是否在「其他必要措施」的範圍內，可以作為警察機關實施進入電腦蒐集資料的法律授權依據，值得進

---

[67] 李震山，同註66，頁213。蔡震榮，同註60，頁241。

[68] 蔡震榮，同註60，頁244-245。

[69] Christoph Gusy, Polizei - und Ordnungsrecht, 10. Aufl., 2017, § 3, Rn. 79 ff.

[70] Christoph Gusy, Polizeirecht, 5. Aufl., 2003, § 3, Rn. 95.

一步加以探究。

　　由於透過資訊科技進入電腦網際網路蒐集資料措施，對人民基本權干預程度非常強烈，而警察職權行使法第28條第1項規定使用許多不確定法律概念，因此，有認為以警察法上的概括條款作為警察機關實施網際網路蒐集資料的授權依據，恐怕會招來質疑。例如Wolf-Ruediger Schenke教授即認為，比類型化措施干預程度更強烈的措施，不能以警察法上的概括條款當作法律依據，理由如下：

（一）警察危害防止措施如果會對基本權造成強烈干預，該措施的構成要件應該由立法者詳加規定，警察機關不得將警察法上的概括條款當作此種措施的授權基礎[71]。

（二）立法者透過類型化措施的規定，明文授權警察機關可以採取某一項危害防止措施，就等於把「與該項措施相近的、或是較該措施干預程度更為強烈的措施」默示地排除在授權範圍之外。所以，比類型化措施干預程度更強烈的措施，不能以警察法上的概括條款當作法律依據[72]。

　　國內有學者認為，警察法上概括條款可以作為警察透過資訊科技進入電腦網際網路蒐集資料的法律依據[73]：

（一）上述Wolf-Ruediger Schenke教授的說法並不否認警察法上概括條款的適用範圍可以涵蓋「對基本權干預程度強烈的危害防止措施」，立法者是不是真的像Wolf-Ruediger Schenke教授所說，透過類型化措施規定，已經預設了「警察危害防止措施對基本權干預程度」的上限的看法，仍有商榷餘地[74]。

（二）立法者明文詳細列舉類型化措施，乃是因為這些職權是警察機關在面對傳統危害時經常行使的「類型化措施」，將這些措施的行使要件予以類型化，這和「該措施對於基本權干預程度的輕重」根本無

---

[71] Wolf-Ruediger Schenke, Polizei - und Ordnungsrecht, 8. Aufl., 2013, Rn. 50
[72] Wolf-Ruediger Schenke, a.a.O., Rn. 50.
[73] 謝碩駿，同註57，頁32-34。
[74] 謝碩駿，同註57，頁32-34。

關[75]。「類型化措施規定」與「警察法上概括條款」這兩種授權規定的殊異之處在於，「類型化措施規定」涉及的是「典型的警察危害防止措施」，而「警察法上概括條款」則適用於「非典型的警察危害防止措施」。

（三）立法者基於「讓警察機關得採取非類型化措施，以因應新興危害類型」的考量，並未要求「只有基本權干預程度輕微的措施，始能適用警察法上的概括條款」。如果硬要將警察職權行使法第28條第1項得適用範圍限縮在「對於基本權干預輕微的措施」，恐怕警察機關在面對新興危害時，於絕大多數情況下很難適用此一規定採取「有效的基本權保護措施」，從國家保護義務的角度來看，反而導致警察職權行使法第28條第1項的規定，因違反「禁止保護不足原則」而有違憲之虞。

（四）警察機關基於違害防止的目的，要侵入人民的電腦系統內實施資料蒐集，在找不到其他法律授權條款的情形下，確實可以將警察法上的概括條款當作法律授權依據。

（五）「非類型化的警察違害防止措施」如果已經被警察機關頻繁的實施，而在事實上成為「類型化措施」，則立法者有義務將這樣的措施明文規定在「類型化措施」條款中。一旦透過資訊科技進入電腦網際網路蒐集資料在事實上已經成了「類型化的危害防止措施」，那麼警察機關只能在立法者對尚未完成立法之前的「過渡期間」，以警察法上概括條款作為透過資訊科技進入電腦蒐集資料的法律依據。

　　警察職權措施性質屬干預性者，首先應適用特別授權的類型化措施，無類型化措施的規定可適用時，才適用概括性職權條款，以避免概括條款被濫用，並保障人民權益。概括條款主要目的在保護公共安全或公共秩序，亦即保護國家及其機關的安全與存續、個人生命身體自由名譽及財產安全、所有法規的維護，以及所有不成文的個人公共行為規範。欲以警

---

[75]　Vgl. Christoph Gusy, a.a.O. (Fn. 110), § 4, Rn. 184.

察法的概括規定作為實施干預措施的依據，應特別注意以下幾點[76]：

（一）以特別授權方式為依據的列舉式立法應力求完備，藉以將概括條款的適用，限制於某特定範圍。

（二）執法人員對於概括條款的補充性及承接性功能，要有充分認識，並有行政中立與自我約束的能力，避免以行政效率或便宜為理由，濫用概括條款。

（三）人民救濟管道要暢通，使司法得以充分審查行政機關適用不確定法律概念的情形，除收審查監督的效果外，也可以將不確定法律概念具體化。

（四）若警察的目的以其他方式不能或相當困難達到時，則此時警察採取的措施即屬必要，若危害尚屬輕微，警察的介入即無必要，必要即屬比例原則的考量[77]。

　　本文基於以下幾點理由認為，警察職權行使法第28條第1項概括規定，尚不得作為透過資訊科技進入電腦秘密蒐集資料的授權依據：

（一）警察職權行使法第28條第1項的立法理由，係為因應社會政經文化等的快速變遷，以免如果出現新興危害，因為法律一時難以因應而不予處理，無從維護公共安全與秩序，或個人生命、身體、自由、名譽或財產之行為或事實狀況；而且警察職權行使法第2條的警察職權規定，以及第6條以下也盡力完備以特別授權方式為依據的列舉式立法。但是警察透過資訊科技進入電腦網路秘密資料蒐集的措施，比警察職權行使法已經明文類型化的設置監視器蒐集資料、長期跟監監視、遴選第三人蒐集資料、任意盤查查證身分及交通工具、治安顧慮人口查訪等措施，對於基本權的干預程度更為強烈，在要件及程序上應該要有個別明確的法律授權。

（二）人民並無從知悉警察透過網際網路秘密資料蒐集，以致人民救濟管道無法暢通，無法收到審查監督的效果。

---

[76] 李震山，同註66，頁225-226。

[77] Rudolf Samper/Heinz Honnacker, Polizeiaufgabengesetz, 15. Aufl., 1992, § 11, Rn. 4. 蔡震榮，同註60，頁277。

（三）德國聯邦與各邦為因應上述2008年德國聯邦憲法法院判決，聯邦與各邦警察法均紛紛修法，明定警察透過資訊科技進入電腦網路秘密蒐集資料的相關要件及程序與相關配套措施；而且我國在2003年制定警察職權行使法時，主要參考的德國聯邦與各邦警察法也沒有相關的授權規定，足見我國如果欲以警察職權行使法第28條第1項的規定，作為警察透過資訊科技進入電腦網路蒐集資料措施的依據，在比較法上，也值得商榷。

（四）尤其前述德國聯邦憲法法院2008年2月27日判決，特別提到北萊茵西伐利亞邦憲法保護法因欠缺配套措施，不符法規範明確性原則、程序正當性，以及比例原則的要求。因此，要以警察職權行使法第28條第1項概括條款的規定，作為警察法上警察透過資訊科技進入電腦秘密蒐集資料的法律授權依據，難認與法規範明確性原則、程序正當性原則、比例原則等法治國原則相符合。

（五）法院見解：警察具有危害防止與犯行追緝的任務與職權[78]，警察依據警察職權行使法等警察法來防止危害發生，甚至在「危害尚未發生」時，得立法採取限制、禁止的干預性措施，一旦有犯罪嫌疑或犯罪發生，就應該依據刑事訴訟法等相關刑事法調查追訴犯罪，刑事訴訟法採法定原則，發動的門檻比警察法嚴格[79]；警察為達成危害防止任務，甚至在「危害尚未發生」時，即得立法授權警察採取限制、禁止的干預性措施，然而參照德國聯邦憲法法院2008年2月27日判決，為防止具體危害，立法授權運用資訊科技進入電腦蒐集資料，在實體要件以及程序上，仍然必須符合法規範明確性原則、程序正當性，以及比例原則的要求，才能彰顯警察在保障人權的前提下，有效達成危害防止職責。雖然我國法院實務上還沒有關於警察為防止危害，可否透過資訊科技秘密進入電腦蒐集資料的案例，但是法院曾經對於司法警察在沒有法律明確授權下，不得以概括條

---

[78] 李震山，同註66，頁325。
[79] 陳英淙，論警察危害防止與刑事追訴的分與合，政大法學評論，第151期，2017年12月，頁119。

款作為運用衛星定位器GPS蒐集位置資訊依據的判決。該判決有深入的論證、分析與說明，頗值得在思考警察為了防止危害，得否以警察法上概括條款作為運用資訊科技進入電腦蒐集資料法律依據的問題時參考。判決內容簡要摘錄如下：

高雄地方法院105年度易字第110號刑事判決認為：「……新興隱密及科技之偵查方法，……如本案之裝設GPS衛星定位器蒐證等手段，並未單獨個別立法規範，以偵查手段及快速變遷且科技日新月異，侵害人民基本權程度不亞於傳統強制處分，容許以……概括條款，而無視於受干預基本權之種類、程度，授權偵查（輔助）機關以上開刑事訴訟法第228條第1項、第230條第2項、第231條第2項規定全面性幾近空白授權之方式允許在偵查（輔助）機關認有犯罪嫌疑之際即可干得預人民受憲法保障之基本權，難認符合憲法上法律明確原則以及增加偵查（輔助）機關濫權偵查之危險且欠缺合法性控制、監督之機制……亦會架空法律保留原則。」

高雄高分院肯定高雄地院上述見解，認為[80]：「……以裝設GPS衛星定位器於犯罪嫌疑人使用車輛之行為，係以秘密方式針對特定嫌疑人進行調查、蒐集犯罪事證或相關資訊之國家公權力行為，蒐集車輛使用資訊過程中搭配使用輔助科技設備，干預人民基本權之程度將更為嚴重，基於法治國原則，此等行為首應有法律明文，並應遵守其他相關法律原則，蓋蒐集犯罪證據固然重要，惟更重要者實為發動此等行為之程序及要件，或不合目的性、或以不正手段非法取得，人民基本權之保障將蕩然無存。」

最高法院同樣地也認為[81]：「……依強制處分法定原則，強制偵查必須現行法律有明文規定者，始得為之，倘若法無明文……偵查機關非法安裝GPS追蹤器於他人車上，已違反他人意思，而屬於藉由公權力侵害私領域之偵查，且因必然持續而全面地掌握車輛使用

---

80 請參閱臺灣高等法院高雄分院105年度上易字第604號刑事判決。
81 請參閱最高法院106年度台上字第3788號刑事判決。

人之行蹤，明顯已侵害憲法所保障之隱私權，自該當於『強制偵查』，故而倘無法律依據，自屬違法而不被允許。又刑事訴訟法第228條第1項前段、第230條第2項、第231條第2項及海岸巡防法第10條第1項、第2項、第3項之規定，……自不得作為裝設GPS追蹤器偵查手段之法源依據。」

五、小結

從以上論述得知，我國警察職權行使法並無明確授權，無法作為警察為防止危害透過資訊科技進入電腦網路蒐集資料的依據；在法院實務上，不論是高雄地方法院、高雄高分院、最高法院，對於偵查機關在沒有法律授權下安裝GPS追蹤器於他人車上判決指出，新興隱密及科技的偵查方法，侵害人民基本權程度不亞於傳統強制處分，容許以概括條款，而無視於受干預基本權的種類、程度，授權偵查（輔助）機關以全面性幾近空白授權的方式，允許在偵查（輔助）機關認有犯罪嫌疑之際，即可干預人民受憲法保障的基本權，難認符合憲法上法律明確原則，以及增加偵查（輔助）機關濫權偵查的危險且欠缺合法性控制、監督之機制，會架空法律保留原則。基於法治國原則，此等行為應有法律明文，並應遵守其他相關法律原則，發動此等行為的程序及要件，或不合目的性、或以不正手段非法取得，人民基本權之保障將蕩然無存。刑事訴訟法第228條第1項前段、第230條第2項、第231條第2項規定的概括授權，不得作為裝設GPS追蹤器偵查手段的法源依據。在思考警察為了防止危害，得否以警察法上概括條款作為運用資訊科技進入電腦蒐集資料的法律依據時，頗具參考價值；縱然在警察危害防止領域，採取限制、禁止的干預措施的門檻較犯罪偵查領域寬鬆，但採取科技隱密方式的特殊調查方法，仍需有特別法律授權[82]。也有學者指出，如果認為警察職權行使法第28條所稱的「其他必要措施」包含任何法律所未規定的職權在內，則不僅警察職權行使法不用再細行規範其他個別警察職權行使的要件、程序及救濟條款，因為僅有此

---

[82] 李震山，同註11，頁470。

一概括條款，就可以完全取代警察職權行使法第6條至第27條的內容，則「依法行政原則」或「法律保留原則」即形同崩潰[83]。為解決此問題，應該參考上述德國相關法律規定，儘速在我國警察職權行使法中訂定相關規定，作為警察為防止危害透過資訊科技進入電腦網路蒐集資料的依據，才能達成法治國依法行政原則並讓危害防止無漏洞。

伍、結論與建議

警察依據法律明定的類型化措施，遂行保護公共秩序、公共安全以及人民生命、身體、自由、財產、財產以及防止危害任務。但面對社會變遷產生新興危害，法律往往無法跟上腳步，明定職權措施，因此不得不允許概括條款的存在。警察透過進入電腦網際網路措施秘密蒐集資料，確實有助於警察遂行危害防止任務，但該措施對人民基本權干預程度非常強烈，然而檢視上述我國警察法制，都無法作為授權依據。面臨社會變遷或科技發展時，法律通常有三種因應之可能性：一為不作為，因此可能產生法律的漏洞；二為積極立法，可能會形成法律肥大與規範不穩定的危險；三為以現行規範適用於新的事件，但是可能會破壞明確性要求，特別是涉及基本權干預時，法律保留原則具有重大意義[84]。資訊社會下資訊科技日新月異，面對著科學新穎進步特性，法律如何跟上與如何規範科學恐是重點，以警察透過資訊科技進入電腦網際網路蒐集資料而言，現行法律規範不論在要件或程序上都不足以因應科技進步的要求，此種透過資訊科技秘密進入電腦網際網路秘密蒐集資料措施，對人民基本權利的侵害與法治國家人權保障之間如何取得平衡，應該將相關要件與程序，在規範我國警察職權行使的法制中明文加以規定，以符合法律保留等相關法治國原則的要求，將是無法迴避也是必須儘速面對的問題！

---

[83] 林明鏘，警察職權行使法基本問題之研究，台灣法學雜誌，第56期，2004年3月，頁126-127。

[84] Vgl. Hans Kudlich, Mitteilung der Bewegungsdaten eines Mobiltelefons als Überwachung der Telekommunikation-BGH NJW 2001, 1587, JuS 2001, S. 1165.

　　科技工具就如同公權力的延伸，科技工具愈來愈細緻化，愈來愈進步，使公權力效率更提升，但同時對人權干預的風險也隨著更加提升，此時人民權利的保障也愈來愈重要，公權力透過科技追求到多方面的滿足，但是若忽略其風險及法令規章的整備，最後可能會悔不當初[85]。因此，如何規範警察透過網際網路蒐集以及利用資料的措施，已經成為不可阻擋的趨勢[86]，本文建議應該可以參照上述德國聯邦刑事局法、巴伐利亞邦警察任務及職權法、萊茵伐茲邦警察及秩序機關法規定，以及德國聯邦憲法法院相關判決意旨，只要有事實依據顯示，對重要優越利益存有具體危害生命、身體、自由以及為避免危害國家存立或人類生存之公共利益，且有相當高的可能性，該具體危害於可見的未來即將發生，將相關要件與程序，在我國警察職權行使法中明文加以規定，授權警察機關，為防止人民生命、身體或自由的緊急危害，或是國家受到脅迫狀態或人類存在的公共利益的緊急威脅，得不用通知當事人，在別無其他方法可以使用時，得利用科技工具侵入人民的資訊科技設備蒐集資訊；在無可避免的情況下，也可以蒐集第三人資料；該項措施的發動的對象、範圍、期間等，必須得到法官書面同意，作為規範警察為了防止危害透過網際網路蒐集資料措施的依據。資料於符合其蒐集目的的情形下，只要該蒐集機關將其使用於自身任務的履行，所要保障的法益同一，即不會違反目的拘束原則；亦得就目的外利用的情形加以規範，依據比例原則的要求，目的之改變應假定為資料的重新蒐集，其後續利用資料的行為仍須有保障特定法益或追訴犯罪的正當目的。又2017年德國刑事訴訟法第100b條，立法授權為了偵查該條第2項所指刑法或其他法律所規定的特別重大犯罪的嫌疑人或共犯，或是利用其他方式調查事實或確定被告的所在地將更加困難或無望時，得採取此項措施。德國刑事訴訟法第100b條在重罪原則、最後手段原則以及比例原則精神下，得以採取此措施，也值得我國在偵查犯罪的相關立法時參考。

---

[85] 李震山，資訊權──兼論監視器設置之法律問題，收於氏著，多元寬容與人權保障──以憲法未列舉權之保障為中心，元照出版，2007年9月2版，頁260。

[86] Christopher Slobogin, *Public Privacy: Camera Surveillance Of Public Places And The Right To Anonymity*, 72 Miss. L. J. 213, 233 (2002).

　　國家在為維護公共利益與保障個人自由之間，常會發生在法律授權上，自由與安全之間應如何的適度決定選擇的問題。經由冷靜的檢驗、思考、辯證新科技的特質以及其對於基本人權的影響，唯有經由如此的對話，方能建立一個可以確保合理平衡科技與人權保障的法律架構[87]，面對永無止境的新型態資訊科技問題，法律也將面對一些新挑戰，例如法律應如何面對新興科技所產生的基本權利侵害？究竟應該繼續以傳統方式或提出另一種思考方式加以審查？這是法律的宿命無可迴避，上述德國聯邦憲法法院提出的法規範明確性原則、程序正當性原則、比例原則等法治國原則的要求，以及所蒐集資料的目的外利用應遵守的原則，都值得我國在面對新興科技蒐集資料立法時參考。

（本文原刊載於華岡法粹，第66期，因應新增資料及篇幅要求酌加更新及修正。）

---

[87] William A. Herbert, *No Direction Home: Will The Law Keep Pace With Human Tracking Technology to Protect Individual Privacy and Stop Geoslavery?*, 2:2 I/S: A Journal Of Law Policy 409, 473 (2006).

第十四章
警察即時強制法制之探討

劉嘉發

壹、前言

我國有關即時強制之法制規範，最早係出現於行政執行法（下稱行執法）條文中，但最初卻採「直接強制處分」之用語。依1932年12月21日制定，同年月28日公布施行之行執法舊法第6條規定：「直接強制處分如左：一、對於人之管束。二、對於物之扣留、使用或處分，或限制其使用。三、對於家宅或其他處所之侵入。」故其所稱直接強制處分包括了：對人之管束；對物之扣留、使用或處分或限制其使用；對於家宅或其他處所之侵入等三種。關於人之管束，其期間不得逾24小時，管束原因則限定於舊法第7條各款之情形。對物之扣留限於軍器、凶器及其他危險物，扣留期間最長不得逾30日（舊法第8條）。對於土地、家宅或物品之使用、處分或限制其使用，以遇有天災、事變或其他交通上、衛生上或公安上有危害情形，非採取上述手段，不能達防護之目的時，方可為之（舊法第9條）。對於家宅或其他處所之侵入，其條件及限制則規定於舊法第10條。

而在學理上，行政主體（行政機關）於緊急情形之下，以實力加諸行政客體（人民）身體上或財物上之強制，直接強制與即時強制有其相類似之處。直接強制須有義務之存在且不履行該義務為要件；即時強制則本無義務之存在，非為強制義務之履行，而係為排除目前急迫危害所採取之強制措施。故舊法第6條至第10條所稱之「直接強制」處分，就其實際內容以觀，在法理上應為「即時強制」之性質。故行政執行法新法於1998年11月11日公布時，即增列第四章即時強制專章，主要將直接強制處分修正為即時強制[1]，並增設即時強制方法之概括規定[2]，同時增訂有關即時強制損

---

[1] 舊法第6條至第10條所規定之「直接強制處分」，性質上係「即時強制」，而非直接強制，為避免與行為或不行為義務之直接強制執行方法名稱混淆誤用，爰將直接強制處分修正為「即時強制」。因其執行非因違反義務而發生，無須先有義務存在，且多係於緊急情況下為之，為免濫用，除應注意遵守比例原則外，並增訂其實施之前提要件以示限制，須為阻止犯罪、危害之發生或避免急迫危險而有即時處置之必要時始得為之（新法第36條）。參見立法院第1屆第77會期第9次會議議案關係文書，院總第989號／政府提案第2913號，1986年3月22日印發。

[2] 即時強制之方法，除舊法分為對人之管束、對物之扣留使用處置或限制其使用、對家宅建築物或其他處所之進入外，另增設一概括性之規定，使行政機關得為「其他依法定職權所為之必要處置」，以適應實際需要。並就各種即時強制方法之要件予以檢討修正（新法第36條至

失補償之規定[3]，以完備即時強制相關法制。

嗣後，警察職權行使法（下稱警職法或本法）於2003年6月25日制定公布，自同年12月1日施行，迄今已將屆二十年。警職法制定時又將即時強制列為警察職權之一，並於第三章規定即時強制專章。警職法所列之即時強制類型，有對人管束、對危險物扣留、緊急救護之進入家宅及建築物、使用或限制使用土地等物品之措施。其將警察常使用之即時防止危害措施，予以類型化，明定其要件及程序，以供遵循。惟本法立法之初即有論者提出是否產生即時強制重複立法之疑慮，且有無必要在二部不同法律規定相同或近似的章節條文之質疑[4]。但亦有主張本法與「行執法」之不同，因行執法考量重點，係以一般行政機關共通適用部分為限，仍有不符警察任務需要者。因此，個別領域之專精化，於警察領域即顯得有其特殊之必要性[5]。

由於警察單位分布廣泛，遇有「急迫性」危害時，較易趕赴現場；又因警察依法賦予其使用警械的權利，故其「強制力」較易遂行。基於此兩點理由，警察一方面既要「即時」；另一方面又要「強制」，乃成為警察工作主要的特徵。上述警察工作既要「即時」，又要「強制」的特性，其在法規範面上具體的呈現正是「警察即時強制」制度。依目前我國法制有關警察即時強制之規定，主要見於行執法與警職法兩部法律中。

本文旨在探討警察即時強制法制相關之議題，包括警察即時強制之

第40條）。參見立法院第1屆第77會期第9次會議議案關係文書，院總第989號／政府提案第2913號，1986年3月22日印發。

3　行政機關基於公益目的，合法的實施即時強制，因義務人無須先有義務存在，且多係出於緊急情況，為加強保障人民權益，爰增設受損失人得就超過其應盡的社會義務範圍所受的特別損失，向執行機關請求損失補償之規定。惟以其生命、身體或財產因非可歸責於自己之事由遭受特別損失為要件。並明定損失補償之方法及範圍、請求期間及救濟程序等，俾請求損失補償有明確之法律依據（新法第41條）。參見立法院第1屆第77會期第9次會議議案關係文書，院總第989號／政府提案第2913號，1986年3月22日印發。

4　林三欽，行政執行法「即時強制」專章應否廢除之思考，東吳公法論叢，第7期，2014年7月，頁233。蔡震榮，行政執行法，收於翁岳生編，行政法（下），元照出版，2020年7月4版1刷，頁282。

5　立法院內政委員會編（122），警察職權行使法案，法律案專輯，第335輯，立法院公報處印行，2004年7月，頁50。

意義、種類、發動要件及其救濟途徑,並檢視警職法施行近二十餘年,有關警察即時強制法制有無重新檢討修正之處。另因行執法修正草案行政院已於2021年4月30日以院臺法字第1100172960號函,送請立法院審議,其中有關即時強制章修正條文頗多,包括完備即時強制發動要件及方法、增訂強制收容等保護措施、重大危害之即時處置措施,增訂扣留措施相關規定,明定實施即時強制費用之負擔,增訂不服即時強制之救濟暨補償規定等。未來警職法有關即時強制章相關條文之規定,是否亦應同時併案修法,吾人允宜加以關注,主管機關並應未雨綢繆,早日研議提出對案條文,俾完備警察即時強制法制,以茲配合日後修法執法之適用。

貳、警察即時強制之概念

一、警察即時強制之意義

所謂「警察即時強制」,即行政上之即時強制,依學者之通說,其並非為強制義務之履行,而係為除去目前急迫之危害或行政違反狀態之必要,在時間上來不及課予義務(於無暇課以義務時),或依其性質,若經由課予義務恐難達成執行之目的時,行政機關直接對人民之身體或財產加諸實力,從而實現行政上必要狀態之作用[6]。換言之,即時強制既無庸事先作成行政處分,亦可不必先行為告誡等程序,直接對人民之身體或財產,實行強制之權力,以達成行政上之必要狀態。由於此等緊急強制措施大都由警察機關為之,因此,又被稱為「警察即時強制」或「警察強制」[7]。故警察法第9條第5款及該法施行細則第10條第1項第4款乃規定,行政執行為警察職權之一,依行政執行法之規定為之,其最主要係指即時強制而言。而警察職權行使法此次立法,亦將警察即時強制措施予以明文規定。

---

[6] 梁添盛,警察權限法,自印,1999年8月初版一刷,頁403、444。

[7] 李震山,行政法導論,三民書局,2003年10月修訂5版,頁401-402。陳新民,行政法學總論,三民書局,1995年4月修訂5版,頁305。李建良,行政執行,收於翁岳生編,行政法下冊,翰蘆圖書出版,1998年7月1版2刷,頁926。

按行政執行法第36條規定，「即時強制」係指行政機關為阻止犯罪、危害之發生或避免急迫危險，而有即時處置之必要時，毋須經過預為告誡或其他程序，即得直接為即時之處置（舊法誤植為直接強制）[8]。不過，本法有關即時強制之規定，有學者以為宜加以刪除。其理由在於即時強制措施大都由警察機關與警察人員為之，但在其他個別行政法規中，亦散見即時強制方法之規定。因此，行政執行法僅就警察即時強制部分而為規定，恐難期周延，亦無此必要。從人民權利保障及法治國原則而言，行政執行法毋寧僅為概括授權規定，再由警察作用或職權法體系及其他個別行政法領域，就其專業所需之措施，盡可能詳予類型化，並將其要件明確化為宜[9]。因此，此番警職法之立法，即是將警察作用中之即時強制部分，予以精緻化、類型化、專精化，惟其內容似大都抄襲行執法之規定，但亦若干不同之處。

二、警察即時強制之方法

警察即時強制，係以一行動，涵蓋下令、強制方法之選擇與確定，以及強制方法之使用等過程。此種急迫處分之下令與執行，實係「行政強制應有行政處分為前提」之一項例外產物[10]，特別是在警察作用上，不可或缺。

一般而言，警察即時強制所採取之「強制執行方法（手段）」可能以怠金、代履行，乃至直接強制等方式為之。惟因即時強制權之發動，多係出於「急迫」情形，故以怠金施以義務人心理上之壓迫，以期義務人自行履行義務之作法，顯與即時強制之本旨不符。因此，怠金無法作為即時強制之執行方法，事屬至明。至於代履行及直接強制之手段，則可作為即時強制之執行方法[11]。申言之，即時強制可得採用之強制方法僅有：（一）

---

8 有關即時強制舊法將之誤植為「直接強制」，請參林素鳳，即時強制的縱向探討，中央警察大學行政執行法學術研討會論文，1999年5月11日，頁5。

9 陳敏，行政法總論，三民書局，1998年5月初版，頁719-720。李震山，同註7，頁407。梁添盛，同註6，頁289-290。

10 李震山，同註7，頁402。

11 李建良，同註7，頁922、933。

直接強制；（二）代履行兩種，至於怠金之強制方法則不適用於即時強制中[12]。蓋因即時強制事件每有急迫性，如尚得以科處怠金之方法實施，恐怕就無實施即時強制之必要矣！如高速公路油罐車翻覆，油漬污染路面，警察此時可自行處理（直接強制方法）或請他人代爲清除（代履行方法），兩種方法皆爲可行[13]。前者可謂「直接強制型之即時強制」；後者則屬「代履行型之即時強制」。

再者，如對於在巷口任意停車阻礙公眾通行之車輛，如駕駛人不在車內或現場時，交通警察爲排除交通上之急迫障礙，在舉發其違規行爲後，可對該車輛進行「處置」。例如，可採取「代履行」之執行方法，由警察局所屬之拖吊車（自力履行）或由民間拖吊公司之拖吊車（他力履行）予以移置。或者亦得以「直接強制」之執行方法爲之，如由執勤員警逕行將該車駛離巷口，移至路旁不妨礙交通之處所。此等行爲即所謂「對物之處置」，在性質上仍屬「即時強制」，只不過以代履行或直接強制之形態執行而已。換言之，代履行與直接強制僅係手段，即時強制才是目的。因此，乃有所謂「代履行型之即時強制」與「直接強制型之即時強制」之分[14]。

參、警察即時強制之種類

警察機關於符合即時強制之要件下，所得採取之措施，應爲其法定職權範圍內原可採取之各種措施。如依行執法第36條規定，警察機關實施即時強制之種類，計有下列四種：

一、對人之管束。

二、對於物之扣留、使用、處置、或限制其使用。

三、對於住宅、建築物或其他處所之進入。

四、其他依法定職權所爲之必要處置。

---

[12] Sadler, Verwaltungsvollsreckungsgesetz, 1992, §6, Rdnr.134ff.

[13] 蔡震榮，行政執行法，元照出版，2002年9月修訂3版，頁200、205。

[14] 劉嘉發，交通行政強制執行之研究，中央警察大學學報，第39期，2002年4月，頁126。

　　除上列執行種類外，在現行個別行政法專業領域中，亦不乏已類型化之即時強制之規定。例如，消防法第19條第1項規定：「消防人員對火災處所及其周邊，非使用或損壞其土地、建築物、車輛及其他物品或限制其使用，不能達搶救之目的時，得使用、損壞或限制其使用。」又如水土保持法第26條第1項規定：「為保護公共安全，實施緊急水土保持之處理與維護，主管機關得就地徵用搶修所需之物料、人工、土地，並得拆除障礙物。」此外，尚須說明者，所謂「其他依法定職權所為之必要處置」，並非謂行政機關得作法律原未規定之任何必要處置。前述消防法與土地法規定之「損壞」、「就地徵用」等措施，雖可解為係「對於物之處置」，然亦可視其為「其他依法定職權所為之必要處置」較為妥適，未有該項職權之其他行政機關即不得為之[15]。

　　然而，如比較行執法與警職法有關即時強制之規定，其中須注意且有待釐清者在於：一、行執法第36條對於即時強制之一般發動要件與種類設有明文規定，警職法則付之闕如；二、警職法第三章新增了若干規定，諸如即時強制中使用警械之條件，扣留物之變賣程序，扣留物得徵收費用之規定，對於人、車暫時驅離或禁止進入，以及第28條概括即時強制之規定，凡此是否屬於行執法第36條第4款所謂其他依法定職權所為之必要處置，或係額外增列了即時強制的種類（內涵），似有辯明之必要；三、警職法第2條所定義列舉之警察職權，自管束以下之驅離、直接強制、物之扣留、保管、變賣、拍賣、銷毀、使用、處置、限制使用、進入住宅、建築物、公共場所、公眾得出入場所或其他必要之公權力之具體措施等，是否均屬警察即時強制之範疇。

　　就上開問題，本文以為警職法第三章從第19條至第28條，其中除對人之管束，對於物之扣留、使用、處置、或限制其使用，以及對於住宅、建築物或其他處所之進入等條文之外。其他措施原則上或許可視為行執法第36條第4款所謂其他依法定職權所為之必要處置。但警職法第2條所明文例示之「直接強制」措施，在後續的條文中並未見進一步的說明與規定，

15　陳敏，同註9，頁723

此究係立法疏漏，或者該措施係指第三章中部分條文，如將人、車暫時驅離之措施，或者根本就是在指直接強制型之即時強制，頗令人費解。而為論述方便起見，本文乃將警察即時強制之種類區分為：

一、對人之管束。

二、對於物之扣留。

三、對於物之其他處置。

四、對於處所之進入。

五、其他類型化之措施。

六、概括即時強制條款

肆、警察即時強制發動之要件

警察即時強制之形態及方法不一，且各有其行使之要件，無法逐一予以列舉。故以下謹就行使即時強制共通之「一般要件」（或稱普通要件），行執法第37條至第40條暨警職法第19條至28條規定之「個別要件」（或稱特殊要件）類型，分別加以論述。

一、一般要件

行執法第36條規定即時強制權發動之一般要件，但警職法則欠缺此項規定。如就其內容再予細分，實即應具備下述兩個要件：

（一）須為阻止犯罪、危害之發生或避免急迫危險

其情形包括：1. 阻止犯罪之發生；2. 阻止危害之發生；3. 避免急迫危險。所謂「犯罪」、「危害」，係指刑事犯罪、依法應處行政罰之危害行為而言。可見「阻止犯罪之發生」，乃指阻止刑事犯罪之行為，但該犯罪行為應尚未著手進行而可能發生或仍在進行中，倘犯罪行為已終了，則已不得即時強制，因已屬犯罪訴追之問題。所謂「阻止危害之發生」，係指阻止依法應處行政罰之危害行為發生。又稱「行政罰」者，應指秩序罰而言。所謂「急迫危險」，應指存在當前之危險，亦即產生危害之事故已

開始或即將開始[16]。亦即,具有危害性之情狀已經開始發生作用,或其發生具有高度之可能性者[17]。但此所謂「危害是否即將發生」之判斷,必須由警察人員就具體狀況依其客觀上之認知,認爲其有發生之可能,而不能僅憑其個人主觀之判斷爲之[18]。而對於所謂「阻止危害之發生」與「避免急迫危險」兩者如何區別,有論者認爲頗難界定。因爲,危害與危險其實都表示其仍未發生或開始發生尙未釀成災害,故無須對此再作區分。因此,若無法從法條看出其所要保護之法益,則所謂的「阻止危害之發生」,應可刪除。尤其即時強制講求的是緊急狀況,因此,其應可包括在「避免急迫危險」之概念中[19]。

(二)須有即時處置之必要者

所謂「必要」,係指於知悉危險狀況時,至預期危害可能發生之間,時間上極其短暫,且事態緊急迫切,如一般通常的程序處理,根本無法達到有效的防止效果,而且亦無其他方法可以達到有效的防止危險發生之效果者而言,簡言之,即時強制手段係「必須」且「唯一」。換言之,縱使急迫,但仍有其他替代方法,依然可以達到相同目的時,並非採用即時強制不可時,即不得採取即時強制之措施。因此,執行機關應依個別具體情況,審愼判斷是否有事前作成行政處分之可能,以決定應否立即採取即時強制措施[20]。

二、個別要件

(一)對人之管束

警察爲救護目前遭受急迫危害之人,以實力暫時拘束其行動自由,並

---

[16] Vgl. Michael App, Verwaltungsvollstreckungsrecht, Koln 1992, 2. Aufl., 48 Rdnr.643.

[17] 李建良,行政執行,收於翁岳生編,行政法下冊,翰蘆圖書出版,1998年7月1版2刷,頁931。

[18] Sadler, Verwaltungsvollsreckungsgesetz, 1992, §6, Rdnr.141f.

[19] 蔡震榮,警察之即時強制,警學叢刊,第31卷第4期,2001年1月,頁70。

[20] 例如,警察機關發現有違規停車之情形,汽車駕駛人如於車上留有聯絡電話者,除非急迫情事外,值勤警察應先利用該電話聯絡汽車駕駛人,命其駛離。參見李建良,違規車輛拖吊及保管之法律問題——兼論行政強制執行基本體系之構成及其相關問題,政大法學評論,第53期,1995年,頁150。

加以救護之處分，稱爲對人之管束。對人之管束屬於行政上之保安處置，乃警察維持公安之手段。惟此種手段在執行時稍有不愼，即易招致侵害人權之非難，故應特別注意其發動時機、要件與程序。

1. 管束之對象及其要件與時機

(1) 瘋狂或酗酒泥醉，非管束不能救護其生命、身體之危險及預防他人生命、身體之危險者。例如，某甲酗酒泥醉，倒在路中或在街鬧事，警察人員爲救護其生命危險及預防他人受到危害，而予以管束。

(2) 意圖自殺，非管束不能救護其生命者。例如，某甲正欲投水自盡之際，被警察人發覺予以管束，並通知其家屬領回勸慰。

(3) 暴行或鬥毆，非管束不能預防其傷害者。例如，甲乙丙各持刀、槍、凶器，在大街上互相鬥毆，身體生命危在旦夕，警察人員自得從速制止，並管束之。

(4) 其他認爲必須救護或有害公共安全之虞，非管束不能救護或不能預防危害者[21]。此項爲前列三款具體規定以外之概括規定，以濟列舉之窮，而期適應事實上之需要。例如，某甲住宅失火，當火勢猛烈時，某甲仍冒險進入搶救財物，警察人員認爲有生命危險，而予以管束。

惟上述管束要件仍不夠明確化，例如何謂「酗酒泥醉」、「酒醉」？警察人員在管束前是否應對被管束者實施酒精濃度檢測？又檢測之酒精濃度呼氣是否應達每公升0.15或0.25毫克（Mg/L）以上呢？到底多少數值才算酒醉、泥醉呢？再者，如受測者之酒精濃度雖然相當高，但當事人並無意識不清、語無倫次等現象，精神態狀仍然良好，那能算是酗酒泥醉嗎[22]？凡此均有待進一步明確管束之要件，否則在執行上恐將滋生無謂的困擾。

---

[21] 有學者參照德國之分類，將第1款、第2款稱爲保護性管束，第3款稱爲安全性管束，第4款稱爲概括性管束。參見李震山，論行政管束與人身自由之保障，警政學報，第26期，1995年1月，頁2。

[22] 蔡震榮，警察職權行使法概論，中央警察大學印行，2004年11月，頁224。

2. 管束之時間

對人之管束，涉及人身自由之剝奪，警職法與行執法均無事前或事後須法官介入審查之規定，即使法律規定管束時間最長不得逾24小時，但仍有論者批評欠當。是以，實際執行時，管束目的如已實現，應即解除其管束。同時，於管束時，應即時將其事由告知之。詳言之，管束時間不得逾24小時，在此時間內，如認為已無管束必要者，應即釋放；若認為有其他適當處置之必要者，亦得為其他處置，例如瘋狂者得交付親屬管束或送入精神病院。至24小時屆滿，則不問管束之目的達到與否，均應釋放；如認為仍有再加管束之必要者，亦應先予釋放，派警保護，至其仍具有管束要件時，再作另一次管束，此尚非法律所不許[23]。學者有認為此種管束，原為保護當事人或公安之作用，不如改稱為「對人之保護」，更為適宜[24]。因之，行執法最新修正草案第78條第1項條文已將「管束」用語修正為「保護」（詳參後述柒、警察即時強制法制之檢討：行政執行法修正草案解析）。

3. 管束之處所

管束時間如可預見係「極為短暫」，得於現場直接管束即可，無庸帶往一定之場所管束；如須較長之管束時間，得帶回該管行政機關所屬之適當管束處所，置於管束室或保護室為之。以警察機關為例，實務上係將被管束人帶回辦公處所（分局或派出所），由於警察機關並未另設「管束室」，通常乃將被管束人置於拘留所或「保護室」，甚至直接管束於辦公廳舍中。惟此種管束方式，似嫌草率，對被管束人之名譽與保護措施，仍有欠周全。警察機關相關管束場所之設備，亦多不符合安全保護之要求。

4. 管束之程序與注意事項

對人之管束，因事涉人身自由，為維護被管束人之權益，應特別注意

---

[23] 實務上，警察機關常對爛醉如泥之醉漢，在管束24小時屆滿時，被管束人仍未清醒亦無親屬得交付時，而再次（持續）加以管束之情形存在。此時，警察機關為保護被管束人之安全，並符合法律規定之要件，應先予釋放，於「必要時」再重新予以另一次之管束。

[24] 陳立中編著，警察法規，臺灣警察專科學校印行，1998年5月再版，頁205。

報告程序及管束原因告知之程序。依行執法施行細則第35條規定，對於人之管束，執行人員應即將管束原因及概略經過報告主管長官；執行機關並應儘速將管束原因，告知本人及其配偶、法定代理人、指定之親友或其他適當之機構。但不能告知者，不在此限。又實施管束時，應注意被管束人之身體與名譽，執行人員並得使用強制力實施之，但不得逾必要之程度。

故如警察人員在實施管束時，遇有必要情形，得使用腕力、警棍或將被管束人帶上手銬、安全帽等措施。但如使用警槍射擊被管束人，除非遇有警械使用條例規定得使用警槍之時機，否則即有違反比例原則之虞[25]。

而按警職法第20條第1項規定：「警察依法留置、管束人民，有下列情形之一者，於必要時，得對其使用警銬或其他經核定之戒具：一、抗拒留置、管束措施時。二、攻擊警察或他人，毀損執行人員或他人物品，或有攻擊、毀損行為之虞時。三、自殺、自傷或有自殺、自傷之虞時。」其所謂「戒具」，係指監獄行刑法第22條第2項規定之腳鐐、手銬、鏈鎖、捕繩等四種為限。故並不包括警棍或警槍等強制性、傷害性較高之警械。但如有符合警械使用條例所定各條使用要件者，自得依該條例之規定為之。

5. 留置之檢討

如前所述第20條條文規定，警職法第2條並未有留置之類型化職權措施之規定，本條出現留置頗為奇怪。經考諸當時立法理由謂：所稱「依法留置」之情形，係指警察依有關法律，如檢肅流氓條例、社會秩序維護法等規定，對相關行為人所為之留置。但事實上，有關流氓之留置必須經法院法官裁定方得為之，且其留置亦非由警察機關執行之，而係留置於法務部所屬之留置所或看守所內[26]。故此項規定於警職法施行時，實際上僅有依社會秩序維護法所為之留置，方有本條之適用。但社會秩序維護法有關留置之規定又較警職法為周延詳盡，且違序行為之留置，應優先適用社會

---

25 有學者主張警察行使直接強制與即時強制，應得使用警械，警械使用條例相關之規定，宜融入行政執法，合理限定其要件。參見鄭昆山，論行政強制之研究，刑事科學，第17期，頁139。

26 檢肅流氓條例第11條暨其施行細則第30條參照。

秩序維護法之規定，故本條之留置即無適用之餘地。嗣後，檢肅流氓條例於2009年1月21日正式公布廢止該條例；另社會秩序維護法於2011年11月4日修法時，復已刪除該法有關留置之規定[27]。故依現行法制規定，警察實際上已無執行留置措施之職權，故本條有關留置用語之規定未來在修改警職法時，應加以刪除之。

此外，本條第2項條文規定：「警察對人民實施查證身分或其他詢問，不得依管束之規定，令其供述。」出現於此更顯唐突，蓋有關查證身分之措施規範，似應規定於第二章身分查證第6條至第8條條文中較為妥適，何以出現在此，令人不解。

6. 法官保留原則之適用

由於對人之管束，係未經當事人同意，且具有強制性地拘束當事人之人身自由，因此，是否此種人身自由之拘束，應由法官介入以保障人權，學者看法各有不同，林紀東氏認為：「行政官署，得於法定條件之下，對人身為二十四小時以內之管束，其實質與憲法第8條之逮捕拘禁相仿，行政官署，既非司法機關，又非警察機關，則此項規定，是否違憲？亦可研究，吾人以為此項規定，並不違憲，因對於人之管束，並非對於人身之處罰，其管束又係由於救助被管束者本人，或維護社會秩序之必要，非以犯罪為其原因，且行政執行法規定之條件極嚴，故不能視為違憲也。」[28]

李震山氏則反對此種動機合理化手段之見解，其認為：「人之管束已構成人身自由之剝奪，性質上屬憲法第8條第1項之逮捕拘禁，不能因動機手段之不同，而有適用憲法規定之區別……，假借管束之名，行逮捕拘禁之實……排除法院之介入，已違反法治國原則，以行政效率為名，架空司法審查行政不法之功能……。」但氏亦認為，行政管束之採行，多屬急迫

---

[27] 依當時修法理由說明認為，社會秩序維護法之留置屬限制人身自由行為，其要件及程序需實質正當並符合比例原則，僅因調查案件必要，即對於不能保之嫌疑人留置24小時，容有未當。且近十年警察機關及地方法院均未援用本條規定，爰予刪除，以符合公民與政治權利國際公約第9條有關人身自由保障之意旨。參見立法院第7屆第8會期第1次會議議案關係文書，院總第1409號／政府提案第12688號，2011年9月14日印發。

[28] 林紀東，行政法，三民書局，1996年10月，頁400。

情形，事實上不可能事先取得法官允許，但如情事迅速處理，可能亦無須法官事後之裁定，因此，乃引用德國警察「標準草案」第14條第2項第一句規定：「如警察處置原因消滅後，法官之裁定才會達到者，則無須請求法官之裁定。」最後主張原則上對於人之管束，若情況急迫，應可比照刑事訴訟法中無令狀搜索實施後，呈報檢察官或法院之規定，規定管束機關事後應即補送請法官裁定[29]。

但吾人若觀之德國法之規定，警察事實上在未取得地方法院法官許可前，仍有權至翌日結束前，實施管束[30]。從保障基本人權之角度，吾人甚為贊同李氏之論點。但，即時強制多屬急迫性有即時處置之必要，發生期間多在晚上，法官不上班時，且我國法上已對發動原因時機作了相當嚴格之限制，並且限制於24小時內為之，另外值得一提的是，在我國管束之執行機關多數為警察，警察之管束通常係基於防止危害之發生所為之急速處分，屬在此所稱「依法定職權所為之必要處置」，尚不違反憲法第8條之規定，但因管束直接對人自由的剝奪，是否事後亦應取得法官之許可，其實仍有探討之空間[31]。

7. 小結

一般而言，警察人員在實務上最感棘手、也最難處置之案件，首推對酗酒泥醉者管束之處置，其主要原因如下：

(1) 欠缺適當之管束器具，如保護衣、床（可控制手腳者）、安全椅、安全帽等。

(2) 派出所沒有適當之處所（如療養院之設備），未加設排泄物處理設備與協助處理人員等。

(3) 逾24小時仍無人領回，社會局或其他單位不同意接管時，形成員警工作的負擔（職務協助問題）。

---

[29] 李震山，警察法論——警察任務編，正典出版，2002年10月，頁295。

[30] Wolff/Bachof, Verwaltungsrecht III, S.89. 此外，德國聯邦國境保護法第20條第3項亦作相同規定而稱：「管束之目的達到後，應即停止管束，若非事先依其他法律已由法官裁定剝奪人身自由之期間，至遲須於管束翌日結束前釋放之。」

[31] 蔡震榮，同註13，頁218-219。

(4) 管束期間對被管束者所支出之費用，如保暖衣物、食物、飲料等如何編制？又由何機關編列等問題（如由社政單位或警察編列）？

故今後若欲將各行政機關所有管束者交由警察來執行，是則如何改善警察機關相關設備，至少在警察分局以上之單位設置完善之管束處所與設備，明確管束之要件，建構一套嚴謹之管束執法標準程序，釐清受管束人後續之管轄權責，編列必要之經費支應等，均亟待檢討改進。

（二）對物之扣留

1. 扣留之對象及其要件與時機

即時強制所扣留之物，為軍器、凶器及其他危險物，扣留之目的旨在「預防危害」之必要。由於法條用詞極為概括，執行機關在執行時，宜針對具體個案，就物品本身客觀上、事實上之危險性及危害預防上有無扣留之必要性，妥適認定。

2. 扣留物之處理[32]

依行執法暨其施行細則規定：對於物之扣留，執行機關應製作收據，詳載扣留物之名稱、數量，付與所有人、持有人或保管人。如扣留物不便保管或搬運者，得予封存，命原所有人、持有人或保管人出據看守或保管，執行機關並應為適當安全之處置。

扣留物，其他法律如另有應予處理之規定者，如沒收、沒入、毀棄、變價發還等，自應即按其所依據之法令移送有關機關依規定程序辦理，並通知所有人、持有人或保管人[33]。其他重要之處置措施尚有：

(1) 應發還或變價發還者：執行機關應以書面通知所有人、持有人或保管人出據具領，其經封存者，應予啟封。

(2) 扣留物之所有人或持有人如涉嫌犯罪者，執行機關應即移送該管地方法院或其分院檢察署偵辦。

(3) 如為違禁物，不論是否有人涉嫌犯罪，執行機關應即移送該管地方法

---

[32] 行執法施行細則第37條至第39條參照。

[33] 此處所通知之「保管人」，係指將該扣留物交予執行機關之原保管人而言，與執行機關所命而負有保管責任之保管人不同。

院或其分院檢察署，俾檢察機關得據以偵查，視其涉案情節沒收之。

　　至於警職法第22條則規定：警察對於依法扣留之物，應簽發扣留物清單，載明扣留之時間、處所、扣留物之名目及其他必要之事項，交付該物之所有人、持有人或保管人；依情況無法交付清單時，應製作紀錄，並敘明理由附卷。依法扣留之物，應加封緘或其他標示妥善保管。因物之特性不適於由警察保管者，得委託其他機關或私人保管之，並通知所有人、持有人或保管人。必要時，得以處分之相對人為保管人。另依警職法第23條規定，扣留之物有下列情形之一者，尚得予以變賣：

(1) 有腐壞或價值重大減損之虞。

(2) 保管、照料或持有所費過鉅或有其困難。

(3) 扣留期間逾六個月，無法返還所有人、持有人或保管人，且不再合於扣留之要件。

(4) 經通知三個月內領取，且註明未於期限內領取，將予變賣，而所有人、持有人或保管人未於期限內領取。

　　扣留物變賣前，應將變賣之程序、時間及地點通知所有人、持有人或保管人。但情況急迫者，不在此限。物之變賣，採公開方式行之。因物之性質認難以賣出，或估計變賣之費用超出變賣所得時，得不經公開方式逕行處置之。第1項第3款、第4款之物，於六個月內未賣出者，歸屬各該級政府所有，並得將該物提供公益目的使用；其屬第4款之物者，應將處理情形通知所有人、持有人或保管人。扣留之物因腐壞、腐敗等理由而不能變賣者，得予銷毀之。

3. 扣留時間

　　扣留之物，如法律無其他應為如何處置之授權，則應由執行機關負責保管，其期間不得逾30日。期限屆滿前，如無繼續扣留之必要，應即發還。換言之，執行機關在扣留10日或20日時，如認為該物已無扣留之必要，隨時均可發還。反之，期滿扣留原因如未消失，在危害預防上續予以扣留，仍有其必要。依行執法第38條第2項但書規定，得延長之，惟其延長期間不得逾兩個月，並應將延長扣留之原因通知所有人、持有人或保管

人。又扣留原因消失時，應發還所有人、持有人等，如怠於領取或不知其所在而無法發還，亦無其他有管領權之人請求發還者，於屆滿一年後，其所有權依法則歸屬國庫。其應變價發還者，亦同。

（三）對物之其他處置

1. 處置對象：土地、住宅、建築物或物品等動產或不動產。
2. 處置方法：使用或處置上開動產或不動產，或將有管理權人對該動產或不動產之使用權加以限制之。
3. 處置之要件與時機：遇有天災、事變或交通上、衛生上或公共安全上有危害情形，非使用或處置或將有管理權人之使用加以限制，不能達防護目的時。

（四）對處所之進入

1. 進入之要件

(1) 人民之生命、身體、財產危害迫切，非進入不能救護者。
(2) 處所之範圍：住宅、建築物或其他處所[34]。

2. 注意事項

由於行執法將進入處所之要件，嚴格限於緊急救護之目的，刪除舊法為制止賭博、妨害風俗、公安之行為而侵入住宅或處所之規定。其理由在於因對於住宅、建築物或其他處所之進入，涉及憲法人身自由及住宅隱私權之保護，如有犯罪情事，應由司法人員依刑事訴訟法有關偵查、搜索等之程序規定為之。限縮對處所進入之要件，旨在避免即時強制與犯罪偵查混淆不清，防止行政機關假借即時強制之名行犯罪偵查之實，俾資保障人民權利。警察人員實施即時強制時，尤應注意其界限與行使條件。

同時有論者尚且指出此一進入住宅之措施，事涉憲法第10條居住自由權之保障，應課予執行機關於實施執行後，特別是進入住宅或其他具有私密性之處所，有向上級主管，甚至法院、檢察官報告之義務，以為監

---

34 參見李震山主編，洪文玲等著，警察人員法律須知（一），永然出版社，1998年3月初版，頁230-236。

督[35]。

（五）其他類型化之措施

　　警職法在即時強制種類上又新增若干類型化之措施，包括第20條使用警銬或戒具之情形，以及第27條爲排除危害，得將妨礙之人、車暫時驅離或禁止進入，更有第28條概括即時強制條款之規定。本文認爲此係額外增列有關即時強制之種類，屬於新增的類型化警察即時強制措施。

（六）概括即時強制條款

　　依警職法第28條規定：「警察爲制止或排除現行危害公共安全、公共秩序或個人生命、身體、自由、名譽或財產之行爲或事實狀況，得行使本法規定之職權或採取其他必要之措施。警察依前項規定，行使職權或採取措施，以其他機關就該危害無法或不能即時制止或排除者爲限。」

　　本條是爲警察即時強制之「概括規定」，其立法主要係考量社會政經文化等之變遷快速，法律一時自難以因應，若出現新興危害而不予處理，即無從維護公共安全與秩序，個人生命、身體、自由、名譽與財產，亦無法受到應有之保障。此時，若要求警察出面處理，自亦應賦予其相應之職權。其所指新興之危害，非必屬警察任務範圍，本應由各該任務機關自行處理。但實務上，一般民眾遇有危害，多求助警察；抑且各該任務機關，非如警察接近民眾且24小時服勤，遇有危害必俟其到場處理，殆屬不可能，且有些危害之制止或排除，間不容髮，各該任務機關勢難竟全功。爲維持行政之一致性，並填補人權保障之闕漏，宜由其他機關就該危害無法或不能即時制止或排除者，依法請求警察適時補充介入協助，爰參考德國警察法標準草案之規定，予以明定[36]。

　　惟須注意者在於警察應「主動積極」爲之；抑或「被動」爲之，即是否須俟其他機關之請求，方得發動。考諸本條立法理由說明，似採後者之意旨。惟如屬被動性之職權，其他行政機關大可依行政程序法第19條或行執法第6條有關職務協助之規定請求警察機關來協助之，似並無在此另定

---

35 李震山，同註7，頁406-407。

36 警察職權行使法逐條釋義，內政部警政署編印，2003年8月，頁90-91。

一概括條款之必要。且其發動須嚴守警察補充性原則，方屬適法[37]。但亦有論者主張警察機關得「主動介入」，且是否屬於「危害無法或不能即時制止或排除者」，亦得由警察享有所謂「預測與評估的空間」，只要警察主觀上認爲管轄機關無法即時處理爲已足[38]。

惟筆者以爲此種「緊急或急迫的管轄權」（Notoder Eilkompetenz），基本上並非警察的原始權限，其僅在於其他機關無法處理時之緊急處分權限[39]。故情況是否「緊急」或「急迫」，是否已達「危害無法或不能即時制止或排除」，理應交給原有事務管轄權的行政機關來認定，而非無管轄權的警察機關。否則，警察機關動輒依此本項概括條款之規定，恣意介入其他行政機關的事務管轄範疇，一方面可能造成警察機關的擴權；他方面也可能導致其他行政機關職能的退化[40]。又因警察機關欠缺其他行政機關的專業知識，可能造成實施即時強制時的誤判，徒增警察業務負擔與執法風險。故本條概括即時強制之規定，甚有可能導致警察成爲「萬能的神」，這對警察而言是福還是禍？殊難預料。

伍、警察即時強制費用之徵收

有關即時強制得否向受強制之當事人徵收費用問題，在我國學界與實務界，似仍未有定論。有人採否定說，其論點在於：即時強制之發動對象，原本並未違反任何行政法上之義務，僅係爲排除當前急迫之危害或危險而施以強制，執行機關有時尚且必須給予當事人合理之補償（如爲緊急運送傷患救醫而使用無責任人之車輛，消防人員爲救災需要破壞火場周邊住宅之門窗），自無再向當事人另行徵收執行費用之理；但亦有論者持肯

---

37 梁添盛，警察法專題研究（一），中央警察大學出版社，1993年2月初版3刷，頁38。
38 蔡震榮，同註22，頁261-262。
39 Tegtmeyer, Polizeigesetz, Nordrhein-Westfalen, 8. Auflage, 1995, § 1, Rdnr.17.
40 由於德國秩序違反法規定，警察機關得作爲其他行政機關之調查機關，對於原非警察機關管轄之其他行政秩序違反行爲，均得協助實施調查，故學者似援引該法而爲立論，主張警察機關得主動介入與認定，但我國法制似並未將警察機關定位爲其他行政機關之調查機關。Vgl. Gohler/Konig/Seitz, Gesetz uber Ordnungswirdigkeiten, Verlag C.H.Beck, Munchen, 2002, 13Auf., s.468.

定之見解，其理由在於：如警察機關對於扣留物之保管，係所謂「公法上之保管關係」，而屬於行政法上的債務關係，若有損害則警察有公法上之責任，因此，扣留物之返還，警察機關得基於此種保管關係，擁有「收取支出以及保管費用」的請求權[41]。而在比較法上，如德國法有關對人之管束部分，尚得向當事人要求費用及規費[42]。

　　而依警職法第24條第2項、第3項規定：「扣留及保管費用，由物之所有人、持有人或保管人負擔。扣留之物返還時，得收取扣留及保管費用。物經變賣後，於扣除扣留費、保管費、變賣費及其他必要費用後，應返還其價金與第一項之人。第一項之人不明時，經公告一年期滿無人申請發還者，繳交各該級政府之公庫。」

　　此外，在交通強制執行場合中，對於禁止駕駛之執行作為，在駕駛人車輛之處置方面，有研究認為應有條件的移置，即駕駛人在無人可「代理駕駛」之前提下，警察機關方能保管駕駛人之車輛；至於有關車輛移置費與保管費用之負擔部分，有認為應由駕駛人支付者[43]。依道路交通管理處罰條例第85條之3規定，此等禁止駕駛而將其車輛逕行移置或使用民間拖吊車拖離時，均可徵收移置費與保管費用。可見在交通即時強制場合，不論是「代履行型之即時強制」或「直接強制型之即時強制」，均得徵收相關之執行費用。

　　再者，在處理交通事故之場合，對於車禍現場肇事車輛之處置，倘因駕駛人受傷送醫救護，無法自行移置其車輛時，執勤員警乃逕予移置路旁。此時，因駕駛人並無移置肇事車輛之義務存在，警察人員逕行移置肇事車輛之目的，旨在排除交通上之危害，同時對車主亦不徵收任何移置費用，可謂「直接強制型」之即時強制。但如交通警察以警察局所屬之拖吊車代為移置到路旁不妨害交通之處所，或者警察之拖吊車因故無法執行拖

---

41 蔡震榮，同註22，頁246。
42 Scholler, Schloer合著，李震山譯，德國警察與秩序法原理，登文書局，1995年11月中譯2版，頁135。
43 程玉傑等，酒後駕駛執法程序之探討，八十八年道路交通安全與執法研討會論文集，中央警察大學，頁103以下。

吊時，執勤員警乃請民間拖吊廠之拖吊車前來協助移置該肇事車輛，排除道路障礙，此時即屬「代履行型」之即時強制，又因其性質上爲即時強制措施，故相關之移置費用亦不得向該車主徵收，而應由執行機關（警察局）負擔[44]。

綜上所述，雖然我國現行實定法上允許少數即時強制措施，得向當事人徵收費用，如警職法即時強制有關扣留物部分，或者在道路交通管理處罰條例上對禁止駕駛者之車輛予以移置保管。但因受即時強制處置者，並未違反任何行政法上之義務，屬無公法上責任之人，執行機關僅係爲排除當前急迫之危害或危險而施以強制。例如，管束應在原因消滅後立即釋放，扣留物之目的僅在預防危害而非在沒入，若仍允許行政機關對當事人徵收費用，則依被強制者之立場而言，執行機關似應儘早結束管束或早日將扣留物發還給當事人，否則必然徒增受強制對象之費用負擔，此種規定似有所欠當。

陸、警察即時強制之救濟

一、行政爭訟

一般通說認爲即時強制係屬於「事實行爲」[45]，在舊行政爭訟制度下，訴願之對象僅限於行政處分，而行政訴訟僅有撤銷訴訟[46]，必須有行政處分存在爲前提，對於事實行爲並無救濟途徑。依行執法第9條第1項規定：「義務人或利害關係人對執行命令、執行方法、應遵守之程序或其他侵害利益之情事，得於執行程序終結前，向執行機關聲明異議。」

就解釋上而言，即時強制似可依上述規定聲明異議，且不得再聲明不服。如此規定，僅係行政體系內之自省制度，但如因此而不准人民提起訴

---

[44] 劉嘉發，同註14，頁130。

[45] Vgl. Maurer, Allgemeines Verwaltungsrecht, Munchen 1997, 11. Aufl., 20 Rdnr.26. 吳庚，行政法之理論與實用，三民書局總經銷，1999年6月增訂5版，頁409-411。李震山，同註21，頁7。陳春生，事實行爲，收於翁岳生編，行政法下冊，翰蘆圖書出版，1998年7月1版2刷，頁758。

[46] 新修正之行政訴訟法第3條已增加確認訴訟與給付訴訟。

願及行政訴訟，恐有違憲法第16條保障人民訴願權及訴訟權之虞。故有學者認為對聲明異議之決定不服係屬行政處分，對行政處分不服自得提起訴願，而後再不服訴願決定者，自得再向行政法院提起行政訴訟[47]。

至於警職法部分則採取「異議」制度，按本法第29條規定：「義務人或利害關係人對警察依本法行使職權之方法、應遵守之程序或其他侵害利益之情事，得於警察行使職權時，當場陳述理由，表示異議（第1項）。前項異議，警察認為有理由者，應立即停止或更正執行行為；認為無理由者，得繼續執行，經義務人或利害關係人請求時，應將異議之理由製作紀錄交付之（第2項）。義務人或利害關係人因警察行使職權有違法或不當情事，致損害其權益者，得依法提起訴願及行政訴訟（第3項）。」

二、損失補償

1. 法律條文規定之比較

行執法第41條規定：「人民因執行機關依法實施即時強制，致其生命、身體或財產遭受特別損失時，得請求補償。但因可歸責於該人民之事由者，不在此限（第1項）。前項損失補償，應以金錢為之，並以補償實際所受之特別損失為限（第2項）。對於執行機關所為損失補償之決定不服者，得依法提起訴願及行政訴訟（第3項）。損失補償，應於知有損失後，二年內向執行機關請求之。但自損失發生後，經過五年者，不得為之（第4項）。」本條有關即時強制之損失補償，係新增舊法所無之規定。且受損失人若對於執行機關所為損失補償之決定不服者，尚得依法提起訴願及行政訴訟[48]。

而警職法第31條則規定：「警察依法行使職權，因人民特別犧牲，

---

47 參見林素鳳，同註8，頁11。
48 有學者指出在即時強制案件中，對於執行機關所為損失補償之決定不服者，得依法提起訴願及行政訴訟之規定，似有未按行政訴訟新制改正之錯誤。蓋新修正行政訴訟法實施之後，損失賠償既是因公法上原因發生之財產給付，自得依該法第8條第1項提起一般給付之訴，通常並無行政處分之存在，自無同條第二項提起撤銷訴訟時，併為請求給付之適用，故可不必先經訴願程序。參見吳庚，同註45，頁476-477。

致其生命、身體或財產遭受損失時，人民得請求補償。但人民有可歸責之事由時，法院得減免其金額（第1項）。前項損失補償，應以金錢為之，並以補償實際所受之特別損失為限（第2項）。對於警察機關所為損失補償之決定不服者，得依法提起訴願及行政訴訟（第3項）。損失補償，應於知有損失後，二年內向警察機關請求之。但自損失發生後，經過五年者，不得為之（第4項）。」

2. 損失補償之法理

按人民之財產權國家應予保障，此為憲法第15條所明定，國家機關依法行使公權力致人民之財產權遭受損失，若逾其社會責任所應忍受之範圍，形成個人之特別犧牲（損失）者，國家應予合理補償[49]。故如警察人員因逮捕槍擊要犯而引發激烈槍戰，流彈四射，傷及無辜路人或商店櫥窗、路邊停車遭受波及損毀者，以往僅可援引行執法請求損失補償[50]。而在警械使用條例91年新修正後，則應依該條例第11條之規定，請求相關補償。但如警察即時強制之行使，係因可歸責於該人民之事由者，即不得請求損失補償。例如，警察接獲民眾報案，有人意圖引爆瓦斯自殺，警察擊破門窗進入救護，就門窗的損害，該自殺者不得請求補償。但若自殺者為房客，則該不知情之房東，就大門門鎖的損害，得請求補償[51]。

由於行政上之損失補償，係國家基於公益需要合法行使行政權，致無義務之特定人蒙受特別損失時所為之補償，其目的在於調和公益與私益，以實現公平正義。而有關補償之原因，依學者通說，認為實係建立於特別犧牲說之理論基礎上。故即時強制所定「特別損失補償」之成立，以執行機關合法行政公權力，因公共利益之需要，非可歸責於人民之事由，致該人民所受之損失為限。且其補償係以人民因執行機關行使公權力實際所受之損失，與公權力之行使有相當因果關係者為範圍。但如損失輕微[52]，依

---

[49] 司法院大法官釋字第440號解釋參照。

[50] 警械使用條例就生命及身體遭受損失部分，訂有特別且固定之補償金額。至於財產損失則未特別規定，故即可援用行政執行法請求補償。

[51] 郭志裕，論警察即時強制，維新月刊，第30期，1999年7月20日，頁4。

[52] 所謂「損失輕微」，係專就身體或財產上之損失而言，至於生命，則無損失輕微之問題。換

一般社會觀念認為合理而應忍受者，即不得請求補償。由於所謂「特別損失」，係指警察依法行使職權，導致人民遭受不平等的損失，而受不可期待的犧牲；亦即該項損失，已超過人民應盡之社會義務及其所能忍受的範圍，方有必要予以補償。

然而對於何謂社會義務所能忍受之範圍，學者卻有許多不同看法，甚至完全相反之見解產生。例如，有學者認為警察為救助車禍傷患，要求當時經過之私人車輛載送傷者至醫院急救，則該私人車輛駕駛人及乘客所遭受之損失，均屬社會義務所能忍受的範圍，而不得請求損失補償[53]。但亦有論者主張，類此事例，已超越社會義務所能忍受的範圍，而應予補償。本文以為後者之見解較為可採。

又如警察為逮捕槍擊要犯，採取攻堅手段，使用震撼彈或槍戰引發火警，因而造成不知情屋主嚴重之損失，則已超出該屋主社會義務範圍內之忍受義務，故該屋主應可依法向警察機關請求損失補償。

3. 損失補償之方法與費用

即時強制有關損失補償之方法，恆以金錢為之。其並非如違法行為所致之國家賠錢責任一般，係以金錢賠償為原則，以回復原狀為例外。其原因在於即時強制手段實施的結果，通常具有不可回復性，故即無回復原狀之可能與必要，而一律採金錢補償之方法。損失補償為了避免將來產生諸多糾紛，事實上亦以金錢補償較符合實際需要。補償之最高額度以實際所受之特別損失為限，惟非必均以其實際所受之損失為完全之補償，只需本於公平正義，謀求公益與私益之調和，衡量國家財力負擔，酌予公平合理之補償為已足。換言之，損失補償之金額，係本公平正義之原則，衡酌當事人所受個別損失程度及公庫之財力狀況，而為適當之審酌決定。故損失補償並非如損害賠償係就不法行為須為完全賠償，而係考量人民所受之個別損失程度與公庫財力情況，酌予（部分）補償。至於損失補償之經費，則應由各級政府編列預算支應之。

言之，如係生命法益之損失，即屬重大損失而應予補償。
53 蔡震榮，同註13，頁55。

4. 損失補償之程序

有關即時強制損失補償之程序，警職法並未明文規定，而行執法施行細則卻有較為詳盡之規定，此時自應適用行執法之規定辦理。依行執法施行細則規定其請求方式，應以書面為之。並載明下列事項，由請求人或其代理人簽名或蓋章，向執行之警察機關提出：

(1) 請求人之姓名、性別、年齡、住所或居所。

(2) 有代理人者，其姓名、性別、年齡、住所、居所或事務所。

(3) 請求補償之原因事實、理由及證據。

(4) 請求補償之金額。

(5) 執行機關。

(6) 年、月、日。

警察機關對於損失補償之請求，應於收到請求書後30日內決定之。警察機關為損失補償之決定者，應以書面載明補償之金額，通知請求人或其代理人出據具領；為不予補償之決定者，應以書面載明理由，通知請求人或其代理人。至若警察機關於收到請求書後逾30日仍不為補償與否之決定時，請求人應有權逕行提起訴願，以謀救濟。

三、國家賠償

警察機關或警察人員於實施即時強制時，如有「違法」侵害人民之自由或權利者，受損害人民自得依國家賠償法之規定，請求國家賠償，乃屬當然。警職法第30條暨行執法第10條均設有相同之規定。但如警察人員因實施即時強制而有使用警械之行為，如涉有不法，因警械使用條例另設有特殊之賠償規定，此時即應依警械使用條例予以賠償或補償，而不適用國家賠償法賠償[54]。

柒、警察即時強制法制之檢討：行政執行法修正草案解析

如前所述，我國有關警察即時強制法制之規定，主要見於行執法與警

---

54 劉嘉發，警察行政法之理論與實務，中央警察大學出版社，1999年9月，頁117。

職法兩部法律中。惟警職法施行近二十年，迄今未有修法之議；而行執法新法施行逾二十二年，行政部門業已在2021年4月30日正式向立法院提案修法，其中第四章有關即時強制章部分，主要包括：一、確立保護導向：將原規定之「管束」用語修正爲「保護」，並調整相關規定；二、增進維安，防範危害：增訂行政機關於有事實足認有對人造成危害或對財產造成重大損害之虞，情況急迫，得爲必要之即時處置；三、強化正當程序之保障：精緻化各種即時強制措施之規定，並新增對於即時強制不服之救濟規定[55]。該法修正草案直接援引納入警職法現行條文之規定者不少，但亦新增頗多不同於警職法現行法之規定，值得提供未來修正完備警察即時強制法制之參考，茲摘述如下。

一、完備即時強制發動要件及方法

修正草案第78條規定：「行政機關爲阻止違法行爲之發生、避免急迫危險或防止危害擴大，而有即時處置之必要時，得於其法定職權範圍內，採取下列即時強制之方法：一、對人之保護、制止、強制避難、驅離、疏散或限制進出。二、對物之扣留、使用、處置或限制其使用。三、對於土地、住宅、建築物、運輸工具或其他處所之進入。四、其他必要之處置。實施前項即時強制時，得通知第三人或當地地方自治團體職員在場。實施後，應即時以書面陳報實施機關之首長。」其修法理由說明如下[56]：

（一）現行條文第1項及第2項合併修正列爲修正條文第1項。行政機關非於其法定職權範圍內所爲之即時性處置，並非行執法即時強制之範疇，爰於第1項序文增列「於其法定職權範圍內」等文字，並酌作文字修正，以資明確。

55 法務部整理，行政執行法修正草案重點一覽表，2022年4月：https://www.moj.gov.tw/media/19769/%E9%99%84%E4%BB%B61-%E8%A1%8C%E6%94%BF%E5%9F%B7%E8%A1%8C%E6%B3%95%E4%BF%AE%E6%AD%A3%E8%8D%89%E6%A1%88%E9%87%8D%E9%BB%9E%E4%B8%80%E8%A6%BD%E8%A1%A8.pdf?mediaDL=true（搜尋日期：2023年3月30日）。
56 立法院第10屆第3會期第12次會議議案關係文書，院總第989號／政府提案第17468號，2021年5月12日印發，頁70-71。

（二）對人即時強制處置，其目的在於對人之保護，例如保護酒醉路倒之人、保護意圖自殺之人或迷途者、救護傷病者。爲期明確，爰參酌日本警察官職務執行法第3條規定，並因應實務上需求，爰將第1項第1款之「管束」用語，修正爲「保護、制止、強制避難、驅離、疏散或限制進出」。

（三）進入處所之即時強制方法，其所須進入之處所，並不限於定著於土地者，尚包括土地本身及未定著於土地之「其他處所」，例如貨櫃屋、涵管或山洞、防空洞等處所均屬之。爰參考日本警察官職務執行法第6條，於第1項第3款增列「土地」、「運輸工具」等處所，以資明確。另第1項第2款及第4款酌作文字修正。

（四）實施即時強制之行政機關，包括行政機關及有權代表行政機關執行公權力之人員。爲使行政機關妥適監督其所實施之即時強制措施，爰增訂第2項行政機關實施即時強制之程序。

（五）本條係即時強制之一般性規定，僅在規範即時強制之目的、方法態樣、實施程序。至於個別即時強制措施之要件，仍應由各該行政領域之法律規範，併此敘明。

二、增訂強制收容等保護措施

修正草案第79條規定：「對於下列各款之人，行政機關認有必要時，得強制收容於醫院、精神病人收容設施、救護設施或其他適當場所，實施暫時之保護及必要之救治：一、因精神疾病、酒醉、意圖自殺或自傷，有危害自己或他人生命、身體之虞，須緊急救護。二、迷途、傷、病等，無適當保護之人陪伴，須緊急救護。三、因其他事由須緊急救護。依前項規定所爲之保護，不得逾二十四小時。行政機關實施第一項之保護時，應即查明受保護人身分，並以適當方法通知其親友。」本條修法理由說明如下：

（一）對人即時強制處置，其目的在於對人之保護，例如保護酒醉路倒之人、保護意圖自殺之人或迷途者、救護傷病者，爲期明確，爰參酌日本警察官職務執行法第3條規定，將第1項序文之「管束」用語，

修正爲「保護」，並酌作修正，另修正第1項各款規定。又行政機關對人實施暫時之保護，如受保護之人有受緊急救護之必要時，並應實施救護，其實施之救護並應包括相關之必要救治。

（二）配合第1項序文之「管束」用語已修正爲「保護」，酌修第2項文字。

（三）行政機關實施暫時之保護時，應以適當方式通知受保護人之親友，俾使其親友協助相關保護事宜，爰增訂第3項。

三、增訂重大危害之即時處置措施

修正草案第80條規定：「行政機關於有事實足認有對人之生命、身體、健康造成危害，或對財產造成重大損害之虞，且情況急迫者，得採取制止、強制避難、驅離、疏散、限制進出或其他必要之即時處置。」本條係新增條文，主要係爲使行政機關於有事實足認有對人之生命、身體、健康造成危害，或對財產造成重大損害之虞時，能採取必要之即時處置。例如，發生天災、事變或交通、環境、衛生、公共安全等緊急情事時，採取必要之對人之制止、強制避難、驅離、疏散、限制進出或其他必要即時處置之權限，爰參酌日本警察官職務執行法第4條規定，增訂本條。又行政機關之制止、強制避難、驅離、疏散、限制進出或其他必要即時處置之範圍，不限於住宅、建築物或特定區域，尚包括車、船及其他運輸工具等處所。例如，各級政府發出颱風禁止出海、從事海上活動或岸邊觀浪之警告，進而封鎖海域、制止泳客；發布土石流警示，並強制居民避難；警察機關發現可疑裝有爆裂物之包裹，警告民眾避讓；衛生機關認爲食品疑似滲有毒物，對消費者發出警告，並限制業者販賣或強制下架；衛生機關發出疫情警示，並於疫情蔓延時，封鎖疫區，管制人員進出等。

另修正草案第81條規定：「行政機關於天災、事變或交通、環境、衛生、公共安全之緊急事態，足認將對人之生命、身體或健康造成危害，或對於財產將造成重大損害，非使用或處置人民之土地、住宅、建築物、物品或限制其使用，不能達防護之目的時，得使用、處置或限制其使用。」本條係修訂現行法第39條條文，主要考量除現行條文規定之天災、

事變等情形外，環境事故亦可能對人之生命、身體、健康或財產造成相當危害，爰增列「環境」爲本條之危害態樣，並酌作文字修正。又基於即時強制之急迫性與即時性之要求，增訂「緊急事態」之要件，以符實際。其次，對於緊急危害事態，明定應足以對人之生命、身體或健康造成危害，或對於財產將造成重大損害時，行政機關始得對人民之物及處所，採取使用、處置或限制使用等必要之即時處置。例如警察發現可疑裝有爆裂物之包裹，強制開啓包裹；消防隊員爲避免火勢蔓延，拆毀火災處所之鄰房，作爲防火區隔；衛生機關於疫情蔓延時，封鎖疫區，銷毀可能污染之物；工務機關清除因地震而傾倒之危險建築；對酒醉駕駛者之車輛，爲防止其危害，必要時得限制其使用，並移置保管之。

四、增訂扣留措施相關規定

（一）明確扣留之客體

修正草案第82條規定：「凶器、爆裂物或其他足以造成生命、身體、健康或財產立即危害之物品，爲預防危害之必要，得扣留之。」主要係爲使扣留之客體，更臻明確，明定得扣留者，應爲足以造成生命、身體、健康或財產立即危害之物品。而爆裂物本身已具有強大殺傷力，足以造成生命、身體、健康或財產立即危害，爰明列爲得扣留之物品。又符合上開情形之軍器，通常屬爆裂物，已無重複列出必要，爰配合上開修正，刪除「軍器」，並列爲修正條文。

（二）增訂扣留之執行程序

由於現行行執法有關扣留軍器、凶器及其他危險物等，其後續之處置程序雖有部分規定，惟整體而言略嫌簡陋，未能進一步詳盡規範。易使各執行機關扣留物品後各行其是處理。故爲使危險物扣留後之處置程序有所依循，乃參酌現行警職法相關條文規定[57]，於修正草案第83條明文規定：「扣留，應作成紀錄，記載扣留之時間、處所、扣留物之名目及其他

---

[57] 李震山、蔡庭榕、簡建章、李錫棟、許義寶，警察職權行使法逐條釋論，五南出版，2018年12月2版1刷，頁456-457。

必要之事項，並由在場之所有人、持有人或保管人簽名、蓋章或按指印；其拒絕簽名、蓋章或按指印者，應記明其理由。扣留物之所有人、持有人或保管人在場或請求時，應製作收據，記載扣留物之名目，並交付之。扣留物，應加封緘或其他標示妥善保管。因物之特性不適於由行政機關保管者，得委託其他適當機構或個人保管之，並通知所有人、持有人或保管人。但扣留物，因防其喪失或毀損，應為適當之處置；腐壞、腐敗或易生危險之物，得毀棄或為其他適當之處置。前條扣留物，除依法應沒收、沒入、毀棄或應變價發還者外，扣留期間不得逾三十日。」

本條自現行條文第38條第2項移列修正，主要係為使執行機關扣留之程序合法適當，對於實施扣留之執行機關，應課以作成紀錄、收據之義務，以明責任，並避免損害人民之財產權，爰參考警職法第22條、行政罰法第38條規定，增訂第1項及第2項。另為確保扣留物之安全，扣留物應加具識別之標示，並予妥適保管。扣留物有喪失或毀損之虞時，行政機關應即予適當處置；對於腐壞、腐敗或易生危險之物，則得予以毀棄或適當處置，爰參酌行政罰法第39條規定，增訂第3項。而第4項由現行條文第38條第2項本文移列，並酌作文字修正。另因即時強制所扣留之扣留物經扣留30日後，已無即時處置之必要，為符比例原則，爰刪除現行條文第38條第2項但書規定。

（三）明定扣留物之發還

修正草案第84條規定：「扣留物無繼續扣留之必要者，應將該物發還所有人、持有人或保管人；所有人、持有人或保管人不明時，得發還其他能證明對該物有權利之人。前項應受發還之人經通知領取後逾六個月仍未領取者，以其物歸屬公庫。應受發還人不明或其所在不明，或因其他事故不能發還者，應公告之，自公告之日起滿六個月，無人申請發還者，亦同。」

本條自現行條文第38條第3項移列修正，主要規範扣留物無繼續扣留之必要時，執行機關應將扣留之物發還所有人、持有人、保管人或得證明對該物有權利之人，爰酌修現行條文第38條第3項前段並列為修正條文第1

項，以維護人民權益。又扣留物之應受發還人為何人不明或其所在不明，或因其他事故不能發還者應如何處理，宜予明定，爰參酌行政罰法第40條第2項規定，酌修現行條文第38條第3項後段並列為第2項。又所稱「公庫」，指公庫法第2條第2項之國庫、直轄市庫、縣（市）庫及鄉（鎮、市）庫。另現行條文有關變價發還之規定，已於修正條文第85條規範，爰予刪除。

（四）增訂扣留物得予變價之要件暨處置程序

修正草案第85條規定：「有下列情形之一者，扣留物得予變價：一、有腐壞或價值重大減損之虞。二、保管、照料或持有所費過鉅或有其困難。物之變價，採拍賣或變賣方式行之。但因物之性質認難以賣出，或估計變價之費用超出變價所得時，得逕行處置之。扣留物變價前，應將變價之程序、時間及地點通知所有人、持有人或保管人。但所有人、持有人或保管人不明或其所在不明，或情況急迫者，不在此限。扣留物經變價後，於扣除扣留費、保管費、變價費及其他必要費用後，其價金之發還，依前條規定處理。」

本條文係新增，主要規範扣留之物除有發生依法應予沒收、沒入等情形者外，應於扣留原因消滅或期間屆滿後，發還所有人、持有人或保管人。惟因物之性質特殊，有腐壞或減損價值之虞、保管困難或費用過鉅時，為避免因扣留物價值減損致損害所有人權利，爰參酌警職法第23條第1項，增訂第1項扣留物之變價要件。而有關扣留物之變價方式，參酌行政罰法第39條第1項有關得沒入之扣留物處置程序，於第2項本文明定由執行機關採取公開拍賣或洽特定之人賣出之方式處理。另參酌警職法第23條第3項規定，於第2項但書定明行政機關因物之性質認難以賣出或變價費用超過所得時，由執行機關逕行處置扣留物。參酌警職法第23條第2項規定，於第3項明定扣留物變價前通知所有人、持有人或保管人之程序。又扣留物經變價後，扣除扣留費、保管費、變價費及其他必要費用後，應如何處理，宜予明定，爰增訂第4項規定。

五、增訂實施即時強制之費用負擔

　　由於現行法對於實施即時強制是否得收取相關必要費用，尚乏明文規定，導致實務運作上屢生爭議[58]，學者間亦有不同見解[59]，容有明確規範之必要。故修正草案第87條乃明文規定：「行政機關依第七十九條規定實施保護所生費用，除依法由政府社會救助者外，由受保護人或其法定代理人、有扶養義務之人負擔。行政機關依第八十條、第八十一條規定實施制止、強制避難、驅離、疏散、限制進出、使用、處置、限制其使用或其他即時處置所生費用，由可歸責之人負擔。行政機關依第八十二條規定實施扣留所生費用，由物之所有人、持有人或保管人負擔。前三項費用，行政機關得作成書面處分命應負擔費用之人限期繳納；逾期不繳納者，移送執行之。」

　　新增本條文主要係基於使用者付費原則，並參酌精神衛生法第20條第3項、日本舊行政執行法第3條等立法例，於第1項明定除依法由政府社會救助者外，由受保護者或其法定代理人、有扶養義務之人負擔相關費用。又保護之情事如係因加害人所致時，上開應負擔相關費用之人於向行政機關支付費用後，仍得依民法相關規定向加害人求償，併此敘明。再者，行政機關實施制止、強制避難、驅離、疏散、限制進出、使用、處置、限制其使用或其他必要之即時處置，如係可歸責於他人，則所生相關費用，自應由該可歸責之人負擔，爰增訂第2項。又行政機關實施扣留，係為避免危險物品造成生命、身體、健康或財產之立即危害，而該危險物品之所有人、持有人或保管人對其保有物品，本應善盡相當程度之保管責任，故所支出之必要費用，應由其負擔，爰為第3項規定。而行政機關於先行支出即時強制之相關費用後，得檢具相關資料，以行政處分命應負擔費用之人限期繳納。應負擔費用之人未於期限內繳納時，即屬行政法上金錢給付義務逾期不履行，可依修正條文第4條移送執行機關執行之，爰於

---

[58] 法務部，行政執行法函釋及裁判要旨選輯，一品文化，2019年5月初版，頁473-475。

[59] 蔡震榮，同註22，頁246。劉嘉發，警察即時強制之研究，警政論叢，第4期，2004年12月，頁245-246。黃俊杰，行政執行法，翰蘆圖書出版有限公司，2010年11月初版，頁181-182。劉嘉發，同註14，頁130。

第4項明定。

六、增訂不服即時強制之救濟

　　修正草案第88條規定：「受執行人或利害關係人對行政機關實施強制措施認有違法侵害權益之情事，得當場陳述理由表示異議。前項異議，實施強制人員認為有理由者，應立即停止或變更；認為無理由者，得繼續實施。經受執行人或利害關係人請求時，應以書面載明實施強制內容交付之。」本條係新增訂條文，其訂定理由如下：

（一）基於有權利即有救濟，即時強制亦應有其救濟途徑。鑒於即時強制措施具有立即實施、時間短暫、侵權程度強烈等特性，爰參酌司法院釋字第535號解釋、行政罰法第35條及警職法第29條規定，增訂受執行人或利害關係人對即時強制不服之救濟規定。

（二）本章所定即時強制與第三章所定行為或不行為義務之執行，性質並不相同。行政法上行為或不行為義務之執行，係以人民違反行政法上義務為前提，並有移送機關及執行機關之區別；即時強制則不以人民有違反行政法上義務為前提，而係行政機關於急迫情事發生時而為之即時處置，因其具有之特殊情狀與急迫性，為兼顧受執行人或利害關係人之權利保障，避免其遭受不可回復之侵害，倘即時強制執行程序中所為之各項執行行為（或措施），受執行人或利害關係人認有違法侵害權益之情事，第1項已賦予其得當場陳述理由表示異議之權利。對於異議結果，如仍有不服，受執行人或利害關係人可於即時強制程序終結前，依修正條文第11條第1項聲明異議。如有因即時強制程序之迅速性，未及提出聲明異議，而即時強制程序業已終結，受執行人或利害關係人如認即時強制措施有違法侵害其權益者，自得依國家賠償法請求損害賠償，乃屬當然。

七、修訂即時強制補償之規定

　　修正草案第89條規定：「人民因行政機關依法實施即時強制，致其生命、身體或財產遭受特別損失時，本人或其法定繼承人得請求補償。但因可歸責於該人民之事由者，行政機關得減輕或免除補償。前項損失補

償，應以金錢爲之，並以補償實際所受之特別損失爲限。繼承人爲請求時，應釋明其與死亡者之關係，及有無同一順序繼承人；繼承人有數人時，其中一人請求補償者，其效力及於全體。但撤回請求，應經全體同意。對於行政機關所爲損失補償之決定不服者，得依法提起訴願及行政訴訟。損失補償，應以書面敘明理由，於知有損失後，二年內向行政機關請求之。但自損失發生後，經過五年者，不得爲之。」其條文修訂理由說明如下：

（一）本條爲特別犧牲之補償規定，考量人民於生命遭受特別損失時，其本人已無從請求補償，爰參酌刑事補償法第11條、第12條規定，於第1項本文明定請求權人爲本人或其法定繼承人。又參酌司法院釋字第670號解釋理由書：「人民之自由權利因公共利益受有超越一般應容忍程度之特別犧牲，法律規定給予補償時，爲避免補償失當或浮濫等情事，受害人對損失之發生或擴大，如有可歸責之事由，固得審酌不同情狀而排除或減少其補償請求權，惟仍須爲達成該目的所必要，始無違憲法第二十三條之比例原則。」爲避免現行規定遭誤解爲一旦有可歸責於該人民之事由，即一律排除其全部之補償請求，有違反比例原則之虞[60]，爰修正第1項但書，俾彈性適用。

（二）有關繼承人請求時之釋明及多數繼承人中一人單獨請求、撤回之效力，允宜明定，爰參酌刑事補償法第12條規定，增訂第3項，現行條文第3項及第4項之項次順移。

（三）現行條文第1項、第3項及第4項之「執行機關」，均修正爲「行政機關」。另參酌行執法施行細則第40條規定，修正現行第4項規定

---

[60] 按警職法第31條第1項規定：「警察依法行使職權，因人民特別犧牲，致其生命、身體或財產遭受損失時，人民得請求補償。但人民有可歸責之事由時，法院得減免其金額。」惟本條項在行政院所提案之版本中仍採現行行政執行法之立法例，針對可歸責於該人民之事由者，仍採一律不予補償的。惟當時由立法委員陳其邁等所提版本中，則主張人民有可歸責之事由時，法院得減免其金額，最終獲得立法通過。惟有學者質疑：爲何只有法院方得減免其補償金額？即時強制之損失補償不是由警察機關先行決定金額多寡嗎？此時難道警察機關不得爲減免其補償金額之決定嗎？爲何須俟進入法院程序時，才能由法院法官來決定是否減免其補償金額？如此條文規定，豈不怪哉？劉嘉發，警察即時強制之研究，警政論叢，第4期，2004年12月，頁247。

損失補償應以書面提出請求。

捌、結論

綜上所論，警察職權行使法於立法伊始，有關警察行使即時強制之職權，即存在若干頗值商榷及有待檢討之處，諸如：一、管束要件如「酒醉」、「酗酒泥醉」等用語含糊，有待明確化；二、管束場所與設備不足，對當事人保護不周，有待改善；三、管束、對處所之進入等職權措施是否採取「法官保留原則」？有無送交法官事後介入審查之機制，其必要性、可行性如何仍待檢討；四、依現行法令規定已無適用留置之情形，其用語應可考量予以刪除；五、即時強制扣留收取費用與法理有違，執行不易；六、不服異議之救濟制度設計有問題，後續得採取之救濟管道有待釐清；七、人民有可歸責之事由者，仍須由法院決定是否予以補償，恐有背法理，不無商榷之餘地。

此外，行執法修正草案已由行政院於2021年4月30日函請立法院審議，其中有關即時強制章修正條文頗多，包括完備即時強制發動要件及方法、增訂強制收容等保護措施、重大危害之即時處置措施，增訂扣留措施相關規定，明定實施即時強制費用之負擔，增訂不服即時強制之救濟暨補償規定等規定。雖然該法修正草案直接引用警職法現行條文規定者不少，但也新增頗多不同於警職法現行法之規定，值得提供未來修正完備警察即時強制法制之參考。

值是之故，警職法有關即時強制章相關條文之規定，恐有必要考量配合再次修法，尤其主管機關更應未雨綢繆，早日研議提出本法相關修正條文草案。諸如：一、可參酌行執法修正草案第78條規定將「管束」用語修正為「保護」，並明定警察在實施即時強制職權時，得通知第三人或當地地方自治團體職員在場。實施後，應即時以書面陳報實施機關之首長；二、可參考修正草案第79條規定，增訂強制收容等保護措施，針對因精神疾病、酒醉、意圖自殺或自傷，有危害自己或他人生命、身體之虞，須緊急救護；或者迷途、傷、病等，無適當保護之人陪伴，須緊急救護；或

因其他事由須緊急救護者，得強制收容於醫院、精神病人收容設施、救護設施或其他適當場所，實施暫時性的保護及必要救治，且其保護期限不得逾24小時；三、可參考修正草案第80條規定，增訂重大危害之即時處置措施，警察對於有事實足認有對人之生命、身體、健康造成危害，或對財產造成重大損害之虞，且情況急迫者，得採取制止、強制避難、驅離、疏散、限制進出或其他必要之即時處置；四、另可參酌修正草案第87條規定，增訂實施即時強制之費用負擔。警察機關於實施制止、強制避難、驅離、疏散、限制進出、使用、處置、限制其使用或其他必要之即時處置措施時，如係可歸責於他人，則所生相關費用，自應由該可歸責之人負擔。至於應負擔費用之人未於期限內繳納時，即屬行政法上金錢給付義務逾期不履行，可依法移送執行機關執行之。凡此透過警察即時強制各項措施之明定與修正，方得以完備警察即時強制法制，以茲因應日後修法執法之適用，此乃當前警察法制重要的課題之一。

（本文有關警察即時強制之概念、種類、發動要件、費用徵收與救濟部分，曾發表於警政論叢，第4期，2004年12月，頁226-243。並收錄於劉嘉發，警察行政法之理論與實務，第八章新修正行政執行法內容解析，中央警察大學出版社，1999年9月，頁299-311。另有關警察即時強制法制之檢討──行政執行法修正草案解析部分內容，曾發表於中央警察大學學報，第60期，2023年7月，頁108-115。）

第十五章

警察職權行使補償制度之研究

洪文玲

壹、前言

　　警察行政在國家行政之中，是以維持秩序、除暴安良、保護公共安全為主要功能，因此警察職權大部分屬於干涉人民自由權利之秩序行政[1]。即使其目的是在保護人民與社會安全，手段上仍以干預、限制的方式為主。

　　警察為達成法定任務，得採取之作用或行為方式與類型極多，依警察法第9條規定之警察職權，大致上可分為二類，一為意思表示之決定，如警察命令、警察處分等；二為物理措施，如攔停、盤查、取締、舉發、行政執行、使用警械、執行搜索、扣押、拘提及逮捕等公權力措施。此等職權之實施目的、實施對象、實體要件與程序要件，分散規定於近百種警察業務、勤務法律之中[2]，符合法律保留原則、明確性原則，此等國會制定之法律依據，又稱作用法或行為法依據。其中警察職權行使法，乃針對警察在街頭執法經常使用之公權力具體措施，分別於第二章（身分查證與資料蒐集）及第三章（即時強制）明定各種類型化措施及概括條款[3]之發動要件與正當程序。

　　民國92年公布之警察職權行使法第31條，乃針對警察人員或機關依法行使職權，因人民特別犧牲致其生命、身體或財產遭受損失時，人民得請求補償之規定。該條文主要是沿用民國87年修正之行政執行法第41條合法即時強制補償規定而建構。

　　然，由於該補償規定與當時民國91年修正之警械使用條例第11條規定出入，顯不合理[4]，民國111年警械使用條例修正公布第11條第3項、第4

---

[1] 公權力行政，從目的之角度，可分為福利行政與秩序行政；從手段之角度，可分為給付行政與干涉行政。

[2] 例如社會秩序維護法、警察職權行使法、集會遊行法、槍砲彈藥刀械管制條例、道路交通管理處罰條例、警察勤務條例、刑事訴訟法、跟蹤騷擾防制法、家庭暴力防治法等。

[3] 警察職權行使法第2條第2項：「本法所稱警察職權，係指警察為達成其法定任務，於執行職務時，依法採取查證身分、鑑識身分、蒐集資料、通知、管束、驅離、直接強制、物之扣留、保管、變賣、拍賣、銷毀、使用、處置、限制使用、進入住宅、建築物、公共場所、公眾得出入場所或其他必要之公權力之具體措施。」

[4] 警察人員「依法」使用警械之行為，在法理上本屬於警察即時強制措施之一。因此，當時警械使用條例第11條暨「警察人員使用警械致人傷亡財產損失醫療費慰撫金補償金喪葬費支給

項，授權內政部制定補償辦法。該辦法於民國112年4月發布，對於補償額度、申請程序與決定方式，有更具體且多元明確之流程設計，相較於警察職權行使法，規定更爲細緻明確，導致警察人員實務行使職權損及人民權益，機關遭遇補償請求時，對於申請人資格認定、補償金額計算方法與裁量範圍、核定之權限層級、決定方式選擇、不服決定之救濟途徑，選擇協議替代處分之適法性，均產生爭議。

本文主要研究重點包括：一、在國家責任理論體系中，補償與賠償在概念上之區別？二、警察行使職權補償法制發展之沿革爲何？三、行政執行法、警察職權行使法與警械使用條例三部法律對於補償責任之規定有何不同？四、三法之關係，適用之順序爲何？如何調和？

貳、行政補償概念之演進

有權利就有救濟，憲法第16條規定人民有請願、訴願、訴訟權。憲法保障人民各種自由權利，因警察權之行使而受到損害，皆有相應的救濟方法，請求有權機關排除該不法侵害或填補其損害。前者乃透過訴願、訴訟；後者乃透過賠償與補償，達到救濟目的。

國家賠償制度，又稱行政上之損害賠償，係針對國家違法且有責之行爲，屬於公法上「侵權行爲」之性質。而國家補償制度，又稱行政上之損失補償，乃行政機關基於公益目的，依法實施公權力，無論是徵收、徵用、扣留特定人民財產，或管束、拘禁特定人民身體自由，乃至犧牲特定人民之生命（釋字第670號解釋[5]），若已超過該特定人民應盡之社會義務

標準」，有關警察人員合法使用警械因而致第三人受傷、死亡或財產損失者，應由各該級政府支付醫療費、慰撫金、補償金或喪葬費之定額規定，與警察合法行使職權所衍生的損失補償責任，適用警察職權行使法第31條第1項本文規定：「警察依法行使職權，因人民特別犧牲，致其生命、身體或財產遭受損失時，人民得請求補償。」支付機關不同，支給金額標準不同，申請程序與後續救濟程序不同，法律適用關係分歧，顯不合理。

[5] 司法院釋字第670號解釋理由書：「人民受憲法第十五條保障之財產權，因公益需要而受特別犧牲者，應由國家依法律予以補償，已迭經本院解釋在案（本院釋字第四○○號、第四二五號、第五一六號、第六五二號解釋參照）。人民受憲法第八條保障身體之自由，乃行使其憲法上所保障其他自由權利之前提，爲重要基本人權，尤其應受特別保護，亦迭經本院解釋在案（本院釋字第三八四號、第五八八號解釋參照）。是特定人民身體之自由，因公共

範圍，國家即應就其個別遭受之「特別損失或特別犧牲」，酌予公平合理之補償，以為衡平。在德國或我國行政法上國家補償法制都是基於對人民自由權利保護之需要，及憲法平等原則或信賴保護原則[6]而建構，經由實務與學理相互激盪漸次充實，從侵害財產權之徵收補償，到侵害非財產權之犧牲請求補償[7]；從徵收補償、徵收作用之干涉補償，到特別犧牲之補償，法制內容尚無統一，且分散在各法之間[8]，各請求權間常有重疊競合現象，而在慢慢調和中。總而言之，行政上之損失補償，在構成要件上，須個別人民因公益而遭受特別損失或特別犧牲；在法律效果上，主要是基於對基本權利之尊重而為之相當給付，並非全額填補。因此，相較於賠償制度，補償較重視法律基礎、法定要件及程序。

賠償、補償二者之區別，可從司法院釋字第670號解釋理由書清楚呈現。過去實務上稱冤獄賠償法，為國家賠償責任之特別立法（釋字第487號解釋），後來釋字第670號解釋重新界定其性質，由「賠償」轉向「補償」。自民國48年施行之「冤獄賠償法」，終於在民國100年修正更名為「刑事補償法」[9]。因為該被羈押、收容或留置之人，當司法無法起訴與定罪，還他清白之後，他的身體自由，因公共利益受公權力之合法限制，

利益受公權力之合法限制，諸如羈押、收容或留置等，而有特別情形致超越人民一般情況下所應容忍之程度，構成其個人之特別犧牲者，自應有依法向國家請求合理補償之權利，以符合憲法保障人民身體自由及平等權之意旨。」

6　基於信賴保護原則者，例如行政程序法第126條規定，原處分機關因情事變更、為防止或除去對公益之重大危害，須廢止授予利益之合法行政處分時，對受益人因信賴該處分致遭受財產上之損失，應給予合理之補償。

7　有關德國或我國行政法上國家補償法制之學說演進與分類，可參考：陳敏，行政法總論，自版，2019年11月10版，頁1207-1253。

8　有關徵收補償規定，除土地徵收條例為基本規範外，在土地法、平均地權條例、都市計畫法、水土保持法、野生動物保育法等；有關徵收作用之干涉補償規定，如消防法，因救災而開闢防火巷；下水道法，因施工而損及地面民宅；行政執行法，警察職權行使法之即時強制，為達防護因天災、事變或交通上或公共安全上之危害，而使用或處置人民之土地、住宅、建築物、物品或限制其使用；特別犧牲之補償規定，如警械使用條例第11條因合法使用警械，致第三人傷亡之補償規定。

9　「國家因實現刑罰權或為實施教化、矯治之公共利益，對特定人民為羈押、收容、留置、刑或保安處分之執行，致其憲法保障之自由權利，受有超越一般應容忍程度之限制，構成其個人之特別犧牲時，依法律之規定，以金錢予以填補之刑事補償。」確立金錢補償為刑事補償之方法。引自司法院釋字第670號解釋理由書。

已超越一般人民所應容忍之程度，係構成其個人之特別犧牲，自應有依法向國家請求合理補償之權利。

而釋字第670號解釋更提及對補償要件得設有限制，以避免補償失當或浮濫等情事。且若受害人對損失之發生或擴大，有可歸責之事由，立法者尚得審酌不同情狀而排除或減少其補償請求權。惟此限制仍須為達成該目的所必要，不可違反憲法第23條之比例原則[10]。

參、警察行使職權補償法制發展之沿革

我國警察職權行使之國家責任法制，肇始於民國22年國民政府時期之警械使用條例。行憲後，民國57年警械使用條例全文修正，已有當年法制罕見之國家補償規定，可謂開啟我國警察補償法制之先河。解嚴後，隨著國家責任理論體系逐漸完備，民國87年行政執行法第41條建構了合法即時強制補償之基本制度，民國92年公布之警察職權行使法第31條，乃沿用該補償規定，而與當時警械使用條例規定互有出入。表15-1乃依立法年代臚列警察職權行使相關補償規定，並說明各階段法制特色與修法之重點。

---

10 參見司法院釋字第670號解釋理由書：「人民之自由權利因公共利益受有超越一般應容忍程度之特別犧牲，法律規定給予補償時，為避免補償失當或浮濫等情事，受害人對損失之發生或擴大，如有可歸責之事由，固得審酌不同情狀而排除或減少其補償請求權，惟須為達成該目的所必要，始無違憲法第二十三條之比例原則。冤獄賠償法第二條第三款規定，因故意或重大過失行為致受羈押者，不得請求補償部分，就刑事訴訟法第一百零一條第一項及軍事審判法第一百零二條第一項所規定之羈押而言，並未斟酌受害人致受羈押之行為，係涉嫌實現犯罪構成要件，或係妨礙、誤導偵查審判（例如逃亡、串供、湮滅證據或虛偽自白等），亦無論受害人致受羈押行為可歸責程度之輕重及其因羈押所受損失之大小，皆一律排除全部之補償請求，並非避免補償失當或浮濫等情事所必要，不符冤獄賠償法對特定人民身體之自由，因實現刑罰權之公共利益受有干涉，構成超越一般應容忍程度之特別犧牲時，給予所規範之補償，以實現憲法保障人民身體自由及平等權之立法意旨，而與憲法第二十三條之比例原則有違。系爭規定應由相關機關自本解釋公布之日起二年內，依本解釋之意旨，衡酌受害人致受羈押行為之情狀、可歸責程度及所受損失等事由，就是否限制其補償請求權，予以限制時係全面排除或部分減少等，配合冤獄賠償法相關規定通盤檢討，妥為規範，屆期未完成修法者，系爭規定失其效力。」鑑於冤獄賠償法相關規定違反比例原則等理由，乃宣告系爭規定違憲並限期失其效力。

表15-1　警察行使職權補償法制之沿革

公布日 （民國）	相關法律及條文內容	法制特色與修法之重點
22.9.25	警械使用條例第9條 非遇有第三條各款情形之一而使用刀或槍者，由該管長官懲戒之，其因而傷人或致死者，除被害人由國家給予醫藥費或撫卹費外，加害之警官警士應依刑法處罰。	1. 原因：警官警士違法使用刀、槍，傷人或致死。 2. 由國家給予醫藥費或撫卹費。
57.11.22 全文修正	警械使用條例第10條： 1. 警察人員非遇第四條各款情形之一，而使用警刀、槍械或其他經核定之器械者，由該管長官懲戒之。其因而傷人或致死者，除加害之警察人員依刑法處罰外，被害人由各該級政府先給予醫藥費或撫卹費。但出於故意之行為，各級政府得向行為人求償。 2. 警察人員依本條例使用警械，因而傷人或致死者，其醫藥費或埋葬費由各該級政府負擔。 3. 前二項醫藥費、撫卹費或埋葬費之標準，由省（市）政府訂定後報內政部核定。	1. 分3項[11]。 2. 區分行為違法與合法，不同原因，補償項目不同。增列合法使用警械傷人或致死之補償範圍，惟僅限醫藥費或埋葬費，不包含撫卹費。 3. 增列器械種類，惟仍漏列警棍。 4. 先給予醫藥費或撫卹費。意謂不待被害人請求，政府主動給予。具有補償之精神。 5. 增列各級政府得向行為人求償之要件，需行為人有責，且係出於故意。限縮行為人之賠償責任。 6. 責任主體由國家改為各該級政府，較為明確。 7. 補償費用由各該級政府負擔，但標準由各省（市）政府訂定，非統一。
91.5.15	警械使用條例第10條 （第1、2項略） 3. 前二項醫藥費、撫卹費或埋葬費之標準，由內政部定之。	1. 修正第3項。 2. 關於政府賠償醫藥費、埋葬費或撫卹費之標準，原條文由省（市）政府分別訂定，形成標準不一現象，且配合精省，統一由內政部定之。

（接下頁）

---

[11] 本文作者於2023年5月30日檢索立法院法律系統，發現官網版本第10條條文分為4項，有不符法制常規之處，經查對立法院公報第58卷第7期委員會紀錄第14頁之二讀會審議版本，該條文分為3項，較為合理。本文乃採二讀會審議版本。

公布日 （民國）	相關法律及條文內容	法制特色與修法之重點
91.6.26 全文修正	警械使用條例第11條 1. 警察人員依本條例規定使用警械，因而致第三人受傷、死亡或財產損失者，應由各該級政府支付醫療費、慰撫金、補償金或喪葬費。 2. 警察人員執行職務違反本條例使用警械規定，因而致人受傷、死亡或財產損失者，由各該級政府支付醫療費、慰撫金、補償金或喪葬費；其出於故意之行為，各該級政府得向其求償。 3. 前二項醫療費、慰撫金、補償金或喪葬費之標準，由內政部定之。	1. 全文修正，條次變更。 2. 警察人員違法使用警械，其行政、刑事責任應依公務員懲戒法、刑法定之，爰刪除相關文字。 3. 原條文漏列警棍，改為使用警械，以示周全。 4. 維持由各該級政府不待人民請求，而依職權主動給予之設計。 5. 鑒於原條文關於補償費用項目區分之不合理，且漏列侵害財產權之補償金。新法乃增列醫藥費、喪葬費、補償金或撫卹費等4項費用，且無論合法或違法使用警械，均有適用，以求周延公平。 6. 區分補償對象，合法使用警械只補償第三人；違法使用警械則不限。 7. 關於政府賠償醫藥費、喪葬費、補償金或撫卹費之標準，統一由內政部定之。
92.6.25	警察職權行使法第31條 1. 警察依法行使職權，因人民特別犧牲，致其生命、身體或財產遭受損失時，人民得請求補償。但人民有可歸責之事由時，法院得減免其金額。 2. 前項損失補償，應以金錢為之，並以補償實際所受之特別損失為限。 3. 對於警察機關所為損失補償之決定不服者，得依法提起訴願及行政訴訟。 4. 損失補償，應於知有損失後，二年內向警察機關請求之。但自損失發生後，經過五年者，不得為之。	1. 補償原因：所有警察合法職權行為。 2. 責任主體：警察機關。 3. 補償對象：遭受特別犧牲之人民。 4. 補償範圍：生命、身體或財產上之實際損失，不包含預期利益。 5. 補償方式：以金錢為之。 6. 補償程序：參考行政執行法第41條立法例，由人民提出請求，警察機關作成准駁決定。不服者，得依法提起訴願及行政訴訟。 7. 請求權時效，特別規定為知悉時起二年，不得超過發生後五

（接下頁）

公布日 (民國)	相關法律及條文內容	法制特色與修法之重點
		年。有別於行政程序法第131條之十年時效。 1.3.4.5.6皆與國家賠償有明顯區隔。
111.10.19	修正警械使用條例第11條第3、4項 （第1、2項略） 3. 警察人員依本條例規定使用警械，致第三人生命、身體或財產遭受損失時，第三人得請求補償。但有可歸責該第三人之事由時，得減輕或免除其金額。 4. 前項補償項目、基準、程序及其他相關事項之辦法，由內政部定之。	1. 賠償與補償分流。違法使用警械者，依第1、2項適用國家賠償法，協議先行。無法協議者，向普通法院提起民事訴訟；合法使用警械者適用第3、4項之規定，依行政程序進行。 2. 補償原因：合法使用警械。 3. 責任主體：該條例所定之警察機關（含憲兵、調查員等司法警察機關）。 4. 補償對象：第三人。 5. 補償範圍：生命、身體或財產上之實際損失，不包含預期利益。第三人與有過失時，得減免金額。 6. 補償項目、基準、程序及其他相關事項，另訂辦法規定。

資料來源：作者自製。

肆、行政執行法與警察職權行使法補償規定之比較

　　警察基於職責，依法行政，為了公共利益，合法行使職權，導致人民權益受損，本屬常態，無責之有。如係在人民應履行之社會義務範圍內，人民本負有忍受之義務，國家無須給予補償；惟若超過人民應盡之社會義務範圍，構成特別損失或特別犧牲，則國家應就該個別人民生命、身體或財產所遭受之特別損失酌予合理補償[12]，以國家之力（等同於全民共同）

12　警察職權行使法第31條之立法說明一。

分擔少數人之損失，方符公平法理。此乃我國警察職權行使補償制度之理論基礎。

　　警察職權行使之國家責任制度，肇始於民國22年國民政府時期之警械使用條例[13]，警官警士使用刀或槍因而傷人或致死者，被害人由國家給予醫藥費或撫卹費，完備於民國92年公布之警察職權行使法第31條規定。該條文大致參考行政執行法第41條之規定，鑒於警察職權行使法第31條亦屬於人民因合法行政致權益受損之補償制度，乃參照行政執行法於民國87年全文修正時，增訂建構之行政上即時強制之補償法制。惟二者仍存有下列差異，比較如表15-2：

一、責任主體（一為執行機關；一為警察機關）。

二、補償原因（行政行為：一為合法即時強制；一為合法行使職權，不限於即時強制）。

三、補償對象（請求要件：一為限定無可歸責事由之人民；一為放寬至有特別犧牲之人民，即使有可歸責事由，亦有補償請求權）。

表15-2　行政執行法與警察職權行使法之補償規定比較表

	行政執行法第41條	警察職權行使法第31條
條文	1. 人民因執行機關依法實施即時強制，致其生命、身體或財產遭受特別損失時，得請求補償。但因可歸責於該人民之事由者，不在此限。 2. 前項損失補償，應以金錢為之，並以補償實際所受之特別損失為限。 3. 對於執行機關所為損失補償之決定不服者，得依法提起訴願及行政訴訟。	1. 警察依法行使職權，因人民特別犧牲，致其生命、身體或財產遭受損失時，人民得請求補償。但人民有可歸責之事由時，法院得減免其金額。 2. 前項損失補償，應以金錢為之，並以補償實際所受之特別損失為限。 3. 對於警察機關所為損失補償之決定不服者，得依法提起訴願及行政訴訟。

（接下頁）

13　警械使用條例（民國22年9月25日國民政府公布）第9條：「非遇有第三條各款情形之一而使用刀或槍者，由該管長官懲戒之，其因而傷人或致死者，除被害人由國家給予醫藥費或撫卹費外，加害之警官警士應依刑法處罰。」

	行政執行法第41條	警察職權行使法第31條
	4. 損失補償，應於知有損失後，二年內向執行機關請求之。但自損失發生後，經過五年者，不得為之。	4. 損失補償，應於知有損失後，二年內向警察機關請求之。但自損失發生後，經過五年者，不得為之。
責任主體	執行機關。	警察機關。
補償原因	合法即時強制。	合法行使職權，不限於即時強制。
補償對象	請求權人限定為無可歸責事由之人民。排除有責者之請求權。	有特別犧牲之人民即使有可歸責事由，亦放寬其有補償請求權，由法院裁量減免其金額。

資料來源：作者自製。

民國92年公布之警察職權行使法第31條，乃參考行政執行法即時強制之補償規定，再作一些更符合比例原則之調整。如前文分析，對有特別犧牲之人民，即使有可歸責事由，仍承認其有補償請求權，僅由法院裁量減免其金額。然於程序上，欠缺子法關於補償程序等執行細節之補充規定，導致實務上遭遇補償請求時，警察機關對於行為方式選擇協議之可能性、補償金額計算方法與裁量範圍、核定之權限層級等問題，多所困惑，有待未來修法解決。

伍、警察職權行使法與警械使用條例補償規定之比較

「使用警械」本為警察行使職權之一種類型，舊警械使用條例補償法制之不完備，迭受各界之批評。由於台南二警遭襲殺事件，各界震驚惋惜同時檢討法制之不足，推促了警械使用條例之修法，第11條也就順勢完成修法。民國111年10月修正公布警械使用條例第11條第3項、第4項，授權內政部制定「警械使用事件補償辦法」（下稱辦法）。該辦法於民國112年4月19日發布，對於補償標準、申請程序與決定方式，有更具體且多元明確之流程設計。

　　爲妥適處理警察人員依法使用警械致第三人遭受損失的補償事件，內政部於民國112年4月19日台內警字第11208783357號令發布「警械使用事件補償辦法」[14]，全文共22條，針對請求權人及補償機關之界定、補償方式、項目及基準、申請程序及機關之處理流程分別詳細規定。此外，爲有效化解歧異達成共識，降低彼此未來訴訟負擔，辦法更明定機關處理補償事件，可採取與請求權人進行協議之方式；惟若無法協議，或請求權人不服補償機關之處置，包括於法定期間未爲處分等情形，請求權人仍可依訴願法等相關規定提起救濟，以確保請求權人的權益，並迅速解決爭議。故補償進行方式、其程序及補償基準，顯然與警職法有所不同。

　　綜合該辦法及其母法之補償規定，與警察職權行使法進行對照比較表15-3。

表15-3　警察職權行使法與警械使用條例對於補償責任規定之比較表

警察職權行使法之補償制度	警械使用條例之補償制度
條文內容	
警察職權行使法第31條 1. 警察依法行使職權，因人民特別犧牲，致其生命、身體或財產遭受損失時，人民得請求補償。但人民有可歸責之事由時，法院得減免其金額。 2. 前項損失補償，應以金錢爲之，並以補償實際所受之特別損失爲限。 3. 對於警察機關所爲損失補償之決定不服者，得依法提起訴願及行政訴訟。 4. 損失補償，應於知有損失後，二年內向警察機關請求之。但自損失發生後，經過五年者，不得爲之。	民國111年10月修正警械使用條例第11條第3、4項 （第1、2項略） 3. 警察人員依本條例規定使用警械，致第三人生命、身體或財產遭受損失時，第三人得請求補償。但有可歸責該第三人之事由時，得減輕或免除其金額。 4. 前項補償項目、基準、程序及其他相關事項之辦法，由內政部定之。

（接下頁）

14　內政部主管法規查詢系統，警械使用事件補償辦法，2023年4月19日：https://glrs.moi.gov.tw/LawContent.aspx?id=GL001444（搜尋日期：2023年5月30日）。

	警察職權行使法之補償制度	警械使用條例之補償制度
補償原因	警察合法行使職權，造成人民特別犧牲。	警察人員依本條例規定使用警械致<u>第三人</u>生命、身體或財產遭受損失。
責任主體	警察機關。	以使用警械之警察人員所屬機關為補償機關。 同一補償事件，有數補償機關時，各機關均應負補償責任。（辦法3）
補償對象	遭受特別犧牲之人民。	警察人員依本條例規定使用警械，致第三人生命、身體或財產遭受損失時，該第三人得請求補償。但第三人死亡者，由法定繼承人請求之。（辦法4） 第三人，指下列各款以外之人： 一、警察人員依本條例規定使用警械之相對人。 二、執行職務之警察人員。（辦法2） 繼承人為請求時，應釋明其與死亡者之關係，及有無同一順序繼承人。 繼承人有數人時，其中一人請求補償者，其效力及於全體。但撤回請求，應經全體同意。（辦法5）
補償方式及項目	以金錢為之。 生命、身體或財產上之實際損失，不包含預期利益。	補償，應以金錢為之，並以生命、身體或財產實際所受損失之<u>醫療費、不能工作損失、喪葬費或慰撫金</u>等為限。（辦法6）
補償範圍及標準	以補償實際所受之特別損失為限。 未定標準或具體金額上限。	補償，以下列各款所定金額為最高數額，並得審酌第三人遭受損失及可歸責之程度，減輕或免除其金額： 一、死亡者，新臺幣600萬元。 二、因傷致身心障礙者： 　（一）極重度障礙：新臺幣450萬元。 　（二）重度障礙：新臺幣375萬元。

（接下頁）

	警察職權行使法之補償制度	警械使用條例之補償制度
		（三）中度障礙：新臺幣250萬元。 （四）輕度障礙：新臺幣150萬元。 三、前款以外之傷害者，新臺幣30萬元。 四、財產損失者，新臺幣100萬元。（辦法7） 第1項第2款之障礙等級，依身心障礙者鑑定作業辦法規定認定之。（辦法7）
上級調整補償金額程序與限制	得經由訴願程序，請求受理訴願機關調整補償金額。	依辦法第7條第1項各款所定金額補償仍顯失公平時，補償機關得報請直接上級機關核准後，增加補償金額；有數補償機關時，應分別報請其直接上級機關核准。 前項增加補償之金額，不得逾第二項各款所定金額之三分之一。（辦法7）
請求程序	向行為警察所屬機關提出請求。	補償之請求，應以書面載明下列各款事項，向補償機關提出： 一、請求權人之姓名、出生年月日、身分證明文件字號、住所或居所。請求權人為法人或其他團體者，其名稱、主事務所或主營業所及代表人之姓名、身分證明文件字號、住所或居所。 二、有法定代理人者，其姓名、出生年月日、身分證明文件字號、住所或居所，並提出身分證明。 三、有委任代理人者，其姓名、出生年月日、身分證明文件字號、住所或居所，並檢附委任書。 四、請求補償之標的、事實、理由及證據。

（接下頁）

	警察職權行使法之補償制度	警械使用條例之補償制度
		五、請求補償之金額。 六、補償機關。 七、年、月、日。（辦法8） 受理補償請求之機關如認其非第3條第1項之補償機關，應即移送有管轄權機關，並通知請求權人或代理人。（辦法9）
拒絕申請處分	機關受理申請後，若認為不符合第31條第1項之要件，作成拒絕補償之決定。 該決定之性質為行政處分。	受理補償請求之機關認補償之請求不符第8條所定程式或代理權有欠缺者，應定7日以上之期間，通知請求權人或代理人補正；屆期未補正或補正不完全者，應以書面拒絕之。（辦法10） 受理補償請求之機關認請求權人不適格、請求無理由或罹於時效者，得不經協議，以書面敘明理由拒絕之。（辦法11）
補償協議程序	X	受理補償請求之機關對於第8條之請求，除有前三條情形外，應即與請求權人或代理人協議。（辦法12） 數機關均應負補償責任時，得協議由一機關為受理補償請求之機關，與請求權人或代理人進行協議。 受理補償請求之機關為協議時，應以書面通知負補償責任機關參加協議。 補償金額，由應負補償責任之數機關依第6條規定協議定之。（辦法13） 受理補償請求之機關應指派人員製作包含下列各款事項之協議紀錄： 一、協議之處所及年、月、日。 二、到場之請求權人或代理人。 三、參加協議機關之代表人或其指定之代理人。 四、協議事件之案由及案號。 五、請求權人請求補償之事實、理由及金額。

（接下頁）

警察職權行使法之補償制度	警械使用條例之補償制度
	六、參加協議機關之意見。
	七、減輕或免除補償金額之事由、拋棄同一原因事實所生之其他損害賠償請求權等其他重要事項。
	八、協議結果。
	前項第2款及第3款人員應緊接協議紀錄之末行簽名。（辦法14）
	協議成立時，應作成協議書，記載下列各款事項，由到場之請求權人或代理人及參加協議機關之代表人或其指定之代理人簽名或蓋章，並蓋參加協議機關之印信：
	一、請求權人之姓名、出生年月日、身分證明文件字號、住所或居所。請求權人為法人或其他團體者，其名稱、主事務所或主營業所及代表人之姓名、身分證明文件字號、住所或居所。
	二、有法定代理人或委任代理人者，其姓名、出生年月日、身分證明文件字號、住所或居所。
	三、參加協議機關之名稱及所在地。
	四、協議事件之案由及案號。
	五、協議之處所。
	六、補償機關及金額。
	七、減輕或免除補償金額之事由、拋棄同一原因事實所生之其他損害賠償請求權等其他重要事項。
	八、年、月、日。
	前項協議書，受理補償請求之機關應於協議成立之翌日起10日內送達請求權人或代理人及應參加協議機關，並作成送達證書。（辦法15）

（接下頁）

	警察職權行使法之補償制度	警械使用條例之補償制度
協議履行爭議之救濟	X	因協議書所生之爭議，得依法提起行政訴訟。（辦法15） 因該補償協議之性質屬行政契約。行政契約履約之爭議與強制執行，應依行政程序法、行政訴訟法之規定辦理。
核定補償處分程序	機關受理申請後，若認為符合第31條第1項之要件，作成補償決定。該決定之性質為行政處分。	協議不成立，或自受理請求之日起逾二個月未成立協議，受理補償請求之機關應逕行核定補償金額，並以書面載明下列事項：（辦法16） 一、請求權人之姓名、出生年月日、身分證明文件字號、住所或居所。請求權人為法人或其他團體者，其名稱、主事務所或主營業所及代表人之姓名、身分證明文件字號、住所或居所。 二、有法定代理人或委任代理人者，其姓名、出生年月日、身分證明文件字號、住所或居所。 三、參加協議機關之名稱及所在地。 四、協議事件之案由及案號。 五、協議之處所。 六、協議不成立之事由。 七、逕行核定補償機關及逕行核定補償金額。 八、減輕或免除補償金額之事由等其他重要事項。 九、表明其為行政處分之意旨及不服行政處分之救濟方法、期間及其受理機關。 十、年、月、日。 前項核定補償處分，準用前條第2項送達之規定。

（接下頁）

	警察職權行使法之補償制度	警械使用條例之補償制度
聲請為假處分	X	請求權人請求補償時，得依行政訴訟法第298條第2項規定向行政法院聲請為假處分，命受理補償請求之機關暫先支付醫療費或喪葬費。（辦法18） 請求權人領取補償金、機關暫先支付之醫療費或喪葬費時，應填具收據。（辦法19）
暫先支付費用之扣除與返還	X	機關暫先支付之醫療費或喪葬費，應於給付補償金時扣除之。（辦法20） 請求權人受領暫先支付之醫療費或喪葬費後，有下列各款情形之一者，應予返還： 一、協議不成立，且未提起訴願及行政訴訟，視受理補償請求機關決定之補償金額，返還全額或超過部分。 二、請求權人提起訴願經訴願駁回確定。 三、請求權人受敗訴判決確定。 四、暫先支付之醫療費或喪葬費，超過協議、訴訟上和解或確定判決所定之補償金額者，其超過部分。 前項情形，受理補償請求之機關應以書面通知限期返還。（辦法20）
請求時效	應於知有損失後，二年內向警察機關請求之。但自損失發生後，經過五年者，不得為之。 此規定為行政程序法第131條之特別規定。	補償之請求權時效，條例未明定，鑒於使用警械亦屬警察強制之性質，特別法未定，依法理，適用普通法，即依警察職權行使法第31條第4項規定辦理。（辦法7）亦即，知悉時起二年，不得超過發生後五年。
後續救濟	不服警察機關之決定者，得依法提起訴願及行政訴訟	請求權人不服辦法第10條、第11條及第16條之處分，或受理補償請求之機關自受理請求之日起逾二個月未為第16條之處分，得依法提起訴願及行政訴訟。（辦法17）

（接下頁）

	警察職權行使法之補償制度	警械使用條例之補償制度
		人民是否有可歸責之事由致得減免補償金額，或其請求之補償金額與警察機關無法達成協議時，均得依訴願、行政訴訟程序，由法院作最後裁斷，以杜爭議。
預算編列	由各級政府依預算法令編列預算。	本辦法補償所需經費，由各級政府依預算法令編列預算。（辦法21）

陸、結論

我國警察職權行使之國家責任法制，肇始於民國22年國民政府時期之警械使用條例。行憲後，民國57年警械使用條例全文修正，已有當年法制罕見之國家補償規定，可謂開啓我國警察補償法制之先河。

解嚴後，隨著國家責任理論體系逐漸完備，民國87年行政執行法第41條建構了合法即時強制補償之基本法制，民國92年公布之警察職權行使法第31條，乃沿用行政執行法之補償規定，而與當時警械使用條例規定互有出入。「使用警械」本為警察行使職權之一種類型，二法規定之歧異，凸顯出警械使用條例補償法制之不完備，進而促使警械使用條例第11條之修法。民國111年修正公布警械使用條例第11條第3項、第4項，授權內政部制定補償辦法。該辦法於民國112年4月發布，對於補償額度、申請程序與決定方式，有更具體且多元明確之流程設計。

由於警察職權行使法欠缺子法關於補償程序等執行細節之補充規定，導致實務上遭遇補償請求時，警察機關對於行為方式選擇協議之可能性，補償金額計算方法與裁量範圍，核定之權限層級，多所困惑。警械補償辦法之實施，帶來一些衝擊與啓發。二種補償法制如何調和，有賴警察機關主政單位對補償法理之正確認知，及對二者異同之掌握。

警察職權行使法警械使用條例及二法皆有人民基於公益而特別犧牲之國家補償制度之設計，「使用警械」本為警察行使職權之一種類型，就二法之關係與適用順序而言，依據中央法規標準法第16條規定，警械使用條

例應屬警察職權行使法之特別法。例如，補償對象與補償基準，警械補償之特別規定，自應優先適用於警察職權行使法之一般補償規定。警械使用條例未規定者，再適用警察職權行使法，例如請求權時效。雖因立法技術之考量，民國111年修正公布警械使用條例第11條第4項授權內政部制定補償辦法，對於補償額度、申請程序與決定方式，以法規命令作更具體且明確之流程設計。依特別法制定之命令，對於補償對象、補償基準、補償程序與補償決定方式之特別規定，仍具有優先適用之地位。

該辦法經承辦單位警政署刑事局司法科邀請學者專家及司法院、法務部等相關機關，歷經5次諮詢座談，建立補償制度之基本架構，並送陳內政部及行政院審查定案，因涉及其他準用警械使用條例之司法警察機關未來使用警械事件之一體性，其可行性自須取得相關機關之共識，故於行政院審查時，特別徵詢其他準用機關之意見，在經協商微調後，該辦法終於民國112年4月由內政部發布。

相較於警察職權行使法欠缺子法關於補償程序等執行細節之補充規定，該辦法新增了機關與第三人進行協議（行政契約）之程序，加上原來參照警察職權行使法規定之單方准駁核定處分，有行為方式多元選擇之彈性，且增列補償金額計算方法、裁量範圍，及上級核定監督程序，以避免補償之浮濫。此等規定之未來執行成效，均可提供警察職權行使法未來修法，或目前進行補償作業之參考。

（本文初稿曾發表於警大法學論叢，第44期，2023年4月。）

第十六章

警察職權行使法與科技偵查

鄭善印

壹、前言

1977年筆者25歲時曾在派出所服務過，每日帶勤所做無非是「巡邏兼臨檢」，所用法規是警察勤務條例；偶而對酒醉或自殺者，則以「即時強制」名義暫時扣人，所用法規則是行政執行法；但從未以「直接強制」名義強迫過民眾，因為直接強制當時是禁忌，雖然後來有斷水斷電等條文，但從來沒有用過。

現在台灣的警察職權行使法（下稱警職法）一樣有「臨檢與即時強制」，但沒有直接強制。我以為臨檢及即時強制的警察作為，各國警察都有，也同樣都有各種規範來約束，只是規範的名稱不同、容許的武力程度不同而已。例如，美國警察臨檢或處理暴動事件，都有法規如聯邦統一逮捕法（模範法典）或Terry v. Ohio判例作為指引；德國各邦有洋洋灑灑動輒百餘條的警察法；日本也有為數僅8條的警察官職務執行法，以為依據。[1]

由此可知，六十年來無分美、德、日、台各國（區），警察日常工作大致是相同的，所用的規範也大致類似，規範的作用也無非是要求警察「在發現現行犯或去除危害」時，應注意自身行動不能過度。不同的大約只是執法心態，例如四十五年前我受的教育及執法心態都是「除惡務盡」，但現在不同了，現在是「剛好就好」，也就是要符合「比例原則」。原來比例原則是有時代背景，也有地區背景的，若不從時代與地區的脈絡去看比例原則，而要強把他地區的規則或另一群人的規則強加到本區及本群人身上，就會出現「本國的、現場的比例與他國的、冷氣間的比例不同」的現象，也就是會出現員警現場的裁量，經常與法官在法庭的裁量不同。

筆者前年幸運地見到一位警察局長，他對我說：「鄭老師，你舉的六個警察臨檢被法院判決無罪的例子，雖然是事實，但我們警察局一年有6,000個臨檢後查獲現行犯，逮捕並移檢偵辦的案例呢！」這一句話道盡

---

1 鄭善印，警察職權行使法解釋架構之研究，中央警察大學警學叢刊，第34卷第3期，2003年11月，頁4-15。

了教師與實務家的不同，教師奢求的是百分之百的合法，甚至百分之百的符合每一位法官的價值觀；實務家想要的卻是治安與績效，甚至會容忍稍微的不法。

因此，本文不再做那千分之一的強求，也就是不再追究臨檢需要有什麼條件、警察可以做哪些檢查行為、警察能否將嫌疑人押返派出所等細微的議題[2]，反而想要談談我國警職法沒有規定的部分，例如警察利用科技方法偵查犯罪是否需要法律保留？法官保留？若需法律保留與法官保留，則宜在刑事訴訟法或警職法上訂定？等問題。

貳、科技偵查是否強制偵查而需要法律保留

一、海巡署士官使用GPS偵查案

海巡署士官王某因利用GPS偵查走私車輛行蹤，臺灣高等法院高雄分院105年度上易字第604號刑事判決宣告王某：「公務員假借職務上之機會，故意犯無故以電磁紀錄竊錄他人非公開活動，處拘役伍拾日。緩刑兩年。」其有罪理由約為：「……此一經由科技設備（GPS）對他人進行長期且密集之資訊監視與紀錄，他人身體在形式上雖為獨處狀態，但心理上保有隱私之獨處狀態已遭破壞殆盡，自屬侵害他人欲保有隱私權之非公開活動。而此亦為美國法院近年針對類似案件所採取之『馬賽克理論（mosaic theory）』（或譯為「鑲嵌理論」），即如馬賽克拼圖一般，乍看之下微不足道、瑣碎的圖案，但拼聚在一起後就會呈現一個寬廣、全面的圖像。個人對於零碎的資訊或許主觀上並沒有隱私權遭受侵害之感受，但大量的資訊累積仍會對個人隱私權產生嚴重危害。……『人力跟監』無論在追蹤定位功能、侵害隱私強度、取得資訊總量、不受空間限制等面

2　筆者認為我國警職法第6條第1項第1款，極有可能是源自於日本警察官職務執行法，它的功能是前逮捕程序，實務上警察盤查功能本就是如此。我國因盤查而逮捕的現行犯，只要從刑事警察局用「刑案移送字號」一查便知有多少，據本人估計應該有全部案件的三成以上。同條項第2款以下，才是源自於德國警察法。但有意見以為，我國警察盤查是「行政處分」，這種看法會造成警察盤查的繁雜程序。筆者認為警察盤查時，只要自問「受盤查人有何犯罪嫌疑？」即可適度減少「隨機盤查」。因此，把盤查看成是「事實行為」，加上員警自問「有何嫌疑？」，即可達成視為行政處分所想達成的效果。

向，均無從與『GPS衛星定位器』比擬，二者實不具有『等質性』，難認以『GPS衛星定位器』取得他人車輛位置資訊為傳統『人力跟監』之替代手段，原審辯護人此部分主張，實無足探。」亦即，臺灣高等法院高雄分院認為：「人力跟監可以，但GPS跟監不行，理由是拼湊以後對該人的生活作息過度掌握。」[3]

　　該判決主旨嗣後被最高法院106年度台上字第3788號刑事判決肯定，該判決認為：「……偵查機關所實施之偵查方法，固有『任意偵查』與『強制偵查』之分，其界限在於偵查手段是否有實質侵害或危害個人權利或利益之處分而定。倘有壓制或違反個人之意思，而侵害憲法所保障重要之法律利益時，即屬『強制偵查』，不以使用有形之強制力者為限，亦即縱使無使用有形之強制手段，仍可能實質侵害或危害他人之權利或利益，而屬於強制偵查。又依強制處分法定原則，強制偵查必須現行法律有明文規定者，始得為之，倘若法無明文，自不得假借偵查之名，而行侵權之實。查偵查機關非法安裝GPS追蹤器於他人車上，已違反他人意思，而屬於藉由公權力侵害私領域之偵查，且因必然持續而全面地掌握車輛使用人之行蹤，明顯已侵害憲法所保障之隱私權，自該當於『強制偵查』，故而倘無法律依據，自屬違法而不被允許。……GPS追蹤器之使用，確是檢、警機關進行偵查之工具之一，以後可能會被廣泛運用，而強制處分法定原則，係源自憲法第8條、第23條規定之立憲本旨，亦是調和人權保障與犯罪真實發現之重要法則。有關GPS追蹤器之使用，既是新型之強制偵查，而不屬於現行刑事訴訟法或其特別法所明定容許之強制處分，則為使該強制偵查處分獲得合法性之依據，本院期待立法機關基於強制處分法定原

3　本案經被害人訴請由臺灣高雄地方法院檢察署偵查，經該署檢察官以103年度偵字第○○○○○號不起訴處分，復經臺灣高等法院高雄分院檢察署檢察長以104年度上聲議字第○○○號駁回再議確定，告訴人再聲請交付審判（104年度聲判字第○○號），臺灣高雄地方法院裁定准予交付審判確定後，視為提起公訴。公訴後，經臺灣高雄地方法院105年易字第110號刑事判決有罪，及臺灣高等法院高雄分院105年上易字第604號刑事判決有罪，復經高檢署檢察官上訴，終遭最高法院106年台上字第3788號刑事判決駁回。定讞後，最高檢察長曾提兩次非常上訴，均遭最高法院駁回。本案也可能是「將裁定交付審判改成視為自訴」的原因。

則,能儘速就有關GPS追蹤器使用之要件(如令狀原則)及事後之救濟措施,研議制定符合正當法律程序及實體真實發現之法律,附此敘明。」

上述我國著名最高法院判決,乃因美國最高法院有同樣判決[4],故引入我國,另外加上日本學者井上正仁有關任意偵查與強制偵查之見解[5],佐以德國刑事訴訟法第100h、163f條的法律保留與法官保留,故出現最高法院判決「本院期待立法機關基於強制處分法定原則,能儘速就有關GPS追蹤器使用之要件(如令狀原則)及事後之救濟措施,研議制定符合正當法律程序及實體真實發現之法律」之意見。

雖有上述科技偵查需法律保留與法官保留,否則放置GPS將成立犯罪之判決,但仍有相反意見。例如,臺灣高等法院109年度上訴字第749號刑事判決,即對調查局人員以置放GPS查獲製毒及持有毒品一案,在論斷其查獲之毒品有無證據能力時,認為:「……使用GPS追蹤器而取得之證據是否有證據能力亦欠缺相關之判斷標準,惟參酌刑事訴訟法第158條之4之規定及上開實務見解,立法者及司法工作者對於公務員違背法定程序取得證據之證據能力有無,已建立並發展出相當成熟、穩定之輔助標準而供法院判斷,是本院認在立法者未訂立相關規定前,應可藉由上開輔助標準來判斷公務員使用GPS追蹤器因而取得證據之證據能力有無之問題——且衡諸被告所涉為製造第三級毒品及意圖販賣而持有第二級毒品之嚴重犯行,我國立法政策上認此種犯行除具有高度不法之內涵外,更含有增加毒品在社會流通之危險性,危及公眾生命、身體、健康之性質,若欲達成防制毒品氾濫之目的,並維護重大公共利益,非課以重刑不可,是尚難僅因調查員在現行未有法律明文規範下,將GPS追蹤器放置在製造毒品之原料內,即忽視本案重大公共利益之維護,遽認本案扣案如附表一至五所示之物並無證據能力。」一樣是放置GPS偵查犯罪,本案非但不認為調查員犯妨害秘密罪,並且還承認所蒐集的證據有證據能力。

可見,科技偵查例如GPS偵查,似不必完全的法律保留與法官保留,

---

[4] 美國最高法院在2012年的United States v. Jones案件中裁定,長時間不斷地使用GPS追蹤某人的行蹤屬於搜查,需要獲得搜查令。

[5] 井上正仁,強制偵查與任意偵查,有斐閣,2014年,頁32。

我國刑事訴訟法第158條之4規定，亦爲使用GPS有無證據能力判斷標準之一。只不過未經請准法院簽發監聽票即進行GPS偵查者，也可能像海巡署士官長般吃上官司。

二、利用M化車偵查也會過度侵害嫌疑人的隱私權而需法官保留嗎

利用M化車偵查嫌疑人手機的確切位置，近年也成爲警察辦案利器，但自從GPS案後，M化車偵查也出現是否需法律保留或法官保留的問題。緣以桃園市出現「假稱子弟因毒品交易糾紛遭綁，須以金錢贖人」的詐欺案。警察乃先以M化車偵查出嫌疑人所在位置，再埋伏、觀察、瞭解進出者背景，之後才申請搜索票入內搜索扣押嫌疑人及證據。但對於使用M化車查知嫌疑人所在這一點，是否與GPS案相同，屬於「違法偵查」，觸犯「證據取得之禁止」？相關各審有不同見解，茲即臚列於後。

（一）臺灣桃園地方法院106年度易字第164號刑事判決

1. 本判決首先敘述檢察官觀點以爲：

   (1) M化車偵查不同於GPS偵查。

   (2) 法未明文的調查程序不等於不得作爲，否則如同財產犯罪函詢交易紀錄、不動產地籍資料，甚或是指紋鑑定、筆跡鑑定等，均能以「合理隱私期待」而認定調查違法。

   (3) 又「合理隱私期待」重點是應探討有無過度侵害個人的私生活隱私；本案M化車鎖定的門號是用作詐騙犯行的門號，並非廣泛、概括地對被告名下所有申登門號作分析；從而，本案並未違反被告等人的合理隱私期待。

2. 但辯護人觀點以爲：

   (1) M化車之使用，得以大量比對、探知訊號資訊使用人之日常作息、生活細節及行爲模式，已侵害資訊使用人之「合理隱私期待」。

   (2) 參照最高法院106年度台上字第3788號刑事判決、臺灣高等法院高雄分院105年度上易字第604號刑事判決，對於GPS追蹤器拖網偵查及馬賽克理論的見解，可知M化車之使用如同GPS追蹤器，屬於侵害

他人隱私權之強制偵查手段。

(3) 在美國法案例中，在公共場所、封閉狀態下之「電話亭」使用電話，仍認為有合理隱私期待；而本案M化車之使用，可以探知到住家私領域內的發話位置，顯亦應有合理隱私期待。

(4) 本案M化車之使用並不合法，故後續聲請搜索票所取得之證據，（因「毒樹果實原則」）均應予排除使用。

3. 一審法院則認為：本案因使用M化車而直接取得之證據「無」證據能力，但於聲請搜索票後執行所得之證據，仍「有」證據能力，蓋因：

(1) 使用M化車之偵查作為造成基本權干預。

M化車偵查之原理係利用「虛擬基地台」的方式，透過已知的IMEI或IMSI，藉M化車與目標設備之間的訊號連結，進而定位目標設備，藉此定位所欲偵查之對象。該定位科技方法，係藉訊號之強弱連結以探知資訊，其實際發動之時間乃取決於偵查機關，且不分目標係在何處（私人住宅或公開場所）而有異，因而導致目標設備、對象所在之位置資訊，不限時間、地點，均得由偵查機關透過M化車之使用，持續達到定位追蹤以及蒐集、處理與利用該等資料之目的。其已對目標對象之前揭基本權，造成並非輕微的干預。

(2) 使用M化車的干預處分並無法律授權，故違反法律保留原則。

蓋因，雖然基本權並非無限的保護，而仍得以法律限制之，但目前M化車偵查並無法律規定，偵查機關目前所依據的規範是「執行M化定位勤務作業流程」，也非法律層次的規定。

(3) 本案並不適用毒樹果實理論，警方因執行搜索所獲之證據，均有證據能力。

蓋因，警方於報請檢察官指揮前，其偵查方式並沒有限於M化車本身，而是透過卷內的通聯紀錄、使用者資料、基地台位址、現場埋伏、觀察、目視情狀及相關車輛資訊、車主的前案紀錄等資料，據以聲請本件搜索票；且警方因此報請檢察官指揮、聲請本案搜索票，亦獲得本院之准許。從而，本案警方使用M化車的作為，其程序是依循慣例所致，而未刻意違法。另警方客觀上也依據其他的證據資料而縮小偵查範圍、特

定搜索標的，並非或大部分依據M化車偵查之結果；故相關搜索、扣押取得之證據，與M化車之連結已相對薄弱。再者，警方也是因善意信賴本院所准許、發出的搜索令狀而執行搜索、扣押（著按：此即刑事訴訟法第185條之4的立法理由）。

（二）臺灣高等法院109年度上易字第1683號刑事判決

本案二審法院在檢察官上訴後，認定「使用M化車取證有證據能力」（著按：與一審認定不同）。蓋因：

1. 一審引用之釋字第689號解釋，正足以正當化本案。因，警察機關接獲被害人報案，調取被害人使用門號與犯嫌所用人頭門號相關通聯紀錄、申登人資料，並於分析申登人申辦之所有門號、搭配使用之序號IMEI碼及通聯紀錄顯示之基地台位置之後，發現涉案門號通聯之基地台位置均位於特定幾個地址，於是將上述門號申登人申辦的門號及搭配使用的序號，鍵入M化車在上述幾個特定基地台位置周邊測點，偵查犯罪，具有正當性；換言之，治安機關對於有事實足認有特定犯罪嫌疑之犯罪行為，因偵查犯罪之需要，而採用現代科技設備，如對隱私權並未構成重大、不合比例之侵害，也未逾越依社會通念所認不能容忍的界限，即屬該號解釋意旨所揭示：符合憲法第23條之比例權衡原則。

2. 本案查獲過程，並非僅只依靠M化車；其實是先依被害人報案、提供通訊電話資訊、調閱監視器、進行人臉辨識、查調通聯紀錄、分析時間順序、基地台，然後才向市刑大及檢察官聲請調取票，才使用M化車配合偵查。並且M化車僅僅是以訊號定位，無法顯示地址，也無精確定位、並無行為人行動影像或對話內容，好比災難生存跡象搜索的訊號顯示，究其實質並無妨害秘密可言；何況，M化車顯示○○路、○○街附近訊號最強，警方並未因此逕行逮捕，因M化車並不顯示地址，警方是依訊號埋伏，發現上址有異常的大量餐盒進出、停放於該址附近之○○○○-○○號牌車輛駕駛進入上址，該車輛李姓車主曾涉及詐騙集團案件經移送偵辦，核屬員警依據專業判斷，認定此址是犯罪集團聚集管理的場所，因此聲請搜索票。取得搜索票之後，警方仍持續埋伏，發

現多人進入、車輛聚集，依專業敏銳判斷時機已成熟，才進行搜索。查獲過程，M化車的訊號定位系統只是將警方已知的犯罪地點加以限縮，並且如上述，M化車定位並不會顯示與隱私有關的內容。新聞報導尚且得因特定事件報導、揭發犯罪行為，具有一定公益性，屬於大眾關切並具有新聞價值，即認具有正當理由；何況，警方使用M化車是為偵查已經發現的犯罪行為，保護公共利益，基於公益的合理權衡，依刑事訴訟法第158條之4，應認M化車的偵查作為，具有證據能力。

（三）最高法院110年度台上字第4549號刑事判決

但三審法院卻撤銷二審判決，發回臺灣高等法院更審。且在判決理由內詳述M化車偵查乃強制處分，須有法律依據。該判決認為：

1. 基於人性尊嚴與個人主體性之維護及人格發展之完整，並為保障個人生活私密領域免於他人侵擾及個人資料之自主控制，隱私權為人民不可或缺之基本權利，而受憲法第22條所保障。其中就自主控制個人資料之資訊自主權而言，乃保障人民決定是否揭露其個資，及在何種範圍內、於何時、以何種方式、向何人揭露等決定權，並保障其對個人資料之使用有知悉與控制權，而不受干擾。故隱私權及資訊自主權均為憲法第22條所保障之人民基本權利，此觀司法院釋字第603號及第689號解釋理由意旨自明惟憲法對前述基本權利之保障並非絕對而無例外，在符合憲法第23條規定意旨範圍，仍非不得對前揭隱私權及資訊自主權加以適當之限制，惟「必須以法律或法律授權明確規定之方式為之，始符合法律保留原則」。

2. 隨著科技日新月異，手機之普及與便利已快速改變人類生活習慣，使其成為現代人與外界互動之重要媒介，廣泛形成手機如同其使用者之貼身物品，導致使用「M化車」截取特定手機IMEI及IMSI及位置等資訊，可即時鎖定該手機位置及持續定位追蹤，而據以研判獲悉該手機使用者之位置而持續追蹤其行跡。

3. 警方取得手機識別碼，既可依規定向電信業者調取該識別碼之電信門號及使用者資料，亦可藉由M化車系統與該手機連結訊號之強弱而偵測該

手機位置資訊，進而探知手機使用者所在位置，故M化車所取得之手機識別碼及位置資訊，均係可連結辨識與該手機使用者相關個人資料之中介資訊，而屬憲法第22條所保障隱私權及資訊自主權之範圍。

4. 手機持有者無論身處何處，未必願意他人利用科技方法任意取得其手機資訊內容，對其緊密追蹤，而窺知其所在位置。因此，手機持用人對其生活私密領域及資訊自主權，自仍享有免於受他人使用科技設備非法掌握之合理隱私期待。

5. 偵查機關之偵查作為，依其追訴手段是否干預憲法所保障人民基本權利，可分為「任意偵查」及「強制偵查」二種類型。不論偵查機關使用有形或無形之手段，如實質侵害個人權利或利益者，即屬「強制偵查」，該種類型之偵查作為，本質上具有壓制或違反個人意思之強制性質，亦為一般所稱之「強制處分」。而前揭所稱「強制偵查」或「強制處分」之偵查作為，已干預憲法所保障人民之基本權利，故依憲法第23條之法律保留原則，「強制偵查」必須以法律或法律授權明確規定者，始得為之，此即所謂「強制處分法定原則」。本件偵查機關使用M化車在目標對象即手機持用人不知情下，秘密截取手機識別碼及位置資料，而對目標對象之手機進行定位追蹤之偵查作為，在操作上並無時間限制，且定位追蹤範圍，亦不因目標對象身處私人住宅或公開場域而有區別。偵查機關上開秘密蒐集、處理及利用人民私密資料之偵查手段，已干預人民隱私權及資料自主權，使人民之行蹤徹底暴露在國家公權力之監控下而無所遁形，洎至將使人民對自我行為設限，而壓縮其依內心意思決定如何行為之空間，影響其人格發展之完整與自由。故偵查機關不受時空限制，以M化車之截收器偽裝成基地台，在目標對象不知情下，秘密蒐集、處理截取目標對象手機之識別碼，再利用該等資料，以M化車定位系統精確定位手機位置資訊，無論手機使用者身居何處，偵查機關均能持續定位追蹤而精準掌握其所在位置之偵查作為，顯已侵犯一般人不欲被追蹤窺探之需求及隱私之合理期待，而屬對手機使用者之生活私密領域及資訊自主權造成一定程度干預之強制偵查作為。

（四）臺灣高等法院111年度重上更一字第42號刑事判決

更一審於民國112年4月19日，將本案上訴駁回（著按：贊同本案一審判決意旨）。因刑事妥速審判法第9條規定，第二審法院維持第一審所爲無罪判決，提起上訴之理由，以下列事項爲限：

1. 判決所適用之法令牴觸憲法。
2. 判決違背司法院解釋。
3. 判決違背判例。

故，本案應業已確定，因爲看不出有可以上訴三審之理由。更一審定讞之判決認爲「M化車取得之直接證據，無證據能力」。

因爲：「定位科技方法，係藉訊號之強弱連結以探知資訊，其實際發動之時間乃取決於偵查機關，且不分目標係在何處（私人住宅或公開場所）而有異，因而導致目標設備、對象所在之位置資訊，不限時間、地點，均得由偵查機關透過M化車之使用，持續達到定位追蹤以及蒐集、處理與利用該等資料之目的。偵查機關爲追訴犯罪，所爲干預憲法保障人民基本權之蒐集，保全犯罪證據之作爲，依強制處分法定原則，須法律或法律授權。本件偵查機關使用M化車在目標對象即手機持用人不知情之狀態下，秘密蒐集、處理截取手機識別碼位置資料，對目標對象之手機定位、追蹤，以精確掌握手機持用者之所在位置之偵查作爲，屬『干預人民隱私權及資料自主權之強制偵查作爲』。而我國目前尚未制定科技偵查法，致偵查機關不足以因應犯罪者利用現代科技工具，衍生之新型犯罪型態。是關於警方使用M化車偵測目標手機位置所取得之直接證據，欠缺法律授權，依刑事訴訟法第158條之4規定，違反法定程序，並無證據能力。」

本案因有最高法院的一槌定音，故警察機關也大多尊重，根據筆者到處詢問的結果得知，目前有M化車的機關是警政署刑事警察局、台北市政府警察局、桃園市政府警察局、海巡署、調查局；移民署及憲兵指揮部則尚未購置[6]。而各警察機關若欲使用M化車進行偵查，必須提出「法官簽

6　有關M化車新聞：https://www.chinatimes.com/realtimenews/20220208001131-260402?chdtv（搜尋日期：2023年10月12日）。

發的監聽票或調取票」。由此可知，雖然GPS偵查及M化車偵查尚無「法律保留」，但已有「法官保留」，對於警察偵查犯罪已做了實質的監督。只是，用監聽票或調取票進行通訊地點的偵查，在名與實上還有一些差距而已。

參、以下幾種偵查是否亦屬強制偵查而需法官保留

一、偽基地台偵查

2023年8月9日聯合報報導：根據警方調查，30歲郭姓男子先前駕駛自小客車，遊走在中山區、信義區等人潮聚集地點，車上載有2G偽基地台，當2G偽基地台發出違規電波時，民眾手機無法連接到正常電信公眾網路，而會被導引連接到2G偽基地，形同蓋台。此時，郭男就可以藉由2G偽基地台訊號，發送釣魚簡訊給民眾，民眾若誤入釣魚簡訊網路連結，並輸入自己的個資，個資資料就會被詐騙集團掌握。警方循線掌握郭姓男子，以現行犯逮捕，並查獲相關電信管制射頻器材。

2023年5月19日中央社報導：為遏止偽基地台發送手機釣魚簡訊詐騙案件，台高檢建請NCC邀集電信業者，建立「基地台即時監控及通報機制」。日後未經許可設偽基地台者將擴大行政處罰並科以獨立刑責等五項決議，遏阻犯罪。

根據本文作者請教科偵人員得知，此種偽基地台，通常會因多人受騙，「經統整地點及手機業者後，要求業者提供常發地點之基地台位置」，再派人前往釣魚。此時手機業者利用三角定位畫出偽基地台大略位置，是否屬於強制偵查？

二、使用VPN隱匿臉書通訊行跡的偵查

2023年10月3日聯合報報導：重大刑案專組檢察官，指揮內政部警政署刑事警察局及桃園市政府警察局刑事警察大隊，偵辦「Linbay好油」版主遭人恐嚇案件，發現被告使用臉書假帳號，特意至新北市某咖啡店，用該咖啡店公眾網路使用Surfshark軟體，以VPN方式躲避追查。

　　刑事局表示，Linbay好油於本年9月21日晚間自稱遭到臉書帳號「何可恩」傳訊息恐嚇，經調閱臉書資料，發現帳號註冊電話在薩爾瓦多，註冊IP在墨西哥，傳送恐嚇訊息IP在巴西，警方研判犯嫌使用假名字，並透過境外VPN跳板IP犯案，企圖躲避警方追查。專案小組經科技偵查與資料分析，鎖定許姓嫌犯其實是在新北市永和區某咖啡廳上網，利用境外VPN跳板，於9月21日晚間上網，先更換臉書暱稱後，再傳送恐嚇訊息。 專案小組10月2日上午持法院搜索票、拘票到許姓嫌犯位於新北的住處搜索，並逮捕許姓嫌犯和查扣手機、筆電等證物。

　　上述偵查亦屬科技偵查，但是否過度侵害嫌疑人隱私，而成為強制偵查？

三、失車告警系統的新型態偵查

　　2023年10月18日聯合報報導：桃園市警察局與交通局合作首創「智慧失車告警系統」，運用第三方警政、公私協力進行即時比對失竊車輛，以桃園市收費開單員的本職，結合交通局「停車管理系統」與警察局「勤務派遣系統」，只要停車收費開單員開單後送系統入檔，系統就能自動比對停車格車牌，有效協尋失竊汽、機車，範圍遍及桃園13個行政區、1萬9,694個汽機車收費停車格。

　　智慧失車告警系統由警察局自行撰寫程式，調整警政署提供的全國失車檔案，定時傳送失竊車號至交通局停車管理系統，進行即時比對，若經系統比中，就會主動發送報案簡訊至警察局的勤務派遣系統，再由警察局依轄區派案，即時鎖定疑似涉案車輛位置，指派員警到現場處置。

　　這種失竊車輛的偵查系統，也是一種新型態的科技偵查，但是否會過度侵害竊車嫌疑人的隱私權？而成為強制偵查？

肆、何種科技偵查屬於強制處分之各國相關法令

一、德國

（一）德國刑事訴訟法規定

　　以德國為例，該國刑事訴訟法第100h條（在住宅外使用其他科技設備）規定：「即使受干預人不知情，若查清案情或調查被告所在地採取其他方式可能收效不大或困難時，亦得在住宅之外，

1. 拍照，
2. 使用其他特別為監視目的所設之科技設備。

　　第一句第2款之處分，僅在調查對象為十分重大之犯罪時才得為之（第1項）。

　　處分僅得針對被告。針對其他人：

1. 第1項第1款之處分，僅在查清案情或調查被告所在地採取其他方式可能收效甚微或非常困難時，才得為之。
2. 第1項第2款之處分，僅在根據一定事實可以認定為其他人與被告有聯繫或將建立聯繫，且預計處分可查清案情或調查被告所在地，並且採用其他方式可能無望或非常困難時，才得為之（第2項）。

　　即使將無可避免地連帶干預第三人，亦得執行處分（第3項）。」

　　同法第163f條（長期監視）又規定：

　　「若有足夠事實依據顯示發生重大犯罪，得命對被告進行下列計劃性監視（長期監視）：

1. 持續不間斷地超過24小時，
2. 超過二日。

　　只有當查清案情或調查犯罪行為人所在地採用其他方式可能收效甚微或非常困難時，才得命令此處分。處分針對其他人者，僅當根據一定事實可認為，該人與犯罪行為人有聯繫或正建立此種聯繫，而此處分能查清案情或調查犯罪行為人所在地，並且為此採用其他方式可能收效甚微或非常困難時，方得為之（第1項）。

　　處分即使將無可避免地干預第三人，亦得執行之（第2項）。

處分僅得由法院，遲延即有危險時亦得由檢察官及檢察機關之偵查人員（法院組織法第152條）命令。檢察官及檢察機關之偵查人員之命令，若未於三個工作日內取得法院確認，失其效力。第100b條第1項第四句及第五句、第2項第一句之規定準用之（第3項）。」[7]

上述兩條結合後，可知偵查「重大犯罪而需作科技設備的長期監視」時，在德國刑事訴訟法上明定需「法律保留與法官保留」。而此種長期監視的科技設備，包含GPS以及其他，當然可能因各人解釋不同，而包含或不包含M化車，因爲在該兩條文內並非以「某種具體科技設備」爲規範客體。

（二）德國巴登符騰邦警察法規定[8]

德國警察有二元任務，一爲偵查犯罪，二爲防止危害，前者規定在刑事訴訟法，後者規定在各邦警察法。德國警察法雖由各邦規定，但因聯邦有範例，故各邦規定的警察法職權，約略相同。今即以德國巴登符騰邦的警察法爲例，說明警察在防止危害[9]時使用科技設備的監視規範。

該法第27條規定（確認身分）：

「警察對以下之人得確認其身分：

1. 警察在具體情況下，爲了防止公共安全或秩序的危害，或者消除對公共安全或秩序的干擾時，

2. 當有人在參與公共活動和集會時被發現，而這些活動在第44條第1項第2款的規定下，具有特殊的危險性，根據經驗可能發生危害生命、健康或財產的犯罪行爲時；警察在這種情形下選擇確認其身分之人時，應特別注意比例原則，

3. 當有人在根據經驗有罪犯隱藏、策劃、準備或實施犯罪的地方被發現

---

[7] 上述兩條文譯文參閱連孟琦譯，德國刑事訴訟法，元照出版，2016年，頁100、266。

[8] Baden-Württemberg Polizeigesetz: https://dejure.org/gesetze/PolG（搜尋日期：2023年8月8日）。

[9] 德國警察的二元任務，根據筆者的觀察，防止危害的「危害」一詞應該包括犯罪行爲，且危害一詞非常廣泛，有抽象與具體危害、表象與虛擬危害等。筆者曾請教周慶東教授，「如台灣停在紅線上的交通違規行爲，在德國司法實務上，是否危害？」他去找了文獻給我看，說「是的」。因此，筆者相信在我國以交通違規之名行盤查之實的案例，在德國亦然。

時，或在需有必要的居留許可或外國人居留許可的地方被發現時，或從事賣春活動時，

4. 當有人在交通或供應系統，或設施、公共交通工具、政府機構，或其他特別危險的標的中，或其附近被發現，並有事實足認在這類標的中或附近，可能發生犯罪行爲時，

5. 當有人經過警察設立的管制站，而警察爲了防止重大犯罪時，

6. 當有人在警察設立的控制區內被發現，而警察爲了防止刑事訴訟法第100a條指定的犯罪行爲之一時，

7. 爲了打擊以下跨境犯罪時

   a) 在國際交通的公共設施上，

   b) 在道路（聯邦高速公路、歐洲道路和對跨境犯罪具有重要意義的其他道路）上（第1項）。

　　警察可以採取必要的措施來確認身分。警察可以特別攔截當事人，要求其出示攜帶的身分證明文件進行檢查。如果無法以其他方式或只有在極大困難情況下才能確認身分，則可以拘留當事人，並可以檢查其人身及攜帶的物品，或者將其帶到警察局。但人身搜查只能由同性別的人執行（第2項）。

　　警察可以要求當事人出示並交付受檢的在留資格證明書，如果當事人根據法規有義務攜帶該在留資格證明書時（第3項）。」

該法第49條規定（蒐集資訊之特殊手段）：

　　「警察執法部門得透過本條第2項之特殊手段蒐集個人相關資料：

1. 根據第6、7條，以及第9條，爲了維護個人生命、身體或自由，或者爲了維護聯邦或地方的存續或安全，或者爲了其他有重要公益價值的事物。

2. 有事實足以使人合理相信，在可預見的時間內，該人將以具體方式犯下一項重大犯罪行爲。

3. 依該人個別行爲出現的具體可能性，在可預見的時間內，該人將犯下一項重大犯罪行爲。

4. 該人與第2或第3款之人不僅是短暫或偶然接觸，且：

a) 瞭解這些人正在準備一項重大犯罪行為，

b) 從行為中獲益，或

c) 可能利用第2或第3款中的人來犯罪，

若不進行資訊蒐集，將危及或明顯妨礙對危害的防止或犯罪的阻止時。此時，即使第三人不可避免地將受到影響時，也可蒐集資訊（第1項）。

蒐集資訊的特殊手段包括：

1. 預計在一週內，但超過24小時，或超過一週的時間內進行觀察（長期觀察）。

2. 秘密使用之科技手段：

a) 用於拍攝照片和錄像（影像），

b) 用於竊聽和記錄非公開談話的聲音到錄音裝置（聲音記錄）。

3. 秘密使用科技手段來確定一個人或可移動物品的位置或移動（科技監視手段）。

4. 使用**警察官員**，並保密其真實身分（臥底警探）。

5. 使用與警方合作，但第三人不知情的人（線民）（第2項）。

重大犯罪行為包括：

重罪。

輕罪，在個別情況下因其性質和嚴重程度足以特別擾亂法治的行為，其範圍包括：

a) 針對一人或多人的生命、健康或自由，或其他重要事務或有財產價值的行為，

b) 進行非法武器或毒品交易、偽造貨幣或有價證券、國家安全（刑事訴訟法第74a和120條）或刑法第86a、109h、126、130和130a條所規定的行為，

c) 這些輕罪，是以營業化、常業化、持續化、結夥化或其他組織化方式進行（第3項）。

針對以下情況的措施：

1. 第2項第1款

2. 第2項第2款第a目，其中蒐集特定人物的照片或影像將連續超過24小時或超過兩天的監視，

3. 第2項第2款第b目，

4. 第2項第3款，其中連續超過24小時或超過兩天使用科技手段來確定一個人或可移動物品的位置或移動，

5. 第2項第4、5款針對特定人物進行的臥底探員或線民，或者臥底探員或線民跟隨特定人物進入非公開住宅時，需要法院的命令。該命令只能根據請求發布。請求必須由區域警察總局、執行警察總局或邦刑事局的負責人以書面形式提出和說明。在情況急迫時，可以由區域警察總局、執行警察總局或邦刑事局的負責人發布第一句的措施。該措施需要法院的追認。該追認必須立即執行。第2項的其他措施，除非急迫，否則必須由區域警察總局、執行警察總局或州刑事局發布。根據第三、四和七句的申請和命令權限可以轉交給特別委任的上級官員（第4項）。

申請書應記載下列事項：

1. 措施的對象，如有可能，提供其姓名和地址，

2. 措施的種類、範圍、持續時間，

3. 相關事實及，

4. 理由（第5項）。

命令必須以書面形式發布。並應記載下列事項：

1. 措施的對象，如有可能，提供姓名和地址，

2. 措施的種類、範圍和持續時間以及，

3. 重要理由。

命令的期限不得超過三個月。只要措施的條件仍然存在，每次最多可以延長一個月（第6項）。

只要是對於臥底警探的隱匿身分有必要時，即得製作、更改或利用相應之身分文件。臥底警探在履行受託任務時，得隱匿其真實身分而為法律行為。臥底警探得在隱匿其真實身分的情形下，經有權者同意而進入其住宅，但不可謊稱其有權而進入住宅（第7項）。

如果有實際線索表明透過第2項措施，僅能獲得來自私人生活核心領

域的信息，則該措施是不被允許的。對於第2項第4、5款的措施，在執行過程中出現實際線索顯示核心領域受到影響時，應在不危及執行人員的情況下，立即中斷該措施。在第2項第1至3款的措施範圍內，如果在監視過程中出現實際線索顯示，與私人生活核心領域相關的內容被記錄，則應立即中斷該措施。對於第2項第2款第a、b目措施的情況，如果存在懷疑，則在這些情況下該措施只能繼續自動記錄。不能排除而已記錄屬於私人生活核心領域之內容的自動記錄，應立即提交給發出指令的法院。法院應立即決定資訊可利用或應刪除。如果按照第三句中斷措施，則該措施於第一句所允許時，即可繼續進行。透過第2項措施獲得的來自私人生活核心領域的信息，不得被利用。有關這方面的紀錄應立即刪除。有關資訊的蒐集和刪除事實，必須記錄。該文件僅可用於根據第98條第1項第14款進行的資訊保護檢查的目的。在根據第86條通知或法庭同意最終不再通知的六個月後，應刪除紀錄。如果在第98條第1項第14款指定的期限屆滿後，資訊保護檢查尚未結束，則應保留文件，直至其完成（第8項）。

圖像與聲音紀錄，完全不屬於第1項所提及之人者，應即刻或最遲在二個月內刪除，除非在具體個案中因犯罪偵查之必要（第9項）。」

該法第50條規定（有關在住宅內、外使用科技手段進行資訊蒐集之特殊規定）：

「警察人員為防衛個人生命、身體、自由之急迫危害，或為了聯邦或邦之存續與安全，得對第6、7條以及第9條所列之人，在其住宅內、外，透過第49條第2項第2款隱密設置之科技手段，取得其個人之相關資訊，但若不如此亦不危及危害防止或犯罪預防之目標，或亦不致遭到極大困難時，不在此限。此時，若第三人無可避免會被蒐集時，資訊取得措施仍可繼續實施（第1項）。

根據第1項所實施之措施，須得法院組織法第74a條第4項所列地方法院專庭，亦即管轄該警察機關的法庭之命令。該法院命令，須經由申請始能核發。該申請須經由地區警察機關或邦刑事局首長以書面並附理由提出之（第2項）。

在申請中應記載下列事項：

1. 受各項措施調查之人，可能時亦需附上其姓名與住址，

2. 受監視之住宅或居室，

3. 措施之種類，範圍及持續時間，

4. 相關事實狀況以及，

5. 理由（第3項）。

　　法院之命令應以書面爲之。命令應記載下列事項：

1. 受各項措施調查之人，可能時亦需附上其姓名與住址，

2. 受監視之住宅或居室，

3. 措施之種類，範圍及持續時間，

4. 其重要理由。

　　該許可命令最長不得超過三個月。實施各項措施之要件持續存在時，每次得延長不超過一個月（第4項）。

　　情況急迫時，得由地區警察機關或邦刑事局首長核發第1項之措施。在此情形下，該措施須即刻送交法院追認之。三日內未得法院之追認，該命令失其效力。但該科技手段完全是爲了執行警察任務人員之安全而使用時，無須得到法院之命令。第1句在此情形亦有適用（第5項）。

　　只要沒有實際線索表明，通過監視可能蒐集到屬於私人核心生活領域之資訊時，即可下令和執行第1項之措施。特別應注意的是，監視空間的性質，以及在該處人員彼此間的關係。如果在監視期間發現實際線索，顯示屬於私人核心生活領域之資訊，即應立刻中斷措施。若存有疑慮，則只能繼續進行自動記錄。否則，只有在第一和第二句的情況下，才可繼續該措施。透過第1項措施獲得的結果，必須立即提交給發布命令的法院。法院必須立即決定資訊可用或應刪除。透過第1項措施獲得的私人核心生活領域之資訊，不得被利用。有關其紀錄應立即刪除。資訊的蒐集和刪除事實，必須被記錄。該紀錄僅可用在第98條第1項第14款之資訊保護檢查目的。資訊應該在依第86條通知後的六個月內，或依第98條第1項第14款所規定的期限後六個月內，透過法院最終放棄的通知後，被刪除。如果在依第98條第1項第14款規定的期限結束時，資訊保護檢查尚未結束，則必須保留該文獻，直到檢查完成（第6項）。」

該法第51條規定（使用自動車牌辨識系統）：

「在符合第27條第1項的條件下，警察執法部門可以透過秘密使用科技手段，自動記錄車輛的圖像並辨識其車牌。在第27條第1項第1款的情況下，僅在為了防止對生命、身體、自由、性自主權、聯邦或邦的存續、安全，或重要事物或財產價值的危害時，才能適用，而在第27條第1項第7b款的情況下，僅能適用於聯邦高速公路、歐洲或聯邦道路。依第1項第一、二句進行的圖像記錄，也可以在無法避免地影響車輛乘客的情況下進行。本條第1至3項的資訊蒐集，不得：

1. 廣泛覆蓋，

2. 在第27條第1項第3、4款的情況下，不得長久進行，

3. 在第27條第1項第7款的情況下，不得長期進行蒐集。

第1、2項的科技手段，應以合適的方式進行文件化以進行監控（第1項）。

辨識車牌，可以依聯邦刑事局法的規定，與該局維護的警察資訊系統物品搜索文件的通緝庫，自動比對。警察資訊系統物品搜索文件，還包括依申根實施協議的規定，在申根資訊系統中蒐集的通緝車牌。第1項第一句中的比對，僅限於已遭通緝車輛的車牌，這些車輛乃在下列情形下：

1. 根據本法第56條，刑事訴訟法第163e條和463a條，申根實施協議第99條或聯邦憲法保護法第17條第3項的規定，所進行的警察觀察、秘密登記或有針對性的檢查，

2. 由於防止危害的迫切危險而遭通緝，

3. 因涉嫌犯罪而進行刑事訴訟的目的，或

4. 出於執行刑罰的原因。

但比對僅可使用完整的通緝資料進行（第2項）。

在資訊比對後，如果辨識的車牌未包含在通緝庫中，則應立即自動刪除所蒐集的資訊。在第1項第一句的情況下，資訊蒐集和資訊比對不得進行記錄（第3項）。

如果通緝庫中包含已辨識的車牌（比中的情況下），則可以存儲該車牌、車輛圖像以及有關地點、行駛方向、日期和時間的資訊。在比中情況

下，可以攔停車輛及乘客。但只有在詳細檢查通緝庫的比中後，才能採取進一步的措施（第4項）。」

二、美國

美國法的隱私權，主觀上需有個人的隱私需求，客觀上需有社會的合理期待，但若處於公共空間，則原則上即沒有隱私權。因此1982年的United States V. Knotts一案，聯邦法院即認為警察以GPS偵查安非他命原料等行為「合法」，理由是：「被告貨櫃車行駛於公共道路上，並沒有合理期待的隱私權，因為汽車在公路上是處於一般民眾共見共聞的狀態。」1977年的United States V. McIver一案，聯邦法院也認為警察以GPS偵查被告種植大麻一案「合法」，理由是：「被告並未證明其所有的私人車道，具有憲法第四增修條文保障的合理期待的隱私權，汽車外部是所有路過的人都可以看得到的地方，汽車底盤屬於汽車外部，因此也是眾人共見共聞的地方，被告不能主張合理的隱私期待。」[10]

但隨著時代演變，GPS偵查即被聯邦法院認為侵害隱私權。筆者於2023年11月27日，詢問ChatGPT「美國警察有關使用GPS偵查犯罪的問題」，它回答說：「在美國，警察使用GPS（全球定位系統）來偵查犯罪的行為是一個涉及到隱私權和法律規定的敏感問題。以下是一些與此相關的主要方面：

1.第四修正案：美國憲法的第四修正案保護公民免受非法搜查和扣押。當警方使用GPS追蹤公民的行蹤時，這可能涉及到對隱私權的侵犯。法院在審理這類案件時通常會考慮是否存在合理的期望私密性，以及政府是否以合法方式獲得了追蹤的授權。

2.法院判例：美國最高法院在2012年的案件United States v. Jones中裁定，長時間無間斷地使用GPS追蹤某人的行蹤屬於搜查，需要獲得搜查令。然而，該判決並未解決所有與GPS追蹤相關的問題，並且在不同的情況下，法院的裁決可能會有所不同。

---

10 蔡達智，由美國判例法論電子偵查與隱私權之關係——以衛星偵查方法為例，政大法學評論，第78期，2003年，頁56-62。

3.搜查令：通常，為了使用GPS來追蹤個人的行蹤，警方需要取得搜查令。這需要他們提供足夠的證據，證明他們有合法的理由進行此項搜查。然而，有些情況下，法律也允許例外，例如在緊急情況下。

4.隱私法和州法：不同的州可能有不同的法律規定，關於何時可以使用GPS來追蹤個人的行蹤。有些州可能對此類作法提出了更加嚴格的限制，而有些州可能較為寬鬆。」

我又在日本網站中找到，日本辯護士聯合會於2017年1月19日發布的有關使用GPS移動追蹤裝置偵查位置資訊的意見書[11]，該意見書指出美國於2005年聯邦刑事訴訟規則增訂允許依令狀實施GPS偵查的條文。該條文規定以下重點：

「1.令狀主義

法官依法律規定嚴格審查後發布令狀，始可進行GPS偵查。進行時，應將令狀出示給提供GPS位置資訊之業者。

2.標的犯罪之限定

限於重大犯罪，始能實施。

3.嫌疑事實及嫌疑人之特定

需嫌疑人有犯該罪之充分理由。

4.裝配對象之限制及裝配方法之適當性

裝配對象僅限於偵查所在位置的車輛等。裝配時，即使是私人空間，亦應以管理人同意等適當方法為之。

5.緊急等情況時

(1)屬於緊急時

現正偵查中的案件，對人之生命、身體產生重大急迫危險（綁票或人質案等），且不得不及早發現該嫌疑人之所在資訊時。

(2)屬於例外方法

若使用GPS以外之方法，在偵查犯行狀況或內容以獲取必要證據上，

---

11 指宿信，收於鈴木茂嗣先生古稀祝賀論文集（下卷）：https://www.nichibenren.or.jp/library/ja/opinion/report/data/2017/opinion_170119_03.pdf（搜尋日期：2023年11月20日）。

有明顯困難時。

6.必要性

在慎重考量GPS偵查可能產生的侵害內容及程度後，仍然認為不得不使用GPS偵查時。

7.裝配追蹤裝置的期限及GPS的偵查期間，必須明示於令狀。以聯邦為例，裝配期限最多為十天，偵查期間原則上以四十五日為限。

8.報告義務

GPS偵查終了後，應迅速向法官提出實施報告。

9.告知義務

GPS偵查終了後，應告知偵查對象（原則上在三十日之內）

10.紀錄之閱覽與複製及訴訟之保障

保障GPS偵查取得紀錄之閱覽與複製權，並保障以訴訟撤銷或變更之權。

11.資訊及紀錄之保管等

規定GPS偵查取得資訊及紀錄之保管期間，並規定在保管期間經過後，應予消除等。」

三、日本

（一）日本最高法院有關GPS偵查的見解

日本在2014年曾經發生警察使用GPS偵查，因而破獲多起竊盜案之事件。但該案因被告辯護律師鍥而不捨地為被告主張GPS偵查乃違法偵查，其因此取得之證據應無效，而使大阪地院作出警察違法偵查但被告仍然有罪之判決、大阪高等法院也作出相同判斷。

2017年3月15日，日本最高法院大法廷指出「GPS偵查是對行為人進行持續、全面追蹤，可能侵犯個人隱私的行為」，並判定這種偵查是侵犯憲法所保障的「不受侵犯之私人領域的權利」的強制偵查，若沒有搜索偵查令狀就無法執行，因此裁定本案中未有偵查令狀的GPS偵查為非法。同時，最高法院提出對目前刑事訴訟法所規定的偵查令狀的疑問，認為缺乏公正的保障手段，強調需要制定法律來規範GPS偵查。

日本最高法院的判決爭點是：GPS搜查是指在刑事程序中，未經車輛使用人同意，秘密安裝GPS裝置並檢索位置信息的調查手段，若無偵查令狀是否即不能執行？

該裁判要旨認為：「GPS偵查是指在刑事程序中，未經車輛使用人同意，秘密安裝GPS裝置並檢索位置信息的調查手段。通過這種方式，可能侵犯個人隱私，違反了合理的推定個人意願的原則，是一種未經偵查令狀即不能執行的強制處置。」[12]

（二）日本警察廳有關GPS偵查的行政規則

日本警察廳過去一直主張GPS偵查是不需要令狀的「任意偵查」，並且特別頒布了一個行政規則《移動追跡裝置運用要領》，該規則曾經在地方法院壓力下，以「塗銷掉可能引起爭議之條款」的方式公布出來。該要領之條文如下：

1. 目的

本要領乃有關使用移動追跡裝置進行任意偵查時，其使用條件、程序及其他必要事項之規定，以確保能適當地使用移動追跡裝置。

2. 定義

移動追跡裝置，乃為取得偵查對象物所在位置之資訊的裝置。

3. 使用條件

在進行任意偵查使用移動追跡裝置時，應符合以下各款之規定：

(1) 在偵查下述各目之犯罪時，於考量犯罪嫌疑及危險性後，認為須迅速破案，且依其他方法難以達成追跡目標，而有特殊偵查上之必要。

　　（以下七目被塗銷，但經一審判決，可知應包括竊盜）

(2) 得貼附以下各目裝置，但不得伴隨犯罪行為。

　　（以下四目裝置被塗銷）

---

[12] https://www.courts.go.jp/app/hanrei_jp/detail2?id=86600（搜尋日期：2023年11月25日）。

4. 使用程序等

(1) 應經警察局偵查大隊主管業務課長的事前同意

各機關負責人，於認為有必要進行任意偵查使用移動追跡裝置時，應事先向警察局偵查大隊主管業務課長申請。

(2) 使用狀況的報告

①偵查主任官，應每日向機關負責人報告移動追跡裝置使用狀況。

②機關負責人，應每週至少一次向偵查大隊主管業務課長報告。

(3) 使用必要性之檢討

偵查主任官、機關負責人、偵查大隊主管業務課長，應依據偵查進行狀況，檢討使用移動追跡裝置之必要性，於無繼續必要時，應即時終止使用。

5. 徹底保密

有關使用移動追跡裝置偵查時的具體實施情況，除應做好文書管理及保密外，尤應注意以下事項。

（以下三款事項被塗銷）[13]

伍、我國科技偵查手法在法制上宜如何處理

科技偵查，尤其是資通訊相關的偵查方法，法務部曾於2020年9月推出科技偵查法草案，但國民黨團與人權協會、民間司改會、律師公會等團體，指出過去社會普遍擔憂的科技監聽、GPS跟監、手機與個人通訊App軟體監看等作為都將入法，尤其是准許檢警調以「植入程式」方式對通訊軟體（如LINE、Skype等）實施通訊監察，讓人質疑，真人實境版的《全民公敵》是否就將在台灣上演。

2023年7月法務部鑒於國內詐騙、洗錢等犯罪早已科技化，但執法人員新的科技偵查手段卻常因欠缺法源而受挫，乃又研擬科技偵查及保障法

---

13 日本辯護士聯合會意見書：file:///C:/Users/jsy10/Desktop/opinion_170119_03%20(1).pdf（搜尋日期：2023年11月26日）。

草案，未來包括網路電話監聽、M化車取證等，須先向法院聲請許可，該草案已於2023年7月初送行政院審查。

由此可見，法務部對於科技偵查法的重視，但站在警察立場，可能無法完全跟法務部站在同一陣線。

原因在於德、美、日三國對於個人隱私的保護程度不同，警察在執法上的限制也因此不同。例如，連孟琦教授即曾指出：「相較於美國法的合理隱私期待標準，將重點放在探討當事人對於尤其在公共場所出現之資訊，是否還有合理隱私期待，進而決定是否受憲法保護；依德國法的個資保護標準，其實很容易肯認檢警之偵查行為會構成個人資訊自決權之干預，而需要有例如法律保留等正當化依據。原因在於，個人資訊自決權的出現，本來就是考慮到現代化電腦資訊處理技術的影響，而提供對傳統基本法上對行為自由以及隱私權更擴張的保護，提前在對人格權有危險的階段就已經開始提供保護了。」[14]

簡單地說就是「美國式隱私權」與「德國式資訊自決權」的目的與內容不同。若走美國路線，那是把若干侵害隱私權的偵查行為，看成是「例外的強制偵查」而需法官保留，但若走德國路線，也就是凡私人資訊之侵害，皆需「法律保留與法官保留」，則現況滿街的監視錄影系統恐怕都會出現問題，更不必論資料庫比對等，更進一步的科技偵查了。從而可知，警察與法務部的利害未必完全一致，應分：

一、短期應急方式

（一）GPS偵查方式確為過度侵害偵查對象隱私權的手法，觀其判決引用「馬賽克理論」即可知其梗概，但M化車偵查手法卻與GPS不同。GPS可以在一段時間內不分日夜、晴雨，鎖定標的物所在位置與停留時間並予記錄，甚且還可記錄聲音，從而可描繪出當事人的生活作息及嗜好，此對於警察欲偵辦之犯罪而言，不僅範圍無限擴大，

---

14 連孟琦，刑事偵查與個人資訊自決權（資訊隱私權）之保護──以德國2021年6月新增刑事訴訟法自動化車牌辨識規定（§163g StPO）為例，檢察新論，第32期，2023年5月，頁92。

更有可能被作爲其他用途，例如政爭之工具，以及難免有侵入住宅替換裝置能源等情形。但M化車卻沒有這種功能，即便有專家認爲M化車也可以進展爲竊聽[15]，但若竊聽而不遵守通訊保障監察法，只要將竊聽者繩之以法即可。即便如此，但我國警察申請M化車偵查，依現況必須遵守「先取得監聽票或調取票」之規定，故M化車偵查的違法色彩，已因「法官保留」而大幅降低。其餘三角定位偵查、破解VPN偵查、失車告警系統偵查等，則更不如GPS偵查方法對於當事人隱私權的侵害。故，目前警察執法的違法問題尚不大。即使是GPS偵查，筆者認爲也可用個人資料保護法第8條、第9條、第10條、第15條予以正當化，不知GPS案及M化車案訴訟當時，爲何海巡署及警政署兩機關均無人主張？筆者認爲該法就是釋字第603號、第689號解釋的「若有需要可由立法院以法律規定侵害人民隱私權」的實證法規。

（二）警政署在立法院尚未訂定明確法律准許警察使用GPS偵查前，宜學習日本警察廳，自行訂定行政規則且予公布。蓋因該行政規則規範內部機關於使用前須先取得上級許可，也就是「不可辦私案」，且會有內部監督及責任（俗稱長官保留）。雖然該行政規則沒有對外效力，但有「違法性不認識」的優點，亦即可以免掉辦案人員的違法憂慮，避免像海巡署士官長一般的下場。

二、長期宜仿德國將科技偵查手法採法律保留及法官保留方式訂成法規

蓋因，日本法院判決GPS違法，乃起因於律師「一再」替被告主張，雖然最後被告仍然遭判五年六月有期徒刑，但律師卻成功將GPS偵查手法打成違法搜索，因爲法院（事後）認爲是強制處分，但警察卻沒有取得令狀即行偵查。反觀我國，不但有學者主張「凡侵害基本權的作爲均需法律保留，嚴重的侵害尚須法官保留」，並且律師們更是如此主張。即便「警

---

[15] https://www.masters.tw/259704/mobile-phone-tracking（搜尋日期：2023年10月11日）。

察在移送書內不再提」如何取得嫌犯位置的線索，但律師們仍然會在法庭請求調查「如何取得線索」的證據，經常被法院傳喚作證的辦案人員，不可能不顧偽證罪而說謊。但我國立法院又遲遲不願採法律保留，空讓警察偵查人員日夜在法律邊緣辦案。是故，若有朝一日我國立法院能像德國國會般充滿了立法效率，則應該在刑事訴訟法內將GPS偵查手法用法律給予規定，並且採法官保留。也就是說，用立法及司法來節制警察、監督警察，而放棄「長官保留」。

除此之外，有關警察自身可以大致控管的警察職權行使法，則宜仿德國各邦警察法，將若干以科技蒐集個人資料的手法，用法律給予規定。但筆者認為「無需法官保留」，將法官保留僅放在刑事訴訟法內即可。否則，凡法規競合者、採取兩條路線處理事務者，必然會增加許多解釋上及執法上的成本。

三、宜區分犯罪類型及法定刑輕重而給予不同的規定

在採取法律保留及法官保留時，宜像德國法般，將科技偵查手法配合犯罪類型及法定刑輕重，予以規定，否則任何罪都能植入大木馬、小木馬程式，恐怕連警察都要反對。

陸、結論

GPS偵查，由於其侵害隱私權的程度太大，故美、德、日諸國均將之視為強制偵查，需有「法官令狀」始得進行，否則其所取得證據之證據能力即可能出現問題，甚至執行者還可能有刑事、民事及行政責任。但M化車則沒有這種疑慮，我國最高法院判決將之亦視為強制處分，可能是受到德派學者強力見解的影響。但我國警察執法現況，已進入需取得監聽票或調取票後，始得申請M化車的階段，故違法色彩已然淡薄。至於三角定位、VPN偵查、失車告警系統等犯罪偵查手法，則尚無違法疑慮，除非堅持法律保留及法官保留。

法律保留及法官保留等德派執法色彩，植根於德國強力且有效的國會立法，在我國尚未達到這種境界之前，實宜仍採「美國模式的隱私權保護

政策」，亦即，將若干侵害隱私權較爲嚴重的偵查手法視爲強制偵查而需法官保留，其餘則暫由市場決定其是否爲「任意偵查」。

等到我國立法已達德國水準後，宜將所有侵害資訊自決權的行爲，皆採法律保留及法官保留，但應「配合犯罪類型與法定刑輕重」，一如德國法制般。

第十七章

刑事訴訟法與警察法上科技偵查手段:以德國法為中心

林宇軒

壹、前言

科技偵查手段在現今社會發展的情勢下愈發重要，在此層面，刑法與訴訟法學者多從刑事訴訟之角度觀察來加以討論，不過警察作為執行犯罪偵查與危險防衛工作的重要環節，警察法上的角度如何觀察就比較少有論述。德國邦警察法規中的規範內容，從比較法的角度提供了很好的觀察視角。從德國法規的對照來看，關於相關的科技偵查手段，在德國刑事訴訟法（StPO）有相應的規範，而在警察法規，例如德國巴登符騰堡警察法也有這方面的一些規範內容，兩者之間的交錯應該如何理解，就成為一個很有討論價值的觀察點。藉由這樣的比較，也對於台灣警察法制上應如何作下一步的調整有很好的參考作用，特別是對於警察人員是否在法制基礎上授予更大的獨立性與賦予更符合現代科技的危險防衛手段，是警察政策應持續深入思考之議題。

貳、警察任務之雙重性質

首先就立法權限來談，在德國警察法規原則上是各邦的立法權限[12]，除了德國基本法有比較明確提及的部分，例如邊境防衛（Grenzschutz），一般由各邦訂定自己的警察法規[3]。再者涉及到的是警察法上有所謂的雙重作用措施，也就是在警察法規與刑事訴訟法中都能找到法律基礎的這些措施，所謂的雙重作用，也就是指一方面有刑事追訴的目的，而另一方面，也會涉及到傳統警察法上的危險防衛的目的追求。就如同通訊監查的措施，特別是就此所取得的數據資料，就使用的目的不同，自然就會在犯罪追訴與危險防衛領域間游移。由於涉及到的是雙重目的，那麼在所適用

1　德意志聯邦共和國基本法第30條：「國家權力之行使及國家職責之履行，為各邦之事，但以本基本法未另有規定或許可者為限。」
2　德意志聯邦共和國基本法第70條：「一、本基本法未賦予聯邦立法之事項，各邦有立法之權。二、聯邦與各邦管轄權之劃分應依本基本法有關專屬立法（ausschliessliche Gesetzgebung）與共同立法（konkurrierende Gesetzgebung）之規定決定之。」
3　Bodo Pieroth: Art. 70, in: Hans Jarass, Bodo Pieroth: Grundgesetz für die Bundesrepublik Deutschland, 13. Aufl. C. H. Beck, München 2014, Rn. 1.

的程序規定以及後續的救濟程序如何安排就有討論的空間。是否是適用警察職權行使所遵循的程序規定以及如行政程序法的總則要求，或是主要依據刑事訴訟法上的程序規定作為法律基礎？而救濟管道是透過行政訴訟程序，抑或是要滿足刑事訴訟程序的相關要件要求，就形成一些討論。以預防性措施而言，就以行政法的規範為主，而不適用刑事訴訟法規（§2 Abs. 2 Nr. 2 VwVfG）。司法方面也由行政法院來加以審查。相應的若是抑制性的措施，則更有可能由普通法院來加以審查。亦有主張無須區分，而以滿足雙重標準為原則或另行制定所需要件的看法。而德國司法實務上，聯邦最高法院[4]有以所涉及到的有疑義的領域，其相關要件都必須滿足的方式加以檢驗。例如，對於以預防性警察措施為法律基礎所取得之證據，之後是否能適用在刑事追訴程序中，則不只是要能滿足警察法上的要件要求，同時對於刑事訴訟法上的規範要件也要符合，聯邦最高行政法院[5]也有類似的操作。

參、科技偵查措施之規範

一、德國刑事訴訟法

　　德國刑事訴訟法中關於科技偵查手段之應用不少，例如根據德國刑事訴訟法第100h條規定，允許在住宅以外，在監察對象不知情之情況下，取得其影像。此時就可能透過傳統的科技手段如GPS，抑或是透過較新型態的無人機監察等手段取得所監察人士之相關影音訊息。條文也特別針對使用之要件作了規範，一般而言，科技偵查之手段應當作為後置的，不得已的措施，在使用其他方式達不成目的時，才具備實施的正當性。並且區分針對犯罪嫌疑人與其他第三人之情形作規範，附帶取得第三人資訊的情形在無可避免時可以允許。另外德國刑事訴訟法第163f條則涉及到較長時間的監視行為。對於連續實施24小時以上，或總共超過兩天之監視行為，只有針對重大刑事犯罪可能被違犯之情形，方能實施。並且也對於實施權限

4　BGH, Urteil vom 26. April 2017, Az. 2 StR 247/16, NJW 2017, 3173.
5　BVerwG, Urteil vom 23. November 2005, Az. 6 C 2/05

作了規範，原則上屬於法官保留事項，僅得透過法院之令狀方能實施。例外情形，也就是情況急迫，遲延將造成危險之時，則允許由檢察官或者其偵查輔助人員核發令狀，然必須在3日內得到法院之追認。在長時間監察的情形，自然亦會涉及到科技手段的實施。

另外如德國刑事訴訟法第100i條，則涉及到對於移動通訊設備之科技調查措施。該條文中包含之措施同樣也是針對具有重大意義刑事犯罪之偵查，希望能透過科技偵查手段來查明事實狀況或嫌疑人之所在。根據該條規定，可允許透過科技調查手段取得包含手機號碼、電話卡號以及手機所在位置，透過這些資訊來確認嫌疑人位置等對犯罪偵查重要之狀況。現在實務上有所爭議之「M化偵查網路系統（M化車）」應該就可被歸屬於這類的科技偵查手段。

德國刑事訴訟法第100g條，則是關於獲取溝通資訊之規範。針對較為重大的犯罪事件，或者本身就是利用通訊手段來實施犯罪行為，則可以透過這條所規範之手段，亦即可以調取通訊紀錄、取得基地台位址等。根據該條獲取溝通資訊，應以即時性或未來性之資訊為原則，而以回溯取得已儲存之資訊為例外。只有在對於特別重大犯罪之調查的情形，方能取得已儲存的通訊紀錄等資訊。而所謂特別嚴重之犯罪，則在法條中一一加以列舉之。

德國刑事訴訟法第110條則是關於電子儲存媒介之檢閱權限規範。根據科技之發展，對於雲端儲存的使用已經愈來愈頻繁，相關資訊是否在搜索檢閱之範圍內，亦需要有明確之規範。透過該條，將傳統上對於紙本文件之檢閱權限拓展到得對雲端儲存之資料亦加以搜索檢閱之。該條的執行權限歸屬於檢察官以及其偵查輔助人。

二、巴登符騰堡警察法

在德國警察法規屬於邦之立法權限，故此各邦有各自的警察法，在此以巴登符騰堡邦之警察法為例與德國刑事訴訟法作一對照。在該邦警察法之中，亦有屬於科技調查之手段規範，與刑事訴訟法並列而存在。以該邦警察法第49條為例，對於前述在德國刑事訴訟法中涉及之科技偵查手段，

在該條中也都有相似之內容。根據該邦警察法第49條第1項，對於兩類人得以實施各種特殊手段取得相關資訊。其一是涉及到警察任務中古典的危險防衛功能者，也就是根據該邦警察法第6條負行為責任者、第7條負狀態責任者，以及第9條之即時防衛之情形。在此情形，為了防衛身體、生命或人身自由，為了聯邦或邦之存續與安全，或是為了其他有重要公益價值之事物，可以採取特殊手段取得資訊。再者就是涉及到犯罪調查之情形，可能涉及到刑事犯罪之違犯，或利用、幫助刑事犯罪之情形。此與前述警察任務之雙重性質相符，除卻刑事調查外，警察亦負擔傳統危險防衛之任務，故而會涉及到相關任務的資訊取得問題。

在該邦警察法第49條中，自然也明確規範了所謂獲取資訊之特殊手段，包含長期監視、秘密設置之科技手段（攝相以及錄音）、秘密設置之科技手段而可確定某人停留地點或移動路徑或確認某一移動物品（科技監察手段）、派遣隱藏真實身分之警察人員（秘密調查人員）以及安排人員而該員與警察之合作不為第三人所知者（機密人員）。就此也涉及了在德國刑事訴訟法中規範的科技手段，使用GPS或是無人機作影音紀錄、透過如M化車之設備確認受監察對象之手機地點或電話卡號及位置，看來亦包含在取得資訊的特殊手段之中。另外警察法第49條中也包含了指派人員從事秘密調查的手段，包括隱匿身分的警務人員以及非警務人員的情形。警察法第49條對於權限部分也作了規範。模式上和德國刑事訴訟法中的二分模式相似，不過是以法院和警察機關首長的二分模式，中間似乎就不涉及到檢察官的介入。根據巴登符騰堡警察法第49條第5項規定，對於實施本條第2項中的特定手段（長時間監視、長時間追蹤定位，或派遣秘密調查人員進入非公眾場所等），原則上應有法院的令狀，同時也僅有地方警察機關首長或邦刑事調查局首長有申請之權限。這種設計模式與檢察官申請的模式相類似，只是申請主體由檢察官換成了地方警察機關首長而已，除了法院對行政權的監督，也有不告不理和制衡司法權限的意圖。例外情形，也就是情況急迫，遲延會產生危險的時候，可以例外允許由地方警察機關首長或是邦刑事調查局首長來核發相關命令。與刑事訴訟法的模式相同，這種例外由行政機關所發之命令須得到法院的追認，法條用語未曾

如刑事訴訟法第163f條一樣列明三日之追認時間，而是用了「即刻」之用語，應可認為是對時間上更嚴格之要求，須在處置後立刻進行由法院追認的動作。相較於此，對於其他法條未列明之手段（第49條第2項中），則可以由地方警察機關或邦刑事調查局之首長直接下達命令實施之。

另外在該邦警察法第50條，也針對住宅內外之資訊取得作了規範。為了防衛對個人身體、生命或人身自由之急迫危險，為了聯邦或邦之存續與安全，對警察法第6條及第7條以及在第9條所列要件下所涉及之人，對其住宅內外個人相關資訊可以透過根據第49條第2項第2款隱密設置之科技手段取得之。

而關於電信溝通資訊之取得，也透過警察法第53條作了規範。如同前述條文，第53條也授權警察機關能因危險防衛任務而取得電信溝通資訊。法規模式與第49條相同，原則上須得到法院之令狀許可，而例外情形可以由地方警察機關首長或邦刑事調查局首長命令發動之。同樣須要即刻得到法院之追認。

肆、結論

就德國刑事訴訟法與巴登符騰堡警察法的對照來看，法規範結構上有一定的相似性。也都包含了可能使用的科技偵查手段，這點對於台灣法制自然是有一定的參考價值，透過抽象立法的方式，對於之後因科技發展有進一步改善科技偵查手段的可能性都包含在內，也使得相關的犯罪偵查以及危險防衛有適當的科技工具可以使用。相較於此，台灣警察職權行使法的相關規範就有些欠缺，只包含了傳統的警察手段，再加上遴選第三人秘密蒐集其相關資料的方式，進一步的電信資訊取得、採用較新科技如無人機等方式監控的手段也缺乏明確法規依據，也沒有允許警務人員隱藏真實身分而為調查，如此即便能透過解釋方式來採用這些手段，其法源基礎及正當性自然容易遭到質疑，與法治國的精神也不盡相符。

另外就涉及到警察執行任務之需求，警察任務包含傳統的危險防衛與刑事犯罪偵查之部分，刑事訴訟法就犯罪偵查之科技手段加以規範自是理

所當然，然其範圍也自然僅限於犯罪偵查之需要。而警察人員在執行任務時，對於危險防衛之任務自然也有透過新興科技方式加以解決的需求，在德國警察法上允許警察針對這些任務領域有實施科技調查手段之可能性，這自然也是台灣法制上可以考慮的模式，也就是針對可以使用的科技手段與使用目的，警察法規上都應當可考慮加以擴展，以符合時代之需要。就相關措施之管控，德國警察法也基本採取法官保留的方式，特別針對特殊調查手段，通常更需要有法院作為監察跟避免警察濫權的機制，在德國警察法規中，似乎並未強調檢察官的介入，而是以地方警察機關首長或邦刑事調查局首長作為申請權人或緊急情況之命令核發之權限機關，如此對於警察人員執行職務之獨立性也有相當的助益，特別在不涉及犯罪偵查的情形，若事事需要檢察官之涉入，對於警察任務反可能是一種妨害，在今日法治環境已日漸提升的情形，是否仍然需要對警察機關作出如此的限制，實在有重新思考的必要。

實務上對於警察執行任務之手段與施展空間早有許多討論，過度限制反而造成任務執行的困難，也早有不少希望調整的聲音，藉著德國法規的介紹，也許能提供一個較為妥適的規範方向，而使得警察機關在任務執行時，能有更合適的手段來實現危險防衛的功能，也不會因為缺乏法規範基礎而使辛苦調查的結果因違法而無法得到應有的功效。

附錄：德國《刑事訴訟法》、《巴登符騰堡警察法》

摘錄

德國刑事訴訟法第100h條（住宅以外之其他措施）（Gps，無人機）

(1) 在所涉及人士不知情時亦允許在住宅以外，

    1. 拍攝其影像，

    2. 使用其他特別是針對觀察目的特定科技手段，當對於事實狀況之調查或是對嫌疑人所在之探究透過其他方式具備較低的成功可能性或更加困難時。欲採用第一句第2款之手段，僅能在調查對象乃是具備重大意義之刑事犯罪行為時方得允許。

(2) 相關措施僅得對嫌疑人實施。針對其他人之情形，

    1. 第1項第1款之措施，僅在對於事實狀況之調查或是對嫌疑人所在之探究透過其他方式具備較低的成功可能性或更加困難時，方能允許，

    2. 第1項第2款之措施，當有具體事實指出，該人與嫌疑人有所接觸或將建立接觸，而該措施將可達到調查事實狀況或探究嫌疑人所在之目的，且使用其他方法希望渺茫或會根本性的提高難度時，方能允須。

(3) 當第三人無可避免的會被涉及時，相關措施仍得實施。

(4) 第100d條第1項及第2項亦有適用。

德國刑事訴訟法第163f條（長時間之監視）

(1) 若存在充分的事實上根據可認為，一項具備重大意義之刑事犯罪會被違犯，則可以允許向犯罪人實施有計畫的觀察行為，其

    1. 連續實施之時間長於24小時，或者

    2. 全部實施時間超出兩天。（長時間之監察）

    該措施僅得於符合相關要件，亦即是對於事實狀況之調查或是對犯罪人所在之探究透過其他方式具備極低的成功可能性或將極大的提升困難度時，方能允許。若欲針對犯罪人以外之人實施，則須在有一定事

實基礎可認為，該人與犯罪人有所接觸或將建立接觸，而該措施將可達到調查事實狀況或探究犯罪人所在之目的，且使用其他方法希望渺茫或會根本性的提高難度時，方能允許。

(2) 當第三人無可避免的會被涉及時，相關措施仍得實施。第100d條第1項及第2項亦有適用。

(3) 該措施只有透過法院，在有遲延之危險時亦可透過檢察官及其偵查輔助人員（德國法院組織法第152條）之命令方能實施。檢察官或其偵查輔助人員之命令，若其無法在三個工作日內取得法院之確認，失其效力。第100e條第1項第四及第五句，第3項第一句亦有適用。

(4) 刪除

德國刑事訴訟法第100i條（對移動通訊設備之科技調查措施）（M化車）

(1) 基於特定事實而有所懷疑，某人作為在個別情況亦能成立具有重大意義刑事犯罪之犯罪行為人或犯罪參與人，特別是在涉及第100a條第2項所列之刑事犯罪，而違犯該刑事犯罪，而在該刑事犯罪處罰未遂犯之情形，著手施行而未遂或經由一刑事犯罪行為而預備違犯該刑事犯罪時，則允許經由科技手段探查，

1. 移動通訊設備之號碼與其中所使用之電話卡號以及，

2. 移動通訊設備之位置。

只要該科技手段對於查事實狀況或探究嫌疑人所在屬於必要措施。

(2) 對於第三人之個人相關資料僅在符合相關要件時方能獲取，亦即是當初於技術上之原因，要達成第1項之目標則第三人資料取得無可避免之情形。除用來調查所搜尋之設備及卡號，為了其他目的之資料比對使用不被許可並且在該措施結束之後應即刻刪除之。

(3) 第100a條第3項及第100e條第1項第一句之第三句，第3項第一句及第5項第一句亦有適用。該命令最多以六個月為限。一次不超過六個月的延長可以允許，當第1項所列之要件繼續存在時。

德國刑事訴訟法第100g條（獲取溝通資訊）

(1) 根據特定事實而有理由懷疑，某人作為犯罪行為人或參加人，

1. 對於在個別情況亦能成立具有重大意義刑事犯罪，特別是在第100a條第2項所列之刑事犯罪，違犯之，而在該刑事犯罪處罰未遂犯之情形，著手施行而未遂或經由一刑事犯罪行為而預備違犯該刑事犯罪時，或者

2. 透過電信方式違犯一刑事犯罪時，則允許獲取相關溝通資訊（電信通訊與電信媒體資料保護法第9條與第12條以及聯邦數位無線電公共安全署組織法第2a條第1項），只要溝通資訊之獲取對於事實狀況之調查有必要性且所獲取之數據與所追查之犯罪事實之重大程度是處在一種合比例的關係。在第一句第2款的溝通資訊獲取，僅有在透過其他方式來調查事實狀況幾無可能之情形下，方能允許。根據本項欲獲取已儲存（逆向式）定位數據時，則必須符合第2項所定之要件時，方能允許。在其他情形，則僅得作未來式或即時式的溝通資訊獲取，並且也僅在第一句第1款的狀態下方能允許，只要資訊獲取對於事實狀態之調查或嫌疑人所在之探究有其必要性。

(2) 根據特定事實而有理由懷疑，某人作為在第二句所列特別重大犯罪行為人或參加人而違犯該刑事犯罪，或者在該刑事犯罪處罰未遂犯之情形，著手施行而未遂時，該犯罪事實在具體個案中亦確實特別嚴重，則允許根據電信法第176條獲取已經儲存之溝通資訊，只要符合透過其他方式對於事實狀態之調查或嫌疑人所在之探究將遭遇根本性的困難或毫無希望的要件，並且所獲取之資訊與所追查之犯罪事實之重大程度是處在一種合比例的關係，即可。第一句所述之特別嚴重刑事犯罪乃指：

1. 刑法

a) 內亂與危害民主法治國家罪以及外患與根據刑法第81、82、89a，根據第94、95條第3項及96條第1項，其亦皆可連結97b條，以及根據第97a、98條第1項第二句、99條第2項和根據第100條、100a條第4項之危害國家外部安全罪，

b) 根據刑法第125a條之國家安全破壞之特別重大情形以及刑法第127條第3及4項所涉之在網路上運營犯罪交易平台罪，

c) 根據刑法第129條第1項連結第5項第三句所涉創建犯罪組織罪以及根據刑法第120a條第1、2、4項、第5項第一句第1段，其亦可與129b條第1項連結，所涉及之創建恐怖組織罪，

d) 根據刑法第176、176c、176d，在刑法第177條第6項第二句第2款所列之要件下，以及根據刑法第177條，所涉及之違犯性自主決定罪，

e) 根據刑法第184b第1項第一句、第2項與第3項以及第184c條第2項，所涉及之傳播、取得與持有兒童與青少年色情製品罪之情形，

f) 根據刑法第211條及212條之謀殺與致死罪，

g) 根據刑法第234條、234a條第1、2項、第239a條、239b條所涉限制人身自由罪以及根據刑法第232a條第3、4項或第5項後半句所涉之強制性交易罪與強制工作罪以及根據刑法第233a條第3項或第4項第二句後句所涉之剝奪自由以行剝削罪，

h) 根據刑法第244條第4項之對持續有人使用私人住宅入室竊盜罪，根據刑法第244a條第1項之加重結夥竊盜罪，根據刑法第250條第1項或第2項加重強盜罪，根據刑法第251條之強盜致人於死罪，根據刑法第255條之強盜式勒索與根據刑法第253條且符合該條第4項第二句所列要件之特別加重勒索罪案件，根據刑法第260a條第1項之營利性結夥竊盜罪，根據刑法第261條且符合該條第5項第二句所列要件之特別加重洗錢罪案件，當其前行為（Vortat）屬於第1到第8款所列之特別加重罪時，

i) 根據刑法第306至306c條、307條第1項至第3項、第308條第1至第3項、第309條第1至第4項、第310條第1項、第313條、第314條、第315條第3項、第315b條第3項以及第316a條與316c條所涉及之公共危險罪。

2. 居留法

a) 根據居留法第96條第2項之外國人偷渡罪，

b) 根據居留法第97條之偷渡致人於死罪或營利性與組織性偷渡罪，

3. 對外貿易和支付法

根據對外貿易和支付法第17條第1項至第3項與第18條第7項及第8項之罪。

4. 麻醉藥品法

a) 根據麻醉藥品法第29條第1項第一句第1、5、6、10、11或第13款，第3項且在符合第29條第3項第2句第1款所列要件時，所涉之特別加重罪之案件，

b) 根據麻醉藥品法第29a條，第30條第1項第1、2、4款，第30a條之罪。

5. 基本物質監督法

根據基本物質監督法第19條第1項且在符合第19條第3項第二句所列要件時之罪。

6. 戰爭武器管制法

a) 根據戰爭武器管制法第19條第2項或第20條第1項，各自皆可連結第21條之罪，

b) 根據第22a條第1項連結第2項所涉之特別加重罪。

7. 國際刑法

a) 根據國際刑法第6條之種族滅絕罪，

b) 根據國際刑法第7條之危害人類罪，

c) 根據國際刑法第8條之第12條之戰爭罪，

d) 根據國際刑法第13條之侵略罪。

8. 武器法

a) 根據武器法第51條第1項連結第2項之特別加重罪案件，

b) 根據武器法第52條第1項第1款連結第5項之特別加重罪案件。

(3) 獲取行動通信基地台所保存之溝通資訊（Funkzelleabfrage行動通信基地台查問）僅在符合下列條件時方能許可：

1. 當滿足第1項第一句第1款的要件時，

2. 只要資訊獲取與所涉案件事實之意義上處在一種合比例的關係，

3. 只要透過其他方式對於事實狀態之調查或嫌疑人所在之探究毫無希

望或將遭遇根本性的困難。

對於根據電信法第176條所儲存之溝通資訊僅在符合該條第2項的要件情形下，方允許透過行動通信基地台查問之方式獲取之。

(4) 根據第2項所規範之溝通資訊獲取，縱與第3項第二句相結合，其仍不允許針對第53條第1項第一句第1至5款所列之有拒絕證言權之人為之，亦不能透過獲取溝通資訊作出預測性之認知。透過上述方式所取得之相關認知不允許被使用。相關紀錄應即刻刪除。關於取得之事實以及紀錄之刪除皆應記錄在案。當透過一偵查措施，其並非針對第53條第1項第一句第1至5款所列之人，而附帶取得相關有拒絕證言權之人之認知時，第二至四句亦有適用。第160a條第3項與第4項亦有適用。

(5) 若溝通資訊之獲取並非經由電信服務提供者，則根據通訊連結過程依一般通用規則決定之。

德國刑事訴訟法第110條（對文件以及電子儲存媒體之檢閱）

(1) 對於被搜索人所有文件之檢閱應屬檢察官及依其指令之偵查輔助人（法院組織法第152條）之權限。

(2) 僅當持有人同意檢閱時，公務人員方得檢閱所發現之文件。除此之外，公務人員應將其認為有必要檢閱之文件裝入信封，加蓋官署印記後封緘之，並送交檢察官。

(3) 按照第1項與第2項亦得對被搜索人之電子儲存媒介實施檢閱。當所搜尋之數據有喪失之疑慮時，只要能透過電子儲存媒介進入，則文件之檢閱亦得延伸至一空間分離之儲存媒介進行之。對於搜索可能有意義之數據得確保之。

(4) 當文件已被帶走檢查或數據已被確保，則第95a條與第98條第2項亦有適用。

德國巴登符騰堡警察法第49條（資訊取得之特殊手段）

(1) 警察執行人員得透過第2項之特殊手段取得下列之人個人相關資訊：

1. 在第6條及第7條以及在第9條所列要件下所涉及之人，為了防衛身體、生命或人身自由，為了聯邦或邦之存續與安全，或是為了其他

有重要公益價值之事物，

2. 某人，透過特定事實可合理假定，其在清晰可見的時間內將以至少具備一定具體性的方式違犯具重大意義之刑事犯罪者，

3. 某人，根據其特殊個別行為能認為有相當具體且高度之概率，其在清晰可見的時間內將違犯具重大意義之刑事犯罪，或者

4. 某人，其與第2款或第3款所說之人不僅是短暫的，或以不僅是因偶然接觸而有聯繫，並且

a) 對於預備違犯有重大意義刑事犯罪有所認識，

b) 利用犯罪事實獲得好處，或是

c) 可能利用第2款或第3款所說之人來實現刑事犯罪，

當符合危險防衛或犯罪預防的目標將被危及或是將遭到極大困難的要件時。若第三人將無可避免的被涉及時，亦允許獲取其相關資訊。

(2) 資訊獲取的特殊手段指下列方式：

1. 在超過24小時而大致不超過一星期的持續監視或是長於一星期的持續監視（長期監視），

2. 秘密設置之科技手段，

a) 用以拍攝照片及取得影像（攝相）以及，

b) 監聽以及以錄音媒體紀錄未公開對話（錄音）。

3. 秘密設置之科技手段，其可確定某人停留地點或移動路徑或確認某一移動物品（科技監察手段），

4. 派遣隱藏真實身分之警察人員（秘密調查人員）以及，

5. 安排人員，而該員與警察之合作不為第三人所知者（機密人員）。

(3) 有重大意義之犯罪指下列行為：

1. 重罪，

2. 輕罪，其在個別案件中根據方式和嚴重程度足以對和平法秩序造成特別困擾，只要，

a) 該犯罪是針對特定人或多數人之生命、健康或自由，或是重要的物品或財產價值，

b) 是關於非法武器或麻醉品交易之罪，偽造貨幣或有價證卷罪，國安罪（法院組織法第74a條及第120條）或是根據刑法第86a、109h、126、130條與130a條所涉之罪，

c) 該輕罪是以營業化、常業化、持續化、以結夥方式或其他有組織性方式違犯之。

(4) 以下措施：

1. 根據第2項第1款，

2. 根據第2項第2款第a目，為取得特定人士之照片或影像持續24小時以上或總長超過兩天之監視，

3. 第2項第2款第b目，

4. 第2項第3款，對於確認某人停留地點或移動路徑或是確認移動物品所採之科技手段，其持續超過24小時或總長超過兩天以上，

5. 第2項第4款及第5款，其針對特定人而設置秘密調查人員或機密人員，或秘密調查人員或機密人員隨調查對象進入非公眾可進入之住宅時，

須得到法院之許可命令。該許可命令僅得透過申請方能核發。申請許可由地區警察機關首長或邦刑事調查局首長，以書面附理由為之。情況急迫時，得由地區警察機關首長或邦刑事調查局首長核發第一句所提之命令。該命令須得到法院之追認。該命令須即刻送交法院追認之。第2項所含其他措施，除急迫情形由地方警察機關首長或邦刑事調查局首長命令核准之。第三、四句及第七句所提之申請及命令核准權限得透過特別委託交由上級機關為之。

(5) 申請書應記載下列事項：

1. 受各項措施調查之人，可能時亦附上其姓名與住址，

2. 措施之種類，範圍及持續時間，

3. 相關事實狀況以及，

4. 理由。

(6) 命令以書面核發之。應記載下列事項：

1. 受各項措施調查之人，可能時亦附上其姓名與住址，

2. 措施之種類，範圍及持續時間，

3. 其主要理由。

該許可命令最長不得超過三個月。在實施各項措施應符合之要件持續存在時，每次不超過一個月的延長得許可之。

(7) 只要是對於秘密調查人員之隱匿身分有必要者，得製作、更改或利用相應之身分文件。秘密調查人員未履行受託任務得隱匿眞實身分而爲法律行爲。秘密調查人員得在隱匿眞實身分之情形下，經有權者同意而進入其住宅，但不可謊稱有權而進入住宅。

(8) 若有事實基礎可認爲，透過第2項之措施僅能取得核心私人生活狀況之認識者，則不能許可該措施之實施。在實施根據第2項第4、5款之措施若有事實基礎可認爲，已涉及到核心領域，只要不危及任務執行人員，應中斷該項措施。只要在實施第2項第1款至第3款之措施時於自動記錄外還取得直接認識，則該措施應即刻中斷，只要在監視時有事實基礎可認爲，所取得直接認識包含應歸屬於核心私人生活領域之內容。在有所質疑的情形，則實施屬於第2項第2款第a與b目措施之情形僅得以自動記錄方式繼續進行。自動記錄，其無法排除有包含屬於核心私人生活狀態之內容者，應即刻提交法院。法院應即刻對資訊之可用性或予以刪除作出決定。當第三句所涉之措施被中斷時，則在非屬於第1句所不予許可的情形時，可以繼續進行。對於經由第2項措施所取得對核心私人生活狀況之認識，則不允許使用之。相關紀錄應立刻刪除。對於資訊之取得予刪除應紀錄之。紀錄文件僅得出於依第98條第1項第14款之資訊保護管制目的而使用。紀錄文件在根據第86條通知後經六個月或在法院核發對於終局的放棄通知之許可後經六個月，可刪除之。資訊保護管制在第98條第1項第14款所述期限經過後仍未結束者，該紀錄文件應保存直至管制結束。

(9) 圖像與聲音紀錄，其完全屬於非第1項所提及之人者，應即刻，最遲在二個月內刪除，只要在具體個案中其並非屬於對犯罪追查所必要之情形。

德國巴登符騰堡警察法第50條（關於使用科技手段獲取住宅內外資訊之特殊規範）

(1) 警察執行人員得爲了防衛對個人身體、生命或人身自由之急迫危險，爲了聯邦或邦之存續與安全，對第6條及第7條以及在第9條所列要件下所涉及之人，對其住宅內外個人相關資訊透過根據第49條第2項第2款隱密設置之科技手段取得之，當若不如此則危險防衛或犯罪預防的目標將被危及或是將遭到極大困難時。當第三人無可避免會被涉及時，資訊取得措施仍可繼續被實施。

(2) 根據第1項所實施之措施須得到法院組織法第74a條第4項所列地方法院專庭之命令，亦即是主管警察機關坐落於其管轄範圍之法庭。該法院命令須經由申請方能核發。該申請係經由地區警察機關之首長或邦刑事犯罪調查局之首長以書面並附理由提出之。

(3) 在申請中應記載下列事項：

　1. 受各項措施調查之人，可能時亦附上其姓名與住址，

　2. 受監視之住宅或受監視之居室，

　3. 措施之種類，範圍及持續時間，

　4. 相關事實狀況以及，

　5. 理由。

(4) 法院命令以書面爲之。應記載下列事項：

　1. 受各項措施調查之人，可能時亦附上其姓名與住址，

　2. 受監視之住宅或受監視之居室，

　3. 措施之種類，範圍及持續時間，

　4. 其主要理由。

　該許可命令最長不得超過三個月。在實施各項措施應符合之要件持續存在時，每次不超過一個月的延長得許可之。

(5) 情況急迫時，得由地區警察機關首長或邦刑事調查局首長核發第1項所提之命令。在此情形下該命令須即刻送交法院追認之。三日內未得法院之追認，該命令失其效力。當該科技手段完全是爲了執行警察任務人員之安全而使用時，無須得到法院之命令。第一句在此情形亦有適用。

(6) 第1項之措施僅能在符合一定條件下方能被許可及實施,亦即是沒有事實基礎能認為,經由監察所取得之資訊,其屬於核心私人生活狀態。所監察場所之類型與在場人士相互間之關係應屬於特別關鍵之判斷依據。該措施應即刻被中斷,只要在監查中有依據可認為,所得資訊包含了應屬於核心私人生活狀況之內容。在有所質疑的情形,則僅得以自動記錄方式繼續進行。否則便只有在符合第一、二句要件的情形下方能繼續實施相關措施。透過第1項之措施所獲之認知,應即刻呈交核發命令之法院。該法院應即刻決定資訊之可用性或予以刪除。經由第1項措施所獲取,對於核心私人生活狀況之認知,其不允許被使用。相關紀錄應即刻刪除。關於取得資訊與刪除資訊之事實應紀錄之。紀錄文件僅得出於依第98條第1項第14款之資訊保護管制目的而使用。紀錄文件在根據第86條通知後經六個月或在法院核發對於終局的放棄通知之許可後經六個月,可刪除之。資訊保護管制在第98條第1項第14款所述期限經過後仍未結束者,該紀錄文件應保存直至管制結束。

第十八章

少年警察職權之變革：從績效導向到防治網絡之建構

黃翠紋

壹、前言

　　少年期不僅是個體成長非常重要階段，少年健全成長與發展，更會影響國家社會的進步與繁榮。少年正值生理快速成長、心智發展尚未成熟的階段，好奇心強但判斷和解決問題的能力不足，且不瞭解如何維護自身權益和保護自己，常易犯錯或被引誘、利用，造成生活適應上的問題，進而影響未來的正常發展。由於人類認知與行為發展乃是人與環境互動的結果，不同時代和不同地區的少年，表現會有所不同。因此，少年觸法行為問題亦往往隨著整體社會生活環境變遷，家庭結構轉變以及個人價值觀變化而有不同的形貌。少年的犯行，是家庭、學校、社會最為棘手的問題，面對這些孩子，如果適時加以輔導、促其改過遷善，將來仍是社會的中堅分子。反之，若是未能即時導正今日的觸法少年，很可能是來日各類犯行的淵藪。目前許多已開發國家普遍面臨出生率下降及人口老化的雙重壓力，而台灣的處境尤為嚴峻。台灣地狹人稠、天然資源有限，整體經濟發展不僅需要足夠資金，更需優質人力資源的配合，凸顯曝險少年輔導工作之重要性。

　　鑒於少年可塑性高、犯罪惡質性低，加上避免烙印而影響自尊心與健全成長，少年刑事政策必須異於成年刑事政策，處遇措施的目標應著重在教育而非懲罰。而綜合聯合國有關少年司法的國際條約或相關文件都強調：政府必須為少年犯建立單獨的司法系統，讓他們能夠得到幫助，藉以促進正常成長。而台灣雖早在1962年1月31日即已通過「少年事件處理法」（下稱少事法），期間歷經10次修改，其中在1997年第5次修正時，除確立保護優先主義，並於1999年9月15日成立全國第一所專業法院，提升少年法庭的地位，以回應社會對少年司法專業效能提升的期待。而為回應釋字第664號解釋所揭示「少年事件處理法係為維護少年健全自我成長所設置之特殊保護制度」，以及兒童權利公約有關少年最佳利益之基本原則，少事法在2019年進行重大修改，除翻轉虞犯印記、去除身分犯之標籤效應外，更期能建置曝險少年行政輔導先行機制，期能與世界少年司法權

益潮流接軌[1]。然而，針對此機制運作之相關作爲卻有許多待塡補之處，若未能妥爲因應，恐難發揮當時的修法精神。尤其行政院在2021年4月已經拍板定案，少年輔導委員會（下稱少輔會）的定位仍「維持現狀」，並請刑事警察局（犯罪預防科）向全國各警察局少年警察隊宣導，除瞭解曝險少年後續輔導，以及少輔會實際運作情形外，也應該建立少輔會人員招募機制，以貫徹少事法「行政輔導先行」的精神[2]。

究竟「曝險少年」能否去除「有犯罪之虞」風險，取決於少輔會之運作效能。而目前行政院既已決定少輔會仍隸屬於少年警察隊，也揭示少年警察隊必須轉換過去著重在犯罪偵查工作的思維，轉變爲犯罪預防的社區警政模式。期能在少年警察隊的帶領下，少輔會可以結合縣市公、私部門的資源，讓走在人生十字路口的曝險少年得到應有的資源協助，邁向光明並成爲社會有用的人才。然而觀察我國警察職權行使法在制定時，主要是規範警察對於成人觸法事件的執法界線，並未顧及成人觸法行爲之處理原則，與少年觸法行爲之處理有所不同，而有詳予探討之必要。因此，本章之內容乃從少年司法之理念與趨勢出發，繼而探討少年觸法行爲相關防治網絡建構之重要性，以及曝險少年輔導機制與少年警察隊之職權。

貳、少年司法之理念與趨勢

爲指導各國少年刑事政策原則，聯合國於1984年5月，在北京召開第6屆預防犯罪和罪犯處遇大會，通過聯合國少年司法最低限度標準規則（又稱北京規則），並在1985年第7屆預防犯罪和罪犯處遇大會確認[3]，成

---

[1] 本次修法重點計有：(1)健全少年成長權；(2)翻轉虞犯印記；(3)行政司法齊協力——建置曝險少年行政輔導先行機制；(4)保障少年表意權；(5)強化程序自主權；(6)強化少年觀護所權能；(7)增訂多元處遇措施；(8)少年隱私權保障；(9)引進修復資源；(10)廢除觸法兒童回歸教育、社政體系等10項（司法院，2019）。

[2] 葉碧翠、江明憲（2022）兩人的文章提及少輔會「暫時維持現狀」，惟經查時任行政院院長蘇貞昌在會議中的裁示是：維持現狀，曝險少年業務仍歸屬警察機關負責。參閱葉碧翠、江明憲，少年輔導委員會面臨的變革與挑戰，中央警察大學警學叢刊，第52卷第1期，2022年，頁96。

[3] 聯合國大會1985年11月29日第40/33號決議。

為聯合國關於少年司法的正式文件。根據北京規則第1條第2項：「會員國應盡力創造條件，確保少年能在社會過上有意義的生活，並在其一生最易沾染不良行為的時期，使其成長和受教育過程盡可能不受犯罪和不法行為的影響。」第1條第6項進一步規定：「應逐步建立和協調少年司法機關，以便提高和保持這些機關工作人員的能力，包括他們的方法、辦法和態度。」而在1990年生效的兒童權利公約（CRC）則進一步制定與少年司法相關的指導方針，強調在涉及兒少問題上應以其最佳利益為首要考慮因素。CRC第12條還保障：應讓有能力表達自身觀點的兒少，有權表達自己的觀點。就少年司法而言，這意味著少年犯應有權參與他們作為當事方的任何司法或替代程序。而涉及少年司法的CRC條款，還有第37條和第40條。

聯合國大會接續在1990年12月14日通過預防少年犯罪準則（利雅德準則）（45/112號決議），基本原則特別強調：一、預防少年觸法或犯罪是社會預防犯罪的關鍵。少年透過從事合法、有益社會的活動，對社會採取理性態度和生活觀，就可以形成非犯罪的態度；二、要成功預防少年觸法行為，就需要整個社會進行努力，確保少年均衡發展，從幼年期即應促進其人格正常發展；三、為詮釋本準則的目的，應遵循以兒少為中心的方針，促其積極參與社會活動，而不應僅視其為社會化或社會控制的對象；四、在實施本準則時，根據國家法律制度，少年從其幼年開始的福利應是任何預防方案所關注的重心；五、應該認識到：制定進步的預防少年觸法行為政策，以及系統研究和擬訂詳細措施的必要性和重要性。這些政策措施應避免對未成年人造成嚴重損害其發展，或危害他人行為的兒少給予定罪和處罰。此後，2007年所公布的兒童權利公約第10號一般性意見書有關「少年司法中的兒童權利」再次強調：若要全面履行公約，在程序權利、制定和實施不訴諸司法審理程度處置觸法兒少的措施，以及作為最後的手段才採用剝奪自由等方面，然而許多締約國仍有相當長的路要走。

而在台灣，「少事法」亦仿效先進國家作法，以保護優先主義為立法精神的特別法。本法第1條規範：「為保障少年健全之自我成長，調整其成長環境，並矯治其性格，特制定本法。」再者，本法兼具實體法及程

序法之性質，其特色除保障兒少健全成長之立法目的及保護優先的立法原則外，尚可見許多福利取向的措施。本法自1962年1月31日公布施行後，對於兒少犯罪自受案開始，至調查、審理、處遇、執行，早已有一完整理論架構與設計；至2005年5月18日業經8次修正，除處遇方式改採多樣化處遇外，立法目的觀念亦隨時代修正改變。立法原則自所謂「教罰並重」原則，變更為「宜教不宜罰」原則，乃至揭諸「保護優先主義」原則。而修法理念均係站在少年比成人可塑性高之觀點出發，希望自成年觀護制度中，獨立出一套不同於成年處遇與執行的方式，以達到促使兒少健全人格，調整其環境，使其悛悔向善之目的[4]。

「少事法」在1997年進行相當大幅度的修法，當時不但確立「保護優先主義」，並於1999年9月15日成立全國第一所專業法院——於高雄市設立少年法院，提升少年法庭的地位，以回應社會對提升少年司法專業效能之期許。此後，考量兒少犯罪事件與家事事件發生的原因具有高度關聯性，兒少之所以犯罪，家庭因素常居首位，而家庭功能不健全是兒少人格偏差與行為違常的主因；成立專責機關專業處理少家事件，以強化及提升全國少家事件專業處理能力，是法治先進國家之趨勢。因此，1999年7月全國司法改革會議決議：建請司法院研究設立家事法院，本案業經立法院於2010年11月19日三讀通過司法院送請審議之少年及家事法院組織法草案，並於2010年12月8日由總統公布，施行日期由司法院以命令定之。在當今家庭功能不健全致使少年性格偏差、行為違常，以及法制先進國家紛紛設立少年及家事專業法院之際，別具意義。

長期以來，我國少事法的適用對象有二，一是觸犯刑法的少年，二是虞犯。然而虞犯是否為少年司法處理對象？一直有不同的見解。英美法系認為國家為兒少之最高親權人，在兒少的父母不能或不宜行使親權時，國家須負起親權責任。可知：英美法系的少年司法制度具有福利性司法、柔性司法之特質[5]。為符合兒童權利公約有關兒少權利保障規定，避免兒少

---

[4] 黃義成，論觸法少年之移送制度，政大法學評論，第147期，2016年，頁235-241。

[5] 蔡坤湖，少年虞犯與行政先行制度，法律扶助基金會，2015年：https://www.laf.org.tw/index.php?action=media_detail&p=1&id=174（搜尋日期：2023年6月3日）。

權利受到侵害，並積極促進兒少權利實現，立法院在2019年5月31日三讀通過「少事法」部分條文修正草案，係自1997年修正公布全文87條以來，最大幅度的修正，更是與世界少年司法權益潮流接軌的重要里程碑。本次修法重點之一，係去除「虞犯」標籤，將「虞犯」改稱為「曝險少年」（Risk Exposure Teenage），以少年曝露於觸法邊緣危險程度，以及如何維護少年健全成長權為評估重點。再者，因應大法官釋字第664號解釋，過往關注的逃學、逃家行為不再被視為「犯」行，將舊有7款虞犯列管行為刪減，曝險少年僅餘「無正當理由經常攜帶危險器械」、「有施用毒品或迷幻物品之行為而尚未觸犯刑罰法律」、「有預備犯罪或犯罪未遂而為法所不罰之行為」等3款[6]。然而這些少年的輔導機制為何？應如何輔導才能避免再次犯罪，則考驗著少輔會與少年警察隊之間的合作關係，也有賴整合教育、社政、衛政、勞政、毒品防制等單位共同合作。

參、少年觸法行為防治網絡建構之重要性

美國在歐巴馬政府時期，白宮的經濟顧問委員會從經濟分析的角度，探討監禁和其他刑事司法政策的成本以及對犯罪者改悔向上的效果。在本份報告中，首先審視刑事司法執法和監禁的增加及其原因，接續從刑事司法政策的總體框架出發，評估其在減少犯罪的效益及對個人、家庭和社區的直接和間接成本。最後，提出政府應該透過影響社區、矯正機關和法庭的政策，進行刑事司法改革的整體方法。本評估報告指出[7]：一、刑事司法政策有能力減少犯罪，但監禁減少犯罪的總收益很小，而且會隨著被監禁人口的增加而減少；二、與增加監禁相比，對改善勞動力市場機會和教育程度的政策的投資，以及增加警察從事社區犯罪預防工作，將具有

6　蔡青芸，政院通過「少年事件處理法」修正案 保障少年人身自由及健全成長，世界民報，2022年：http://www.worldpeoplenews.com/content/news/338575（搜尋日期：2023年6月3日）。

7　White House Counsel on Economic Advisors. Economic Perspectives on Incarceration and the Criminal Justice System. 2016, https://obamawhitehouse.archives.gov/the-press-office/2016/04/23/cea-report-economic-perspectives-incarceration-and-criminal-justice. pp. 3-6 (Accessed 14 April 2023).

更大的減少犯罪效果。證據顯示：增加警察資源可以減少犯罪，警察機關的規模每增加10%，犯罪率就會降低3%到10%。但前提是需要採行社區警政模式，而不是傳統打擊犯罪的模式；三、從整體總成本評估，一些刑事司法政策，如增加監禁率，不具成本效益；四、從增加監禁、投資警察和提高最低工資等三項政策進行成本效益分析發現：（一）監禁支出增加100億美元，將使犯罪率降低1%到4%（或5萬5,000到34萬件犯罪），並帶來80億到10億美元的淨社會效益；（二）投資100億美元用於僱用警察，將使犯罪率降低5%至16%（44萬至150萬件犯罪），社會淨效益為4億至380億美元；（三）透過提供就業機會可減少犯罪，若將最低工資提高12美元，將使犯罪率下降3%到5%（25萬到51萬件犯罪），並且社會效益增加8億至170億美元。本研究揭示一個非常重要的事實：若是警察可以採行社區警政之犯罪預防模式，將可大幅降低犯罪率。

Hirsche的「社會控制理論」指出，家庭之所以是影響兒少犯罪的主要因素，乃家庭為提供正當社會化和道德化的主要場所。一旦家庭功能不彰，或家庭瓦解，兒少缺乏應有的親情互動和父母關愛，這些現象包括：管教過於嚴苛或放任、冷漠、鬆散，以及父母去世、入獄、重殘、離異、分居等，均足以造成兒少陷入犯罪泥淖而無法自拔[8]。就觸法少年而言，擁有不良童年經歷的比例很高，這使他們非常需要行為健康治療，若處理不當，未來持續犯罪的風險非常高[9]。例如，Folk、Ramaiya、Holloway、Ramos和Marshall的研究指出，與一般少年相比，觸法少年除了有罹患精神疾病的高風險外，由於兩者的決定因素，例如貧窮和邊緣化等社會因素，又會使得少年的精神疾病和犯罪行為之間，存在著複雜且相互影響的作用。因此，觸法少年的心理健康需求若沒有得到很好的解決，將會增加他們接觸風險因素的機會，例如與反社會的同儕接觸，從而使其持續犯

8　黃翠紋、孟維德，警察與犯罪預防，五南出版，2021年3版1刷，頁295。
9　Folk, J. B., Kemp, K., Yurasek, A., Barr-Walker, J., & Tolou-Shams, M. Adverse childhood experiences among justice involved youth: Data-driven recommendations for action using the sequential intercept model, *American Psychologist*, 76(2), p. 268, 2021.

罪[10]。因此，少年事件處理應該盡可能地以社區處遇方式處理，稱之為轉向策略。本策略係誕生於以標籤概念為中心的理論框架，旨在引導少年犯遠離刑事司法系統，避免與司法系統互動相關的污名化和犯罪影響[11]。

Mendel（2023）的研究指出，有效的轉向策略，必須具有以下幾個方向的計畫[12]：

一、以家庭為中心的多目標處遇模式：聘請經過專業培訓的專責人員，詳細評估少年犯罪原因，接續擬定個別化的輔導計畫協助少年避免再次犯罪。此外，必須為家庭提供支持服務，透過與少年家人合作，共同陪伴少年改變。

二、針對高再犯風險少年提供專業心理治療：針對未來入獄風險極高的少年，需要提供專業的諮商輔導。例如，暴力少年比非暴力少年犯下更嚴重的犯行，可以提供認知行為治療，並需要結合教育、就業和其他相關服務。

三、運用修復式司法模式處理犯有嚴重罪行的少年：修復式司法干預措施是傳統司法訴訟的替代方案。這些措施通常涉及有具體的被害人，透過修復促進者的協助，讓被害人、觸法少年和生活中關心他們的成年人會面，討論犯罪行為造成的傷害，並為後續的處理方式達成協議。除讓少年對其犯行負起責任外，並為少年的行為改正制定計畫，以「糾正少年錯誤行為為核心」，避免後續持續犯罪。

四、社區志工運用：運用社區具有少年犯罪輔導知識的志工，配合專業人員的處遇作為，協助觸法少年及其家人。

而為達成以上要素的計畫內容，應該建構跨專業之防治網絡，包括教育、衛政、社政、警政、勞政等單位資源，且必須有專責協調員制定整體

10 Rice, S. M., O'Gorman, K. M., Jovev, M., Cranston, I., Borschmann, R., Cotton, S. et al. Unmet mental health and criminogenic needs among justice-involved young people: a role for clinicians in the community, *Clinical Psychologist*, 27(2), p. 260, 2023.

11 Richards, K. Blurred Lines: Reconsidering the Concept of 'Diversion' in Youth Justice Systems in Australia, *Youth Justice*, 14(2), p. 123, 2014.

12 Mendel, R. Effective Alternatives to Youth Incarceration. 2023, https://www.sentencingproject.org/reports/effective-alternatives-to-youth-incarceration/ (Accessed 20 April 2023).

計畫。例如，在英格蘭和威爾斯，設有統合多個機關資源的少年犯罪處理小組（Youth Offending Team），並由少年司法委員會監督。他們除了調查少年的背景並幫助他們遠離犯罪，也負責當地預防犯罪計畫。如果有少年被警察逮捕，若是父母無法到警察局，可以在警察局請求他們爲少年提供協助。本小組獨立於執法機關和法院，隸屬於當地議會。他們與警察、少年法院、學校和教育當局、當地社政機關與社福團體等單位合作，共同處理少年事件[13]。

肆、曝險少年輔導機制與少年警察隊之職權[14]

少年司法系統與成人刑事司法系統的結構類似，它有三個基本組成部分：執法機關、法院和矯正機關。少年是否被納入刑事司法系統，很大的因素取決於跟警察接觸的結果。確切地說，警察是少年司法系統的「守門員」，就像在成人系統中一樣，甚且扮演更重要角色。警察必須就如何處理違法行爲的少年，作出初步決定，並啓動後續的刑事司法程序[15]。根據美國司法部2019年的統計數據，少年法院所處理的案件，有82%的少年犯罪事件來自警察的移送，其餘才是由家長、學校、犯罪被害人和少年保護官轉介或移送。由於少年事件的特殊性，警察通常會將少年犯帶入或傳喚到警察局的少年組進行詢問[16]。而在英國，倫敦市政府意識到警察局需要設立一個專門部門，專責處理少年事件，早從1970年8月1日，Metropolitan Nashville警察局即成立少年事件專責指導單位，其目標是預防少年犯罪、發現不當行爲，並消除對少年的照顧疏忽等問題[17]。

13　Gov.Uk (2023). Youth offending teams. https://www.gov.uk/youth-offending-team.

14　根據大英辭典（The Britanica Dictionary）「職權」（Authority）係指：下達命令或作出決定的權力，亦即：指揮或控制某人或某事的權力或權利，是職位所賦予的權利，與組織中的職位有關。

15　Myers, S. M. Police: Handling Of Juveniles. 2019, https://www.encyclopedia.com/law/legal-and-political-magazines/police-handling-juveniles (Accessed 30 April 2023).

16　Barrett, V. B. Police Officer's Roles in the Juvenile Justice System. 2022. https://work.chron.com/importance-probation-officers-7293.html.

17　Metropolitan Government of Nashville and Davidson County. Police Department Youth Services Division. 2023, https://www.nashville.gov/departments/police/investigative-services/interpersonal-crimes-branch/youth-services (Accessed 30 April 2023).

　　而在台灣，警察機關防制少年觸法行為事件最具體之作為，當屬成立少年警察隊。少年警察隊之成立可以追溯自1955年間，台灣最早的學生幫派「十三太保幫」與「十三太妹幫」，在台北市植物園爆發一場群架鬥毆，衝突中，不同以往單純只是以棍棒相向，首見不良少年亮出童軍刀，這舉動震驚當時的政府及警察機關。為了遏止少年觸法行為愈演愈烈的趨勢，當時在政府部門，前司法行政部（法務部的前身）即著手草擬「少事法」，行政院會並於同年底通過草案送交立法院審議。而台北市警察局則於隔年1956年6月16日，以任務編組方式在刑警隊成立以輔導不良少年為宗旨的「少年組」，這是處理少年問題的第一個專業性單位，開啟少年警察工作的里程碑。少年警察成立後，對於少年觸法行為偵防工作之執行，雖不遺餘力，但因並非正式編制，且員警過少，少年組對於預防少年觸法行為工作已不勝負荷，台北市政府警察局乃在1965年2月18日，自刑警隊將少年組獨立出來，成立少年警察隊。之後各縣市警察局，如基隆市、台中市、台南市、嘉義縣等，在各自的權責下，先後在其刑警隊內分設少年組；直到1971年7月1日，終因少事法的公布實施，各縣市警察局刑警隊少年組正式編組設立，於是，各縣市均有一專責處理少年問題的專業警察單位。1997年1月當時的臺灣省警務處長王一飛，參加台中市警察局舉行的「婦女安全座談會」，宣布將要求各縣市警察局先以任務編組的方式成立「少年警察隊」。各縣市警察局同步於1997年2月20日成立以任務編組方式的少年警察隊。然此時許多縣市並未開始真正運作，直到2000年7月1日，台灣省所屬之各縣市警察局同步自刑警隊少年組獨立擴編成少年警察隊。至此，少年警察隊正式成為處理少年觸法行為及偏差行為的專業警察單位[18]。

　　然而觀察少年警察隊成立的過程，可以發現帶有濃厚的刑警色彩，以往大多數少年警察隊的成員為刑事偵查人員，除偵辦少年觸法行為案件外，仍須比照一般刑事警察，依所配予的偵防績效或各項專案工作進行考

18　蕭憲仲，臺北市少年警察隊應用修復式正義處理少年事件之研究，中央警察大學警察政策研究所碩士論文，2013年，頁36-47。李亨明，警察防治少年犯罪工作執行之研究——以基隆市為例，中國文化大學中山學術研究所碩士論文，2006年，頁74-76。

核。由於少年警察隊成員多爲刑事偵查員，工作習性及考核方式均以刑事偵查績效爲主，明顯表現出「刑案偵破績效掛帥」的工作特性，其人員的升遷調補，亦比照一般刑警，以刑案偵防績效的高低爲主要依據，甚少以是否具備兒少犯罪事件處理的專業知能和意願爲遴選標準。在這種情形下，少年警察隊人員爲達成績效要求，多以偵破刑案作爲工作重點，甚至包括偵破少年觸法行爲以外的一般刑案，不僅較少從事少年觸法行爲的預防與相關保護工作，反而逾越少年警察隊的成立宗旨及少年警察的本分，而將防患於未然的預防性工作置於其次，實值深思與檢討[19]。

2019年所修正的少事法曝險少年採行行政先行後，爲強化少年輔導工作。行政院接續在2021年7月核定的「強化社會安全網第二期計畫」特別規劃：透過強化社會安全網計畫敦促各直轄市、縣（市）政府補充少輔會人力資源，逐年補充人力，提升輔導效能，落實少年觸法行爲防制網絡合作平台之建置，積極整合跨局處輔導資源及強化橫向聯繫能力，並以「投入社區開發，培養社區能力，解決社區問題」作爲發展願景，形成專業綿密之安全網體系，共同推動少年觸法行爲防制工作[20]。而依據少事法第18條第7項規定訂定之「少年輔導委員會設置及輔導實施辦法」，雖讓少輔會之設置有法源依據，惟陳意過高，恐流於形式。因行政院早在2021年4月即已決議，少輔會仍維持現行與少年警察隊合署辦公的模式，其人力與相關業務費均由刑事警察局向行政院申請，並轉由各縣市少年警察隊聘僱少輔會相關人力。依據設置辦法第2條規定：「直轄市、縣（市）政府應設少年輔導委員會（以下簡稱少輔會），整合所屬社政、教育、衛政、戶政、警政、民政、勞政、財政、毒品危害防制等機關（單位）業務及人力，並統合金融管理、移民及其他相關資源，……」惟一個非縣（市）政府一級單位、成員由約聘僱人員組成的單位，如何能整合縣市政

19　黃翠紋、孟維德，同註8，頁312。
20　行政院，強化社會安全網第二期，2021年，頁34-35：file:///C:/Users/user/Downloads/%E5%BC%B7%E5%8C%96%E7%A4%BE%E6%9C%83%E5%AE%89%E5%85%A8%E7%B6%B2%E7%AC%AC%E4%BA%8C%E6%9C%9F%E8%A8%88%E7%95%AB%E6%A0%B8%E5%AE%9A%E6%9C%AC%20(3).pdf（搜尋日期：2023年5月30日）。

府各局處之資源？又如何能統合金融管理、移民及其他相關資源？尤其有關少輔會應辦事項第4款「向少年法院提出處理之請求」，以及第5款「兒童及少年福利與權益保障法或其他法律規定得辦理之事項」。更是遙不可及的夢想。此種狀況，就如行政院在1979年即頒布之「預防少年兒童犯罪方案」，實施成效顯示：宣示意義大於實質意義。

　　事實上，雖然很多國家都在積極推動社會安全網，而蔡總統就職後，為維護國人在家庭與社區生活的安全與保障，行政院也在2018年推動「強化社會安全網計畫」，目前已經推動到第二期。然而，要將建立社會安全網的理念落實到實際運作的層面上，事實上是相當不容易的，將面臨諸多潛在的衝突因素，值得主管機關審慎因應，舉其要者包括[21]：

一、**不同的角色認知**：不同單位有不同的任務與專業。以社政機關的運作為例，該系統係依循著所謂的社會工作原理。他們通常會以助人者自居，盡力協助當事人，但卻可能忽略犯罪問題的性質。至於警察在事件處理過程中的職責則比較單純，他們蒐集證據以調查犯罪事實，並確定是否有犯罪事實的發生，以及犯罪者為何人。由於任務與組織成員理念上的差異性，將可能造成團隊成員間衝突的來源。例如，社工可能會過度保護曝險少年，或是在輔導角色上的不明確，而感受到網絡其他成員的抱怨，使得他（她）可能會羨慕警察任務的明確性，或是因為工作理念的差異，而造成與警察的衝突。

二、**不同的決策模式**：警察往往會比較習慣於立即而自主的決策模式。相反地，社工已經發展出決策分享的系統，這使得社工在重要問題作決策前，會與督導或是單位主管討論。至於警察則會認為此種諮詢沒有效率。假使警政管理者過度限縮警察的裁量權，將可能會使他們的挫折感升高。另一方面，社工則認為此種諮詢的決策模式，當要避免採取過於激烈的行為時，非常有效。

三、**不同的團隊績效評量方式**：在事件處理結束後，團隊必須能夠確保任

21　李承穎、黃翠紋，我國社會安全防護網建構之現況與展望，執法新知論衡，第13卷第1期，2017年，頁10-13。

務得以達成，以及組織目標可以成功。而不同的專業領域，對於事件的處理績效或是目標也可能有不同期待。若是團隊中各個領域的人員存在著不同的標準，那麼他們將可能會有挫折感或是衝突。

四、**不同的工作態度**：一旦團隊逐漸衍生組織與專業人員之間衝突時，將會減低團隊的工作效率。造成此種現象的原因之一，是由於團隊成員工作態度的差異。有一些團隊人員會急於想要讓事件處理工作趕快結束，這些人員往往不會想要獲取更多的事件訊息、釐清問題的主因，或是用心解決社會問題的真正原因，以避免未來再次發生是類事件。

因此，放眼未來，少年警察隊之應有作為，可從以下二個方面著手[22]：

一、整合跨網絡資源共同防治少年觸法行為

Butler、Baruch、Hickey和Fonagy等人（2011）以英國預防少年再犯所使用之多系統處遇（Multi-systemic Therapy, MST）方案為對象，評估其再犯效果。他們的追蹤調查發現，透過多機構服務提供模式確實可以進一步顯著降低少年非暴力犯罪的可能性[23]。而就警察工作而言，第三造警政（Third Party Policing）是近年來各國警政研究發展的重要議題，陳明傳、李金田（2010）指出：全球甚多民主國家的刑事司法體系中已存在著很多的民間化機構。其中英、美、加、愛爾蘭、盧森堡、波蘭等國之私人警衛甚至超出警察的總人數。除此之外，一些非營利性之民間組織、志願團體、志工等亦如私人警衛一般大量的存在於民主社會，來協助警察或刑事司法機關，共同維護社會安寧[24]。就社會安全網所要處理的各層面問題，尤其是經濟層面的失業、貧窮問題，正需要以「市場」觀點來解決公共事務之途徑，例如健全就業市場及輔導，提供工作機會並協助職業訓練

---

[22] 同前註，頁52-54。

[23] Butler, S., Baruch, G., Hickey, N. & Fonagy, P. A randomized controlled trial of multi-systemic therapy and a statutory therapeutic intervention for young offenders, *Journal of the American Academy of Child & Adolescent Psychiatry*, 50(12), p. 1220, 2011.

[24] 陳明傳、李金田，治安策略暨民間化治安體系之發展趨勢：以新竹市警察局之「三區共構」為例，文官制度季刊，第2卷第3期，2010年，頁73。

等方式，以降低貧富差距，減少社會問題的發生，都是社會安全網所要關切的重點。而以警察機關所負責的治安問題，應該善用社區的資源協助風險管理策略。Okamoto（2001）強調，鑒於曝險少年問題之多樣性，唯有透過不同專業間機構合作，才能有效服務困難的多重問題少年。同樣地，依照少事法的精神，少年警察隊必須協助少輔會結合社政、教育、衛政、民政、勞政等網絡單位，尤其應該銜接學校輔導機制，達到不漏接曝險少年，並期在前端就跟少年建立好關係[25]。透過結合社區公私部門，讓警察機關在社區治安維護的角色不在是「划槳」，更能以較高格局的「掌舵」模式，整合社區的力量與資源，早期發現少年觸法行為風險因子，強化保護因子，健全社會安全網絡的預防機制。

二、建構以風險管理為重心的問題導向警政

Kemshall（2008）提出有效的風險管理策略之條件，頗值得少年警察隊建構曝險少年輔導工作之社會安全網架構下，警察政策應有的思維。其中包括[26]：採事前計畫性建立風險對象資料庫、保證對應勤務措施可以快速回應危機發生、採書面約制與監控，以及治療處置與提供福利需求兼顧高風險族群「強制行為」與「保護措施」雙管齊下的政策方向，以期徹底解決及預防曝險少年觸法行為問題。問題導向警政在我國倡導已久，警政首長多能針對警政事務、治安交通都能有所應用，然而「風險管理」概念的曝險少年輔導策略之問題導向警政，則是需要長時間的經驗與科技應用、社區資源的整合與共識的建立，網絡治理的架構及目標的共享，逐步建立更「鉅觀」的問題導向警政，並應用在社會安全網之上，面對少年觸法行為案件及社區安全感的建立需求，研擬一個更周全、更完善的架構，因應未來複雜的經濟、社會、治安等問題。

---

25 Okamoto, S. K. Interagency collaboration with high-risk gang youth, *Child and Adolescent Social Work Journal*, 18, p. 11, 2001.

26 Kemshall, H. Understanding the Community Management of High Risk Offenders. UK: Open University Press, 2008. pp. 87-88.

伍、結論

英國社會排斥小組（Social Exclusion Unit, SEU）在2002年發表的一份報告，描述英格蘭和威爾斯受刑人令人震驚的社會和教育劣勢。與全國人口相比，成年受刑人是[27]：一、小時候遭到不當照顧的可能性是一般人的13倍；二、經常逃學的可能性是一般人的10倍；三、失業的可能性比一般人高出13倍；四、有家庭成員被判刑事犯罪的可能性高出一般人2.5倍；五、成為年輕父親的可能性是一般人6倍；六、感染愛滋病機率是一般人的15倍。不僅如此，該報告還發現，成年受刑人的基礎教育程度與整體人口有顯著差異：一、80%的受刑人只有11歲兒童的寫作能力；二、65%的受刑人只有11歲兒童的計算能力；三、50%的受刑人只有11歲兒童的閱讀能力；四、大約60%至70%的受刑人在入獄前使用過毒品；五、超過70%的受刑人患有至少兩種精神障礙；六、20%的男性受刑人和37%的女性受刑人過去曾有自殺意念。

「今日的少年犯是明日的成年犯！」我國的入獄率居亞洲先進國家之冠，日本在2021年為36人；南韓在2022年為103人；香港在2022年為106人；新加坡在2022年為156人；澳門在2022年為197人；至於台灣，在2023年的統計則高達234人[28]。不僅如此，再犯率也居高不下，高達七成以上。在各國莫不積極尋求降低犯罪率之際，政府應將兒少偏差行為預防及輔導列為施政的重點，才能真正契合2019年少事法修法的精神。鑑於曝險少年多數來自功能不彰或親子關係不佳的家庭，2019年所修正的少事法，不只是少年司法制度的變革，更是社會能公平對待每一名少年的契機。美好生活模型（GLM）強調，當個人在追求初級商品過程遇到內部和外部障礙時，就會發生犯罪行為。與 GLM 一致的輔導與處遇措施有兩個重點，除協助少年透過正當管道獲得初級商品外，同時也要降低少年再

---

[27] Social Exclusion Unit. Reducing re-offending by ex-prisoners. 2002, p. 6, https://www.bristol.ac.uk/poverty/downloads/keyofficialdocuments/Reducing%20Reoffending.pdf (Accessed 14 April 2023).

[28] ICPR (Institute for Crime & Justice Policy Research). World Prison Brief Data. 2023, https://www.prisonstudies.org/ (Accessed 17 May 2023); Jacobson, J., Heard, C. & Fair, H. Prison: Evidence of its use and over-use from around the world. London: Institute for Criminal Policy Research, 2017. p. v.

次犯罪的風險，為達成這些目標，必須透過提高個人的內部能力（即技能和能力）和外部能力（即機會、環境和資源）來實現。依據GLM，不同機構，包括少年警察隊、少年輔導委員會、教育、社政、衛生、勞政以及社區組織，應該透過提供曝險少年專業技能和資源來支持這些少年獲得初級產品[29]。期待透過政府各部門結合民間資源，共同協力為維護少年健全成長盡最大努力。以下僅就曝險少年輔導機制，短期可達成之目標，臚列如下：

一、應定期檢視各縣市少年輔導委員會的運作效能

少年問題「種因於家庭、顯現於學校、惡化於社區」是不爭的事實，若是前端的家庭教育與學校教育可以發揮功能，少年本身的行為問題就不會太嚴重，輔導效果也會比較好。換言之，少年曝險行為冰凍三尺、非一日之寒，曝險少年輔導工作必須集結各部會之力量與資源，方能改善這些困難服務少年之行為，不能將此重責大任交付給內政部警政署下的刑事警察局獨自承擔。因此，建議行政院應該組成一個專案辦公室，專責兒少偏差行為預防及輔導工作，制定評核指標，並定期對各縣市推動狀況進行輔導、考核與評比。建議可以比照衛生福利部每二年所辦理之社會福利考核工作辦理，或是併入社會安全網考核工作中。

二、應導入風險評估與管理機制輔導曝險少年

相較於國外，少年觸法行為風險評估與管理作為之蓬勃發展，我國過去並未正視曝險與觸法少年之輔導工作，導致迄今未能建構以證據為導向的曝險少年輔導機制。展望未來，應該積極導入國外非常盛行的風險—需求—回應模型，以及美好生活模型，並結合學術界協助建構風險評估與管理工具和機制。透過科學化的風險評估與輔導，協助這些瀕臨犯罪邊緣的少年步入正軌。同時，刑事局也應該透過定期的教育培訓，讓少年隊與少輔會同仁具備曝險少年輔導知能；而各縣市少年警察隊隊長則應舉辦定期

---

29 Mallion, J. S. Good Lives Model: Importance of Interagency Collaboration in Preventing Violent Recidivism, *Societies*, 11(3), p. 96, 2021, https://doi.org/10.3390/soc11030096/ (Accessed 21 April 2023).

研商會議，讓少年隊與少輔會同仁能就輔導個案上面臨的問題進行討論，藉以凝聚曝險少年輔導工作的共識。

三、重新定位少年警察隊之角色與職權

警察打擊犯罪之角色深植人心，與少年輔導工作以個案權益爲核心，透過與個案關係之建立，並進行個別化處遇之工作角色相去甚遠。加上大多數少輔會的辦公點均設在少年隊現有的辦公處所，導致目前絕大多數少輔會對於行政院的決議感到憂心，擔心會嚴重影響他們的輔導工作之效能。因此，理想狀況下，應重新檢討各縣市少輔會之主責機關。但另一方面，內政部警政署曾在2007年12月24日即已頒行「警察機關防處少年事件規範」，規定少年警察隊之工作職掌包括：（一）少年虞犯或犯罪偵防措施之策劃、督導及執行等事項；（二）少年輔（宣）導活動之規劃及辦理事項；（三）少年觸法行爲預防宣導、教育等事項；（四）執行或配合執行各項少年保護、福利措施；（五）少年觸法行爲資料統計、分析事項；（六）行爲偏差少年諮商、輔導等協助事項；（七）逃學、逃家或行方不明少年之查（協）尋；（八）執行校園安全維護，並配合學生校外生活輔導委員會執行校外聯巡工作；（九）中輟行蹤不明學生之訪視、協（撤）尋通報作業；（十）列管少年之查訪、輔導；（十一）少年前科資料之註記及塗銷作業；（十二）其他有關少年保護事項。從上述「警察機關防處少年事件規範」內容觀之，少年警察隊目前的工作職掌，包括在少年事件處理法、兒童及少年福利法、少年輔導委員會設置要點、協尋中途輟學學生通報作業規定及少年不良行爲及虞犯預防辦法等法令規定之內[30]。

因應曝險少年行政先行機制以及將少輔會法制化，「警察機關防處少年事件規範」應該配合修正，尤其在目前行政院的決策下，少年警察隊若能積極轉型，除能符合最初設置少年警察隊之目的，並將成爲台灣推動社區警政最爲重要的典範，又何嘗不是台灣警察工作的一大進展！

30　蕭憲仲，同註18，頁45-46。

四、積極建構曝險少年輔導網絡與個案管理系統

　　鑒於少輔會輔導個案，大多數為社政或教育輔導的個案，為利轉銜服務，並縮短少輔會人員與個案建立關係之時間，應該建構跨機關兒少輔導平台，以利整合各單位之訊息，俾能推動個別化之處遇與輔導工作。根據「強化社會安全網第二期計畫」，為強化少年輔導工作，除應強化網絡機關輔導分工原則，協調、轉介社政、教育、衛生、勞政等網絡資源外，亦應補足少輔會專業人力。期能落實少年觸法行為防制網絡合作平臺之建構，積極整合跨局處輔導資源及強化橫向聯繫能力，並以「投入社區開發，培養社區能力，解決社區問題」作為發展願景，形成專業綿密之安全網體系，共同推動少年觸法行為防制工作，以落實法定少年輔導工作，有效提升輔導成效。而各縣市少輔會原有人力為118人，內政部警政署刑事警察局自2019年修法後，依「少事法」規定擬定「少輔會設置及輔導實施辦法」；並申請社會安全網及毒防基金補助，2023年編列補助經費合計1億38萬1,000元，強化少輔會人力資源及所需經費，截至2023年4月底止少輔會人力已達234人。展望未來，少輔會應在少年隊的協助下，積極建構曝險少年輔導網絡與個案管理系統。

　　（本文部分摘錄自黃翠紋、戴韶銘，少年警察職權之變革──曝險少年輔導機制之研析，警政論叢，第23期，2023年，頁87-116。）

家圖書館出版品預行編目資料

警察職權行使法20週年回顧與展望／李震山,
章光明, 張淵菘, 朱金池, 蔡震榮, 陳俊
宏, 陳永鎮, 蔡庭榕, 許福生, 李東穎, 陳
景發, 蔡佩潔, 許義寶, 黃清德, 劉嘉發,
洪文玲, 鄭善印, 林宇軒, 黃翠紋著 ; 鄭
善印, 許福生主編. ──初版. ──臺北
市：五南圖書出版股份有限公司, 2024.03
面；　公分
ISBN 978-626-393-116-9（平裝）
1.CST: 警政 2.CST: 警政法規 3.CST: 文集
575.807　　　　　　　　　　113002220

1RD8

警察職權行使法20週年回顧與展望

作　　　者 ─ 李震山、章光明、張淵菘、朱金池、蔡震榮

陳俊宏、陳永鎮、蔡庭榕、許福生、李東穎

陳景發、蔡佩潔、許義寶、黃清德、劉嘉發

洪文玲、鄭善印、林宇軒、黃翠紋

主　　　編 ─ 鄭善印、許福生（234.8）

發 行 人 ─ 楊榮川

總 經 理 ─ 楊士清

總 編 輯 ─ 楊秀麗

副總編輯 ─ 劉靜芬

責任編輯 ─ 林佳瑩

封面設計 ─ 封怡彤

出 版 者 ─ 五南圖書出版股份有限公司

地　　　址：106台北市大安區和平東路二段339號4樓

電　　　話：(02)2705-5066　　傳　　　真：(02)2706-6100

網　　　址：https://www.wunan.com.tw

電子郵件：wunan@wunan.com.tw

劃撥帳號：01068953

戶　　　名：五南圖書出版股份有限公司

法律顧問　林勝安律師

出版日期　2024 年 3 月初版一刷

定　　　價　新臺幣 580 元

經典永恆・名著常在

五十週年的獻禮——經典名著文庫

五南，五十年了，半個世紀，人生旅程的一大半，走過來了。

思索著，邁向百年的未來歷程，能為知識界、文化學術界作些什麼？

在速食文化的生態下，有什麼值得讓人雋永品味的？

歷代經典・當今名著，經過時間的洗禮，千錘百鍊，流傳至今，光芒耀人；

不僅使我們能領悟前人的智慧，同時也增深加廣我們思考的深度與視野。

我們決心投入巨資，有計畫的系統梳選，成立「經典名著文庫」，

希望收入古今中外思想性的、充滿睿智與獨見的經典、名著。

這是一項理想性的、永續性的巨大出版工程。

不在意讀者的眾寡，只考慮它的學術價值，力求完整展現先哲思想的軌跡；

為知識界開啟一片智慧之窗，營造一座百花綻放的世界文明公園，

任君遨遊、取菁吸蜜、嘉惠學子！